U0540119

想像的共同體

民族主義的起源與散布

經典新版

Imagined Communities

Reflections on the Origin and Spread of Nationalism

編者說明

本版採用英國原出版社 Verso 2007 年刷次，增加〈旅行與交通：論《想像的共同體》的地理傳記〉（Travel and Traffic: On the Geo-biography of Imagined Communities）一章。另收錄作者班納迪克·安德森原定 2003 年 12 月來臺，在「重建想像共同體——國家、族群、敘述」學術研討會發表的演講稿〈帝國／臺灣〉，以及因為因故未能成行，透過錄影帶發表的另篇〈曼谷遙寄〉，兩篇文章都由本書譯者吳叡人先生翻譯。此外，亦特別收錄吳叡人先生所寫關於本書與作者的一篇文章〈黑暗之時，光明之時〉，在此表示謝意。本書正文當中，括號內的楷體字是譯者為幫助理解所添加，仿宋體字則是作者本人所加。

目次

附錄

認同的重量
——《想像的共同體》[1]導讀

吳叡人

In the world we represent ourselves justifyingly; we have not developed… a coherent intellectual position because that position would require real criticism, real innovation, real effort of the sort we have neither yet created nor expended.

——愛德華·薩依德（Edward Said）[2]

同情弱小民族的「入戲的觀眾」

班納迪克·R·奧哥曼·安德森（Benedict R. O'Gorman Anderson）是一個與異鄉和流浪

有著深刻宿緣的人。某種流離失所的因子似乎早早就奔流在愛爾蘭裔的安德森家的血液中了，而這樣的流離又和大英帝國的盛衰終始相隨。[3]他的祖父是大英帝國的高級軍官，但祖母卻來自一個活躍於愛爾蘭民族運動的奧哥曼家（the O'Gormans）。祖父在十九世紀後期被派駐檳榔嶼（Penang），他的父親就出生於這個英屬馬來亞的殖民地上，而在第一年劍橋大學的入學考試失敗以後就加入了在中國的帝國海關（Imperial Maritime Customs in China），此後在中國居留將近三十年，成為一個中文流利，事事好奇，十分熱愛中國文化的人。一九三六年，班納迪克·安德森出生於雲南省昆明市。和大多數其他住在中國的愛爾蘭家庭的小孩不同的是，班納迪克和他那位日後同享大名的弟弟——被著名的左派文學理論家伊格頓（Terry Eagleton）譽為「不列顛最傑出的馬克思主義知識分子」歷史社會學家，《新左評論》（*New Left Review*）的主編培利·安德森（Perry Anderson）[4]——從小就在一個充滿中國風味的居家環境裡成長，而且他們的保母還是一位越南女孩。

一九四一年，安德森家為躲避日益升高的中日戰爭而舉家遷離中國，打算經由美國返回愛爾蘭故鄉，不料這個返鄉之旅的計畫卻因太平洋戰爭的爆發而受阻，安德森家只得暫居美國，等待戰爭結束。老安德森在英國駐美情報單位找到了一個中文翻譯的職位，班納迪克就隨著父親的工作，在加州、丹佛（Denver）等地開始了他最初的正式教育。日後，他曾這樣深刻地描述這段早期的「流亡」經驗的影響：「從那裡開始了一連串的疏隔（estrangements）——在美國學校裡的英國口音，後來在愛爾蘭學校裡的美國口音，在英國學校裡的愛爾蘭腔——而這連串的疏隔經驗使得語言對我而言成為一種獲益良多的疑問（beneficially problematic）。」[5]

戰爭結束，安德森家終於回到愛爾蘭，但班納迪克從一九四七年起就在英格蘭受教育。一九五三年，他進入劍橋大學，主修西洋古典研究（Classics Study）與英、法文學，奠定了良好的西方語言基礎。[6]儘管小他兩歲的弟弟培利在五六年進入牛津大學就讀之後很快就成為英國五〇年代後期新左派運動的健將，但班納迪克在此時卻仍舊只是一個「從未有過任何嚴肅的政治思想」的二十歲青年而已。[7]一九五六年十一月的一天，當安德森在劍橋的街道上閒逛時，目睹了一個正在演說批評英法等國入侵蘇伊士運河的印度人被一群上流階級的英國學生攻擊，而當他試圖阻止這些學生的暴行時，卻也和那個印度人同樣遭到毆打，連眼鏡都被打落了。完成這場攻擊行動後，這群英國學生列隊唱起了英國國歌〈天祐吾皇〉。日後安德森自述當時他「憤怒至頭暈目眩」。這個事件，變成了安德森的政治啟蒙——一種對「帝國的政治」的啟蒙，而更重要的是，在這場政治啟蒙的儀式中，他和一個「被殖民者」站在一起接受了帝國的羞辱。[8]這個青年期的經驗，深深影響了他日後批判帝國主義，同情殖民地民族主義的知識與道德立場。

一九五七年，印尼發生內戰，美國中央情報局介入其中。這個新聞事件，立即捕捉了才剛剛受到帝國主義壓迫的政治啟蒙的青年安德森的注意力。好奇心與新生的政治關懷，促使他在五八年遠赴美國的康乃爾大學，投入喬治．凱亨（George Kahin）門下專攻印尼研究。凱亨是美國印尼研究的先驅，康乃爾現代印尼研究計畫（Cornell Modern Indonesia Project）的創始人。他聚集了一批頂尖的人才到康乃爾，使這所大學成為美國東南亞研究的重鎮，至今仍聲譽不衰。凱亨和其領導下的這批菁英——或許我們可以將之稱為美國東南亞研究的「康乃爾學派」——將年輕的安德森引進了一個令人著迷的印尼研究的世界：除了凱亨對他在東南亞民族主義政治的啟蒙之外，第一本印尼文－英文辭典的編纂者語言學家約翰．艾可斯（John Echols）向他開啟了印尼文學之門，而印尼語言文化學者克萊兒．荷特（Claire Holt）則帶領他認識了獨立前的印尼、爪哇文化，以及荷蘭的殖民研究。[9]

然而對安德森而言，凱亨不但是經師，也是人師（mentor）。作為一個古典意義下的知識分子，凱亨長期批評戰後美國的霸權外交政策，曾因此而一度在五〇年代被國務院沒收護照。六〇年代越戰轉劇，他不但參與反戰示威，也將研究焦點從印尼擴大到印度支那。這種驅策知識追求的強烈道德關懷，以及對自己國家恨鐵不成鋼的愛國主義（patriotism），深深地感動了正在養成期的青年安德森。他不僅從他的老師身上「學到了政治與學術的不可分離」，[10]也強烈體會到愛國主義的高貴、可敬與合理。日後他在《想像的共同體》當中所透露的對民族主義相對較正面的態度，除了源於對殖民地民族主義的同情之外，也來自康乃爾師門的道德薰陶。

從一九六一年到六四年間，安德森在雅加達進行博士論文的田野研究。這段時間，恰好是蘇卡諾（Sukarno）總統的威權民粹政權開始衰落前的全盛時期，安德森因此見證到了一個高度政治化、混亂而充滿活力，而且相當自由的印尼社會與政治。蘇卡諾那種極具魅力的民粹作風與充滿煽動力的反西方民族主義，特別使他印象深刻。一九六三年，當蘇卡諾總統對英國建立馬來西亞聯邦大發雷霆之際，一群暴民燒毀了吉隆坡的英國大使館。當時已經有點「本土化」的安德森剛好住在事變現場附近，他「穿著T恤和紗籠裙，靠在籬笆上」，以一種「愛爾蘭人的幸災樂禍」（Irish Schadenfreude），冷眼旁觀這棟烈焰中的建築。當一位他認識的暴民領袖特別過來要他不必驚慌的時候，安德森驚覺原來他根本就不以為自己身在險境。[11]也許，在安德森的眼中，印尼人以怒火焚燒帝國領事館的意象在不知不覺中已經和他在劍橋經驗過的那幕小小的「反帝」行動重疊在一起了吧。

然而安德森絕不只是一個觀眾而已——也是一個有如雷蒙·阿宏（Raymond Aron）一般具有強烈現實關懷的「入戲的觀眾」（Spectateur engagé）。[12]一九六四年，安德森返回美國，當時林登·詹森才剛連任總統，而美國國內已逐步走入反對越戰的動盪之中。一九六五年，美國開始大規模轟炸越南，安德森遂隨恩師凱亨投入反戰運動之中。當年九月，印尼軍人文通（Untung）將軍發動政變失敗，蘇哈托（Suharto）將軍趁勢而起，捏造文通為印尼共黨所指使，大肆屠殺左翼人士。此後蘇哈托逐漸架空蘇卡諾，掌握印尼實權。一九六六年一月，安德森與其他兩位印尼研究同僚合作完成了一篇分析此次政變的論文。這篇後來被稱為「康乃爾文件」（Cornell Paper）的論文最初只在印尼研究的小圈子內流通，但當年春天卻意外流入媒體，引起軒然大波。由於該文指出文通將軍的流產政變根本與共黨無關，這個論點使蘇哈托屠殺左派的行動完全失去正當性，也同時直接挑戰了因此政變而崛起的蘇哈托政權的合法性，因此成為安德森在日後（從一九七二年到一九九九年）長達二十七年間被印尼當局禁止入境的主因。

一九六七年，安德森完成其博士論文《革命時期的爪哇》（*Java in a Time of Revolution*）。[13] 從六七年到七二年被驅逐出境為止，他還曾三度回到印尼。在這段時間，由於祖國愛爾蘭獨立鬥爭的斑斑血史所產生的同理心，使安德森開始留意到越南，並且將越南和印尼這兩個同樣歷經血腥的民族解放鬥爭才獲得獨立的東南亞國家聯繫起來。他極端厭惡華府談論亞非地區的「低度開發國家」時的那種傲慢的口氣，也十分同情蘇卡諾在面臨國家經濟危機時，因不滿美國的高姿態怒喊：Go to hell with your aid!（去你的援助！）拒絕美援的處境。安德森日後自述，也許是出於一種「逆轉的東方主義」（inverted Orientalism），他和當時大多數東南亞研究專家都相當同情該地區的民族主義。從一開始，他就認定胡志明與美國的對抗的根源不是社會主義，而是民族主義，而蘇卡諾雖然遠不及胡志明，但他被一個美國撐腰的殘酷軍事政權推翻，卻使他輕易地「獲得了有如（匈牙利的）柯許特（Kossuth）般的（民族英雄的）悲愴」。[14]

一九七二年以後，由於不能再入境印尼，安德森遂逐漸將目光轉向其他東南亞國家。七三年泰國知識分子展開了一場反軍事政權的運動，安德森的數位泰國友人也捲入這場運動之中，於是他在七四年來到泰國，開始學習泰國的語言，研究當地的文化與政治，並且見證這段激動人心的「曼谷之春」。一九七九年，美國國會邀請他為印尼占領下的東帝汶情勢作證，由於已被印尼政府「流放」，安德森遂得以沒有顧忌地暢所欲言。以此次國會作證為機緣，他又開始和流亡的東帝汶獨立運動人士（他稱之為東帝汶的「愛國者們」〔patriots〕）交往，並因此涉入全球性的支援東帝汶的運動網絡之中。延續當年寫「康乃爾文件」那種以知識介入現實的師門精神，安德森在涉入泰國與東帝汶事務之時，也針對寫出了一些極具現實性的深刻分析文字。[15]

一九八六年，菲律賓的柯拉蓉・艾奎諾（Corazon Aquino）那激動的「人民革命」浪潮再次將安德森這個「入戲的觀眾」捲到這個群島之國。繼泰國研究之後，他再開始學習塔加洛語和西班牙語，投入菲律賓研究的領域之中。然而此時他已經不再只是一個熱情的區域研究專家而已——如今他已經是當代民族主義研究經典《想像的共同體》（一九八三）的作者了。

「流放」的果實

直接促成他寫作《想像的共同體》的導火線是一九七八至七九年間爆發的中國、越南和柬埔寨之間的三角戰爭。這個歷史事件向他提出了這個質問：為何民族主義的力量會強大到讓三個標榜「國際主義」的社會主義國家不惜兵戎相見？然而為他完成了寫作的思想準備的是一九七二年被蘇哈托「流放」之後長時間在知識上的嘗試、轉折與醞釀。

根據安德森的自述，蘇哈托政權對他的「流放」，雖然使他無法一如以往般深入印尼社會進行田野研究，卻也給他帶來意想不到的幾個好處。首先，印尼研究的暫時中輟使他有機會將目光轉移到另一個東南亞國家——泰國，而泰國這個未經殖民的君主立憲國幾乎在每一方面都和經過長期殖民才獨立的共和制國家印尼恰成尖銳的對比。這兩個「個案」（cases）的出現，使原本只埋首於印尼的安德森被迫開始作比較性的思考，而這樣的比較性思考，逐漸使他覺得有必要發展一個架構來理解個案之間的異同。其次，由於已經無法從事田野的印尼研究，安德森被迫將注意力轉移到文字資料，尤其是印尼文學之上。透過研讀印尼文學，特別是偉大的印尼小說家普拉莫底亞・阿南達・托爾（Pramoedya Ananta Toer）的作品，他開始注意到文學如何可能和「政治的想像」（political imagination）發生關聯，以及這個關聯中蘊含的豐富的理論可能。[16]就某個意義而言，蘇哈托在一九七二年粗暴地將安德森驅逐出境，反而將他從單一個案的、深陷於具體細節的「微觀式」研究解放出來，使他得以發展出一個比較的、理論性的，以及較宏觀的視野。

偉大的知識成就當然絕不會只得之於獨裁者的愚昧而已。在七二年以後這段從田野被「放逐」回學院的時間中，另一個事件更深刻地在安德森的思想上留下了不可磨滅的印痕，使「比較史」（comparative history）堅定不移地植入他的視野當中：這就是來自他的弟弟培利・安德森以及他周邊的新左評論集團知識分子對他的影響。培利在一九七四年出版了他的歷史社會學傑作二部曲：《從古代通往封建主義之路》（*Passages from Antiquity to Feudalism*）和《專制主義國家的系譜》（*Lineages of the Absolutist States*）。這兩部作品就時間而言上下涵蓋近兩千年，就空間而言同時處理歐洲與歐洲以外地區不同社會的變遷，因此班納迪克・安德森稱之為「嚴謹，細緻的比較歷史研究的模範」確實是當之無愧的。培利這兩部書展現的比較史視野與社會學理論深度對班納迪克有巨大的衝擊。培利這種理論的、比較的、全球性的視野當然也主導了他所主編的《新左評論》的風格。他所聚集的一批英倫三島的傑出左翼知識分子（如，湯姆．奈倫〔Tom Nairn〕、安東尼．巴納特〔Anthony Barnett〕、茱迪絲．黑林〔Judith Herrin〕等）所寫的一篇篇探討不同國家地區的論文在評論上並列，創造出一種鮮明而廣闊的國際性視野。與這批碩學之士長久相處之餘，連嚴格來說並不那麼左的班納迪克也受到鼓舞，希望經由一個「大體上為馬克思主義的視角，我的印尼能夠加入世界」。[17]

融比較史、歷史社會學、文本分析與人類學於一爐，安德森最終果然經由《想像的共同體》，把「他的印尼」送進了「世界」。

《想像的共同體》的論證

到底民族（nation）和民族主義（nationalism）是什麼？它們的本質是什麼？它們在歷史上是怎樣出現的，又經歷了怎樣的變遷？為何它們能夠在今天掌握如此深刻的情感上的正當性？在安德森眼中，「民族與民族主義」的問題構成了支配二十世紀的兩個重要思潮——馬克思主義和自由主義——理論的共同挫敗。想要有效解答這難以捉摸的「民族之謎」，必須揚棄舊教條，以哥白尼精神尋找新的理論典範。安德森寫作《想像的共同體》的目的，就是要提出一個解釋上述這些關於民族與民族主義問題的新理論典範。

安德森的研究起點是將民族、民族屬性與民族主義視為一種「特殊的文化的人造物」。他在一開頭就以簡潔的文字勾勒出本書的論證：「這些人造物之所以在十八世紀末被創造出來，其實是從種種各自獨立的歷史力量複雜的『交會』過程中自發地萃取提煉出來的一個結果；然而，一旦被創造出來，它們就會變得『模式化』，在深淺不一的自覺狀態下，它們可以被移植到許多形形色色的社會領域，可以吸納同樣多形形色色的各種政治和意識形態組合，也可以被這些力量吸收。」（頁四五）然而在這凝鍊的文字背後，隱藏著一個非常複雜而細緻的論證，以及一幅縱橫古今繁複巨大的歷史圖像。

在正式進入論證之前，安德森先為「民族」這個斯芬克斯（sphinx）式的概念提出了一個充滿創意的定義：「它是一種想像的政治共同體——並且，它是被想像為本質上有限的，同時也享有主權的共同體。」（頁四七）這個主觀主義的定義聰明地迴避了尋找民族的「客觀特徵」的濫伎，直指集體認同的「認知」（cognitive）面向——「想像」不是「捏造」，而是形成任何群體認同所不可或缺的認知過程（cognitive process），因此「想像的共同體」這個名稱指涉的不是什麼「虛假意識」的產物，而是一種社會、心理學上的「社會事實」（le fait social）。這個主觀／認知主義的定義界定了安德森以後整個論證的基調，也就是要探究「民族」此種特殊的政治想像（認知）成為可能的條件與歷史過程。

安德森認為「民族」本質上是一種現代的（modern）想像形式——它源於人類意識在步入現代性（modernity）過程當中的一次深刻變化。使這種想像成為可能的是兩個重要的歷史條件。首先是認識論上的先決條件（epistemological precondition），亦即中世紀以來「人們理解世界的方式」所發生的「根本的變化」。這種人類意識的變化表現在世界性宗教共同體、王朝，以及神諭式的時間觀念的沒落。只有這三者構成的「神聖的、層級的、與時間終始的同時性」舊世界觀在人類心靈中喪失了霸權地位，人們才有可能開始想像「民族」這種「世俗的、水平的、橫斷時間的」共同體。安德森借用華特・班雅明（Walter Benjamin）的「同質的、空洞的時間」（homogeneous, empty time）概念來描述新的時間觀，並指出十八世紀初興起的兩種想像形式——小說與報紙——「為『重現』（re-presenting）民族這種想像共同體，提供了技術上的手段」（頁七〇），因為它們的敘述結構呈現出「一個社會學的有機體依循時曆規定之節奏，穿越同質而空洞的時間的想法」，而這恰好是民族這個「被設想成一個在歷史之中穩定地向下（或向上）運動的堅實的共同體」的準確類比（頁七二）。換言之，對安德森而言，「民族」這個「想像的共同體」最初而且最主要是透過文字（閱讀）來想像的。但與過去在認識論上的決裂本身不足以說明在諸多可能類型的「水平－世俗」共同體中，為何「民族」會脫穎而出。要「想像民族」，還需要另一個社會－結構上的先決條件，也就是「資本主義、印刷科技與人類語言宿命的多樣性這三者的重合」（頁九五）。這三個因素之間「半偶然的，但卻富有爆炸性的相互作用」（頁九二）促成了拉丁文的沒落與方言性的「印刷語言」的興起，而以個別的印刷方言為基礎而形成的特殊主義的方言－世俗語言共同體，就是日後「民族」的原型。

認識論與社會結構上的條件，醞釀了民族共同體的原型，也為現代民族的登場搭好了舞臺。以這兩個共同的基本先決條件為論證出發點，安德森接著一步一步建構了一個關於民族主義如何從美洲最先發生，再一波一波向歐洲、亞非等地逐步擴散的歷史過程的擴散式論證（diffusionist argument）——一種前後關聯，但每一波都必須另作獨立解釋的複雜論證。

西方主流學界向以西歐為民族主義之發源地，安德森卻譏之為「地方主義」之見，主張十八世紀末、十九世紀初在南北美洲的殖民地獨立運動才是「第一波」的民族主義。安德森認為，美洲的殖民母國（英國、西班牙和葡萄牙）對美洲殖民地移民的制度性歧視，使當地歐裔移民（creoles）的社會與政治流動被限定在殖民地的範圍之內。他引用人類學家特納（Victor Turner）的理論，指出這種歧視與殖民地邊界的重合，為殖民地的歐裔移民創造了一種「受到束縛的朝聖之旅」（cramped pilgrimage）的共同經驗——被限定在個別殖民地的共同領域內經驗這種被母國歧視的「旅伴」們於是開始將殖民地想像成他們的祖國，將殖民地住民想像成他們的「民族」。

「第一波」所創造的「美洲模式」，是一種非以語言為要素的民族主義，然而受到「美洲模式」感染與啟發而在一八二〇年以後出現於歐洲的「第二波」民族主義，卻是一種群眾性的語言民族主義。安德森對此提出了一個「多重因素匯聚」（conjunctural）的解釋。一方面，美洲（和法國）革命將民族獨立與共和革命的模型擴散到全歐各地。另一方面，十六世紀歐洲向全球擴張與「地理大發現」造成了文化多元論在歐洲興起，而這又促成了拉丁文之類的古老神聖語言的繼續沒落。在這場歷史運動中，以方言為基礎的民族印刷語言和民族語言的出版業隨著（民族）語言學革命趁勢而起，而「閱讀階級」則適時出現，成為民族語言出版品的消費者。如是，民族獨立、共和革命，與民族語言理念的結合遂在十九世紀前半的歐洲孕生了一波民粹主義性格強烈的語言民族主義。安德森特別提出了「盜版」（piration）——自覺的模仿——的概念來銜接先後出現的民族主義：作為「第二波」，十九世紀歐洲的群眾性民族主義因為已有先前美洲與法國的獨立民族國家的模型可供「盜版」，因此在思想和行動上都比「第一波」要更有自覺意識。

「第二波」民族主義在歐洲掀起滔天巨浪，撞擊在統治階級古堡高聳的石牆後反彈湧現的，就是「第三波」的民族主義——也就是十九世紀中葉以降在歐洲內部出現的所謂「官方民族主義」（official nationalism）。安德森指出「官方民族主義」其實是歐洲各王室對第二波群眾性民族主義的反動——無力抵擋高漲的民族主義浪潮的舊統治階級為了避免被群眾力量顛覆，於是乾脆收編民族主義原則，並使之與舊的「王朝」原則結合的一種馬基維利式的先期（anticipatory）策略。原本只有橫向聯姻，缺乏明確民族屬性的歐洲各王室競相「歸化」民族，並由此掌握對「民族想像」的詮釋權，然後透過由上而下的同化工程，控制群眾效忠，鞏固王朝權位。「官方民族主義」的原型是沙皇亞歷山大三世時代所推行的「俄羅斯化政策」（Russification），而反動的馬札爾鄉紳在一八四八年革命後推行的馬札爾化政策也是一例。另一方面，這些同時也是帝國的王朝又將這個統治策略應用到海外異民族的殖民地，創造被殖民者的效忠。最典型的例子是大英帝國殖民官僚馬考萊（Macaulay）在印度推行的英國化政策。這個政策被帶入非歐洲地區後，又被倖免於直接征服的少數區域的統治階級模仿，如日本明治維新的對內的「官方民族主義」與對殖民地的日本化政策，以及暹羅的拉瑪六世的排華民族主義等。

如果「第三波」的「官方民族主義」是對第二波的群眾民族主義的反動與模仿，那麼「最後一波」，也就是一次大戰以後的亞非洲殖民地民族主義，則是對「官方民族主義」的另一面——帝國主義——的反彈，以及對先前百年間先後出現的三波民族主義經驗的模仿與「盜版」。

安德森從他最熟悉的印尼歷史抽繹出一個「殖民地民族主義」（colonial nationalism）發生的一般性論證。首先，帝國主義的殖民政府在殖民地的「俄羅斯化」政策創造了一批通曉雙語的殖民地菁英——透過共同殖民教育，這些來自不同族群背景的人擁有了共通的語言，並且有機會接觸到歐洲的歷史——包括百年來的民族主義的思想、語彙和行動模式。這些雙語菁英就是潛在的最初的殖民地民族主義者。另一方面，歧視性的殖民地行政體系與教育體系同時將殖民地民眾的社會政治流動限定在殖民地的範圍之內。這個和早期美洲經驗類似的「受到束縛的朝聖之旅」，為被殖民者創造了想像民族的領土基礎——和十八世紀美洲的歐裔移民一樣，在二十世紀的亞非洲被殖民者的眼中，殖民地的邊界也終於成為「民族」的邊界。安德森同時也檢討了條件不足而未能產生「民族想像」的法屬西非和印度支那這兩個殖民地，作為反面的比較個案。然而他也提醒我們「最後一波」民族主義的性格相當複雜，因為它們出現於「世界史之中……人們能夠以較前此要複雜得多的方式來『模塑』民族的時期」（頁二〇二）——它們不僅同時繼承了多元的思想與行動可能，也同時繼承了前人的進步與反動。

如此，安德森完成了他關於民族主義起源和流布的複雜論證：民族主義以一種和資本主義發展過程類似的「不平均與合併的發展」（uneven and combined development）方式，[18]從美洲而歐洲而亞、非，一波接著一波先後湧現；它們既屬同一場歷史巨浪，而又相互激盪，各擅勝場。然而為何「民族」竟會在人們心中激發如此強烈的依戀之情，促使他們前仆後繼為之獻身呢？安德森認為這是因為「民族」的想像能在人們心中召喚出一種強烈的歷史宿命感所致。從一開始，「民族」的想像就和種種個人無可選擇的事物，如出生地、膚色等密不可分。更有甚者，想像「民族」最重要的媒介是語言，而語言往往因其起源之不易考證，更容易使這種想像產生一種古老而「自然」的力量，無可選擇、生來如此的「宿命」，使人們在「民族」的形象之中感受到一種真正無私的大我與群體生命的存在。「民族」在人們心中所誘發的感情，主要是一種無私而尊貴的自我犧牲。因此，安德森極力區分愛國主義與種族主義——對他而言，種族主義的根源不是「民族」的理念，而是「階級」的意識形態。

在一九九一年出版的修訂版《想像的共同體》當中，安德森在原來的九章之外又收錄了兩章具有附錄性質的論文。他在第十章（〈人口調查、地圖、博物館〉）提出了一個布迪厄式（Bourdieuian）論證，[19]試圖補充修正第七章（〈最後一波〉）關於殖民地民族主義的解釋。他指出殖民地官方民族主義的源頭並非十九世紀歐洲王朝國家，而是殖民地政府對殖民地的想像。他舉出三種制度（人口調查、地圖與博物館）說明殖民地政府如何透過制度化（institutionalization）和符碼化（codification）的過程將自身對殖民地的想像轉移到殖民地人民身上，並形塑了他們的自我想像。在第十一章（〈記憶與遺忘〉），他則探究歷史學與民族主義的密切關係，指出民族歷史的「敘述」（narrative）是建構民族想像不可或缺的一環。

連接現代與後現代研究的橋梁

安德森的《想像的共同體》和已故的英國社會人類學家蓋爾納（Ernest Gellner）所寫的《民族與民族主義》（*Nations and Nationalism*）這兩本同樣在一九八三年出版的著作，如今已是民族主義研究最重要的兩本經典之作了。蓋爾納在《民族與民族主義》中提出的那個標準社會學式的結構功能論論證，無疑已為側重實證主義的主流社會科學開出了一條建構民族主義的一般性理論之道。[20]那麼，我們這本《想像的共同體》在知識上的貢獻又如何呢？

雖然不能在此詳細檢討《想像的共同體》，但我們還是願意提出幾點初步的看法。首先，透過複雜而細緻的比較史和歷史社會學方法，安德森在相對簡短的篇幅內就建構出關於民族主義的一個非常有說服力的一般性歷史論證。[21]歷史社會學和比較方法是研究民族主義最不可或缺的途徑之一，因為幾乎所有民族主義的現象都同時涉及了歷史縱深（如特定認同形成過程）以及跨國因素（如帝國主義擴張）。然而這個研究途徑的「操作」非常困難——研究者必須有能力在歷史的正確性（accuracy）與理論的簡約性（parsimony）之間取得平衡，並且要有非常傑出的敘事（narrative）技巧，否則一不小心就會像蓋爾納一樣，掉進削（歷史之）足適（理論之）履的陷阱之中，或者會變成像另一位多產的當代民族主義理論名家安東尼．史密斯（Anthony Smith）的純歷史途徑那種見樹不見林的、瑣碎的「民族分類學」之中。[22] 安德森則避開了這兩個陷阱。他和弟弟培利一樣擅長運用既有歷史研究的成果，並將之與理論性概念結合，然後以驚人的敘事能力，編織成一個同時觀照古今東西的「歷史類型」或「因果論證」的文本——誰說社會科學家不需要文學素養和文字能力？

更重要的是，他個人百科全書式的歐洲史素養與當代東南亞研究權威的背景，以及對東西多種語言的掌握能力，使他得以免於包括蓋爾納、史密斯以及霍布斯邦在內大多數西方民族主義理論家那種歐洲中心主義的毛病。安德森的個案提醒我們，「擴散式論證」這種極度困難的論證方式固然不在話下，即使是最根本的「比較研究」都需要具備相當的知識和語言的條件。

第二，安德森穿透一般將民族主義當作一種單純的政治現象的表層觀點，將它與人類深層的意識與世界觀的變化結合起來。他將民族主義放在比政治史或政治思想史更廣闊的「文化史」和「社會史」的脈絡當中來理解——民族主義因此不再只是一種意識形態或政治運動，而是一種更複雜深刻的文化現象（或者借用他自己的話來說，一種「文化的人造物」）。這個頗具人類學精神——或者有點接近法國年鑑學派（Annales）史學所謂「心態史」（histoire des mentalités）、「歷史心理學」（psychologie historique）、「理念的社會史」（histoire sociale des idées）或「社會－文化史」（histoire socio-culturelle）[23]——的途徑將我們對民族主義的認識從「社會基礎」或「政治動員」的層面擴展到對它的「文化根源」的探求之上。安德森不但沒有像一般社會科學家那樣以實證主義式的傲慢（hubris）忽視人類追求「歸屬感」的需求（因為「不夠科學」，或者因為那是「虛假意識」或「病態」），反而直接面對這個真實而深刻的存有性問題，並在他的架構中為之賦予適當的詮釋與意義。正因如此他對民族主義的解釋就更能掌握到人類行動的深層動機。就某個意義而言，這個途徑間接肯定了德國哲學家赫德（Johann Gottfried von Herder）所說「鄉愁是最高貴的痛苦」的箴言。[24]

第三，《想像的共同體》的論證結合了多重的研究途徑，同時兼顧文化與政治、意識與結構，開創了豐富的研究可能性，因此被北歐學者東尼生（Stein Tønnesson）和安德洛夫（Hans Antlov）稱為「連接現代與後現代研究途徑的橋樑」。[25]從傳統比較政治學與歷史社會學的角度而言，這本書最重要的貢獻可能是它關於民族主義的各種「歷史類型」以及「民族主義興起的結構與制度條件」的論證。安德森的「歷史的」（historical）解釋恰好和蓋爾納所建構的「非歷史的」（a-historical）結構功能論解釋共同形成當代民族主義理論的兩個重要而對立的典範。不過，相對於蓋爾納在主流政治學與政治社會學的巨大影響，《想像的共同體》可能對以文化與「意識」（consciousness）為研究對象的社會、人文學科的影響更大。安德森對宗教、象徵（symbol）與意義之詮釋（interpretation of meanings）的強烈興趣，以及「從本地人觀點」（from the native point of view）的傾向清晰地顯露了這本書的「人類學精神」。他從現代小說的結構與敘事技巧，以及詩歌的語言中，探討文學作品如何「重現」（represent）人類對民族共同體的想像的「前衛」嘗試，對於八〇年代後期以來興起於英美文學界的解構主義理論、後殖民研究（postcolonial studies）與文化研究（cultural studies）對文學與民族主義關係的批判性研究風潮有相當的影響。[26]而與文學理論密切相關的是，安德森運用後現代主義歷史哲學家海登．懷特（Hayden White）的理論來解析「民族認同建構」與「歷史敘述」的關係，以及他對殖民地政府（colonial state）角色的觀察，也在當代後現代主義或後殖民主義史學留下了印痕。[27]最後，安德森所提出的「想像的共同體」的這個主觀主義／認知的定義對民族主義的社會心理學研究途徑也有不少啟發作用。[28]

當然，像《想像的共同體》這樣深具野心的著作勢必難逃知識界的檢視與爭議。例如，安德森視民族為一種「現代」的想像以及政治與文化建構的產物使他在當代西方學界關於民族主義性質與起源時間的「現代（建構）派對原初派」（modernist / constructivist vs. primordialist）論戰中和蓋爾納同被歸入「現代派」，而受到「原初派」的批評。[29]而印度裔的美籍中國史專家，芝加哥大學的杜贊奇（Prasenjit Duara）教授也以中國史為證提出一個與此論戰相關的經驗批評——杜贊奇認為早在現代西方民族主義傳入中國之前，中國人早就有類似於「民族」的想像了；對中國而言，嶄新的事物不是「民族」這個概念，而是西方的民族國家體系。[30]另外，後殖民研究的先驅理論家恰特吉（Chatterjee）在他那本殖民地民族主義的名著《民族主義思想與殖民地世界：一個衍生性的論述》（*Nationalist Thought and the Colonial World: A Derivative Discourse*）則對《想像的共同體》提出了另一個批判：儘管安德森認識到「民族」是一種意識形態的建構，但他竟然完全忽略了民族主義如何建構「民族」意識形態的具體政治過程。[31]

思想、記憶與認同

最後，對於為何在本書捨近年來在臺灣頗為流行的，「解構」味十足的「國族」一詞不用，而將 nation 依傳統用語譯為「民族」，筆者想稍作說明。首先，儘管在經驗上 nation 的形成與「國家」（state）關係極為密切，但 nation 一詞最初是作為一種理念、政治想像（political vision）或意識形態而出現的，因此本來就帶有很明顯的價值意涵——從十八世紀後半開始，經由啟蒙時代的思想家和法國大革命的宣傳家的如椽大筆，nation 一詞事實上是和「人民」（people, Volk）、「公民」（citoyen）這類字眼一起攜手走入現代西方政治語彙之中的。[32] 換言之，nation 指涉的是一種理想化的「人民全體」或「公民全體」的概念。在此意義上，它和「國家」是非常不同的東西：nation 是（理想化的）人民群體，而「國家」是這個人民群體自我實現的目標或工具。如果譯為「國族」將喪失這個概念中的核心內涵，也就是尊崇「人民」的意識形態。安德森之所以將 nation 定義為「想像的共同體」，正是因為這個定義充分掌握到 nation 作為一種心理的、主觀的「願景」（又是一個「本土」的流行詞彙！）的意義。

第二，誠如安德森在《想像的共同體》第九章所言：「當代的民族主義繼承了兩個世紀的歷史變遷……這些遺澤帶有真正的兩面性。因為留下遺產的人不只包括了聖馬丁和加里波底，也包括了烏伐洛夫和馬考萊。」（頁二三二）以服務當權者利益為目的的「國族主義」畢竟只是民族主義複雜歷史經驗當中的一種類型——即所謂的「官方民族主義」——或者一個可能的組成成分而已，「國族主義」一詞不僅遺漏了群眾性民族主義這個重要的範疇，同時也無力描述兼具官方與民粹性格的更複雜的類型。主要基於上述兩個理由，筆者決定在本書採用這兩個較能表現出「人民」意識形態這個關鍵要素的傳統詞彙。

「民族主義的兩面性」的這個評價，透露了安德森「介於現代與後現代之間」的政治立場。[33]安德森雖然認為「民族」是一種現代的「文化的人造物」，但他並不認為這個「人造物」是「虛假意識」的產物。「想像的共同體」不是虛構的共同體，不是政客操縱人民的幻影，而是一種與歷史文化變遷相關，根植於人類深層意識的心理的建構。他同情並尊敬一切反帝、反壓迫的民眾的民族主義的尊貴奮鬥，但也清清楚楚瞭解這些運動隨時有墮落成反動的「官方民族主義」或者侵略擴張的帝國主義的危險。他寫作《想像的共同體》的目的並不在解構民族認同。正如同他在本書正文前所引用的華特．班雅明的警句「他認為他的職志在逆其慣常之理以爬梳歷史」所提示的，安德森所關切的「職志」是如何「歷史化」（historicize）與相對化民族認同：民族和民族主義問題的核心不是「真實與虛構」，而是認識與理解。對他而言，一切既存或曾經出現的民族認同都是歷史的產物，唯有透過客觀理解每一個獨特的民族認同（包括自我的認同與「他者」的認同）形成的歷史過程與機制，才可能真正擺脫傲慢偏執的民族中心主義，從而尋求不同的「想像的共同體」之間的和平共存之道。

「共同體的追尋」——尋找認同與故鄉——是「人類的境況」（human condition）本然的一部分，但就像所有人類對理想社會的追求一樣，這條道路上也滿布著荊棘和引人失足的陷阱。我們必須盡最大的努力，在情感與理性之間，同情與戒慎之間，行動與認識之間尋求平衡。不管在這「一切都被允許」的虛無主義年代裡，人類的理性能力受到多麼激烈的質疑，理性畢竟是卑微、善變、激情的人類最後的憑藉。安德森的這冊《想像的共同體》——這冊體現了漢娜·鄂蘭所謂海德格式的「熱情的思考」（passionate thinking）的著作，就是試圖在犬儒與狂熱之外尋找認同之路的理性的辛勤勞作。五十年前，流亡的臺灣思想家廖文奎在冷戰的開端痛苦地思考：「臺灣往何處去？」（Quo vadis Formosa?）五十年後，冷戰已成過去，而福爾摩沙依舊徘徊在認同的歧路上。在這個充滿生命力的，美麗而庸俗，熱情而反智的島嶼，在這個永遠在尋找「未來趨勢」和「新主流價值」的土地，在這個人人「邊緣」，沒有中心的社會，思想、記憶和認同似乎已經成為難以承受的負擔。然而沒有了思想、記憶和認同的重量，臺灣將永遠只是一葉浩海孤舟，任憑資本主義和強權政治的操弄控制，反覆重演注定終將被自己和他人遺忘的種種無意義的悲劇。如此，則愛爾蘭詩人薛摩斯·黑倪（Seamus Heaney）的名句：

> 彷彿只有以極端之姿擁抱它
> 支撐我們的土地才會堅實

似乎正是為臺灣而寫的——凡是渴望在這個遺忘之島上尋找意義與故鄉的人必須勇敢承擔思

想、記憶與認同的重量，「一步一步地學習真實的與想像的過往經驗」（頁二三五）。或許，閱讀安德森這冊困難而優雅的著作，會是學習認識自我與「他者」的一個有用的開端。

一九九九年四月七日午夜於密西根湖畔斗室

謝辭

誠如讀者諸君將會發現的，我對民族主義的思考深受艾瑞希・奧爾巴哈（Erich Auerbach）、華特・班雅明（Walter Benjamin），還有維克多・特納（Victor Turner）著作的影響。在準備這本書的時候，我從我弟弟培利・安德森（Perry Anderson）、安東尼・巴納特（Anthony Barnett），還有史提夫・黑德（Steve Heder）的批評與建議之中獲益良多。J・A・巴拉德（J.A. Ballard）、穆罕默德・詹巴斯（Mohamed Chambas）、彼得・卡森斯坦（Peter Katzenstein）、已故的雷克斯・摩提瑪（Rex Mortimer）、法蘭西斯・穆爾恆（Francis Mulhern）、湯姆・奈倫（Tom Nairn）、白石隆、吉姆・西格爾（Jim Siegel）、蘿拉・桑瑪斯（Laura Summers）、艾斯塔・溫格（Esta Ungar）也以不同的方式給了我寶貴的協助。當然，所有這些友善的評論者無論如何都不應為本書內文的缺陷負責，因為那完全是我的責任。也許應該補充說明的是，我在訓練與專業上是一個東南亞專家。承認這點容或有助於解釋本書的若干偏見與例證的選擇，並且使它那志在關照全球的自負有所收斂。

他認為他的職志在逆其慣常之理以爬梳歷史。

——華特．班雅明，《啟蒙之光》（*Illuminations*）

如是從所有人種之混合中起始
那異質之物，英格蘭人：
在飢渴的強姦之中，憤怒的慾望孕生，
在濃妝的不列顛人和蘇格蘭人之間：
他們繁衍的後裔迅速學會彎弓射箭
把他們的小牝牛套上羅馬人的犁：
一個雜種混血的種族於焉出現
沒有名字沒有民族，沒有語言與聲名。
在他熱烈血管中如今奔流著混合的體液
薩克遜人和丹麥人的交融。
他們枝葉繁茂的女兒，不辱父母之風

以雜交之慾望接待所有民族。
這令人作嘔的一族體內的確包含了嫡傳的
精粹的英格蘭人之血……

——錄自丹尼爾・笛孚（Daniel Defoe）
〈純正出身的英格蘭人〉（The True-Born Englishman）

第二版序

誰會想到那風暴愈遠離伊甸園就吹得愈猛烈呢？

僅僅才過了十二年，直接引發我寫作《想像的共同體》初稿的那場一九七八年到一九七九年在中南半島的武裝衝突，似乎已經屬於另一個時代了。那時，社會主義國家之間更進一步的全面戰爭的前景始終在我的腦際縈繞不去。如今這些國家有一半已經加入了天使跟前的那堆殘骸了，而剩餘的恐怕很快就要追隨其後了。倖存者面臨的戰爭是內戰。非常有可能在新世紀發端之時，蘇維埃社會主義共和國聯邦會只剩下……共和國了。

是否凡此一切多少都應該先預見到呢？在一九八三年我寫道，蘇聯「不但是十九世紀前民族期王朝國家的繼承人，也是二十一世紀國際主義秩序的先驅」。不過，在追溯摧毀了維也納、倫敦、君士坦丁堡、巴黎、馬德里統治下的多語言、多族群的龐大帝國的民族主義之爆炸過程後，我卻沒有能夠見到導火線至少已經鋪到遠及莫斯科之處了。而令人憂鬱的安慰是，我們觀察到歷史似乎比作者更能證明想像的共同體的「邏輯」。

不只是世界已經在過去十二年間改變了容貌而已。民族主義的研究也已經被令人震驚地改頭換面了——在方法、規模、深度上，還有純粹在數量上皆然。僅以英語著作而言，J．A．阿姆斯壯（J.A. Armstrong）的《民族主義之前的民族》（*Nations Before Nationalism*, 1982），約翰．布儒理（John Breuilly）的《民族主義與國家》（*Nationalism and the State*, 1982），厄尼斯特．蓋爾納（Ernest Gellner）的《民族與民族主義》（*Nations and Nationalism*, 1983），米洛斯拉夫．荷洛區（Miroslav Hroch）的《歐洲民族再興的社會先決條件》（*Social Preconditions of National Revival in Europe*, 1985），安東尼．史密斯（Anthony Smith）的《民族的族群起源》（*The Ethnic Origins of Nations*, 1986），P．恰特吉（P. Chatterjee）的《民族主義思想與殖民地世界》（*Nationalist Thought and the Colonial World*, 1986），還有艾瑞克．霍布斯邦（Eric Hobsbawm）的《一七八〇年之後的民族與民族主義》（*Nations and Nationalism since 1780*, 1990）——只提幾本最重要的作品——以其涵蓋的歷史範圍與理論的力量，已經在大體上淘汰了討論這個主題的傳統文獻了。大量地將研究對象連接到民族主義和民族的史學的、文學的、人類學的、社會學的、女性主義的，以及其他的研究領域，部分是從這些著作當中發展出來的。[1]

改寫《想像的共同體》，以符合在世界與文本之中所發生的這些巨大變化的需求，是一件超過我目前能力範圍的工作。因此，讓它大體上保持為一件「未經復原的」特定時期的作品，保留特有的風格、外貌和語氣，似乎是比較好的決定。有兩件事讓我感到安慰。一方面，舊社會主義世界的發展之完整的、最終的結果仍舊被籠罩在前方的晦暗之中。在另一方面，對我而言，《想像的共同體》所使用的特異的方法和它最關切的問題，似乎還處於較新的民族主義學術研究的邊緣地帶——在這個意義上，至少它還未完全被取代。

在現在這版裡面，我只是試著更正我在準備初稿之時就應該避免的一些事實、概念，和詮釋上的錯誤。這些更正——也許可以說是依循著一九八三年版的精神——包括了對第一版的若干更動，以及基本上帶有（與本文）不連續的附錄性格的兩章新的文字。

在本文當中，我發現了兩處翻譯上的嚴重錯誤，其中至少一個是沒有實現的承諾，以及一處容易產生誤導的加強語氣。因為在一九八三年的時候，我還無法閱讀西班牙文，儘管還有更早的幾種譯本可用，我卻未經深思就仰賴了格列羅（Leon Ma. Guerrero）對荷賽．黎剎（José Rizal）《社會之癌》（*Noli Me Tangere*）的英文譯本。直到一九九〇年我才發現格列羅的譯本是多麼不可思議地錯誤百出。關於奧圖．包爾（Otto Bauer）《民族問題與社會民主》（*Nationalitäenfrage und die Sozialdemokratie*）書中一段長而重要的引文，我則懶惰地仰賴奧斯卡．賈希（Oscár Jászi）的翻譯。直到最近我查閱了原文之後才發現賈希的政治傾向多麼嚴重地扭曲了他的引文。至少在兩段文字當中，我曾經沒有信用地承諾要解釋為何和其他拉丁美洲國家相較之下，巴西民族主義會發展如此之遲，而且如此特異。這個版本會嘗試去實現這個已被毀棄的誓約。

我最初的計畫就是要強調民族主義在新世界的起源。我一直覺得有一種不自覺的地方主義長期地扭曲了對這個主題的理論化工作。因為習慣了自負地以為現代世界的每個重要東西都起源於歐洲，歐洲的學者不管是「贊成」還是「反對」民族主義，都太容易就把「第二代的」語言民族主義（匈牙利、捷克、波蘭等等）當作他們建構模型的起點。我很驚訝地發現，在很多注意到《想像的共同體》一書的作品中，這種歐洲中心的地方主義仍然相當安好無恙地繼續存在，而且那章討論美洲起源地的關鍵文字大體上都被忽略了。不幸的，除了把第四章重新命名為〈歐裔海外移民先驅者〉（Creole Pioneers）之外，我實在找不到更好的「速成的」解決之道了。

那兩篇「附錄」試圖要更正在第一版裡面嚴重的理論缺陷。[2]有幾位友善的批評家主張說第七章（〈最後一波〉）過度簡化了早期「第三世界」民族主義建構其模式的過程。此外，那章並未認真處理當地的殖民政府——不是母國——在設計（styling）這些民族主義的過程中所扮演的角色。同時，我逐漸不安地知覺到，我相信對思考民族主義做出了重要的新貢獻的那個論證——對時間之理解的改變——明顯地少了必要的對等論證：對空間之理解的改變。年輕的泰國歷史學家東猜・維尼察古（Tongchai Winichakul）所寫的一篇傑出的博士論文刺激了我去思考地圖製作（mapping）對民族主義想像所做的貢獻。

〈人口調查、地圖、博物館〉一章因此分析了十九世紀的殖民地政府（及其心態所鼓勵的政策）如何在相當不自覺的情況下辯證地創造出最後終於起而與之戰鬥的那些民族主義的基本規則（grammar）。事實上，或許我們甚至可以說，就像在一場不祥的預兆之夢一樣，殖民地政府遠在當地的對手出現在歷史當中之前，就在想像這些對手了。人口調查對人的抽象量化／系列化，地圖最終將政治空間識別標誌化，還有博物館的「普遍的」、世俗的系譜建構，這三者以彼此相關的方式，促成了殖民地政府這種想像的成形。

促使我寫第二篇「附錄」的緣起是，我得羞愧地承認在一九八三年的時候，我完全不瞭解赫南（Renan）真正所說過的話，就貿然加以引述：我輕易地把某種事實上全然怪異之事看成了反諷。這個羞辱也迫使我理解到，我並沒有對新出現的民族為何，以及如何將自己想像為古老的這個問題，提出任何睿智的解釋。所有那些在大多數學術作品之中看起來像是馬基維利式騙術，或者資產階級幻想，或者被發掘出來的歷史真相者，如今卻都突然使我覺得是某種更深刻、更有趣的東西。假設，在某個歷史的關頭，「古老」竟是「嶄新」的**必然結果**呢？如果民族主義如我所設想的，是一種意識被激烈變化後的形式之表現，那難道對這個斷裂的知覺，以及對較古老意識必要的遺忘，不應該創造出它自己的敘述嗎？從這個角度觀之，大多數一八二〇年代以後的民族主義思想那種隔代遺傳式的幻想特性看起來就只是一個附帶現象而已；真正重要的，是在後一八二〇年代的民族主義式「記憶」和現代傳記與自傳的內在前提及慣例之間，產生了結構性的對應關係。

除了這兩篇「附錄」可能被證明會有的任何理論上的優點和缺點之外，它們各自都有其司空見慣的限制。〈人口調查、地圖、博物館〉的資料全部都引自東南亞。這個區域以某些方式提供了絕佳的建構比較理論的機會，因為它包含了先前曾被幾乎所有帝國主義強權（英國、法國、荷蘭、葡萄牙、西班牙和美國）殖民過的地區，以及從未被殖民過的暹羅。然而，即使我的分析對這個區域而言是合理的，但這個分析是否能被令人信服地應用到全世界各地，還尚待觀察。在第二篇附錄當中，我所用到的簡要經驗資料幾乎完全是關於我所知甚淺的西歐和新世界。但我還是必須將焦點放在那裡，因為最早傳遍了民族主義的失憶症的土地，就是這些區域。

班納迪克·安德森
一九九一年二月

第一章

導論

也許這個現象尚未廣受注意，然而，我們正面臨馬克思主義思想與運動史上一次根本的轉型。最近在越南、柬埔寨和中國之間的戰爭，就是這個轉型最明顯的徵候。這幾場戰爭具有世界史的重要性，不僅因為它們是在幾個無可置疑的獨立革命政權之間最早發生的戰爭，同時也因為交戰各國中沒有任何一方嘗試使用**馬克思**主義的理論觀點來辯護這些屠戮。雖然我們還是可能從「社會帝國主義」或「捍衛社會主義」之類的角度——這要視個人品味而定——來詮釋一九六九年的中蘇邊界衝突，以及蘇聯對德國（一九五三）、匈牙利（一九五六）、捷克（一九六八），和阿富汗（一九八〇）等國的軍事干預，但是，我猜想，沒有人會真的相信這些術語和中南半島上發生的事情可以扯上什麼關係。

如果越南在一九七八年十二月以及一九七九年一月對柬埔寨的入侵與占領，代表第一次由一個革命馬克思主義政權向另一個革命馬克思政權所發動的**大規模傳統戰爭**，[1]那麼中國在七九年二月攻擊越南則迅速確認了這個先例。只有那些最深信不疑的人才敢打賭說，在二十世紀即將結束的幾年裡面，如果有任何大規模的國際衝突爆發，蘇聯和中華人民共和國——更不必說較小的社會主義國家了——會站在同一陣線。誰敢保證南斯拉夫哪一天不會和阿爾巴尼亞打起來？那些企圖使紅軍從東歐駐地撤出的各種團體應該先想一想，一九四五年以來，無所不在的紅軍在多大程度上防止了這個地區的馬克思主義政權之間爆發武裝衝突。

上述的思考，有助於彰顯一個事實：第二次世界大戰後發生的每一次成功的革命，如中華人民共和國、越南社會主義共和國等等，都是用民族來自我界定的；經由這樣的做法，這些革命扎實地植根於一個從革命前的過去繼承而來的領土與社會空間之中。相反的，蘇聯和大不列顛及北愛爾蘭聯合王國卻有一個少見的共同特性，就是拒絕用民族來為國家命名。這個事實顯示，這兩國不但是十九世紀前民族期王朝國家的繼承人，也是二十一世紀國際主義秩序的先驅。[2]

艾瑞克．霍布斯邦說過：「馬克思主義運動和尊奉馬克思主義的國家，不管在形式或實質上都有變成民族運動和民族政權——也就是轉化成民族主義——的傾向。沒有任何事實顯示這個趨勢不會持續下去。」[3]在這點上，他是完全正確的。然而，這個傾向並非只發生在社會主義世界之內而已。聯合國幾乎年年都接受新的會員。許多過去被認為已經完全穩固的「老民族」如今卻面臨境內一些「次」民族主義（sub-nationalisms）的挑戰。這些民族主義運動自然夢想著有這麼快樂的一天，它們將要褪去這個「次級」的外衣。事實擺在眼前：長久以來被預言將要到來的「民族主義時代的終結」，根本還遙遙無期。事實上，民族屬性（nation-ness）是我們這個時代的政治生活中最具普遍合法性的價值。

但是，如果事實是清清楚楚的，那麼該如何解釋這些事實則是一段長期聚訟紛紜的公案。nation（民族），nationality（民族歸屬），[4]nationalism（民族主義）——這幾個名詞涵義之難以界定，早已是惡名昭彰，遑論對之加以分析了。民族主義已經對現代世界發生過巨大的影響了；然而，與此事實適成對比的是，具有說服力的民族主義理論卻明顯的屈指可數。休·賽頓－華生（Hugh Seton-Watson），這位關於民族主義的英文論著中最好、涵蓋面最廣的一部作品的作者，也是自由主義史學與社會科學的繼承人，悲傷地觀察道：「我**被迫得到**這樣一個結論，也就是說，我們根本無法為民族下一個『科學的』定義；然而，從以前到現在，這個現象卻一直持續存在著。」[5]湯姆·奈倫（Tom Nairn），《不列顛的崩解》（*The Break-up of Britain*）這部開創性作品的作者，同時也是規模未遑多讓（於自由主義）的馬克思主義史學與社會科學傳統的傳人，做了如此坦白的評論：「民族主義的理論代表了馬克思主義歷史性的大失敗。」[6]然而甚至這樣的表白也還是有些誤導，因為我們會誤以為這段話的含意是，馬克思主義確實曾經長期而自覺地追尋一個清晰的民族主義理論，只不過令人遺憾的是這個努力失敗罷了。比較準確的說法應該是，對馬克思主義理論而言，民族主義已經證明是一個令人不快的**異常現象**；並且，正因如此，馬克思主義理論常常略過民族主義不提，不願正視。不然，我們該如何解釋馬克思在他那篇令人難忘的對一八四八年革命的闡述當中，竟然沒有說明其中那個關鍵性的形容詞的意義：「當然，每個國家的無產階級都必須先處理和**它自己的**（its own）資產階級之間的關係。」？[7]我們又怎樣解釋「民族資產階級」（national bourgeoisie）這個概念被用了一個世紀以上的時間，卻沒有人認真地從理論上合理化（民族）這個形容詞的相關性？如果以生產關係來界定，資產階級明明是一個世界性的階級，那麼，為什麼**這個**特定部分的資產階級在理論上是重要的？

本書的目的在於嘗試對民族主義這個「異常現象」，提出一個比較令人滿意的詮釋。我覺得，在這個問題的處理上，馬克思主義和自由主義的理論都因為陷入一種「晚期托勒密式」的「挽救這個現象」的努力，所以都變得蒼白無力；我們亟需將理解這個問題的角度，調整到一種富有「哥白尼精神」的方向上。[8]我的研究起點是，民族歸屬（nationality），或者，有人會傾向使用能夠表現其多重意義的另一字眼，民族的屬性（nation-ness），以及民族主義，是一種特殊類型的文化人造物（cultural artefacts）。想要適當地理解這些現象，我們必須審慎思考在歷史上它們是怎樣出現的，它們的意義怎樣在漫長的時間中產生變化，以及為何今天能夠掌握如此深刻的情感上的正當性。我將會嘗試論證，這些人造物之所以在十八世紀末被創造出來，[9]其實是從種種各自獨立的歷史力量複雜的「交會」過程中自發地萃取提煉出來的一個結果；然而，一旦被創造出來，它們就變得「模式化」（modular），在深淺不一的自覺狀態下，它們可以被移植到許多形形色色的社會領域，可以吸納同樣多形形色色的各種政治和意識形態組合，也可以被這些力量吸收。我也會試圖說明，為什麼這些特殊的文化人造物會引發人們如此深沉的依戀之情。

概念與定義

在處理上面提出的問題之前，我們似乎應該先簡短地考慮一下「民族」這個概念，並且給它下一個可行的定義。下列這三個詭論經常讓民族的理論家感到惱怒而困惑：（一）民族在歷史學家眼中的客觀的現代性相對於民族在民族主義者眼中主觀的古老性。（二）民族歸屬作為社會文化概念的形式普遍性——在現代世界每個人，就像他或她擁有一個性別一樣，都能夠、應該，並且將會擁有一個民族成員的身分——相對於民族歸屬在具體表徵上無可救贖的特殊性，例如，「希臘」民族成員的身分，依照定義本來就是獨特的（sui generis）。（三）各種民族主義在「政治上」的力量相對於它們在哲學上的貧困與不統一。換言之，和大多數其他主義不同的是，民族主義從未產生它自己的偉大思想家：沒有它的霍布斯（Hobbes）、托克維爾、馬克思，或韋伯。這種「空洞性」很容易讓具有世界主義精神和能夠使用多種語言的知識分子對民族主義產生某種輕鄙的態度。就像葛楚・史坦（Gertrude Stein）面對奧克蘭（Oakland）的時候一樣，人們會很快下結論說民族主義是一個「空無一物的地方」（there is 'no there there.'）。[10] 即使像奈倫這麼同情民族主義的學者也還是會如此寫道：「『民族主義』是現代歷史發展上的病態。如同『神經衰弱』之於個人一樣的不可避免；它既帶有與神經衰弱極類似的本質上的曖昧性，也同樣有著退化成痴呆症的內在潛能——這個退化潛能乃是根源於世界上大多數地區所共同面臨的無助的兩難困境之中（這種痴呆症等於是社會的幼稚病），並且，在多數情況下是無藥可醫的。」[11]

有一部分的困難來自於，人們雖然不會把「年齡」這個概念當作一個專有名詞，卻常常不自覺地把民族主義當作專有名詞，將它視為一個具有特定專屬內容的存在實體，然後把「它」區別為一**種**意識形態。（請注意，假如每個人都有年齡，那麼「年齡」只不過是一種分析性的表達語彙而已。）我想，如果我們把民族主義當作像「血緣關係」（kinship）或「宗教」（religion）這類的概念來處理，而不要把它理解為像「自由主義」或「法西斯主義」之類的意識形態，事情應該會變得比較容易一點。

依循著人類學的精神，我主張對民族做如下的界定：它是一種想像的政治共同體——並且，它是被想像為本質上有限的（limited），同時也享有主權的共同體。

它是**想像的**，因為即使是最小的民族的成員，也不可能認識他們大多數的同胞，和他們相遇，或者甚至聽說過他們，然而，他們相互連結的意象卻活在每一位成員的心中。[12]當赫南寫道：「然而民族的本質在於每個人都會擁有許多共同的事物，同時每個人也都遺忘了許多事情。」他其實就以一種文雅而出人意表的方式，指涉到了這個想像。當蓋爾納判定「民族主義不是民族自我意識的覺醒：民族主義**發明**了原本並不存在的民族」，[13]他是帶著幾分粗暴地提出了一個類似的論點。但是，蓋爾納這個表述的缺點是，他太熱切地想指出民族主義其實是偽裝在假面具之下，以致他把發明（invention）等同於「捏造」（fabrication）和「虛假」（falsity），而不是「想像」（imagining）與「創造」（creation）。在此情形下，他暗示了有「真實」的共同體存在，而相較於民族，這些真實的共同體享有更優越的地位。事實上，所有比成員之間有著面對面接觸的原始村落更大（或許連這種村落也包括在內）的一切共同體都是想像的。區別不同的共同體的基礎，並非它們的虛假／真實性，而是它們被想像的方式。爪哇的村落居民總是知道他們和從未謀面的人們有所關聯，然而這種關聯性，就如同可以無限延伸的親族或侍從（clientship）網絡一般，是以特殊主義的方式被想像的。直到不久以前，爪哇語當中還沒有能夠表示「社會」這個抽象概念的字眼。今天我們也許會把「舊政權」時代的法國貴族想成一個階級；但是他們被想像成一個階級當然是非常晚近的事。[14]對於「誰是X伯爵？」這樣的問題，以往正常的答案不會是「貴族階級的一員」，而是「X地的領主」、「Y男爵的伯父」，或者「Z公爵的侍從」。

民族被想像為**有限的**，因為即使是最大的民族，就算它們或許涵蓋了十億個活生生的人，它們的邊界，縱然是可變的，也還是有限的。沒有任何一個民族會把自己想像為等同於全人類。雖然在某些時代，基督徒確實有可能想像地球將成為一個信奉基督教的星球；然而，即使最富於救世主精神的民族主義者也不會像這些基督徒一樣地夢想有朝一日，全人類都會成為他們民族的一員。

民族被想像為**有主權的**，因為這個概念誕生的時代，啟蒙運動與大革命正在毀壞神諭的、階層制的皇朝的合法性。民族發展臻於成熟之時，人類史剛好步入一個階段，在這個階段裡，即使是普遍宗教最虔誠的追隨者，也不可避免地被迫要面對生機勃鬱的宗教多元主義，並且每一個信仰的本體論主張與它所支配的領土範圍之間也有不一致的現實。民族於是夢想著成為自由的，並且，如果是在上帝管轄下，直接的自由。衡量這個自由的尺度，與這個自由的象徵，就是主權國家。

最後，民族被想像為一個**共同體**，因為儘管在每個民族內部可能存在普遍的不平等與剝削，民族總是被設想為一種深刻的、平等的同志愛。最終，正是這種友愛關係在過去兩個世紀中，驅使數以百萬計的人們甘願為民族，這個有限的想像，去屠殺或從容赴死。

猛然之間，這些死亡迫使我們直接面對民族主義提出來的核心問題：到底是什麼原因使得這種只有短暫歷史（不超過兩個世紀）的，縮小了的想像竟然能夠激發起如此巨大的犧牲？我相信，只有探究民族主義的文化根源，我們才有可能開始解答這個問題。

第二章
文化根源

沒有什麼比無名戰士的紀念碑和墓園，更能鮮明地表徵現代民族主義文化了。這些紀念物之所以被賦予公開的、儀式性的敬意，恰好是因為它們本來就是被刻意塑造為空洞的，或者是根本沒人知道到底是哪些人長眠於其下。這樣的事情，是史無前例的。[1]你只要想像一下一般民眾對於好事者宣稱「發現」了某個無名戰士的名字，或是堅持必須在碑中存放一些真正的遺骨時的反應，就可以感受到此事的現代性了。一種奇怪的，屬於當代的褻瀆形式！然而，儘管這些墓園之中並沒有可以指認的凡人遺骨或者不朽的靈魂，它們卻充塞著幽靈般的**民族的**想像。[2]（這也就是為什麼許多擁有這種墓園的民族並不覺得有必要指名這些不存在的英靈的民族別。除了身為德國人、美國人、阿根廷人……之外，他們**還有可能**屬於什麼民族？）

如果我們試著去想像，比方說，「無名的馬克思主義者之墓」或者「殉難自由主義者衣冠塚」，這類紀念物的文化意義就會更清楚了。做這種想像有可能不讓人感到荒謬嗎？畢竟，馬克思主義和自由主義都不怎麼關心死亡和不朽。然而，民族主義的想像卻如此關切死亡與不朽，這正暗示了它和宗教的想像之間有著密不可分的關係。這種密切關係絕對不是偶然的，所以，如果我們以死亡——這個一切宿命之中最終極的宿命——作為起點來考察民族主義的文化根源，也許會有所助益。

人會怎麼死常常看來是沒什麼規則可循的，但所有人終究都不免一死。人的生命就充滿了這類必然與偶然的組合。我們全都明白我們體內特定的基因遺傳，我們的性別，我們生存的時代，我們種種生理上的能力，我們的母語等等，雖是偶然的，卻也是難以改變的。傳統的宗教世界觀有一個偉大的價值（我們自然不應將此處所謂的價值和它們在合理化種種支配和剝削體系所扮演的角色混為一談），也就是它們對身處宇宙之內的人，人類作為物種的存在，以及生命之偶然性的關心。佛教、基督教或者伊斯蘭教在許多不同的社會中存續了千年以上，此一驚人的事實，證明了這些宗教對於人類苦難的重荷，如疾病、肢體殘廢、悲傷、衰老和死亡，具有充滿想像力的回應能力。為何我生而為盲人？為何我的摯友不幸癱瘓？為何我的愛女智能不足？宗教企圖提出解釋。包括馬克思主義在內的所有演化論／進步論型態的思想體系的一大弱點，就是對這些問題不耐煩地無言以對。[3]同時，宗教思想也以種種不同的方式——透過將宿命轉化成生命的連續性（如業報或原罪等觀念），隱諱模糊地暗示不朽的可能。經由此，宗教思想涉及了死者與未降生者之間的聯繫，關於重生的祕密。任何一個曾經經驗過**他們的**子女受孕與誕生的人，都會模糊地領會到「連續」這個字眼當中同時包含的結合、偶然，和宿命？（這裡，演化論／進步論思想又居於下風了，因為它對任何連續性的觀念抱著近乎赫拉克利圖式〔Heraclitean〕[4]的厭惡。）

我之所以提出這些似乎有點愚蠢的觀察，主要是因為在西歐，十八世紀不只標示了民族主義的降生，也見證了宗教式思考模式的衰頹。這個啟蒙運動和理性世俗主義的世紀同時也帶來了屬於它自己特有的，現代的黑暗。儘管宗教信仰逐漸退潮，人的受苦——有一部分乃因信仰而生——卻並未隨之消失。天堂解體了：所以有什麼比命運更沒道理的呢？救贖是荒誕不經的：那又為什麼非要以另一種形式延續生命不可呢？因而，這個時代所亟需的，是經由世俗的形式，重新將宿命轉化為連續，將偶然轉化為意義。在下面的討論中我們會知道，很少東西會比民族這個概念更適於達成這個使命。設若民族國家確如眾所公認的，是「新」而且「歷史的」，則在政治上表現為民族國家的「民族」的身影，總是浮現在遙遠不復記憶的過去之中，[5]而且，更重要的是，也同時延伸到無限的未來之中。正是民族主義的魔法，將偶然化成命運。我們或許可以隨著德勃艾（Debray）的話說道：「是的，我生而為法國人是相當偶然的；然而，畢竟法蘭西是永恆的。」

毋須說，我當然不是在主張民族主義在十八世紀末的出現是宗教世界觀的確定性遭侵蝕所「造」成的，我也不是說此種確定性之受侵蝕本身不需要複雜的解釋。我也沒有暗示說民族主義不知怎樣地就在歷史過程中「取代」了宗教。我所主張的是，我們應該將民族主義和一些大的文化體系，而不是被有意識信奉的各種政治意識形態，聯繫在一起來加以理解。這些先於民族主義而出現的文化體系，在日後既孕生了民族主義，同時也變成民族主義形成的背景。只有將民族主義和這些文化體系聯繫在一起，才能真正理解民族主義。

和我們現在的討論相關的兩個文化體系，是**宗教共同體**（religious community）和**王朝**（dynastic realm）。就像「民族」在當代的地位一樣，這兩個文化體系在它們的全盛時期，也都被人們看做是理所當然的參考架構。因此，一個重要的課題是，我們必須探究為什麼這些文化體系會產生不證自明的合理性，而又是什麼樣的重要因素導致了它們的解體。

宗教共同體

很少有什麼事情，會比當今世界幾個主要宗教所涵蓋的地域之廣袤，更令人印象深刻了：

從摩洛哥到菲律賓蘇祿群島（Sulu Archipelago）的地區，構成了伊斯蘭共同體；從巴拉圭到日本，盡在基督教世界的範圍之內；而佛教信仰圈，則涵蓋了南起斯里蘭卡北至朝鮮半島的廣大地域。這幾個偉大的神聖文化（為了本文討論的目的，也許可以容我再加上「儒教」一項）裡面都包含有「廣大無限的共同體」之概念。然而關於基督教世界、伊斯蘭世界，甚至中國（the middle kingdom）的想像——雖然我們今天把中國想成「中華（Chinese）之國」，但過去她並不是把自己想像成「中華」，而是「位居中央」（central）之國——之所以可能，主要還是經由某種神聖的語言與書寫文字的媒介。僅以伊斯蘭教為例：假如瑪昆達納人（Maguindanao，住在岷達那峨島的菲律賓第二大穆斯林語群）和貝伯族人（Berbers，定居或游牧於北非的摩洛哥到埃及之間的穆斯林族群）在麥加相遇，他們雖然彼此都不懂對方的語言，無法以口頭溝通，卻可以理解彼此的文字，**因為**他們所共有的神聖經典全都是以古典阿拉伯文書寫的。就此意義而言，阿拉伯文正如同中國文字一樣，創造了一個符號——而非聲音（sounds）——的共同體。（所以今天的數學語言延續著一個舊傳統。羅馬尼亞人和泰國人都不知道對方怎麼稱呼「＋」這個符號，但他們都瞭解這個符號的意義。）所有偉大而具有古典傳統的共同體，都藉助於某種和超越塵世的權力秩序相連結的神聖語言的中介，把自己設想為位居宇宙的中心。因此，拉丁文、巴利文、阿拉伯文或中文的擴張範圍在理論上是沒有限制的。（事實上，書寫文字愈死——離口語愈遠——愈好：原則上人人皆可進入純粹符號的世界。）

不過這種由神聖語言所結合起來的古典的共同體，具有一種異於現代的民族想像共同體的特徵。最關鍵的差別在於，較古老的共同體對它們語言的獨特的神聖性深具信心，而這種自信則塑造了它們關於認定共同體成員的一些看法。中國的官人們帶著讚許的態度注視著千辛萬苦方才學會揮毫書寫中國文字的野蠻人。這些蠻人雖未入文明之室，卻總算也登上文明之堂了，[6]而即使半開化也遠勝於蠻貊。這樣的態度當然並非中國人所特有，也不限於古代。比方說，讓我們想想下面這段由十九世紀初哥倫比亞的自由主義者彼得羅・費敏・戴・瓦加斯（Pedro Fermín de Vargas）所擬的〈平蠻策議〉：

> 欲擴張吾人之農業，必先使印第安人西班牙化。彼等之怠惰、愚昧以及對正常應付出之努力所持之漠然態度，令人思及彼乃源於一墮落之種族，且距其源頭愈遠愈形退化……**唯今之計，應使印第安人與白人通婚，宣告彼等已無進貢與其他義務，再發給私有土地，使之馴至滅種**。[7]

令人注意的是，這個自由主義者仍然提議用「宣告彼等已無進貢義務」和「發給私有土地」這類手段來讓印第安人「滅種」，而不像隨後他在巴西、阿根廷和美國的後繼者們一樣，乾脆用槍炮和細菌來滅絕印第安人。同樣要注意的是和他那屈身以從的殘酷並存的一種樂觀主義的宇宙論：在受孕於白種人的，「文明的」精液，並且取得私有財產之後，印第安人就**和其他所有人一樣**，終究是可以救贖的。（後來的歐洲帝國主義者多偏好「純種的」馬來人、古爾卡人〔Gurkhas，尼泊爾的印度教地主和軍事部族〕和豪撒族人〔Hausas，北奈及利亞和南部尼日的穆斯林族群〕勝於「混血種」、「半開化土人」、「西化的東方紳士」〔wog〕之類的。費敏的態度和他們是多麼不同啊。）

然而，如果神聖而沉默的語言是人們想像昔日那些偉大的世界的共同體的媒介的話，這種幻想的現實性則繫於一個對於當代西方思維而言頗為陌生的理念——符號的非任意性。中文、拉丁文或阿拉伯文的表意文字是現實的直接流露，而不是任意虛擬的現實表象。關於何者才是適合於大眾的語言（拉丁文或方言）的長期爭論，我們都知之甚詳。伊斯蘭傳統認為，唯有經由那無可替代的真實符號——阿拉伯文，才能接近阿拉的真理，因此直到相當晚近，《古蘭經》都還被認為是不可能照原文逐字翻譯的（所以也就一直沒有被翻譯）。這些古典的共同體從未設想過一個和語言高度分離，而所有語言都只是和它保持等距關係（所以是可以互換的）符號的世界。事實上，本體論上的真實只能透過一個單一的、擁有特權地位的表象系統，如教會拉丁文的真理語言（truth-language）、《古蘭經》的阿拉伯文或科舉的中文才能理解。[8]而且，作為所謂「真理語言」，這些表象系統內部帶有一種對民族主義而言相當陌生的衝動，也就是朝向「改宗」（conversion）的衝動。所謂改宗，我指的不是使人接受特定的宗教信條，而是如鍊金術般地將之吸收融合之意。蠻夷化為「中國」，利夫人（Rif）化為穆斯林，[9]而伊隆哥人（Ilongo）則化為基督徒。[10]人類存有的本性可以經由聖禮而變形。（何妨試將這些聳立天際，傲視一切方言的古老的世界性語言，與湮埋於眾方言之間、無人聞問的近代的人造世界語，如希望語或沃拉卜克語[11]做一對比。）終究，正是這種可以經由神聖語言改宗的可能性，才讓一個「英格蘭人」可以成為教宗[12]而「滿洲人」得以成為天子。

然而縱令神聖的語言使得「基督教世界」這樣的共同體成為可想像的，這些共同體的實際範圍與其合理性，卻不是單憑神聖的文字這一個因素就能解釋清楚的。畢竟，能夠閱讀這些文字的人，只不過是在廣大的文盲之海上露出的數點識字者的小岩礁罷了。[13]欲求更完整的解釋，我們必須看看文人階層與其社會之間的關係。把文人理解為某種神權的科技官僚的想法是錯誤的。他們所護持的語言儘管深奧難解，但卻完全沒有律師或經濟學家的術語那種堆砌造作的艱深。這些術語難解的程度，幾乎要超越一切社會對真實理解的極限了。相反的，文人是多才的達者，在一個以神為頂點的宇宙秩序當中，他們構成一個具有戰略性地位的階層。[14]關於「社會集團」的一些根本概念，並不是（集團的）界線導向和水平式的，而是向心而階層式的。我們必須先知道有一個橫跨歐洲全域的書寫拉丁文的文人階級的存在，**以及**一個人人共有的關於世界的概念——這個概念主張具有雙語能力的知識階層經由媒介方言與拉丁文，同時也媒介了塵世與天堂——然後我們才能理解為什麼教皇權在全盛時期竟然可以如此勢焰熏天。（對於被逐出教會的畏懼正反映了這個宇宙論。）

但是，儘管偉大的宗教的想像共同體會享有崇高的威勢，它們的**不自覺的整合性**，卻從中世紀後期開始穩定地衰退。有種種理由導致了這樣的衰退，然而我在此僅欲強調和這些共同體之獨特的神聖性有直接關聯的兩項因素。

首先，是對歐洲以外世界所進行的探險的影響。這個影響——雖然不限於歐洲，但主要仍發生在歐洲——「急遽擴大了文化和地理的視野，也因而擴充了人們關於人類可能的生活形式的概念。」[15]這個過程，在所有偉大的歐洲人的遊記之中，早已清晰可察。讓我們看看以下這段由良善的威尼斯基督徒馬可・孛羅在十三世紀末所寫，對忽必烈汗（Kublai Khan）飽含敬畏的描述：[16]

大汗在大勝之後，威風凜凜地班師凱旋，返回京城汗八里。這是發生在十一月的事，

> 然後大汗繼續在京城住到隔年的二月和三月，正當**我們的**復活節的時刻。當他得知復活節是**我們的**主要祭典之一時，他詔令所有基督徒前來參覲，並且令他們隨身帶來他們的那本含有四福音書的聖經。在恭謹地將聖經反覆薰香之後，他虔敬地親吻聖經，並且下令所有在場貴族一一照做。這個儀式是他每逢主要的基督教節慶，如復活節或耶誕節來臨時，通常都會遵循的慣例。此外，每逢薩拉遜人（Saracens，阿拉伯人）、猶太人或者其他偶像教徒的節慶之日，他也依此慣例，行禮如儀。當他被問及這個舉動的動機何在時，他說：「四位偉大的先知，分別受到不同種類人群的敬拜。基督徒敬耶穌為神；薩拉遜人膜拜穆罕默德；猶太人崇敬摩西；偶像教徒則敬拜所有偶像中最尊崇的索哥蒙巴坎（Sogomombar-kan，釋迦摩尼佛）。我敬愛所有這四位先知，而且，**不管祂們之中到底哪一個在天上享有真正至高的地位**，我都會向祂祈求賜福。」但是從陛下敬拜這四位神祇的方式觀之，明顯的他認為基督徒的信仰至真且至善……

這段記載最引人注意的不是這位蒙古大帝冷靜的宗教相對論（那終究還是一種**宗教的**相對論），而是馬可．孛羅的態度和語言。即便他是寫給他的歐洲基督徒同胞看的，他也從未想過要把忽必烈稱為偽善之徒或者偶像崇拜者。（無疑的，這有部分是因為「就臣民的數目、領土的面積，和收入的總額而論，他超越了全世界古往今來所有的君王」。）[17]而從他不自覺地使用「我們的」（後來又變成「他們的」）的字眼，以及將基督徒的信仰描述為「至真」而不只是「真」當中，我們可以察覺到若干「信仰的領土化」（territorialization of faiths）的種子，它們預示了日後許多民族主義者的語言（「我們的」民族「最好」——在一個競爭的，**比較的場域**之中）。

來自波斯的旅行者「里嘉」（Rica）於「一七一二」年從巴黎寫給友人「伊班」（Ibben）的一封信的開頭，提供我們一個深富啟發性的對照：[18]

> 教皇是基督徒的頭子；他是舊時代的偶像，而現在人們是出於習慣而敬拜他。以往連君主們都畏懼他，因為他要廢除這些君主的王位，就像我們偉大的蘇丹要讓伊瑞美地亞或喬治亞的國王退位一樣簡單。但是現在人們再也不怕他了。他宣稱自己是最早的基督徒之一的，一個叫做聖彼得的人的繼承人。這當然是個有錢的世代繼承，因為他有龐大的財富，而且控制了一個很大的國家。

出於一個十八世紀的天主教徒之手的這些刻意而複雜的虛構情景，反映出他那位十三世紀的前輩天真的寫實主義，然而時至十八世紀的此刻，「相對化」和「領土化」已經完全是自覺的，而且是帶有政治意圖的了。伊朗宗教政權領袖何梅尼（Ayatollah Ruhollah Khomeini）沒有用「大撒旦」之名來稱呼異端邪說，甚至也沒有用來指涉某個惡魔般的人物（不起眼而渺小的卡特總統實在配不上這個榮銜），卻將之視為一個**民族**。難道我們不能把這個例子，看成是對這個正在演化當中的（宗教共同體自覺而帶有政治意圖的「相對化」與「領土化」的）傳統，一個詭論式的透澈闡釋嗎？

第二個因素是神聖語言自身地位的逐步式微。在論及中世紀的西歐時，布洛赫（Bloch）注意到「拉丁文不僅是教學用的語言而已，它是**僅有的一個被教授的語言**」。[19]（這第二個「僅」〔only〕很清楚地顯示出拉丁文的神聖性——所有其他的語言都被認為是不值得教授的。）然而到了十六世紀，這種情形已在急速改變中了。我們毋須在此著墨於導致這個改變的種種因素：在後文中我們自會討論印刷－資本主義（print-capitalism）無比的重要性。我們只要記得這個變化的規模和速度就夠了。根據費柏赫（Febvre）和馬坦（Martin）的估計，一五〇〇年以前出版的書籍有七七％還是用拉丁文寫的（然而這也意味著已經有二三％的書是以方言寫成的）。[20]如果在一五〇一年於巴黎印行的八十八個版本的書籍當中只有八個版本不是用拉丁文寫的，那麼到了一五七五年之後法文版的書籍恆占多數。[21]雖然在反宗教改革期間拉丁文曾有短暫的復興，但拉丁文的霸權已亡。我們也不只是在談論是否廣泛流行的問題而已。稍後，以一種同樣令人暈眩的速度，拉丁文喪失了作為全歐洲上層知識階級的語言的地位。十七世紀時，霍布斯（一五八八－一六七八）因為使用真理語言寫作而享譽歐洲大陸，而莎士比亞（一五六四－一六一六）卻因以方言寫作而聲名不聞於英倫海峽彼岸。[22]如果英語沒有在兩百年後變成最顯赫的世界性的——帝國式的語言，莎翁果真能倖免於先前籍籍無名的命運嗎？同時，在英倫海峽彼岸的約略同代之文士當中，笛卡兒（一五九六－一六五〇）和巴斯卡（一六二三－一六六二）多以拉丁文書寫信簡，但伏爾泰（一六九四－一七七八）則完全使用方言通信。[23]「一六四〇年以後，由於以拉丁文寫的新書日益減少，而方言著作則與日俱增，出版漸漸不再是一個國際性（原文如此）的事業了。」[24]一言以蔽之，拉丁文的衰亡，其實是一個更大的過程，也就是被古老的神聖語言所整合起來的神聖的共同體逐步分裂、多元化，以及領土化過程的一個例證。

王朝

現代人恐怕很難理解曾經有這樣一個世界，本質上在那裡大多數人唯一想像得到的「政治」體系似乎只有王朝而已。因為「當真的」（serious）君主制根本上和所有現代政治生活的概念是相互抵觸的。王權把所有事物環繞在一個至高的中心四周而組織起來。它的合法性源於神授，而非民眾——畢竟，民眾只是臣民（subjects），不是公民（citizens）。在現代概念當中，國家主權在一個法定疆域之內的每一平方公分的土地上所發生的效力，是完全、平整而且均勻的。但是在比較古老的想像裡面，由於國家是以中心（center）來界定的，國家與國家之間的邊界是交錯模糊的，而且主權也頗有相互滲透重疊之處。[25]因而，夠弔詭的是，前現代的帝國與王國竟能夠對極度多樣而異質，並且經常是居住在不相連的領土上的臣民，輕易地維繫長期統治。[26]

我們同時也要記得，這些古老的君主制國家，不只透過戰爭，也靠一種和今日所實行的頗不相同的「性的政治」來進行擴張。經由垂直性的通則，王朝之間的聯姻把多種多樣的住民聚合到新的頂點之下。就此而言，哈布斯堡王室是箇中典範。誠如那收場的戲文所云：「讓別人去戰鬥吧！汝，幸運的奧地利結婚去吧！」（Bella gerant alii, tu felix Austria nube!）[27]以下是一段稍做簡化了的哈布斯堡家族後期君主擁有的頭銜：[28]

奧地利皇帝；匈牙利，波西米亞，達爾馬希亞，克羅埃西亞，斯洛伐尼亞，加里西亞，羅德美利亞，與依理利亞之王；耶路撒冷等地之王；奧地利大公；塔斯卡尼與克拉考大公；羅特林吉亞，薩爾茲堡，史地利亞，科林西亞，卡尼歐拉，與布克維納公爵；川斯維尼亞大公，摩拉維亞邊境伯爵；上下希里西亞，莫地那，帕爾瑪，皮亞千薩，與瓜斯地拉，奧許維茲和薩托，泰申，福立奧，拉古薩，與薩拉之大公；哈布斯堡與泰洛爾，基堡，哥茲，格拉地斯卡伯爵；特立安與布利琛公爵；上下勞席茲與依斯特里亞邊境伯爵；荷西年姆茲，費得克區，布來根茲，索能堡等地之伯爵；特里斯特領主，卡達羅與與溫地士馬克領主；維渥地那塞爾維亞大公……。

誠如賈希（Jászi）公允的觀察，這個頭銜「不是沒有滑稽的一面……這是哈布斯堡家族無數次聯姻、討價還價，和掠奪的紀錄」。

在一夫多妻為宗教所認可的世界裡，複雜的多層妻妾體制對於王朝的整合具有關鍵的重要性。事實上，可否容我說，王室血統的威望除了源自神命之外，經常也來自雜婚（miscegenation）呢？[29]因為，這種血緣的混合是統治地位的表徵。從十一世紀以來（如果在此之前真的有過的話）就再也沒有一個「英格蘭的」王朝統治過倫敦。這是一個典型的例證。而我們又該把波旁王室（the Bourbons）派給哪一個「民族」呢？[30]

然而，在十七世紀的時候，由於某些毋須在此細究的因素，神聖君主自然而然產生的正當性在西歐開始慢慢衰退。一六四九年，查爾斯．斯圖亞特（Charles Stuart）在現代世界的第一個革命當中被斬首，而在一六五〇年代之中，這個重要的歐洲國家的統治者不是國王，而是一個平民出身的監國（Protector）。但即使在詩人波普（Pope）和埃迪生（Addison）的時代，安．斯圖亞特（Anne Stuart）仍然在使用以皇族之手觸摸病患的方式為人治病。在啟蒙運動時代的法國，直到「舊政權」瓦解前夕，波旁王室的路易十五、路易十六也都還在做這種事情。[31]然而一七八九年以後，統治者就得要聲嘶力竭而且自覺地辯護他們的合法性了，而在此過程當中，「君主制」（monarchy）變成了一個半規格化的模式。天皇和天子變成了「皇帝」。在邊遠的暹羅，拉瑪五世（Rama V〔Chulalongkorn，朱拉隆功〕）把他的子姪送到聖彼得堡、倫敦、柏林的宮廷裡去學習這個世界性模式的機微奧妙。一八八七年，他將法定長子繼承之必要原則予以制度化，從而將暹羅帶入「與西歐諸『文明的』君主制國家並列」之境。[32]這個新體制在一九一〇年的時候，把一個在早先的舊制下當然會被略過的古怪的同性戀者送上了王位。不過，在他的加冕典禮上，來自英國、俄羅斯、希臘、瑞典、丹麥，甚至日本等代表出席，等於宣示了各君主國對他登基為拉瑪六世的認可。[33]

遲至一九一四年，君主制國家還是世界政治體系成員中的多數，然而，正如我們將在下面仔細探究的，早在舊的正當性原則無聲無息地消亡之際，很多君主早已在探求「民族的」標識了。儘管腓特烈大帝（一七四九－一七八六在位）的軍隊中還有為數眾多的「外國人」，他的姪孫腓特烈·威廉三世（一七九七－一八四〇在位）的軍隊，在夏恩霍斯特（Scharnhorst）、格耐澤瑙（Gneisenau）和克勞塞維茲（Clausewitz）等人[34]了不起的改革之後，已經徹底變成「普魯士的國民軍」了。[35]

對時間的理解

然而，我們也不應該目光短淺地認為民族的想像共同體就真是從宗教共同體和王朝之中孕生，然後再取而代之而已。在神聖的共同體、語言與血統的衰退底下，人們理解世界的方式正在發生根本的變化。這個變化，才是讓「思考」民族這個行為變得可能的最重要因素。

要想感覺一下這個變化，我們如果去看看那些神聖共同體怎樣在視覺上被表現出來，像中世紀教堂裡的浮雕和彩繪玻璃，或早期義大利和弗蘭德斯（Flemish）巨匠的畫作，當會獲益良多。這些視覺表現的代表性特徵是，它們和「現代服裝」之間具有某種容易令人誤解的相似性。那些遵循星辰的指引來到耶穌誕生馬槽的牧羊人竟然有著勃根地農民的五官；聖母瑪利亞長得像塔斯卡尼商人的女兒。在很多畫作當中，出現在畫面上的委託創作主顧穿著全套市民階級或貴族的行頭，滿懷讚嘆地跪在牧羊人的身邊。顯然，我們今天看似不協調的事物在中世紀的宗教敬拜者眼中卻是完全自然的。我們所面對的，是一個幾乎完全以視覺和聽覺來表現現實想像的世界。基督教世界得要經由無數個特殊的事物，像是這面浮雕、那片窗戶，這篇禱文、那個故事，這齣道德劇、那個聖者或殉教者的遺骨等等，才形成其普遍性形式的。儘管橫跨全歐嫻習拉丁文的知識階層是型構基督教想像的一個重要成分，然而以較個別而具體的視、聽覺創造物當作向不識字民眾傳播教義的媒介也同等重要。就算聽過那個謙遜的教區教士講道的街坊民眾人人都對他的家世和弱點瞭若指掌，他也還是他的教眾和上帝之間的直接媒介。這種宇宙－普遍性（cosmic-universal）原則與現世－特殊性（mundane-particular）原則的並立，意味著不管基督教世界可能有多廣闊，或者人們覺得它有多廣闊，事實上它是以**種種殊異的**面貌，對不同的地域共同體如史瓦比亞（Swabia）或安達路西亞（Andalusia）等，各自以這些共同體自身的形象而呈現出來的。以現代美術館那種「回復原貌」的精神，把聖母瑪利亞畫得像閃族人，或穿著「第一世紀」的服裝，這種事情對中世紀基督徒是無法想像的。中世紀的基督教心靈並沒有歷史是一條無盡因果連鎖的觀念，也沒有過去與現在斷然二分的想法。[36]據布洛赫的考察，當時的人認為既然基督的二次降臨隨時會到來，他們必然已經接近時間的盡頭了——誠如保羅所言：「主降臨之日將如黑夜之竊賊般悄然到來。」無怪乎偉大的十二世紀編年史家弗來興主教奧托（Bishop Otto of Freising）會反覆陳說「被置於時間盡頭之我等」。布洛赫下結論說，中世紀的人「從獻身冥思之日起，就沒有什麼事情比年輕而富有活力的人類種族有著久遠未來的前景這種念頭，和他們的思緒離得更遠的了」。[37]

奧爾巴哈為這種形式的意識，描繪了一幅令人難忘的圖像：[38]

如果像以撒（Issac，譯按：聖經中亞伯拉罕之子，被其父獻祭給上帝）的犧牲這樣的事件，被詮釋為預告了基督的犧牲，因而前者彷彿像是宣告且承諾了後者的發生，而後者則「成就了」前者，那麼，在兩個相互沒有時間或因果關聯的事件之間，某種關聯就被建立起來了——而這個關聯是無法用理性在水平的次元上建立起來的……只有兩個事件都被垂直地聯繫到唯一能夠如此規劃歷史並且提供理解歷史之鑰的神諭，這個關聯才有可能確立……此地此時不再只是塵世事件之鏈的一環而已，它**同時**是一個始終存在，並且終將在未來被完成的事物；而且，嚴格說來，在上帝眼中，它是某種永恆的、無時不在的，以及已支離破碎的塵世領域中被完成的事物。

他正確地強調出像**同時性**（simultaneity）這樣的概念對我們是全然陌生的。這個概念把時間看成很接近班雅明所說的「彌賽亞時間」，一種過去和未來匯聚於瞬息即逝的現在的同時性。[39]在這種看待事物的觀點裡面，「與此同時」（meanwhile）一詞是不可能具有真正的意義的。

我們自己的同時性概念，是在一段漫長的時間裡逐漸成形的，而它的出現當然和世俗科學的發展有關——雖然這兩者之間究竟如何相關仍有待深入探討。但因為這個概念是這麼重要，如果不對它做充分的思考，我們勢必難以究明民族主義那隱微而不易辨識的起源。最後終於取代了中世紀的與「時間並進的同時性」概念的，再借用班雅明的話，是一種「同質的，空洞的時間」的觀念。在此觀念中，同時性是橫斷的，與時間交錯的；標示它的不是預兆與成就，而是由時鐘與日曆所測量的，時間上的一致（temporal coincidence）。[40]

如果我們思考一下兩種最初興起於十八世紀歐洲的想像形式——小說與報紙——的基本結構，就能夠明白何以這個轉型對於民族的想像共同體之誕生會是如此重要了。[41]因為這兩種形式為「重現」民族這**種**想像共同體，提供了技術上的手段。

首先來考慮舊式小說的結構，一種從巴爾札克的傑作到所有同代的三流廉價小說都共有的典型結構。很清楚的，它是一種以「同質的-空洞的時間」來表現同時性的設計，或者說是對「與此同時」（meanwhile）這四個字的一種複雜注解。為了說明起見，讓我舉一部單純的小說情節裡面的一段為例。在這段情節當中，某男子（A）有妻（B）與情婦（C），而這個情婦又有一情人（D）。我們也許可以為這段情節想像出一個時間表如下：

時間	I	II	III
事件	A和B吵架 C和D做愛	A打電話給C B購物 D打撞球	D在酒吧喝醉 A和B在家共進晚餐 C做了一個不祥的夢

要注意在這個時序當中A和D從未碰面，而事實上如果C夠精明，這兩人可能根本不知道彼此的存在。[42]那麼A和D到底有什麼關係？有兩個互補的概念：第一，他們都身處「社會」（如威賽克斯、呂倍克、洛杉磯）之中。因為這些社會是有著如此堅實穩定存在的社會學實體，其成員（A和D）因此甚至可以被描寫成在街上擦身而過，未曾相識而仍舊是有關聯的。[43]第二，A和D存在於全知的讀者的心中。只有這些讀者像上帝一樣，在**同一時間**看著A打電話給C，B在購物，D打撞球。這些多半互不相識的行為者，在由時鐘與日曆所界定的同一個時間，做所有這些動作，而此一事實則顯示了這個由作者在讀者心中喚起的想像世界之新穎與史

無前例。[44]

一個社會學的有機體依循時曆規定之節奏，穿越同質而空洞的時間的想法，恰恰是民族這一理念的準確類比，因為民族也是被設想成一個在歷史之中穩定地向下（或向上）運動的堅實的共同體。[45]一個美國人終其一生至多不過能碰上或認識他兩億四千多萬美國同胞裡面的一小撮人罷了。他也不知道在任何特定的時點上這些同胞究竟在幹什麼。然而對於他們穩定的、匿名的、同時進行的活動，他卻抱有完全的信心。

假如我們稍微來檢討一下四本來自不同文化、不同時代背景的小說的話，我此刻所提觀點也許看起來就不會那麼抽象了。這些小說除了其中一本以外其他三本都和民族主義運動有著不解之緣。一八八七年菲律賓民族主義之父荷賽・黎剎（José Rizal）寫了《社會之癌》（*Noli Me Tangere*）。這本小說在今天被認為是現代菲律賓文學最偉大的成就。它同時也幾乎是當地「土著」（Indio）所寫的第一本小說。[46]下面就是它那令人讚嘆的開場：[47]

> 十月底，唐・聖狄雅哥・得・洛・山多斯——人們叫他狄雅哥上尉——正在舉行晚宴。雖然這次他一反慣例，直到當天下午才宣布消息，但這個晚宴卻很快就成為畢諾多，還有城裡其他地區，甚至（圍在牆後的內城）般查慕洛等地所有談話的主題了。在那個年代

裡，狄雅哥上尉向以慷慨待客著稱。人人都知道他的房子就跟他的國家一樣，除了對商業和新奇大膽的觀念恕不奉陪以外，對任何人都是來者不拒的。

所以消息像就電擊一樣，瞬間傳遍了寄生蟲、食客和那些上帝以其無限的善意所創造，並且溫柔地在馬尼拉大量繁殖的，專打秋風的人的圈子。有急著找人擦亮靴子的，也有到處找袖扣和領帶的。但是所有的人都在為待會該用什麼程度的親暱向主人打招呼才像個老朋友，或者如果必要的話，要找什麼藉口說自己沒辦法早點到之類的問題傷腦筋。

晚宴的地點在安絡格街上的一棟房子裡面。既然我們不記得房子的門牌號碼，我們會用一種現在也許還認得出來的方式來描述這棟房子——那是說，如果地震還沒有把它給摧毀了的話。想來，房子的主人也不會把它拆了，因為這種事通常是留給上帝，或者和我們政府簽了不少契約的大自然來做的。

我們自然毋須對這段文字做廣泛的評論。我們只需注意到這個事實就夠了：從一開頭就是這樣的意象——數以百計未被指名、互不相識的人，在馬尼拉的不同地區，在某特定年代的某特定月分，正在討論一場晚宴。這個（對菲律賓文學而言全新的）意象立即在我們心中召喚出一個想像的共同體。而且，在「我們會用現在還認得出來的方式來描述」「在安絡格街的一棟房子」這段句子裡暗示的「認得出房子的人」，就是我們——菲律賓人——讀者。這棟房子從小說的「內部的」時間向（馬尼拉的）讀者日常生活之「外部的」時間的因果推移，有如催眠術一般地確認了一個單一的，涵蓋了書中角色、作者與讀者，並在時曆之中前進的共同體的堅實存在。[48]同時也要注意寫作的語氣。儘管黎剎對其讀者的身分一無所知，他卻用一種反諷的親暱對他們寫作，好像他們之間的交情一點也不成問題似的。[49]

如果拿《社會之癌》和在它之前由當地人所寫的最有名的文學作品，也就是法蘭西斯科・巴拉格塔司（Francisco Balagtas，即 Baltazar〔巴塔薩〕）的《阿爾巴尼亞王國的弗羅蘭地和洛拉的故事》（*Pinagdaanang Buhay ni Florante at ni Laura sa Cahariang Albania*）做比較，我們一定會產生一種無可比擬的，傅柯式的意識突然中斷之感。（這本書第一版註明的出版時間是一八六一年，不過全書可能早至一八三八年即已完稿。）[50]因為，儘管黎剎出生之時巴拉格塔司仍然在世，巴氏這部傑作裡的世界，不管在哪個方面對於《社會之癌》而言都是全然陌生的。它的背景——傳說中的中世紀的阿爾巴尼亞——完全脫離了一八八〇年代的畢農多（Binondo）的時空。主人翁——弗羅蘭地，一個信奉基督教的阿爾巴尼亞貴族，和他的密友阿拉丁，一個信奉伊斯蘭的莫洛族[51]波斯貴族——只有在這兩人的基督徒－莫洛族的聯繫上讓人想起菲律賓而已。黎剎為產生「寫實」、諷刺，或者民族主義的效果，行文之際刻意在其以西班牙文寫的散文的字裡行間點綴一些塔加洛語，但巴拉格塔司卻是不自覺地在塔加洛語的四行詩裡面摻雜西班牙文，目的只在使其辭藻更加華麗而響亮罷了。《社會之癌》是寫給人讀的，但弗羅蘭地和洛拉卻是要讓人高聲吟唱的。最值得注意的是巴拉格塔司對時間的處理方式。正如倫貝拉（Lumbera）所指出的：「其情節之開展並不依照時間的順序。故事是**從事件的中間**（in medias res）開始的，因而整個故事是透過一系列倒敘的談話呈現在我們眼前的。」[52]在全部三百九十九首四行詩當中，有近半數是主角弗羅蘭地在對話之中向阿拉丁敘述他的童年，在雅典的學生時代，和後來從軍的豐功偉業。[53]對巴拉格塔司而言，「口頭的倒敘」是除直接了當、單一縱隊式的敘述之外唯一的敘事方式。我們所以會知道弗羅蘭地和阿拉丁「同時的」過去，是因為這兩人的過去被他們對話的聲音聯繫起來，而不是因為這篇史詩的結構之故。這個技巧和小說技巧相去真不可以道里計：「就在同一年的春天，當弗羅蘭地還在雅典讀書的時候，阿拉丁被他的國王逐出了宮廷……」事實上，巴拉格塔司從未想過要把他的主人翁「安置」在「社會」裡面，或是和讀者討論他們。而除了他那美麗流暢的多音節塔加洛語之外，他的原文也不是很「菲律賓的」。[54]

在一八一六年，也就是距（黎剎）創作《社會之癌》的七十年前，荷西・侯阿昆・佛南德斯・德・李札地（José Joaguín Femadez de Lizardi）寫了一本叫做《發癢的鸚鵡》（*El*

Periquillo Saniento）的小說。很明顯的，這是拉丁美洲第一本屬於這個文類的作品。借用一位批評家的話來說，這部作品是「對西班牙統治墨西哥的嚴厲指控：無知、迷信和腐化是其最明顯的特徵」。[55]下面這段對其內容的描述，指出了這本「民族主義的」小說的根本形式：[56]

> 從一開始，（主角，發癢的鸚鵡）就暴露在許多壞的影響之下——愚昧的女僕灌輸迷信，他母親縱容他各種突發的奇想怪念，他的教師既無才能也無力管束他。而且，雖然他父親是個聰明人，希望他兒子以後從事有用的行業，不要淪為多如過江之鯽的律師或寄生蟲之流，但鸚鵡（Periquillo）那個溺愛兒子的母親卻占了上風。她把兒子送到大學讀書，從而保證了他只能學到一些迷信的無稽之談……儘管鸚鵡接觸過不少良善而有智慧的人，他卻始終是無可救藥地愚昧無知。他不想工作，對什麼事情都認真不起來，先後成了教士、賭徒、小偷、藥劑師的學徒、醫生、鄉下小鎮的書記……這一段段的情節**使作者得以在描寫醫院、監獄、偏遠的村莊、修道院等**的同時，也透澈地闡明了一個重點——西班牙政府與其教育體系鼓勵寄生與懶惰……好幾次，鸚鵡的冒險讓他側身於印第安人和黑人之中，與之為伍……

這裡，從孤獨的主角在一個融合了小說內外世界的，固定的「社會學的地景」裡面的移動當中，我們又一次看到了「民族的想像」在發生作用。然而這個惡漢冒險小說式的「**周遊地平線之旅**」——醫院、監獄、偏遠的村莊、修道院、印第安人、黑人——並不是「**環遊世界之旅**」。這個地平線是有清楚邊界的：那是殖民地時代的墨西哥地平線。沒有什麼會比那一系列的複數名詞更能為我們確保這個社會學的堅實性了。因為這些複數名詞在我們心中喚起了一個社會空間：那裡充滿了**彼此相似**的監獄，其中沒有任何一個具有獨特的重要性，然而它們全體（以其同時的、分離的存在）代表了**這**個殖民地的壓迫性。[57]試對照聖經裡的監獄。它們從未被想像成**代表了**這個或那個社會。每一所監獄，都和沙樂美（Salome）受到施洗者約翰（John the Baptist）魅惑的那個監獄一樣奇異地孤獨。

最後，因為黎剎和李札地都是用西班牙文寫作的，為了要去除一個可能的疑慮——也就是以為我們一直在研究的這個架構是否多少帶點「歐洲味」，讓我們在此看看由命運多舛的印尼共產主義－民族主義者馬司．馬可．卡多迪克羅摩（Mas Marco Kartodikromo）[58]寫的一篇連載於一九二四年的小說，《黑色的賽瑪琅》（*Semarang Hitam*）的開頭：[59]

> **七點鐘，週六晚上**；賽瑪琅的年輕人在週六晚上從來不待在家裡的。但是今晚卻看不到

一個人影。因為竟日的滂沱大雨已經把路面弄得又溼又滑，所有人都待在家裡了。對於在店裡和辦公室工作的人，週六早上是期待的時刻——期待休假，以及晚上在城裡閒逛的樂趣。不過這個晚上，他們得要失望了，因為壞天氣和村落裡面的泥濘的道路使一切都顯得失色了。那些向來總是擠滿了各式車輛的主要道路和行人絡繹不絕的步道都被遺棄了。不時會傳來馬車夫催促馬匹前進的鞭響，或者拖曳著馬車的蹄聲。

賽瑪琅被遺棄了。一列列瓦斯燈的光線直射在閃亮的柏油路上。偶而，當有風從東方吹來的時候，瓦斯燈明亮的光線會突然昏暗下來……一個年輕人坐在長長的藤製躺椅上看報紙。他已經看得入神了。那時而憤怒時而微笑的表情說明了他是多麼地被這則故事所吸引。他一頁頁地翻著報紙，想說或許可以找到什麼有趣的東西來讀讀，好讓自己不覺得那麼沮喪可憐。突然間一個文章標題映入眼簾：

繁榮

窮困的流浪漢

因風雨日晒病死道旁

這個年輕人被這篇簡短的報導所感動。他可以想像那個可憐人倒在路旁瀕臨死亡時所受的痛苦……有時他感到體內湧起一陣爆裂般的怒氣，到了下一刻他又感覺憐憫。然而另一刻他的憤怒又指向產生這種貧窮，卻讓一小群人致富的社會體制。

這裡，就像在《發癢的鸚鵡》裡面一樣，我們處在一個複數名詞的世界裡：店鋪、辦公室、馬車、村落，還有瓦斯燈都是複數的。如同在《社會之癌》的情形一樣，我們——印尼人——讀者立即投身於一個曆法所界定的時間以及一個熟悉的地景之中；我們之間也許還有人曾行經那些「泥濘的」賽瑪琅街道呢。再一次，一個孤獨的主角被並置於一個經由謹慎而一**般性**的細節所描繪出來的社會景致（socioscape）之旁。然而這裡也有一些新的東西：一個從未被命名，卻常常被稱呼為「**我們的**年輕人」的主角。正是這篇小說的這種笨拙與文學上的幼稚確認了這個代名詞所有格的不自覺的「誠懇」。馬可和他的讀者都不會懷疑這樣的稱謂。如果是在十八、十九世紀歐洲的世故的滑稽小說裡面，「我們的主人翁」的修辭只不過是在彰顯作者對（任何）讀者的戲弄而已；但是馬可的「我們的年輕人」的用法，因其新穎，卻**意指**一個屬於**印尼的**讀者群體的青年，而這又隱含著他是一個初生的印尼的「想像共同體」的一員之意。要注意馬可覺得他毋須指明這個共同體的名字：它已經就在那裡了。（如同這個年輕人的憤怒是指向「那個」而非「我們的」社會體制此一事實所顯示的，甚至就算能操多語的荷蘭殖民當局的出版審查官員也加入他的讀者群，他們還是被排除在這個「我們的」的屬性之外。）

最後，「我們在閱讀我們這位年輕人的閱讀」這個二重性，確認了想像的共同體。他並沒有在泥濘的賽瑪琅街道旁發現那個窮困的流浪漢的屍體，而是從一份報紙的鉛字中想像出來的。[60]他也不在乎那個死掉的流浪漢的個別身分為何；他所想的是流浪漢所代表的群體，而非其個人生命。

在《黑色的賽瑪琅》裡面報紙出現在虛構故事之中是非常恰當的，因為，如果我們研究一下報紙這種文化產物，我們定會對其深深的虛擬想像性質（fictiveness）感到吃驚。報紙最基本的寫作慣習是什麼？假如我們以《紐約時報》的頭版作為樣本，我們也許會看到關於蘇聯的異議分子、非洲馬利共和國（Mali）的饑荒、一樁恐怖的謀殺案、伊拉克的政變、辛巴威發現罕見的化石，和密特朗的演講的新聞故事。為什麼這些事件會被如此並列？是什麼把它們連結在一起的？這並非純然的任性而為。然而明顯的，它們大多是獨立發生的事件，而事件中的行動者並不知道彼此的存在，也不知道別人在幹什麼。這些事件被如此任意地挑選和並列在一起（晚一點的版本可能就會用一場棒球賽的勝利來取代密特朗的演講了），顯示它們彼此之間的關聯是被想像出來的。

這個被想像出來的關聯衍生自兩個間接相關的根源。第一個不過是時曆上的一致而已。報紙上方的日期，也就是它唯一最重要的表記，提供了一種最根本的連結——即同質的、空洞的時間隨著時鐘之滴答作響的穩定前進。[61]在那時間之內部，「世界」強健地向前奔馳而去。假如在經過兩天關於饑荒的報導後，馬利從《紐約時報》的版面上消失，則即使其後經過數月之久，讀者也絕不會想像馬利已經從地球上消失，或者那場饑荒已經把馬利的全體公民消滅殆盡。報紙那小說般的形式向讀者們保證了馬利這個「角色」還在某個地方靜靜地跟著前進，等待它在情節裡面的下一次登場。

想像出來的關聯的第二個根源存在於報紙——作為一種書的形式，和市場之間的關係。據估計，從古騰堡聖經（Gutenberg Bible）的出版到十五世紀結束的四十餘年間，歐洲印製了超過二千萬冊的書籍。[62]在一五〇〇年和一六〇〇年之間，書籍生產的數量已達到一億五千萬冊到二億冊之間。[63]「從很早開始……印書坊就比較像現代的工廠而非中世紀經院的工作室。在一四五五年，福斯特和蕭佛（Fust and Schoeffer）就已經在經營標準化生產的印刷事業了，而二十年後全歐洲到處（原文如此）都是大型的印刷廠了。」[64]在一個相當特殊意義之下，書籍是最早的現代式大量生產的工業商品。[65]如果我們將書籍與其他早期的工業產品，如紡織、磚瓦或糖等做一比較，我所謂特殊的意義就會很清楚了。這些商品是用數學的量（一磅或一車或一塊）來**測量**的。一磅糖只不過是一個量，一個方便的載貨量，並不是一個物件本身。然而書籍——在此它成了今天的耐久財的前身——是一個特別的、自足的物件，而且被精確地、大量地複製。[66]這一磅糖和下一磅糖之間是無法區隔的，而每一本書卻有其自身如隱士般的自足。（無怪乎及至十六世紀，在巴黎等都市中心地區，藏書——即個人所收藏的大量生產的商品，已是司空見慣之事了。）[67]

就此觀點而言，報紙只不過是書籍的一種「極端的形式」，一種大規模販售但只有短暫流行的書。或者我們可以說，報紙是「單日的暢銷書」吧？[68]儘管報紙在其印行的次日即宣告作廢——奇妙的是最早大量生產的商品之一竟如此地預見了現代耐久財容易作廢的本質——然而也正是這個極易作廢之特性，創造了一個超乎尋常的群眾儀式：即對於作為小說的報紙幾乎分秒不差的同時消費（「想像」）。我們知道特定的早報和晚報絕大多數將會在這一刻和另一刻之間，只在這一天而非另一天被消費掉。（試與糖做一對照。對糖的使用是在一個未被記時的連續流動之中發生的；糖也許會腐壞，但它不會過時。）這個群眾儀式的意義——根據黑格爾的觀察，報紙是現代人晨間禱的代用品——是弔詭的。它是在沉默的私密之中，在頭蓋骨下的巢穴之中進行的。[69]然而每一位聖餐禮的參與者都清楚地知道他所奉行的儀式在同一時間正在被數以千計（或數以百萬計）他雖然完全不認識，卻確信他們存在的其他人依樣進行之中。

更有甚者，這個儀式在整個時曆之中不斷地以每隔一天或半天就重複一次。我們還能構想出什麼比這個更生動的、世俗的，依歷史來記時的（historically clocked），想像的共同體的形象呢？[70]在此同時，報紙的讀者們在看到和他自己那份一模一樣的報紙也同樣在地鐵、理髮廳，或者鄰居處被消費時，更是持續地確信那個想像的世界就植根於日常生活當中，清晰可見。就和《社會之癌》的情形一樣，虛構靜靜而持續地滲透到現實之中，創造出人們對一個匿名的共同體不尋常的信心，而這就是現代民族的正字商標。

在繼續進入對民族主義之具體起源的討論之前，把截至目前為止本書所提出的主要論證扼要重述一遍可能會有所助益。基本上，我主張在歷史上直到三個根本的，而且都非常古老的文化概念喪失了對人的心靈如公理般的控制力之後，並且唯有在這個情況發生的地方，想像民族之可能性才終於出現。第一個概念認為特定的手抄本（經典）語言之所以提供了通往本體論真理的特權途徑，恰恰因為它本身就是那個真理的一部分。正是這個理念孕育了像基督教世界、伊斯蘭世界和其他的跨越各大洲的信仰集團（sodalities）。第二個概念則相信社會是自然而然地在至高的中心——和其他人類隔絕，並依某種宇宙論的（神意的）律則施行統治的君王——的四周與下方組織起來的。人的效忠必然是層級而向心的，因為統治者和神聖經典一樣，既是通往存有之路，同時也內在於存有之中。第三是一個時間性的概念，在這個概念之中，宇宙論與歷史無法區分，而世界和人類的起源在本質上是相同的。合在一起，這些觀念遂將人類的生命深植於事物本然的性質之中，對存有的日常宿命性（最重要的是死亡、損失和奴役）賦予某種意義，並且以各種不同的方式提供從這些宿命中獲得救贖之道。

這些相互關聯的確定性在經濟變遷、「新發現」（科學的和社會的），以及日益迅捷的通訊之發展的影響下，緩慢而不均衡地——首先在西歐，然後延伸到其他地方——衰退下來。這個確定性的衰退過程，在宇宙論和歷史之間劃下了一道深刻的鴻溝。難怪後來人們會開始尋找一個能將博愛、權力與時間有意義地連結起來的新方法。也許沒有什麼東西比印刷－資本主義更能加快這個追尋的腳步，並且使之獲得更豐碩的成果了，因為，印刷－資本主義使得迅速增加的愈來愈多的人得以用深刻的新方式對他們自身進行思考，並將他們自身與他人關聯起來。

第三章 民族意識的起源

即使已經清楚了印刷品－商品（print-as-commodity）是孕生全新的同時性觀念的關鍵，我們也還只是停留在讓「水平－世俗的，時間－橫斷的」這類共同體成為可能的這一點上而已。為什麼在這個類型當中，民族會變得這麼受歡迎呢？這明顯涉及了複雜而多樣的因素，然而我們可以強烈主張資本主義是其中最重要的因素。

一如前述，到一五〇〇年至少已經印行了兩千萬本書[1]——這正標示了班雅明所謂的「機械複製時代」之發軔。用手稿傳遞的知識是稀少而神祕的學問，但印刷出來的知識卻依存在可複製性以及傳播之上。[2]如果依費柏赫與馬坦所言，到一六〇〇年已經生產了多達兩億冊的書籍，那麼難怪法蘭西斯·培根（Francis Bacon）會相信印刷術已經「改變了這個世界的面貌和狀態」。[3]

作為一種早期的資本主義企業的形態，書籍出版業充分地感受到資本主義對於市場那永不止息的追求。早期的印刷商在全歐各地建立分店：「以此方式一個無視於國界的（原文如此），名符其實的出版商『國際』就被創造出來了。」[4]而且由於一五〇〇年到一五五〇年之間歐洲正好經歷了一段特別繁榮的時期，出版業的景氣也跟著水漲船高。這段時期的出版業「遠較其他任何時代」更像是「在富有的資本家控制下的偉大產業」。[5]自然而然的，「書商主要關心的是獲利和賣出他們的產品，所以他們最想要的是那些能夠引起最大可能多數的當代人興趣的作品」。[6]

最初的市場是歐洲的識字圈，一個涵蓋面廣闊但縱深單薄的拉丁文讀者階層。讓這個市場達到飽和大約花了一百五十年的時間。除了神聖性之外，有關拉丁文的另一個決定性的事實是它是通曉雙語者使用的語言。只有相對較少數的人是生在拉丁文的環境之中，而我們可以想像用拉丁文作夢的人更是少之又少。在十六世紀的時候，有雙語能力的人只占全歐洲總人口的一小部分；很可能不超過今天，以及——儘管無產階級的國際主義已經出現了——未來幾個世紀的雙語人口在全世界總人口的比例。在當時和現在，大部分的人都只懂一種語言。資本主義的邏輯因此意味著菁英的拉丁文市場一旦飽和，由只懂單一語言的大眾所代表的廣大潛在市場就在招手了。確實，反宗教改革運動促成了拉丁文出版業的短暫復興，然而這個運動到了十七世紀中葉就已經在衰落了，而那些熱烈的天主教「修道院」的拉丁文藏書也已達到飽和。這個時候，發生在全歐各地的資金短缺也讓印刷商愈來愈想販賣用方言寫作的廉價本了。[7]

資本主義這種朝向方言化的革命性衝刺還受到了三個外部因素的進一步推動，而這其中的兩個因素更直接導致了民族意識的興起。第一個，而且終究而言是最不重要的因素，是拉丁文自身的改變。由於人文主義者不辭辛勞地復興了涵蓋範圍甚廣的前基督教時期的古代文學作品，並且透過出版市場加以傳播，一種對古代人繁複的文體成就的新的理解，在全歐洲的知識階層當中已經明顯可見。如今他們所熱中於寫作的拉丁文已經變得愈來愈帶有西塞羅式雄辯的古典風格，而其內容也逐漸遠離了教會和日常的生活。這個方式產生了某種和中世紀的教會拉丁文頗為不同的奇妙特質。因為較古老的拉丁文之所以神祕，並不是因為它的題材或者風格，而根本就只是因為它是書寫的，亦即因為它作為**文本**（text）的地位。現在拉丁文則因被書寫的內容，因語言自體（language-in-itself）而變得神祕。

第二個因素，是本身之成功同樣受惠於印刷資本主義的宗教改革的影響。在印刷術出現以前，羅馬教廷因為擁有遠較其挑戰者發達的內部傳播管道，因此總是能夠在西歐輕易地贏得對異端的論戰。然而當馬丁．路德在一五一七年把他的《九十五條論綱》釘在威登堡（Wittenburg）教堂門上的時候，這些論綱的德文譯本被印刷出來，並且「在十五天之內『就已經』傳遍全國」。[8]從一五二〇到一五四〇年的二十年間，德文書出版的數量是一五〇〇到一五二〇年這段時期所出版的三倍之多。在這個驚人轉型當中，路德扮演了絕對核心的角色。**所有**在一五一八到一五二五年之間販售的德文書籍，他的作品占了不下三分之一。從一五二二到一五四六年，總共出現了四百三十種（足本或節本）路德聖經譯本的版本。「在此我們首度有了一個真正的廣大讀者群和一本人人隨手可得的通俗文學。」[9]事實上，路德成為第一位**以暢銷書作者而聞名**的暢銷書作者。或者，換一種說法，他成了第一個能夠用自己的名字來「賣」自己**新書**的作家。[10]

路德領路，眾人景從，由是開啟了一場在下個世紀蔓燒全歐的巨大宗教宣傳戰之端倪。在這場巨大的「爭奪人心之戰」當中，新教因深諳運用資本主義所創造的日益擴張的方言出版市場之道，故而基本上始終採取攻勢，而反宗教改革一方則立於守勢，捍衛拉丁文之堡壘。標示著這場戰爭的是梵蒂岡因為顛覆性書籍印行數量驚人而不得不編纂的新目錄：《禁書索引》（*Index Librorum Prohibitorum*）——新教方面並未出版與此相對應的目錄。最能讓人體會這種受困心態的是，弗蘭索瓦一世（François I）在一五三五年恐慌地下詔禁止在其領地印行**任何**書籍——違犯者處以絞刑！導致此一禁令之頒布以及這個禁令之無法執行的是同一個理由，也就是教皇領地的東界被新教國家和新教城市所包圍，而這些地方生產著大量可走私進口的印刷品。以喀爾文的日內瓦為例：在一五三三和一五四〇年之間，當地只出版了四十二本書，但是到了一五五〇和一五六四年之間，書籍出版數量已經增加到五百二十七本之多，而到一五六四這一年的時候，日內瓦已經有至少四十家印刷廠在加班趕工了。[11]

新教和印刷資本主義的結盟，透過廉價的普及版書籍，迅速地創造出為數眾多新閱讀群眾——尤其是只懂得一點點或完全不懂拉丁文的商人和婦女——同時還對他們進行政治或宗教目的的動員。不可避免的，除了教會之外還有其他受到如此強烈衝擊而搖搖欲墜者。相同的震撼創造了歐洲最初的，既非王朝也非城邦的重要國家——荷蘭共和國（the Dutch Republic）和清教徒共和國（the Commonwealth of the Puritans）。[12]（弗蘭索瓦一世的恐慌不但是宗教的，也是政治的。）

第三個因素是，被若干居於有利地位並有志成為專制君王的統治者用作行政集權工具的特定方言，緩慢而不均勻地在各地擴散。在此我們必須記得，拉丁文在中世紀西歐地區的普遍性，從來沒有對應到一個普遍的政治系統。這點和帝制時期的中國文人官僚系統與漢字圈的延伸範圍大致吻合的情形適成對比，而這個對比則頗富教育意義。事實上，西歐在西羅馬帝國瓦解後政治上的四分五裂，意味著沒有一個君主有能力壟斷拉丁文，並使之成為「專屬於他的國家語言」。職是之故，拉丁文在宗教上的權威從未擁有過足以與之相對應的真正的政治權威。

行政的方言誕生於印刷術和十六世紀的宗教紛擾之前，因此（至少在一開始）必須被視為促使神聖的想像共同體衰落的一個獨立因素。同時，也沒有任何跡象顯示在發生方言化的地區潛藏著任何根深蒂固的意識形態的——更不用說是原型民族的（proto-national）——驅力。在此，位於通行拉丁文的歐洲之西北邊陲的「英格蘭」（England），這個個案，就深具啟示性。在諾曼人征服英格蘭以前，宮廷、文學和行政的語言是盎格魯－薩克遜語（Anglo-Saxon）。在其後的一個半世紀之間，所有皇室文書基本上都是用拉丁文寫成的。在大約一二〇〇年到一三五〇年之間，這個國家拉丁文（state-Latin）被諾曼人的法語（Norman French）所取代。與此同時，從這個外來統治階級的語言和被統治臣民的盎格魯－薩克遜語的緩慢融合之中產生了早期英語（Early English）。此一融合使這個新的語言得以在一三六二年之後繼之而起，成為宮廷——以及國會之開設——所使用的語言。隨後出現的是一三八二年的威克利夫（Wycliffe）的方言**手稿本**聖經。[13]我們必須謹記在心的是，這是一系列「國家」（state）語言——而非「民族」（national）語言——的順序；而且此處所論及的國家在不同時點上所涵蓋的區域不只是今天的英格蘭和威爾斯，也包括了一部分的愛爾蘭、蘇格蘭和**法蘭西**。很明顯的，有為數眾多的轄下臣民只能略通，或者完全不懂拉丁文、諾曼法語或早期英語。[14]要等到早期英語登上了政治王位的寶座近一個世紀後，倫敦的勢力才被逐出「法蘭西」。

相似的歷史運動也在賽納河畔，以一種比較緩慢的速度發生。誠如布洛赫帶著挖苦的語氣所說：「法文，也就是一種被認為不過是退化了的拉丁文，因此必須要花上好幾個世紀才能獲得文學尊嚴的語言。」[15]要到一五三九年弗蘭索瓦一世頒布維業－科特赫特詔書（Edict of Villers-Cotterêts）時才成為法庭使用的公定語言。[16]在其他若干王朝當中，拉丁文的壽命要長得多——在哈布斯堡王室治下，拉丁文一直存活到十九世紀。而在另外的一些王朝則是「外國的」方言取得了支配地位：十八世紀時，俄國羅曼諾夫王朝的宮廷語言是法語和德語。[17]

在每一個案例裡，語言的「選擇」顯然都是逐漸的、不自覺的、實用主義的——更不用說是偶然的——發展過程。職是之故，它和十九世紀的君主在面臨懷有敵意的群眾性語言民族主義時自覺地進行的語言政策完全不同（參見以下第六章）。此一差異的一個明確表徵是，舊的行政語言**就只是那樣而已**：它們就只是官吏為其自身內部方便而使用的語言。當時並沒有要將君王的語言系統性地強加於各個不同的臣民群體之上的想法。[18]但是，這些方言之躍升到權力語言的地位，從而就某個意義而言成為拉丁文的競爭者（如法語在巴黎，「早期」英語在倫敦的情形），確實對促成基督教世界之想像共同體的衰落發生了作用。

根本上，在現在的脈絡之中來看，拉丁文的神祕化、宗教改革，以及行政方言偶然的發展的重要性，可能主要是在消極面的——亦即在迫使拉丁文自其寶座退位這一點上。即使這幾個因素當中的任何一者，或者全部都不存在，我們還是很有可能想見新的想像的民族共同體的出現。在積極的意義上促使新的共同體成為可想像的，是一種生產體系和生產關係（資本主義），一種傳播科技（印刷品），和人類語言宿命的多樣性這三個因素之間半偶然的，但卻富有爆炸性的相互作用。[19]

宿命的因素非常重要。因為不管資本主義能成就什麼超人的豐功偉業，都碰到了死亡和語言這兩個頑強的對手。[20]特定的語言可能會死亡或者被消滅掉，但人類語言不可能統一。但是在歷史上，在資本主義和印刷術創造出一群群單一語言的閱讀大眾之前，這種人與人之間的無法溝通理解其實並不很重要。

不過，儘管我們應該牢牢記住（在無可補救的語言多樣性之**一般**狀況這個意義下）宿命的觀念，但是如果把這種宿命觀等同於很多民族主義意識形態共有的一個成分，亦即強調**特定**語言的原始宿命以及這些語言和**特定**地域相連在一起的說法，我們就錯了。要緊的是宿命、科技與資本主義三者間的**相互作用**。在印刷術發明以前的歐洲，以及當然還有世界上的其他地方，口語語言——這些語言對其使用者而言不啻是編織他們生命的經緯線——是多得難以勝數的。事實上，這些語言的數量多到了一旦印刷資本主義打算開發每一個潛在的口語方言市場，它就只會停留在小規模資本主義的狀態了。但是這些形形色色的口語方言只能夠在有限的範圍內被組合成數量較原先少得多的印刷語言（print-languages）。任何聲音表記系統都具有的任意性促進了這個組合過程。[21]（同時，記號的表意性格愈強，則其潛在的組合區域也就愈廣。我們可以從代數，經由中文和英文，然後到法文和印度尼西亞文的規律音節，察覺到一個由上而下的層級結構。）沒有什麼比資本主義更能有效地將彼此相關的方言組合起來了。在文法與句法所限制的範圍內，資本主義創造了可以用機器複製，並且經由市場擴散的印刷語言。[22]

這些印刷語言以三種不同的方式奠下了民族意識的基礎。首先，而且是最重要的，它們在拉丁文之下、口語方言之上創造了統一的交流與傳播的場域。那些口操種類繁多的各式法語、英語或者西班牙語，原本可能難以或根本無法彼此交談的人們，經由印刷字體和紙張的中介，變得能夠相互理解了。在這過程中，他們逐漸知覺到那些在他們的特殊語言場域裡面的數以十萬計，甚至百萬計的人的存在，而與此同時，他們也逐漸知覺到**只有那些**數以十萬計或百萬計的人們屬於這個特殊的語言場域。這些被印刷品所連結的「讀者同胞們」，在其世俗的、特殊的、「可見之不可見」當中，形成了民族的想像共同體的胚胎。

第二，印刷資本主義賦予了語言一種新的固定性格（fixity），這種固定性在經過長時間之後為語言塑造出對「主觀的民族理念」而言，極為關鍵的古老形象。誠如費柏赫和馬坦所提醒我們的，印刷的書籍保有一種永恆的形態，幾乎可以不拘時空地被無限複製。它不再受制於經院手抄本那種個人化和「不自覺地把（典籍）現代化」的習慣了。因此，縱使十二世紀的法文和十五世紀維雍（Villon）[23]所寫的法文相去甚遠，進入十六世紀之後法文變化的速度就決定性地減緩了。「到了十七世紀之時，歐洲的語言大致上已經具備其現代的形式了。」[24]換句話說，經過了三個世紀之後現在這些印刷語言之上已經積了一層發暗的色澤。因此，今天我們還讀得懂十七世紀先人的話語，然而維雍卻無法理解他十二世紀的祖先的遺澤。

第三，印刷資本主義創造了和舊的行政方言不同種類的權力語言。不可避免的，某些方言和印刷語言「比較接近」，而且決定了它們最終的型態。那些還能被吸收到正在出現中的印刷語言的，比較不幸的表親們，終究因不能成功地（或是只能局部地）堅持屬於它們自己的印刷語言形式而失勢。波西米亞的口語捷克話不能被印刷德語所吸收，所以還能保持其獨立地位，但所謂「西北德語」（Northwestern German）卻因為可以被吸收到印刷的德語之中，終於淪為低地德語（Platt Deutsch），一種大致上只使用於口頭的，不夠標準化的德語。高地德語（High German）、國王的英語（the King’s English），以及後來的中部泰語（Central Thai）都被提升到彼此相當的一種新的政治文化的崇高地位。（這說明了為什麼二十世紀末歐洲的一些「次」民族集團要藉由打入出版界——和廣播界——來從事企圖改變其附庸地位的鬥爭。）

我們只需再強調一點：從起源觀之，各個印刷語言的固定化以及它們之間地位的分化大多是不自覺的過程，起因於資本主義、科技和人類語言的多樣性這三者之間爆炸性的互動。然而，就像許多其他在民族主義歷史當中出現的事物一樣，一旦「出現在那裡了」，它們就可能成為正式的模式被加以模仿，並且，在方便之時，被以一種馬基維利式的精神加以利用。在今天，泰國政府積極地阻撓外國傳教士為境內山地少數民族提供自己的書寫系統和發展自己語言的出版品。然而，這同一個政府卻對這些少數民族到底講什麼話漠不關心。居住在被納入今天的土耳其、伊朗、伊拉克，以及蘇聯版圖內的說土耳其語的族群所遭遇的命運，尤其是一典型例證。原本是由多個口語語言所組成，在一個阿拉伯式的拼字系統內到處皆可聚合在一起並且相互溝通的家族，卻因有意識的操縱而變得四分五裂。為了要強化說土耳其語的土耳其的民族意識，阿塔土克（Atatürk，譯按：凱末爾）不惜以一個更廣泛的伊斯蘭認同為代價，強制實施了強迫式的羅馬字拼音。[25]蘇聯當局依樣畫葫蘆，首先實施了一種反伊斯蘭、反波斯的強迫性羅馬拼音法，然後，在史達林當權的一九三〇年代，又施行另一種俄化（Russifying）的強迫性基里爾式拼音法（Cyrillicization）。[26]

我們可以從截至目前為止的論證之中扼要地總結說，資本主義、印刷科技與人類語言宿命的多樣性這三者的重合，使得一個新形式的想像共同體成為可能，而自其基本形態觀之，這種新的共同體實已為現代民族之登場預先搭好了舞臺。這些共同體可能的延伸範圍在本質上是有限的，並且此一可能的延伸範圍和既有的政治疆界（大體上標示了王朝對外擴張的最高峰）之間的關係完全是偶然的。

然而，一個顯而易見的事實是，儘管今天幾乎所有自認的（self-conceived）民族——與民族國家——都擁有「民族的印刷語言」，但是卻有很多民族使用同一個語言，並且，在其他的一些民族之中只有一小撮人在會話或書面上「使用」民族的語言。西班牙裔美洲或者「盎格魯–薩克遜家族」的民族國家是第一種結果的明顯例證；而許多前殖民地，特別是在非洲的國家，則是後者的例證。換言之，當代民族國家的具體形態（formation）與特定印刷語言所涵蓋的確定範圍絕不相符。要解釋印刷語言、民族意識，以及民族國家之間相關而不連續的性格（discontinuity-in-connectedness），我們必須探究在一七七六年到一八三八年之間出現在西半球的一大群新的政治實體。這些政治實體全都自覺地將自己界定為民族，而且，除了巴西這個有趣的例子之外，也全都把自己界定為（非王朝的）共和國。因為它們不僅是歷史上最早出現在世界舞臺上的這類國家，因而不可避免地提供了這類國家應該「長得什麼樣子」的最早的真正的模式，它們的數量之多以及誕生在同一時代的事實，也給了我們一個進行比較研究的豐饒土壤。

第四章

歐裔海外移民先驅者

十八世紀末十九世紀初在美洲出現的新興國家之所以令人感到饒富興味，乃是因為至今仍支配著，大部分歐洲當地對民族主義興起之思考的兩個因素——這也許正是因為，它們可以從十九世紀中期歐洲的民族主義經驗中現成推衍出來的緣故——似乎根本就無法解釋這些國家的情形。

首先，不論我們想到的是巴西也好，美利堅合眾國也好，或者西班牙的前殖民地也好，語言並不是將它們與其個別的母國分隔開來的因素。包括美國在內，它們全都是歐裔海外移民的國家（creole states）；組成這些國家的人民與其領導者和他們所反抗的對象使用相同的語言，擁有相同的血統。[1]事實上，如果說語言甚至從未成為這些早期的民族解放鬥爭的議題，應是持平之論。

其次，我們有充分的理由，質疑奈倫這個本來會頗具說服力的理論能否適用於西半球的大半地域：

就一個獨特的現代的意義而言，民族主義的到來與下層階級之受到政治洗禮有密切關係……儘管民族主義運動有時候對民主抱持敵意，但它們的主張一定都是民粹主義式的，並且始終在設法將下層階級引進到政治生活之中。典型的民族運動的形態，是一個活躍的中產階級和知識分子領導群，試圖動員群眾階級並將其能量誘導向對新國家的支持之上。[2]

至少在南美洲和中美洲，歐洲式的「中產階級」在十八世紀末之時還是無足輕重的。當時也談不上有什麼知識階層。因為，「在那安靜的殖民歲月之中，人們那高貴而硬充紳士派頭的生活韻律很少被閱讀所打斷」。[3]如同我們在前面所看到的，第一本西班牙文的美洲小說要到一八一六年，也就是獨立戰爭爆發很久以後才出版的。證據清楚地顯示，獨立戰爭的領導層是以眾多的地主為核心，聯合為數稍少的商人，以及各種不同的專業人士（律師、軍人、地方和省級的官員）所組成的。[4]

在委內瑞拉、墨西哥和祕魯這幾個重要的個案裡面，最初激發了他們想從馬德里獨立出來的動力之關鍵因素，非但不是想要「將下層階級引進到政治生活之中」，反而是對「下層階級」政治動員——即印第安人或黑奴的暴動——的恐懼。[5]（當黑格爾所謂的「世界精神的祕書」「拿破崙」在一八〇八年征服了西班牙，從而斷絕了美洲的歐裔移民在緊急事故時向伊比利半島尋求軍援之路以後，這種恐懼更是有增無減。）在祕魯，圖帕克·阿瑪魯（Tupac Amaru，一七四〇－一七八一）所領導的**農民大暴動**餘悸猶存。[6]一七九一年，圖桑·魯非卻爾（Toussaint L'Ouverture）所領導的黑奴叛亂導致了一八〇四年西半球第二個獨立共和國的出現，嚇壞了委內瑞拉蓄奴的大農場主人們。[7]一七八九年，當馬德里頒布了一道新的、較人道的奴隸法，詳細規定了奴隸主和奴隸的權利與義務之時，「歐裔海外移民以黑奴具有邪惡與獨立（！）的傾向，並且對經濟非常重要為理由，拒絕國家的干預。在委內瑞拉——事實上在全西屬加勒比海地區——農場主抗拒這道法律，並且在一七九四年爭取到了使之暫時失效的結果」。[8]解放者玻利瓦（The Liberator Bolívar）本人曾經主張，一場黑奴的叛變「比一次西班牙入侵要糟一千倍」。[9]我們也不應該忘記很多北美十三洲殖民地獨立運動的領袖是蓄奴的農業大亨。湯瑪斯·傑佛遜本人正是在一七七〇年代的時候，因為效忠英王的總督宣告解放那些與從事叛亂的主人決裂的黑奴而被惹惱了的維吉尼亞莊園主人之一。[10]尤具啟示意義的是，馬德里之所以能夠在一八一四到一八一六年之間成功地重返委內瑞拉，並且控制了偏遠地區的圭多一直到一八二〇年，是因為在這兩次對抗歐裔移民的鬥爭中，她分別贏得了黑奴以及印第安人的支持之故。[11]更有甚者，西班牙在當時不過是一個二流的歐洲強權，而不久之前還曾經被征服過，但是對於大陸西班牙的鬥爭竟然還拖了一段很長的時間。這顯示了這些拉丁美洲獨立運動的某種「社會的單薄性」（social thinness）。

然而它們**還是**民族獨立運動。玻利瓦後來改變了他對奴隸問題的看法，[12]而他解放運動的同志聖馬丁（San Martín）在一八二一年下令「在未來原住民將不再被稱為印第安人或土人；他們是祕魯的子嗣與公民，而且他們將被看成祕魯人」。[13]（我們或許可以再加上：雖然印刷－資本主義尚未接觸到這些不識字的人。）

而令人不解之處就在此：為什麼正好就是**歐裔海外移民**的共同體會這麼早就發展出他們的民族的概念——**而且遠在大部分的歐洲之前**？為什麼像這種通常包含了眾多受壓迫的，不說西班牙語的人口的殖民地省分，會產生出有意識地將這些民眾重新界定為自己同胞的歐裔移民？還有，為什麼他們又會對明明和自己有著多重的繫屬關聯的西班牙[14]視如外敵寇讎？為什麼已經平靜地存在了近三個世紀之久的西屬美洲帝國會如此突然地分裂成十八個不同的國家？

最常被用來作為解釋的兩個因素是馬德里收緊控制，以及十八世紀後半啟蒙運動理念的流布。無可置疑的，能幹的「開明專制君主」卡洛斯三世（Carlos III，一七五九－一七八八在位）所推行的政策確實令上層的歐裔移民階級日益挫折、憤怒和憂心忡忡。在那段有時被譏諷為美洲的二度征服的時期，馬德里課收新稅，提高徵稅效率，強制執行母國的商業壟斷，對西半球內部貿易實施有利於馬德里之限制，將行政層級組織予以中央集權，並且鼓勵**西班牙本國人民**大量移民到美洲。[15]例如，墨西哥在十八世紀初期提供給西班牙王室約三百萬批索的歲入。然而到世紀末之時，供給王室歲入之總額已經達到近五倍的一千四百萬批索，而其中只有四百萬是用於支付殖民地的地方行政。[16]與此相應的是，一七八〇到一七九〇年的十年間，來自伊比利半島移民數已經是一七一〇到一七三〇年間的五倍之多了。[17]

同樣無庸置疑的是，改進之中的跨大西洋通訊，以及南北美洲都與其各自母國有著相同語言和文化的事實，意味著正在西歐產生的新經濟和政治學說得以相對較迅速輕易地傳到美洲來。一七七〇年代末期北美十三個殖民地反叛的成功，以及法國大革命在一七八〇年代末期的爆發都發生了強大的影響力。傳遍了這些新興獨立共同體的**共和主義**（republicanism），最有力地確認了這場「文化革命」的發生。[18]除了巴西以外，南北美洲沒有一個地方曾經有人認真地試圖再創王朝；而如果不是因為葡萄牙國王自己在一八〇八年為逃避拿破崙而避居巴西的話，或許連巴西也不會出現君主制。（他在巴西待了十三年，然後在返國之前在當地立其子為巴西國王彼得羅一世〔Pedro I〕。）[19]

不過，雖然馬德里侵略性的積極作為以及自由主義的精神這兩者對於理解西屬美洲之抵抗動力非常重要，但它們本身既無法解釋為什麼像智利、委內瑞拉和墨西哥這樣的實體會在情感上使人覺得合情合理，而政治上也能夠生存，[20]也不能解釋為什麼聖馬丁會下令用「祕魯人」這個新名詞來稱呼某些原住民。最後，它們也無法說明人們真正付出的犧牲。因為儘管長期而言，獨立有利於**被設想為某種歷史**、**社會類型**的歐裔海外移民上層階級，但很多**活**在一八一〇八到一八二八年間的確實屬於這些階級的成員卻破產了。（只舉一例：在馬德里於一八一四到一八一六年間的反撲當中，「三分之二以上的委內瑞拉地主家族遭受土地被大量沒收之重創」。[21]）而且，也有同樣為數眾多的人為獨立理想自願犧牲了性命。這種來自安逸階級的犧牲意願值得我們深思。

然後呢？在「每一個新的南美洲共和國從十六到十八世紀之間都是一個行政單元」這個驚人的事實之中，隱藏了答案的端倪。[22]就這一方面而言，這些共和國可謂是二十世紀中期非洲和部分亞洲新興國家的先驅，並且和十九世紀末二十世紀初的歐洲新國家形成一尖銳對比。在某個程度之內，美洲行政單元的原始形狀是任意而偶然的；它們標示的是特定的軍事征服的空間界線。但是，時日一久，在地理、政治和經濟的因素影響下，它們發展出了一種較穩固的現實性（a firmer reality）。西屬美洲帝國之廣袤，其土壤與氣候種類之繁多，以及最重要的，前工業時代傳播通訊的巨大困難，無不傾向於賦予了這些行政單元一種自我封閉的性格。（在殖民時期從布宜諾斯艾利斯到阿卡普科的海路旅行需時四個月，而且回程費時更久；從布宜諾斯艾利斯經陸路到聖地牙哥通常需要兩個月，而到卡塔皆納則要九個月。[23]）此外，馬德里的商業政策導致了行政單元被轉化為經濟區的結果。「美洲人和母國的一切競爭都在禁止之列，而且甚至美洲大陸的個別地區之間也不能貿易往來。從美洲的一邊運到美洲的另一邊的美洲貨物必須迂迴地行經西班牙的港口，而西班牙船舶則壟斷了與殖民地的貿易。」[24]這些經驗有助於解釋為何「美洲革命的基本原則之一」會是「**就地取材**（uti possidetis），根據此一原則每一民族將保持一八一〇年——即獨立運動發端之時——的領土現狀」。[25]這些因素也毫無疑問地促成了玻利瓦短命的大哥倫比亞（Grand Colombia），以及里約・德・拉・普拉達聯邦（United Provinces of Rio de la Plata）[26]之崩解成原先的組成分子（現在，這兩個國家涵蓋的區域是以委內瑞拉－烏拉圭－厄瓜多，以及阿根廷－烏拉圭－巴拉圭－玻利維亞之名為世所知。）然而，僅以其本身，市場區——不管是「自然的」－地理的也好，或者是政治的－行政的也好——是創造不出情感繫屬的。有誰會願意為經濟互助理事會（Comecon）[27]或歐洲共同市場而死？

想要瞭解為何行政單元——不只是在美洲，在世界其他地方亦然——在經過一段長時間之後會逐漸被想像成祖國，我們必須探究行政組織創造出意義（meaning）的方式。人類學家維克多・特納曾經就在不同的時間、地位，與地方之間的「旅程」作為一種創造意義的經驗提出過發人深省的論述。[28]所有這種旅程都需要詮釋（例如，從生到死的旅行就引發了各種不同的宗教概念。）就我們此處討論的目的而言，模式化的旅行是朝聖。這不只是在談羅馬、麥加或貝那瑞斯（Benares）等城市在基督徒、穆斯林或者印度教徒心中是神聖的地理的中心點而已。更重要的是，這些城市的中心地位乃是在朝聖者從邊遠和原本互不相關的各個地方向他們的持續流動之中被經驗，以及（在舞臺表演的意義下）被「實現」的。事實上，古老的宗教想像共同體的外部邊界就是依照人們究竟從事哪個朝聖之旅來決定的。[29]如前所述，如果沒有某種形式的共同體的概念，馬來人、波斯人、印度人、貝伯人（Berbers）和土耳其人同時現身於麥加是件不可思議的事。在麥加伊斯蘭寺院的聖堂前遇到馬來人的貝伯人必然會如此這般地自問道：「為什麼這個人會和我在做同樣的動作，口中和我念著同樣的語句，縱使我們之間根本無法相互交談？」答案只有一個，一旦他明白了：「因為我們……都是穆斯林。」當然，偉大的宗教朝聖之舞總是具有雙重面貌：一大群文盲的方言使用者為儀式之行進提供了稠密厚實的、形體的實在性；而一小撮選自每一個方言社群的識字雙語行家則從事統一的儀典，向他們個別的追隨群眾翻譯解說他們集體律動的意義。[30]在印刷術尚未出現的年代裡，想像的宗教共同體的現實性深深地仰賴無數的、不停的旅行。關於全盛時期的西方基督教世界，沒有什麼會比那非經強制的，從全歐各地經由各個著名的經院學習的「區域中心」湧向羅馬的虔敬求道者們更讓人感到印象深刻的了。這些說拉丁文的偉大教學機構，將今日可能會被我們視為愛爾蘭人、丹麥人、葡萄牙人、德國人等來自各地的人們聚集在一個個共同體之中。日復一日，從這群原本互不相關的成員在食堂內的同時現身之中，吾人得以解讀這些共同體的神聖意義。

雖然宗教的朝聖或許是最動人而壯觀的想像之旅，但是比較謙遜適度的，比較有限的世俗的朝聖也一直都存在著。[31]就我們此刻的目的而言，最重要的世俗朝聖是專制化的君主制國家，以及後來的，以歐洲為中心的世界性帝國的興起所創造出來的種種相異的旅程。專制主義的內在驅力渴求創造一個統一的權力機制，這個權力機制必須效忠於統治者並受他直接控制，使他**君臨於**一個不統一的、特殊主義傾向的封建貴族階層之上。統一意味著人員和文書的內部之可互換性質。**新貴族**（homines novi）的甄拔——當然是在不同程度之內——助長了人員的可互換性。這些新貴族正因是新貴之故，並未擁有屬於自己的獨立權力，因此只不過是他們主人的意志的延伸而已。[32]專制主義的官員因此走上了和封建貴族基本上很不一樣的旅途。[33]這個差異，可以簡明地陳述如下：在典型的封建之旅當中，貴族A的繼承人在他父親一過世就向上移動一步，接收了他父親的位置。這個地位的上升必須經歷一次到中心接受封爵，再回到祖傳封地的來回旅程。然而，對於新的官員來說事情就比較複雜。為他規劃其旅程方向的是才能，而非死亡。在眼前他所看到的是一個頂點，而不是中心。他得沿著山壁的小徑一圈圈地盤旋而上，愈接近山頂，他所要繞的圈子會愈小愈緊湊。他在V職等時被派到A鎮，然後也許在W職等時被調回首都；在X職等時再前往B省赴任；Y職等時奉派到次級國王領地C；最後在首都以Z職等完成他的朝聖之旅。在這個旅途之中沒有一個可以確保安身之處，每一次停留都是暫時的。官員最不想要的就是還鄉，因為他並未擁有一個具有內在價值的故鄉。更有甚者：在他盤旋而上的道路上，他接觸到同為熱切朝聖者的官員同事，他們來自他未曾耳聞並且期望可以永遠毋須目睹的各個地方和家族。然而在親身接觸、體驗這些旅伴之中，以及最重要的，當他們都使用同一個國家語言的時候，一種連帶意識（「**為什麼我們……一起……在這裡？**」）就出現了。那麼，如果來自B省的A官員治理C省，而來自C省的D官員治理B省——一種由專制主義所逐漸促成的情境——的話，這種可互換性的經驗本身就需要解釋了。而對此經驗提供解釋的，正是這些新貴族自己和君王共同闡釋而成的專制主義意識形態。

發展標準化的國家語言，助長了文書的可互換性，而這又增強了人員的可互換性。正如從十一世紀到十四世紀之間，倫敦所使用的國家語言從盎格魯-薩克遜語、拉丁文、諾曼語，到早期英語的遞嬗演進所顯示的，**任何**一種書寫語言只要被賦予壟斷權，原則上都能夠發揮此一功能。（然而，我們也可以主張，在恰好是方言而非拉丁文享有壟斷地位之處，經由限制一個君主的官員，使他們無法投向敵對君王的國家機器，中央集權能得到更進一步的發展：換句話說，就是確保馬德里的朝聖官員無法與巴黎互換。）

按理說，現代初期的歐洲較大的王國向歐洲以外地區的擴張，應該會把上述的模式延伸發展成跨越大陸的、宏大的官僚體系才對。不過事實上這個情形並未發生。專制主義國家機器的工具理性——最大的優點即依才能而非出身來進行甄拔與晉升之傾向——在大西洋東岸以外的地區僅僅斷續地發生過作用而已。[34]

美洲的模式是很明白的。例如，在一八一三年以前，西屬美洲的一百七十個總督之中只有四個是歐裔海外移民。如果我們留意到在一八〇〇年的時候在西部帝國（Western Empire，譯按：西班牙帝國之西半，即西屬美洲）裡面（支配著近一千三百七十萬名原住民）的三百二十萬歐裔「白種人」當中只有不到五％是出生在西班牙本國的西班牙人的話，前面那些數字就更驚人了。直到墨西哥革命前夕，雖然在總督治下的歐裔海外移民和**半島人**（peninsulares）[35]的人口比是七十比一，全墨西哥卻只有一位歐裔海外移民的主教。[36]而且不用說，歐裔海外移民要想在西班牙母國爬到重要的官位，簡直就是聞所未聞之事。[37]此外，歐裔海外移民出身的官員的朝聖之旅，並不是僅僅在垂直上升的方向受到攔阻而已。如果半島出身的官員的仕途能夠從薩拉哥薩行經卡塔皆納、馬德里、利馬，然後再返回馬德里，則「墨西哥人」或「智利人」的歐裔海外移民通常只能在殖民地墨西哥或智利的領土內服務而已：他的水平移動一如其垂直上升般被束縛住了。因此，他那盤旋而上所欲攀登的峰頂，亦即他所能被派任的最高行政中心，就是他所身處之帝國的行政單元的首府。[38]然而在這被束縛的朝聖旅途上，他找到了旅伴——這些旅伴逐漸感覺到他們之間的伙伴關係不只建立在那段朝聖之旅的特定範圍之上，也建立在他們都出生於大西洋此岸的共同宿命之上。就算他是在父親移民之後的一星期內出生的，出生於美洲的意外卻使他淪入庸屬的地位——縱然在語言、宗教、家世或禮節各方面，他大多和西班牙出生的西班牙人無法區別。這個情形任誰都是無能為力的：他**無可救贖地**就是一個歐裔海外移民。然而他之受到排斥必然顯得多麼不理性啊！不過，隱藏在這個不理性之中的邏輯是這樣的：既然生在美洲，他就不可能是一個真正的西班牙人；**因此**，既然生在西班牙，**半島人**就不可能是真正的美洲人。[39]

是什麼因素使得這樣的排斥在母國看起來是合理的呢？無可置疑的，是由來已久的馬基維利主義，以及伴隨著從十六世紀以還，歐洲人與歐洲勢力向全球擴散而成長的生物學和生態學上的汙染概念這兩者的合流所致。從君主的觀點而言，美洲的歐裔海外移民由於隨著世代相續人數不斷增加，並且在地方上扎根愈來愈深，已經變成一個在歷史上頗為獨特的政治問題了。

母國有史以來首度必須處理——就那個時代而言——遠在歐洲之外的，數目龐大的「歐洲同胞」（在西屬美洲到一八〇〇年之時已經超過了三百萬人）。如果說對原住民可以用武器和疾病來征服，並且以基督教的神祕聖禮和一個全然外來的文化（以及，在那個年代裡，一個先進的政治組織）來加以控制的話，同樣的手段對這些和武器、疾病、基督教及歐洲文化的關係幾乎和母國人一模一樣的歐裔海外移民就行不通了。換言之，原則上他們已經掌握了現成的，足以成功地主張自己權利的政治、文化和軍事的手段了。他們同時構成了一個殖民地的共同體以及一個上層階級。經濟上，他們必須被置於從屬地位並且加以剝削，但是他們對帝國的穩定也非常重要。從這個角度，我們可以看到殖民地大亨所處的地位和封建王侯之間的類似性——既對君主的權力十分重要，卻又構成威脅。因此，被派任為總督和主教的**半島人**就發揮了和準專制官僚中的**新貴族**相同的功能。[40]縱然一位總督在他的安達路西亞封地是顯赫的大公，在五千英里外，和歐裔海外移民共處之時，他實際上是一個完全依賴他本國主人的**新貴族**。如此，半島人官員和歐裔海外移民大亨之間的緊張平衡，是古老的**分而治之**（divide et impera）政策在一個新的背景之中的表現。

除此之外，歐裔海外移民社區主要在美洲，但也遍及部分的亞洲與非洲地區的成長，不可避免地導致了歐亞人（Eurasians）、歐非人（Eurafricans）、歐美人（Euramericans）——不是作為偶爾出現的新奇事物，而是作為可見的社會群體——的出現。他們的出現使得一種預示了現代種族主義的思考方式盛行起來。歐洲最早的全球征服者葡萄牙，為此提供了極佳的例證。在十五世紀的最後十年之時，唐．曼紐爾一世（Dom Manuel I）還能夠以大規模的強迫改宗來解決他的「猶太人問題」——也許他是最後一個發現這個解決方案令人滿意而且很自然的歐洲統治者了。[41]然而，不到一世紀之後，我們卻發現那位重新組織了一五七四年到一六〇六年間耶穌會在亞洲傳教的偉大人物亞歷山大．瓦里格那諾（Alexandre Valignano，編按：即范禮安），卻用這樣的字眼來反對接納印第安人和歐印混血兒成為教士：[42]

> 所有這些淺黑色的種族都非常愚昧而邪惡，並且有著最卑賤的精神……至於歐印雜種（mestiços）和純種歐裔移民（castiços），[43]我們應該只接納極少數人，或者根本就完全不予接納；特別是歐印混血兒，因為只要他們體內流有愈多的土著血液，他們就更像印第安人，也因此就更不配葡萄牙人的尊重。

（但是瓦里格那諾卻積極地鼓勵接納日本人，韓國人和中國人成為教士——也許是因為在那些地區歐洲人和當地人的混血兒根本尚未出現吧？）與此相似的，在果阿（Goa）的葡萄牙聖方濟修會教士（Franciscans）激烈反對接納歐裔海外移民，指稱「就算他們是純白種父母所生的，『他們』早已在襁褓時期受到印度乳母的哺育，因此他們的血液已經被永遠地汙染了」。[44]巴克賽（Boxer）指出與較早期的做法相比，「種族的」障礙與排斥在十七和十八世紀時有顯著的增加。一五一〇年之後，以葡萄牙為先驅的大規模奴隸制（從古代以來首度在歐洲）的重現則大大地助長了這個惡劣的傾向。在一五五〇年代，里斯本的人口當中已經有一〇%是奴隸；到了一八〇〇年，在葡屬巴西約兩百五十萬的住民當中，已有將近一百萬個奴隸。[45]

間接的，啟蒙運動也影響了母國人和歐裔海外移民之間一個重大的區別之形成。在他二十二年（一七五五－一七七七）的掌權期間，開明的專制君主龐巴爾（Pombal）不只將耶穌會教士自葡萄牙領土驅逐出境，也頒布法令規定凡以「黑鬼」或「雜種」（mestiço，原文如此）等蔑稱呼叫「有色的」臣民者視為犯罪。不過他所引述的用以支持這個詔令的正當性依據並非啟蒙運動的**哲學家**（philosophes），而是古代羅馬的帝國公民權（imperial citizenship）概念。[46]更典型的是，盧梭（Rousseau）與赫德（Herder）所寫的，主張氣候和「生態」對文化與性格具有構成性之影響的著作，發揮了廣大影響力。[47]從這一點出發，人們非常容易就會做出方便而庸俗的推論，認為歐裔海外移民由於出生在地球上野蠻未開的這一半，本性就有異於——並且低劣於——母國人，因此也就不適於擔任較高的公職。[48]

到目前為止，我們一直把注意力集中在美洲官員的世界——雖具有戰略的重要性，但仍然很狹小的世界——之上。此外，這個包含了**半島人**和歐裔海外移民間衝突的世界，乃是十八世紀末美洲民族意識出現以前的世界。被束縛的總督領地朝聖之旅要等到其旅程所涵蓋的範圍能被想像為民族之後——換言之，要等到印刷－資本主義來臨之後——才開始具有關鍵的重要性。

印刷品很早就流傳到新西班牙（New Spain），但在長達兩個世紀的時間裡，一直受到國王和教會的嚴密控制。到了十七世紀末，只有墨西哥市和利馬兩地有印刷機，而且所印行的幾乎清一色是教會的出版品。新教的北美洲在那個世紀時印刷術根本尚未出現。然而在十八世紀之中，發生了一個實質的革命。在一六九一到一八二〇年之間，總共有不下於二千一百二十種的「報紙」出版，而其中又有四百六十一種報紙的存續時間超過十年。[49]

班傑明．富蘭克林的形象和北美洲的歐裔海外移民民族主義是密不可分的。但是，他所做的那行生意的重要性卻比較看不出來。在此，我們又要再度受惠於費柏赫與馬坦的教誨了。他們提醒我們「要等到印刷業者在十八世紀之中發現了一個新的財源——報紙——之後，印刷術才在北美真正發展起來」。[50]印刷業者在啟用新的印刷機時總會同時發行一份報紙，而事實上報紙往往是這些印刷機所生產的最主要，甚至是唯一的產品。因此，印刷商兼記者（printerjournalist）最初基本上是北美洲一地的現象。由於印刷商兼記者所面臨的主要問題是如何接觸到讀者，他們因此和郵局局長發展出一種非常密切的結盟關係，密切到了印刷商兼記者經常就變成了郵局局長，或者郵局局長變成了印刷商兼記者的地步。職是之故，印刷業者的辦公室變成了北美洲的通訊與社區知識生活的關鍵。在西屬美洲，雖然速度較慢而且時斷時續，相類似的過程在十八世紀後半也促成了地方報紙的出現。[51]

最早的美洲報紙——不管是北美或南美——有什麼特性呢？起初，它們在本質上是市場的附屬品。早期的報紙除了母國的新聞外，還包含了商業新聞（船舶何時抵達何時啟航，什麼貨品在什麼港口的時價若干），以及殖民地的政治任命、有錢人的婚禮等等。換言之，將**這個**婚姻和**那艘**船，**這個**價格和**那個**主教聚集在同一頁新聞之上的，是殖民地行政的結構與市場體系本身。如此，加拉卡斯（Caracas）的報紙以相當自然的，甚且是不帶政治性的方式，在一群特定組合的讀者同胞當中創造了一個**這些**船舶、新娘、主教和價格都共同歸屬的，想像的共同體。當然，可以預期的是政治因素遲早會進入這個想像之中的。

地方性（provinciality）始終是這類報紙一個饒富意義的特徵。一個殖民地的歐裔海外移民如果有機會也許會讀讀馬德里的報紙，但對很多住在同一條街的半島人官員而言，如果可能，他們是會儘量不去讀加拉卡斯出版的報紙的。這種不對稱關係在其他的殖民地情境當中會無止境地重複發生。另一個這類的特徵是複數性（plurality）。發展到十八世紀末期之際，西屬美洲各地發行的日報在寫作新聞之際，都完全知曉與自己的地方性世界相似的其他地區住民的存在。墨西哥市、布宜諾斯艾利斯，以及波哥大這三個地方的報紙讀者們縱使彼此不讀對方的報紙，卻仍相當意識到對方的存在。這就說明了何以早期西屬美洲民族主義當中會存在著一種頗為人知的雙重性，也就是大範圍的認同與特殊主義的地方意識之交互出現。早期的墨西哥民族主義者稱自己為「**我們美洲人**」（nosotros los Americanos）並將他們的國家寫成「**我們的美洲**」（nuestra America）。有論者詮釋認為此事正透露了當地歐裔海外移民的虛榮心，因為他們只因墨西哥是西班牙在美洲最有價值的財產，就視自己為新世界的中心。[52]但事實上，全西屬美洲的人都認為自己是「美洲人」（Americans），因為這個名稱精確地象徵了在西班牙本土以外出生的共同宿命。[53]

與此同時，我們在前面已經注意到，報紙這個概念本身就隱然意味著即使是「世界性的事件」也都會被折射到一個方言讀者群的特定想像之中；而且，我們也已經知道，一個穿越時間的穩定的、堅實的同時性（simultaneity）概念對於一個想像的共同體有多麼重要。然而，西屬美洲帝國占地之廣袤以及其組成各部分之相互隔絕孤立卻使這樣的同時性變得難以想像。[54]墨西哥的歐裔海外移民可能要等到幾個月以後才會知道布宜諾斯艾利斯的發展情形，不過他們會是從墨西哥的報紙，而不是里約・德・拉・普拉達的報紙上讀到這些消息的；並且，這些發生在布宜諾斯艾利斯新的事件會看起來和發生在墨西哥的事件很相似，而不是墨西哥的事件的一部分。

就此意義而言，西屬美洲試圖創造一個永久的泛西屬美洲的民族主義的「失敗」同時反映了十八世紀晚期資本主義和科技發展的一般水平，以及相對於帝國管轄範圍之廣闊而言，西班牙資本主義與科技的「地方的」落後性。（一個民族主義究竟在哪個世界史的時期誕生，對於它的範圍可能有著重大的影響。印度民族主義不就是和那個最可怕、最先進的帝國主義強權，在大叛亂〔The Mutiny〕[55]之後完成的殖民地行政與市場的統一有著密不可分的關係嗎？）

在北邊的信奉新教的、說英語的歐裔海外移民處於一個遠為有利於實現「美洲」這個理念的處境，而且最終確實也成功地把「美洲人」（Americans）的日常頭銜據為己有。最初的十三個殖民地所構成區域的面積比委內瑞拉還小，而且只有阿根廷的三分之一。[56]由於在地理上群聚一區，它們在波士頓、紐約與費城的市場中心之間的聯絡便捷容易，而且它們的人口也相對較緊密地被出版和商業所聯繫起來。當新舊人口從舊的東岸核心地帶向西移動之後，所謂「合州國」（United States）的州數目在此後一八三〇年間將逐漸倍增。然而即使在美國的個案中也存在著相對「失敗」或者縮小的成分——說英語的加拿大並未被吸收進來，而德克薩斯曾擁有過十年（一八三五－一八四六）的獨立主權。如果十八世紀的時候在加利福尼亞（California）存在一個人數眾多的說英語社群的話，難道在那裡不會出現一個獨立國家扮演有如阿根廷的角色，而與「扮演」十三州的祕魯相互拮抗嗎？甚至在美國之內，連同西部邊境的快速擴張與南北經濟產生的矛盾等因素，民族主義的情感連帶竟然也可以彈性到在提出獨立宣言將近一個世紀之後還促成了一場分離主義戰爭；並且，這場戰爭在今天還會讓我們鮮明地聯想到那幾場把委內瑞拉和厄瓜多從大哥倫比亞撕裂開來，以及把烏拉圭和巴拉圭從里約·德·拉·普拉達聯邦分裂出來的戰爭。[57]

作為暫時的結論，也許我們可以再次強調到目前為止的論證主旨的有限性與特定性。這個論證的意圖比較不是在解釋，比方說，從一七六〇年到一八三〇年之間在西半球發生的反母國抵抗運動的社會－經濟基礎；它比較想解釋的是，為什麼這些抵抗運動會被以複數的、「民族的」[58]方式——而非以其他方式——來想像。這些抵抗所牽涉到的經濟利益是人盡皆知的，而且明顯地具有根本的重要性。自由主義和啟蒙運動清楚地發揮了強大的影響力——特別是在提供了對帝國和「舊政權」的意識形態批判的彈藥武器這方面。我所主張的是，既非經濟利益、自由主義，也非啟蒙運動有能力，或者確實曾經，**憑其自身**創造出那一**種**（kind），或者是那個形狀（shape）的想像共同體來加以捍衛以防止那些政權的掠奪；換句話說，經濟利益、自由主義，或者啟蒙運動這三個因素都沒有提出一個新的意識的架構——和他們僅能看到位於視野中央的喜愛或厭惡的對象正好相反的，一個能夠看到先前所不曾看到的，位於其視野邊緣的事物的架構。在完成**這項**特殊任務的過程中，朝聖的歐裔海外移民官員與地方上的歐裔海外移民印刷業者，扮演了決定性的歷史性角色。

第五章——舊語言，新模型

當美洲成功的民族解放運動的時代終於畫下了句點，歐洲的民族主義年代也隨即揭開了序幕。如果我們思考一下這些在一八二〇年到一九二〇年之間改變了舊世界容貌的，比較新的民族主義的性格，我們會發現有兩個明顯的特徵把它們和美洲的前輩們區隔開來。第一，在幾乎所有這些民族主義裡面，「民族的印刷語言」都具有無比的意識形態與政治的重要性，而西班牙語和英語在革命的美洲從來就不是議題。第二，他們全都得以參照遠方的——以及在法國大革命的騷動之後，不那麼遠的——先行者所提供的可見的模式而行動。「民族」因此變成了某種從最初開始就能夠有意識地渴求的事物，而不再是一個慢慢清晰起來的視像。事實上，如同我們將在下面所看到的，「民族」是一個不可能享有專利權的發明。它變的能夠被廣泛而多樣的，有時候未曾預期的人所盜用。因此，本章的分析焦點將會在印刷語言和盜版

（piracy）之上。

愉快地無視於一些歐洲以外的事實，偉大的約翰·歌特弗利德·封·赫德（Johann Gottfried von Herder，一七四四－一八〇三）在十八世紀末如此宣稱：「因為**每一個**民族都是一個民族；它有**它的**民族文化，例如**它的**語言。」（Denn *jedes* Volk ist Volk; es hat *seine* National Bildung wie *seine* Sprache.）[1] 這個絕妙的、純屬歐洲的，和語言的私有財產權結合的民族概念在十九世紀的歐洲有廣泛的影響力，並且，在一個較狹窄的範圍內，對後來關於民族主義性質的理論化也發揮了相當的影響。這個夢想的起源是什麼？最有可能的是，起源於從十四世紀就已經開始的歐洲世界之深刻的時間與空間的縮小，而此一時空上之縮小最初導因於人文主義者之發掘古典作品，而後來頗為弔詭的，卻是受歐洲人向全球擴張所致。

奧爾巴哈之言甚善：[2]

> 隨著人文主義之降臨，人們開始感覺到古典歷史和傳奇，以及聖經之中的事件之所以和現在分隔開來，不只是由於所經時間之久，也是由於**完全不同的生活條件**之故。人文主義因其試圖復興古代的生活與表達形式，創造了一個前所未有的極具深度的歷史觀點：人文

> 主義者從歷史的深度之中觀看古代，而且，在此背景之中，觀看介於中間的中世紀的黑暗時代……（這使得他們不可能）重建對於古代文化而言非常自然的自給自足的素樸生活，以及十二、十三世紀那種對歷史的純真態度。

或許可被稱之為「比較史」（comparative history）的成長最終導致了一個和「古代」（antiquity）清楚並列並且對它絕不必然有利的，前所未聞的「現代」（modernity）的出現。這個問題被激烈地帶進支配了十七世紀最後十五年的法國知識生活的「古代人與現代人之戰」（Battle of Ancients al and Moderns）裡面。[3]容我再引述奧爾巴哈：「在路易十四統治之下，法國人膽敢認為他們的文化是足以與古代文化相捋之正確典範，而且他們將這個看法強加於歐洲其他地方之上。」[4]

在十六世紀之中，歐洲之「發現」了前此只曾風聞的偉大文明，如中國、日本、東南亞與印度次大陸，或者是全然陌生者，如墨西哥的阿茲特克文明與祕魯的印加文明，暗示了一種無可救贖的人類多元性。大多數這些文明都是在已知的歐洲、基督教世界、古代，或者事實上，在已知的人類歷史之外分別發展出來的：它們的系譜存在於伊甸園之外，而且無法被同化到伊甸園之中（只有同質的、空洞的時間願意收容他們）。這些「發現」產生的影響，可以用當時一些想像中的國家奇特的地理來加以衡量。托馬斯・摩爾出版於一五一六年的《烏托邦》（*Utopia*），聲稱該書是作者在安特衛普邂逅的一名參加過亞美利哥・維斯普契（Amerigo Vespucci），一四九七到一四九八年間的南北美洲探險的水手的故事。法蘭西斯・培根的《新亞特蘭提斯》（*New Atlantis*，一六二六）之所以為新，最重要的恐怕是因為它位於太平洋的緣故。司威夫特在《格列佛遊記》（*Gulliver's Travels*，一七二六）裡面，描述那華麗的慧因島（Island of Houyhnhnms）時還附了一張南大西洋的假地圖。（如果我們想想看把柏拉圖的共和國擺到不論真假的任何一張地圖上面會是多麼難以想像，那麼這些場景的意義就會更清楚了。）所有這些以真實的發現為「模型」的、半開玩笑的烏托邦，都不是被描繪成伊甸園，而是被描繪為**當代**社會。我們也許可以主張說他們非得如此不可，因為這些烏托邦是被寫來批評當代社會的，而且地理大發現已經使人們毋須再從已消逝的遠古之中尋找模範了。[5]在烏托邦作家之後繼踵而起是啟蒙運動的先覺者，如維科、孟德斯鳩、伏爾泰，以及盧梭。他們愈來愈常借用一個「真實的」非歐洲為素材，從事密集的顛覆性寫作，以攻擊當時歐洲的社會和政治制度。事實上，這時已經有可能把歐洲想成只是許多文明之中的一個，而且不一定就是上帝所挑選的文明，也不必然是最好的文明。[6]

而當時機一到，地理的發現與征服也引起了一場歐洲人語言觀念的革命。從很早開始，葡萄牙、荷蘭和西班牙的海員、傳教士、商人和軍人們就為了實際的理由——航海、勸導改宗、經商和戰爭——而蒐集非歐洲語言的語彙表以便編成簡單的辭典。但是對語言的科學性比較研究要到十八世紀後半才真正開始。因為英國征服了孟加拉，才會有威廉．瓊斯（William Jones）對梵文的先驅性研究（一七八六），而他的研究則讓愈來愈多歐洲人瞭解到印度語系文明遠較希臘與猶太文明古老。因為拿破崙遠征埃及，才有尚．商博良（Jean Champollion）解開象形文字之謎（一八三五），而這個成就則多元化了歐洲以外的古文明。[7]對閃族語言研究的進展動搖了認為希伯來文是獨一無二的古老語言或者有著神聖起源的想法。再一次，人們在構想著只能和同質的、空洞的時間概念相容的文明的系譜。「語言變得比較不是一個外在權力與使用語言的人類之間的聯繫，而是由語言使用者在他們自己之間所創造、成就出來的一個內部場域（internal field）。」[8]從這些發現之中，產生了研究比較文法、語族的分類，以及運用科學推論重建出被遺忘了的「原型語言」的語言學。如同霍布斯邦的正確觀察，這是「第一門將演化置於其理論核心的科學」。[9]

從此刻開始，古老的神聖語言——拉丁文、希臘文，和希伯來文——要在平等的本體論立足點上與一大群駁雜的庶民方言競爭對手混居一室。這個歷史運動使它們先前在市場上被印刷資本主義降級的命運雪上加霜。如果現在所有的語言都有相同的（內部的，intra-）世俗地位，那麼原則上它們都同樣值得被研究與仰慕。不過要被誰研究仰慕呢？照邏輯推論，既然現在已經沒有語言屬於上帝，則自然是他們新的擁有者：也就是以每個特定語言為母語的說話者——還有讀者。

誠如賽頓－華生對我們大有助益的提示，在歐洲和其緊鄰的周邊地區，十九世紀是方言化的辭典編纂者、文法學家、語言學家和文學家的黃金時代。[10]這些專業知識分子精力充沛的活動是形塑十九世紀歐洲民族主義的關鍵，而這和一七七〇到一八三〇年之間美洲的情形適成完全的對比。從商店到學校，從辦公室到住宅之間可以（儘管有時候不能）隨身攜帶的單語辭典，是每一種語言的印刷品寶庫的巨大摘要。雙語辭典則使逐漸逼近的語言之間的平等主義終於現身——不管外面的政治現實如何，在捷克語－德語／德語－捷克語辭典的封面與封底之間，這兩種語言有著相同的地位。那些付出多年歲月，孜孜矻矻以竟編纂之功的夢想家必然曾被吸引到——或者曾受惠於——歐洲偉大的圖書館，尤其是各大學的圖書館。而且，他們所編纂辭典的立即主顧，也不可避免地大多是大學以及尚未進大學的學生。霍布斯邦的警語「學校和大學的進展是衡量民族主義的尺度，正如學校，尤其是大學，是民族主義最有意識的鬥士」也許未必適用於其他時空，但對於十九世紀歐洲而言則當然是正確的。[11]

或許我們可以把這場革命想成有如彈藥庫著火後，每一次小爆炸又引發另一場爆炸，直到最終的烈焰劃過天際，使黑夜變成了白晝那般的，漸次高亢激昂的咆哮。

直到十八世紀中期，德國、法國和英國學者非凡的勞作，不僅使幾乎全套的希臘文經典及其所需的語言學和辭書類附屬品能以方便的印刷品型態出現，並且還經由數十部相關書籍的出版，重新創造了一個閃亮的、充分異教徒式的、古代的希臘文明。在那個世紀的最後二十五年，對於有一小群大多曾到過鄂圖曼帝國（Ottoman Empire）以外進修或旅行的，使用希臘文的年輕基督徒知識分子而言，這個「過去」變得愈來愈容易接近了。[12]受到西歐文明各中心的親希臘主義（philhellenism）之鼓舞，他們著手進行了將現代希臘文「去野蠻化」的工作，也就是要使之轉化為配得上伯里克里斯（Pericles）與蘇格拉底的語言。[13]這群年輕人當中的一位，阿達曼提歐斯·柯瑞斯（Adamantios Koraes，他後來成為一個熱心的辭典編纂者）於一八〇三年在巴黎向一群法國聽眾所發表的演說中，說了以下這樣一段足以表徵這種意識之變化的話語：[14]

> 這個民族首度審視了自己的無知愚昧的慘狀，並且，在親自衡量和祖先的榮耀之間相隔的距離之後，不由渾身戰慄發抖了。然而，這個痛苦的**發現**並未將希臘人推入絕望之中：我們是古希臘人的後裔，他們暗暗地告訴自己，我們必須嘗試使自己能再度與這個名字相

稱，否則我們就不配擁有這個名字。

相類似的，在十八世紀末期，羅馬尼亞文的文法、辭典和歷史書籍也出現了，而隨之出現的是一個最初在哈布斯堡境內頗為成功，而後擴散到鄂圖曼帝國的以羅馬字母取代基里爾字母的趨勢（這就將羅馬尼亞文和它的斯拉夫－東正教鄰居清楚劃分開來了）。[15]在一七八九到一七九四年之間，以法蘭西學院（Académie française）為模式而設立的俄羅斯學院編纂了一套六卷的俄語辭典，並在一八〇二年再出版一冊官定的俄語文法。這兩者都同樣代表了方言對於教會斯拉夫語的勝利。雖然時至十八世紀捷克語仍然只是波西米亞農人所使用的語言（貴族和新興的中產階級說德語），天主教教士約瑟夫・杜布羅夫斯基（Josef Dobrovsky，一七五三－一八二九）在一七九二年出版了他的《波西米亞的語言與古文學史》（*Geschichte der böhmischen Sprache und ältern Literatur*），第一本關於捷克語言與文學的系統性歷史著作。在一八三五到一八三九年之間，約瑟夫・庸曼（Josef Jungmann）先驅性的五卷版捷－德字典也相繼出版了。[16]

在論及匈牙利民族主義的誕生時，伊格諾特斯（Ignotus）寫道，這個事件的發生「晚近到定得出日期：一七七二年，也就是當時還住在維也納並且擔任瑪莉亞・泰瑞莎（Maria

Theresa，譯按：奧匈帝國統治者，一七一七－一七八〇）的侍衛，多才多藝的匈牙利作家喬吉・貝森業（György Bessenyei）所寫的一些無法卒讀的作品出版的那年……貝森業的大作（magna opera）證明了匈牙利語言也適於表現最高的文學類型」。[17]「匈牙利文學之父」費倫奇・卡欽茨伊（Ferenc Kazinczy，一七五九－一八三一）所出版的範圍廣闊的作品，以及一七八四年布達佩斯大學的前身由鄉下小鎮特納伐遷移至布達佩斯城，對匈牙利民族主義的誕生給予了進一步的刺激。而在政治上最早將匈牙利民族主義表現出來的，是說拉丁文的馬扎爾貴族在一七八〇年代對奧皇約瑟夫二世（Joseph II）決定以德語取代拉丁文作為帝國行政主要語言充滿敵意的反彈。[18]

在一八〇〇到一八五〇年這段期間，因得力於本地學者之辛勤開路，有三種不同的文學語言在北部巴爾幹地區形成：斯洛維尼亞語（Slovene）、塞爾維亞－克羅埃西亞語（Serbia-Croat）和保加利亞語（Bulgarian）。儘管在一八三〇年代之時，「保加利亞人」普遍被認為和塞爾維亞人與克羅埃西亞人同屬一個民族，而且事實上他們也曾以同一民族身分參加伊里利亞運動（Illyrian Movement），[19]但一個分離的保加利亞民族國家還是在一八七八年出現了。在十八世紀，人們把烏克蘭語（小俄羅斯語）當作一種鄉下人的語言而輕蔑地容忍著。然而在一七九八年，伊凡・科特拉瑞夫斯基（Ivan Kotlarevsky）寫出了他的《艾涅德》（*Aeneid*），以烏克蘭生活為主題的一首非常受歡迎的諷刺詩。在一八〇四年，哈爾科夫大學（University of Kharkov）創校，並且迅速成為烏克蘭語文學熱潮的中心。一八一九年，第一本烏克蘭語文法出現了——距先前首部官定俄羅斯語文法的出版只有十七年。而在一八三〇年代繼之出現的，是塔拉斯・謝夫成科（Taras Shevchenko）的作品。根據賽頓－華生的觀察：「他對形成一個為世人所接受的烏克蘭文學語言的貢獻超過其他任何一個人。而這個語言的使用則是烏克蘭民族意識形成過程的決定性階段。」[20]稍後，在一八四六年，第一個烏克蘭民族主義組織在基輔成立——由一位歷史學家所創建！

十八世紀的時候，在今天的芬蘭地方所使用的國家語言是瑞典語。在這塊土地於一八〇九年和沙皇領地合併之後，官方語言變成了俄語。然而，在十八世紀後期出現的一種原本是經由拉丁文和瑞典文作品表現的，對芬蘭語和芬蘭的過去「逐漸覺醒的」（awakening）興趣，到了一八二〇年代卻逐漸轉由方言之中顯現出來。[21]剛萌發的芬蘭民族主義運動的領導群，「大多是由以處理文字為專業的人所組成的：作家、教師、教士和律師。民俗研究以及民間史詩的重新發現與拼湊成篇，和文法書與字典的出版齊頭並進，導致了種種促成芬蘭文學（即印刷）語言之標準化的期刊出現；如此，為了維護這個標準化芬蘭語之生存發展，（民族主義者）遂得以提出更強烈的政治要求」。[22]而在和丹麥共用一種書寫語言——儘管發音完全不同——的挪威這個個案當中，民族主義則是隨著伊瓦・阿森（Ivar Aasen）的挪威語文法（一八四八）和字典（一八五〇）的出版而出現的。阿森的文法和字典不但回應了對特定的挪威印刷語言的需求，同時也進一步刺激了此種需求。

至於其他地方，到了十九世紀後半，我們發現在一八七〇年代成功地把當地荷蘭方言轉化為文學語言，並且為它取了一個不再有歐洲味的名字的波爾人（Boer）牧師與文學家，成了荷裔南非人（Afrikaner）民族主義的先驅。許多出身於貝魯特的美利堅學院（American College，建於一八六六年）與耶穌會聖約瑟學院（Jesuit College of St. Joseph，建於一八七五年）的黎巴嫩馬龍教派（Maronite）和埃及喀普特教派（Copt）基督徒，則是復興古典阿拉伯文與擴散阿拉伯民族主義的主要功臣。[23]而從一八七〇年代在伊斯坦堡出現的活躍的印刷出版事業之中，也可以探尋到土耳其民族主義的種子。[24]

我們也不應忘記，在同一時代另一種形態的印刷品也在進行方言化：樂譜。在杜布羅夫斯基之後，繼之而起的是史麥塔納（Smetana），德佛札克（Dvořák）和揚納切克（Janáček）；在阿森之後是葛利格（Grieg）；在卡欽茨伊之後有貝拉・巴爾托克（Béla Bartók）……，一直持續到本世紀。

同時，十分明顯的，所有這些字典編纂者、語言學家、文法學家、民俗學家、政治評論家和作曲家並不是在真空之中從事他們的革命活動。終究，他們是印刷出版市場的生產者，而且，透過那個寂靜的市集，他們和消費大眾聯繫起來了。這些消費者是誰？以最一般性的意義而言，他們是：閱讀階級（reading classes）的家庭——不只是「工作的父親」，也包括了被僕役所圍繞的妻子和就學年齡的小孩。如果我們留意到遲至一八四〇年，即使在英國和法國——歐洲最進步的兩個國家——也有幾近半數人口是文盲（而在落後的俄羅斯則幾乎有九八％是文盲），我們就會明白所謂「閱讀階級」指的是擁有一些權力的人。更具體而言，閱讀階級的成員，除了貴族和地主仕紳，廷臣與教士等舊統治階級之外，還包括了平民出身的下級官吏、專業人士，以及商業和工業資產階級等新興的中間階層。

儘管不曾發生過任何重大的區域性戰爭，十九世紀中葉的歐洲卻見證了國家支出與國家（文職與軍事的）官僚機構規模的快速增長。「在一八三〇到一八五〇年之間，每人公共支出在西班牙增加了二五％，在法國是四〇％，俄羅斯四四％，比利時五〇％，奧地利七〇％，美國七五％，而荷蘭則增加了九〇％。」[25]官僚機構的擴大——這也意味著官僚的專門化——為在此之前不得其門而入、為數眾多且出身背景遠為多樣的人開啟了仕途之門。以那個老朽的、充塞著閒差且飽受貴族折騰的奧匈帝國國家機器為例：出身中間階級者在文官部門的上層職位所占百分比從一八〇四年的一〇％，增加到一八二九年的二七％，一八五九年的三五％，再一路上升到一八七八年的五五%。軍事部門裡面也出現了相同的趨勢——儘管一如其特性，在軍事部門這一趨勢之發展較為遲緩：在一八五九到一九一八年之間，軍官團的中間階級組成比例從一〇%成長為七五%。[26]

如果官僚中間階級的擴大是一個相對較平均的現象，且在歐洲的先進國或落後國都同樣以相近的速度發生，商業與工業的資產階級之興起則當然是極不平均的——有些地方迅速而強大，但有些地方卻緩慢而發育不良。但是不管在哪裡，這種「興起」都必須從它和方言印刷資本主義的關係來理解。

資產階級興起之前的統治階級的內聚力，就某個意義言是在語言——或者至少是印刷語言——之外產生的。假如暹羅的統治者娶了一個馬來人的貴族女性為妾，或者假如英格蘭王和一位西班牙公主結婚——他們可曾認真地相互交談？連帶關係（solidarities）是親族關係、恩侍關係（clientship），以及個人效忠的產物。如果暫時不考慮馬基維利式的盤算的話，「法國的」貴族可能會基於親戚關係和友誼——不是共同的語言或文化——而協助「英國的」國王對抗「法國的」君主。傳統貴族相對較少的人數，他們固定的政治基礎，以及隱含在性交與繼承之中的政治關係的個人化，意味著他們作為階級的內聚力既是想像的，也是具體的。一個不識字的貴族仍舊可以行為舉止像個貴族。然而資產階級行嗎？用比喻來說，這個階級只有在這麼多相同的複製品的存在中才形成為一個階級。一個里爾（Lille）的工廠廠主和里昂（Lyon）的工廠廠主只有經由反射般的間接方式才會發生關聯。他們沒有必然的理由會知道彼此的存在；他們通常並不嫁娶彼此的兒女或繼承彼此的財產。然而，透過印刷語言，他們確實逐漸能在心中大體想像出數以千計和自己一樣的人，因為不識字的資產階級是難以想像的。職是之故，從世界史的角度觀之，資產階級是最先在一個本質為想像的基礎上建立了內部連帶的階級。然而，在一個拉丁文已被方言擊敗約兩世紀之久的十九世紀歐洲，這些建立了內部連帶的集團向外延伸的範圍受到個別方言通行地域之邊界所限制。換個方式說，一個人和誰上床都可以，但他只讀得懂某一群人的話語。

貴族、地主仕紳、專業人士、官員，還有在市場上活動的人（men of the market）——這些就是語言學革命的**潛在的**消費者。不過，這種組合的顧客群從來沒有在任何地方完整地出現過，而實際的顧客組合形態則因地區之不同而有相當的差異。若想明白何以致此，我們必須回到先前所提出的歐洲與美洲的基本對照之上。在南北美洲，各個帝國的領地範圍與其方言所通行之地域幾乎完美地重合。但在歐洲，這樣的重合很少見，而歐洲內部的帝國王朝基本上都是多方言的（polyvernacular）。換言之，權力與印刷語言在地圖上各自管轄著不同的領土。

成為十九世紀特色的識字率、商業、工業、傳播和國家機器的普遍成長，在每個王朝內部都創造了尋求方言統一的強大的新驅力。拉丁文在奧匈帝國固守其國家語言地位到一八四〇年代初期，然而其後它就幾乎立即消失了。儘管身為國家語言，它在十九世紀卻無法成為商業的語言、科學的語言、印刷的語言，或者文學的語言——而在一個這些語言持續地相互滲透的世界之中尤其如此。

同時，在一個至少在起初，大致上未經事先計畫的過程中，以方言為基礎的國家語言取得了愈來愈高的權力和地位。因而，英語將蓋爾語（Gaelic）擠出了愛爾蘭，法語迫使不列塔尼語（Breton）退處一隅，而卡斯提語（Castilian）則令加泰隆尼亞語（Catalan）淪為邊陲語言。在像英國和法國這樣，由於某些相當外在的因素，因而到了十九世紀中葉時國家語言和民眾的語言恰好有相對較高的重合的地區，[27]前面所提到的語言之相互滲透並未產生戲劇性的政治效果（這些是和美洲情形最接近的個案）。在許多其他的地區——其中最極端的例子是奧匈帝國——就不可避免地會發生富爆炸性的後果了。在她那巨大的、搖搖欲墜的、多語的，但識字人口又日益增加的領地之中，**任何**一個方言想要取代拉丁文，在十九世紀中葉當時，都必然會對已經在使用那個印刷語言的臣民極端有利，而因此也就會在不使用那個語言的臣民眼中顯得具有威脅性。我之所以強調「任何」這個字眼是因為，正如我們在以下所要仔細探討的，儘管有人可能會以為哈布斯堡宮廷在十九世紀提升了德語的地位——既然是德語——必定和德意志民族主義有關，然而事實上這和德意志民族主義卻毫不相干。（在這些情況下，我們會預期在每個王朝之中，官式方言的母語讀者群的自覺的民族主義將是**最後**一個出現的。而歷史紀錄證實了這樣的預期。）

就我們辭典編纂者的主顧而言，在不同的政治情況下找到不同群體的消費者因此是不足為奇的。例如，在馬札爾人資產階級幾乎完全不存在，但每八個人就有一個人宣稱自己擁有某種貴族身分的匈牙利，挺身捍衛印刷匈牙利語堡壘之城牆免受德語浪潮侵襲的，是部分的下層貴族與變窮了的地主仕紳階層。[28]波蘭語讀者的情形也有很多相似之處。然而，比較典型的是一個由下層仕紳、學者、專業人士，和商人所組成的聯盟；在這個聯盟之中，第一種人通常擔任具有「地位」的領導者，第二種和第三種人負責創造神話、詩歌、報紙，和意識形態，而最後一種人則提供金錢與各種行銷設施。敦厚的柯瑞斯（Koraes）為我們提供了一幅以知識分子和企業為主角的，希臘民族主義的早期主顧的美好畫像：[29]

在那些比較不窮，有一些有錢的居民和幾間學校，因此也就有一些至少讀得懂古代作家的人的城鎮裡，革命開始得比較早，並且能有比較迅速而令人欣慰的進展。在某些這樣的城裡，學校的規模已經在擴大，而且也正在引進**外國**語言的學習和那些在歐洲（原文如此）學校裡教的學科。有錢人贊助印行從義大利文、法文、德文，和英文翻譯過來的書籍；他們資助有志青年到歐洲留學；他們提供了更好的教育給他們的兒童，包括女孩在內……

位於匈牙利文和希臘文之間的不同光譜地帶上的，各色組合類型的閱讀聯盟（reading coalition）同樣的在中、東歐各處發展，並且隨著世紀的推移也在近東地區出現。[30]在這些新的以方言想像出來的共同體裡面，城市和鄉村地區的群眾參與到什麼程度自然也有很大的差異。這有很大部分取決於這些群眾和民族主義的傳道者之間的關係。也許，我們可以說擁有一個出身農民階級，和農民很親近，並且為他們扮演了重要的中介者角色的天主教教士階層的愛爾蘭，是處在一個極端位置的例子。而霍布斯邦這語帶反諷的評論，則暗示了位於另一個極端的個案：「儘管波蘭革命家宣稱要廢除農奴制，加里西亞（Galicia）農民在一八四六年的時候還是反對這些革命家；他們寧願屠殺這些紳士，並且信任皇帝派來的官吏。」[31]不過事實上，不管在哪裡，一旦識字率上升，隨著民眾在他們原本一直在謙遜地使用，而如今卻被印刷術提升了地位的語言之中發現新的榮耀之後，要喚起群眾的支持就更容易了。

所以，到某個程度，奈倫那個引人注意的公式：「民族主義的新中產階級知識分子必須邀請群眾進入歷史之中；而且這張邀請卡得要用他們看得懂的語言來寫才行。」[32]——是正確的。但是，除非我們最後再看一下盜版的問題，我們很難瞭解究竟為什麼這個邀請到頭來會似乎變得那麼有吸引力，以及為什麼那麼不同的各個聯盟都能發出這張邀請卡（奈倫的中產階級知識分子絕對不是唯一邀宴的主人）。

霍布斯邦觀察到：「法國大革命既不是由一個現代意義的政黨或運動，也不是由想要實踐一個有系統的綱領的人所創造或領導的。直到拿破崙這個後革命時期的人物出現以前，它根本沒有產生過我們在二十世紀的革命中所習見的那種『領袖』。」[33]然而一旦它發生了，它就進入了印刷品那具有累積性的記憶之中。那被它的創造者與受害者所經驗的，席捲一切的，魅惑的事件之連鎖變成一個「東西」而且有它自己的名字：法國大革命。如同一顆龐大而無形狀的巨石被無數水滴磨蝕成圓形的大岩塊一般，法國大革命的經驗被數以百萬計印刷出來的字塑造成一個印在紙頁上的「概念」（concept），而且，當時機一到，再變成了一個模式。為什麼「它」爆發，「它」的目標是什麼，為什麼「它」會成功或失敗——這些變成了朋友和敵人之間無休止的爭論主題：然而，此後就從來沒有人對所謂「它的實存性」（it-ness）有過什麼懷疑。[34]

以大致相同的方式，南北美洲的獨立運動一旦成為印刷出版的主題，就變成了「概念」、「模式」，還有名符其實的「藍圖」了。在「現實」當中，玻利瓦對黑奴叛變的恐懼，與聖馬丁以祕魯人之名號召他的原住民這兩件事之間是頗為扞格不入的。然而印刷出來的字句幾乎立即就沖刷掉了前者的痕跡，以至於人們縱使記起了這件事，也覺得那不過是無關緊要的反常現象罷了。從美洲的波濤之中，民族國家、共和制度、共同公民權、人民主權、國旗和國歌等等這些想像的現實（imagined realities）一一湧現，而與其相對立的概念如王朝制帝國、君主制度、專制主義、臣民身分、世襲貴族、奴隸制、猶太人區（ghetto）等等則盡皆遭到清算。（關於這點，最令人吃驚的莫過於對存在於「典型的」〔modal〕十九世紀美國的規模龐大的奴隸制，以及為「典型的」南美洲共和國所共有的語言這兩個事實的「省略」〔elision〕了。）更有甚者，這些獨立國家的複數性無疑更確認了這個藍圖的有效性與普遍可適用性。

事實上，如非更早一些，則至少到十九世紀的第二個十年之時，一個可供盜版的「該」（the）獨立民族國家的「模式」已經出現了。[35]（最早這麼做的團體，就是本章所專注討論的那些被邊緣化的、以方言為基礎的受教育者的聯盟。）然而正因為在那時它已經是一個已知的模式，遂對於後來者設下了某些不容過度明顯逾越的「標準」。即使是落後反動的匈牙利和波蘭仕紳也不得不勉為其難地對著他們被壓迫的同胞演一齣《請君入室》（儘管只是餐室）的劇碼。如果你高興的話，你可以說這是聖馬丁的祕魯化的邏輯在發生作用。如果說「匈牙利人」配擁有一個民族國家，這話指的是所有的匈牙利人；[36]它的意思是，主權最終必須是存在於說匈牙利語的人與匈牙利文讀者的整體之中的國家；而且，在適當時機，農奴制將被廢止、群眾教育會被提倡、選舉權會擴張……。這說明了何以早期歐洲民族主義就算是由最落後的社會集團來負責領導煽動群眾的，他們的「民粹主義」性格也較美洲來得深刻：農奴制一定得廢，合法的奴隸制是無法想像的——正因為那個概念的模式已經穩穩地定著生根了。

第六章
官方民族主義和帝國主義

在十九世紀當中，特別是在其後半期，語言學－辭典編纂學的革命和歐洲內部民族主義運動的興起——它們本身不僅是資本主義的產物，也是王朝國家所罹患的象皮病（elephantiasis）的產物——為很多君主製造了日益增加的文化上的，因而也是政治上的困難。因為，正如我們已經看到的，大多數這些王朝的根本的正當性和民族屬性（nationalness）毫不相干。羅曼諾夫王朝統治了韃靼人（Tartars）和列特人（Letts）、日爾曼人和亞美尼亞人、俄羅斯人和芬蘭人。哈布斯堡王朝高踞統治寶座俯視著馬札爾人和克羅埃西亞人、斯洛伐克人和義大利人、烏克蘭人和奧地利日爾曼人。漢諾威王室（Hanoverians）統轄著孟加拉人和魁北克人、蘇格蘭人和愛爾蘭人、英格蘭人和威爾斯人。[1]更有甚者，在歐洲大陸，同一個王室家族的成員經常統治著不同的、有時還相互敵對的國家。統治法國和西班牙的波旁王室，統治普魯士和羅馬尼亞的霍亨索倫王室（Hohenzollerns），還有統治巴伐利亞和希臘的維特茲巴克斯（Wittelsbachs）王室——他們到底該算是哪一個民族？

我們也看到了，基本上出於行政的理由，這些王朝以或快或慢的速度確定了某個方言作為國家語言——只不過，這個語言的「選擇」本質上是不自覺的繼承或者出於方便的結果。

然而，歐洲的辭典編纂學的革命創造了，並且逐漸擴散了這樣的信念：語言（至少在歐洲）可以說是相當特定的集團——每天講這個話，讀這個語言的人——的個人財產，而且，這些被想像為共同體的集團有權在相互友愛的對等集團之間占有一個自主的位置。那些語言學的煽動家因此迫使君主們面對了一個日益尖銳的兩難之局。這個兩難在奧匈帝國的個案裡面表現得最清楚。當開明的專制君主約瑟夫二世在一七八〇年代初期決定將國家語言從拉丁文換成德文之時，「他並不是和，比方說，馬札爾語作戰，而是和拉丁文作戰……他認為，在中世紀的貴族的拉丁文行政體系基礎之上，根本無法有效展開有利於民眾的工作。對他而言，必須有一個能夠連結他的帝國每一部分的統一性語言，這個主張似乎是不容置疑的。在此必要性之下，除了德語之外，他別無其他選擇——不僅因為德語是唯一擁有博大的文化與文學供其支配運用的語言，也因為在他治下的每一省分都有為數眾多的德語少數族群」。[2]確實，「哈布斯堡王朝**不是**一個有意識而且重要的推行德語化的強權……**有些哈布斯堡王室的成員甚至不說德語。**

甚至那些偶爾推動德語化政策的哈布斯堡皇帝也不是從民族主義觀點進行這些努力的；決定他們所採取的措施的，是想要統一其帝國並建立帝國內部普遍性（universalism）的意圖」。[3]他們的基本目標是哈布斯堡家的權力（Hausmacht）。然而，到了十九世紀中葉之後，德語逐漸得到了一個雙重地位：「普遍的－帝國的」以及「特殊的－民族的」。當王朝愈是強力推動德語作為帝國之首要語言，它就愈顯得是在偏袒說德語的臣民，也就越發引起其他臣民的反感。不過，當王朝不再如此大力推動，而且確實也對其他語言，特別是匈牙利語做了讓步時，不僅統一的進程倒退，連說德語的臣民也感覺受到侮辱了。因此它面臨了既因作為德語的鬥士，也因作為德語的叛徒而同時遭致怨恨的危險處境。（幾乎相同的，鄂圖曼王室後來既被土耳其語的使用者視為變節，也被非土耳其語的臣民當作土耳其化的推動者。）

因為到了十九世紀中葉時，所有的君主都在使用**某種**方言作為國家語言，[4]也因為民族的理念在全歐各地迅速上升的威望，我們可以察覺到在歐洲－地中海區域的君主制國家有向著一個正在對它們招手的民族認同悄悄接近的趨勢。羅曼諾夫王室發現他們是大俄羅斯人（Great Russians），漢諾威王室發現他們是英格蘭人，霍亨索倫王室發現他們是德國人——而他們的表親們則在經歷了困難得多的過程後，也變成……羅馬尼亞人、希臘人等等。一方面，這些新的認同撐住了在資本主義、懷疑主義，和科學的年代裡，愈來愈難以在推定的神聖性與純粹的古老這兩個基礎上安穩立足的政權的正當性。另一方面，它們也造成了新的危險。當德皇威廉二世派給自己「頭號的德國人」的角色時，他暗暗承認了**他是很多和他同類的人當中的一個**，他具有代表的功能，以及因此在原則上他有可能變成他德國同胞的**叛徒**。（這在王朝的全盛時期是無法想像的。要背叛誰，或者背叛什麼事情？）在一九一八年那場襲擊德國的災難之後，他這未明言的話語果真一語成讖。以德意志民族之名，文人政客（公開地）與參謀本部（以其一貫的勇氣，祕密地）令他捲起鋪蓋離開祖國到一個不知名的荷蘭鄉下度日。同樣的，不把自己稱為國王（Shah），卻稱為「伊朗國王」（Shah of Iran）的巴勒維（Mohammad Reza Pahlavi），也終究被烙上了叛徒之名。在他行將被流放出國之際所發生的小小喜劇，顯示他自己也接受了，用比喻來說，民族法庭的管轄權——但不是判決。在登上噴射機的扶梯之前，他為攝影師們做了親吻土地的動作，並且宣布他將隨身帶著一些神聖的伊朗泥土。這一幕是從一部有關加里波底（Garibaldi）——而不是太陽王（Sun King）——的電影裡面剽竊出來的。[5]

歐洲諸王朝的「歸化」（naturalizations）——在某些個案中需要用上一點有趣特技的操演——最終導致了以沙皇的俄羅斯化政策（Russification）為其最著名範例，而被賽頓－華生辛辣地稱為「官方民族主義」（official nationalism）[6]的出現。對這些「官方民族主義」最好的詮釋，是將之理解為一種同時結合歸化與保存王朝的權力，特別是他們對從中世紀開始累積起來的廣大、多語的領土之統治權的手段，或者，換個表達方式來說，一種把民族那既短又緊的皮膚撐大到足以覆蓋帝國龐大身軀的手段。將沙皇治下的異質性臣民「俄羅斯化」因而代表了兩種相對立的政治秩序——一種古老，而另一種很新——之猛烈的、有意識的融合。（儘管這與，比方說，美洲和菲律賓的西班牙化有若干相似之處，但這兩者間還存在一個重要的差異。十九世紀末期沙皇政權的文化征服者〔cultural conquistadors〕行動的出發點是一種自覺的馬基維利主義，而他們十六世紀的祖先們之所作所為，卻是出於一種不自覺的、日常的實用主義。況且對他們而言這也不算是什麼「西班牙化」——事實上那只不過是將異教徒和野蠻人**改宗**罷了。）

若想定位「官方民族主義」——即民族與王朝制帝國之刻意的融合，最重要的是要記得它是在一八二〇年以來蔓延歐洲的群眾性民族主義之後，並且是由於對這些群眾性民族運動的**反動**（reaction），而發展出來的。如果說這些民族運動原是以美洲和法國歷史為其模型的，那麼現在就換他們自己變成模型了。[7]只不過，要讓改裝成民族的帝國看起來有吸引力就得要用上某些富有創意的戲法了。

也許考量一下幾個類似的，卻適成有用之對比的例子會幫助我們獲得某種對這一整個反動的（reactionary），第二次的（secondary）模仿過程的透視觀點。

賽頓－華生在他的書中出色地呈現了羅曼諾夫專制政權起先對於「走上街頭」是多麼的感到不安。[8]正如前述，十八世紀時聖彼得堡的宮廷語言是法語，但地方貴族卻大多使用德語。在拿破崙入侵之後，烏伐洛夫伯爵（Count Sergei Uvarov）在一八三二年的一份官方報告書中提議帝國應立基於專制政治（Autocracy）、東正教（Orthodoxy）與民族（Nationality, natsionanost）這三個原則之上。如果前兩者是舊的原則，那第三個原則可就很新了——而且還有點不成熟，因為在那個時代整個「民族」有一半是農奴，而有超過半數的人使用俄語以外的母語。烏伐洛夫的報告為他贏得了教育部長的職位，但也就僅止於此了。在此後半世紀之中沙皇政權始終不為烏伐洛夫這類主張所動。一直要到亞歷山大三世（Alexander III）在位期間（一八八一－一八九四）俄羅斯化才成為王朝的正式政策——遠在烏克蘭、芬蘭、列特和其他的民族主義在帝國境內出現之後。夠諷刺的是，最初的俄化措施針對的正是那些向來最**效忠沙皇**（Kaisertreu）的「民族」，像居住在波羅的海附近的日爾曼人。一八八七年在波羅的海各省，俄語被強制規定為所有國立學校最初級以上課程的教學語言。這個措施後來也被擴大到私立學校。一八九三年，多爾帕（Dorpat）大學，帝國領土內最傑出的大學之一，因在課堂之中使用德語而被關閉。（要記得直到此時為止德語都還是一個地方性的官方語言，**不是**群眾性民族主義之聲。）還有其他種種諸如此類的政策，不一而足。賽頓－華生甚至大膽斷言說一九〇五年的革命，「既是工人、農人和激進知識分子反抗專制的革命，也是非俄羅斯人反抗俄羅斯化的革命。這兩個反叛當然是相關的：社會革命事實上在以波蘭工人、拉脫維亞和喬治亞的農民為主力的非俄羅斯地區最激烈」。[9]

同時，如果以為說既然俄羅斯化是**王朝**的政策，它就沒有達成它的一個主要目的——將一個逐漸成長中的「大俄羅斯」民族主義導向對沙皇的支持——那就犯了大錯了。而且，這並非僅憑情感而達成的。帝國的龐大官僚機構和擴張中的市場終究為俄羅斯官員和企業家提供了巨大的機會。

引人興味之程度不下於亞歷山大三世，也就是推動俄羅斯化至全俄羅斯領地之沙皇的，是與他同時代的維多利亞．封．薩克賽－寇堡－哥達（Victoria yon Saxe-Coburg-Gotha）、英格蘭女王**暨**，及至晚年，印度女皇。事實上，她的頭銜比她本人要更有趣，因為這個頭銜象徵性地表現出民族和帝國被焊接在一起之後的那塊厚度增加了的金屬。[10]她的在位期也標示了和聖彼得堡正在推動的俄羅斯化政策之間有著強烈的親和關係（affinites）的，倫敦式的「官方民族主義」之發軔。由縱軸來做比較（longtitudinal comparison，譯按：時間軸之比較）不失為體認此種親和性的好辦法。

在《不列顛的崩解》一書中，湯姆．奈倫提出了這樣的問題：為什麼在十八世紀末的蘇格蘭，儘管存在著一個新興的布爾喬亞階級與一個非常傑出的知識分子階層，卻還是沒有出現蘇格蘭民族主義運動？[11]霍布斯邦早已用以下的評論斷然駁斥了奈倫發人深省的討論：「預期（蘇格蘭人）在這個時候曾要求一個獨立國家根本就是一個時代錯誤的想法。」[12]然而如果我們記得共同簽署了美國獨立宣言的班傑明・富蘭克林比大衛・休謨（David Hume）要早五年出生，我們也許就會傾向於認為霍布斯邦這個判斷本身才是有點時代錯誤。[13]依我之見，困難之處——以及他們的解答——另有所在。

在另一方面，和所有良善的民族主義者一樣，奈倫有一種將他的「蘇格蘭」看成是毫無疑問的、原始的（primordial）既有存在物的傾向。布洛赫提醒我們這個「實體」（entity）有著多變的家譜。就他的觀察，丹麥人的蹂躪和征服者威廉永遠地摧毀了由阿爾昆（Alcuin）和貝德（Bede）等傑出人物所象徵的、北方的、盎格魯－薩克遜諾桑布理亞（Anglo-Saxon Northumbria）的文化霸權：[14]

> 一部分北方地區被永遠地和英格蘭隔開了。由於維京人移民之屯駐約克夏，使得諾桑布理亞的愛丁堡城周邊的低地被從盎格魯－薩克遜語的人口區切割開來，落入山區的凱爾特族（Celtic）首領的控制之中。因此雙語的蘇格蘭王國間接而言是被斯堪地那維亞人入侵

所創造出來的。

至於賽頓－華生則寫道蘇格蘭語言：[15]

> 發展自薩克遜語和法語的交融，儘管後者的成分較少，並且源於凱爾特和斯堪地那維亞語言者要更甚於源自南方者。這個語言不只在蘇格蘭東部被使用，同時也通行於英格蘭北部。蘇格蘭語（Scots），或者「北方英語」（northern English），被蘇格蘭宮廷和（可能會說，但也可能不會說蓋爾語的）社會菁英，以及整個低地區民眾所使用。它是詩人羅勃・亨利森（Robert Henryson）與威廉・鄧巴（William Dunbar）的語言。如果不是英格蘭王室和蘇格蘭王室在一六〇三年的統一使南方英語擴張到蘇格蘭的宮廷、行政與上層階級之中，並從而取得優勢地位的話，蘇格蘭語本來有可能會在現代發展成一個獨特的文學語言。

此處的關鍵是，十七世紀初期的時候，在日後將會被想像為蘇格蘭之地的大部分區域是說英語的，而且只要是有最起碼識字程度者即可直接閱讀到印刷的英文。然後在十八世紀初時，說英語的低地區和倫敦合作，大體上將所有說蓋爾語的地區（Gaeltacht）完全消滅淨盡。這兩次「北進」都未推動自覺的英語化政策——在這兩個個案之中英語化基本上是一個副產品。兩次合在一起，它們在民族主義的時代「之前」，就有效地排除了任何歐洲式的以特定方言為基礎的民族主義運動的可能性。那為什麼不能來一個美國式的呢？當奈倫談及十八世紀以降南向的「知識分子大遷徙」之時，他已經順便提出部分答案了。[16]然而原因不僅止於知識分子的遷徙。蘇格蘭的政客來到南方參與立法，而蘇格蘭商人可以公開進出倫敦的市場。事實上，和北美十三個殖民地恰成完全對比的是，在所有這些通往中心的朝聖者之路上**都沒有任何障礙**。（試與十八世紀時在說拉丁語和德語的匈牙利人面前那條通往維也納的陽關大道做一比較。）英語還未變成「英格蘭的」語言。

我們可以從一個不同的角度來提出相同的論點。誠然，在十七世紀時，倫敦恢復了在百年戰爭的災難性結局之後就中止了的對海外殖民地之獲取。然而這些征服的「精神」基本上仍屬於一個前民族（prenational）的時代。「印度」要遲至維多利亞登基二十年之後才變成「英屬」（British）的事實，最令人震驚地確證了這點。換言之，直到一八五七年大叛變爆發以前，統治「印度」的還是一個商事企業——不是一個國家，當然更不是一個民族國家。

然而改變即將到來。當東印度公司（East India Company）的憲章在一八一三年被送交更新時，國會指令每年分配十萬盧比用以振興本地人的教育——**同時包括**「東方式」和「西方式」的教育。一八二三年，公共教育委員會（Committee of Public Instruction）在孟加拉設立；一八三四年，湯瑪斯．巴賓頓．馬考萊（Thomas Babington Macaulay）成為這個委員會的主席。他宣稱「一書架的好歐洲藏書可以抵得上全部的印度和阿拉伯文學的價值」[17]，並且在次年提出了他那惡名昭彰的《教育備忘錄》（*Minute on Education*）。比烏伐洛夫更幸運的是，他的建議立即被採納實施。一個徹底的英國式教育體系將被引進，而這會創造出——以馬考萊自己那令人難以啟齒的話來說——「一個種類的人，他們的血統和膚色是印度的，但他們的品味、意見、道德與思維能力卻是英國式的。」[18]在一八三六年，他寫道：[19]

> 沒有一個接受了英國教育的印度教徒還會繼續誠心誠意地信仰他的宗教。我堅信（他們向來總是如此堅信）一旦我們的教育計畫能被遵循，三十年後孟加拉的受敬重之階級中將無一游惰之徒。

確實，這裡有著某種讓我們想起半世紀之前在波哥大的費敏的那種天真的樂觀主義。然而重要的是，我們看到了一個有意識地規劃和推動的長期（三十年！）政策，這個政策意不在將「游惰之徒」轉化為基督徒，而在將他們變成雖然有著無法救贖的膚色與血統，但卻在文化上同化於英國的人。它意圖推動一種精神的混種（mental miscegenation），而與費敏的生理的混種相較之下，這個政策顯示了，帝國主義和維多利亞時代的許多其他事物一樣，在優美的品味上也有了長足的進步。無論如何，我們可以有信心地說，從此時開始，馬考萊主義（Macaulayism）就在擴張中的帝國全域以快慢不同的步伐被普遍奉行。[20]

和俄羅斯化政策一樣，英國化政策當然也提供了美好的機會給大批中產階級的母國人（蘇格蘭人自然也不在話下！）——官吏、校長、商人，還有農場主——他們迅速地散落到那廣袤的，陽光永遠輝耀的領土的每一個角落。然而，分別由聖彼得堡和倫敦所統治的這兩個帝國之間有一個重要的差別。沙皇所轄之地始終是「連續的」大陸領地，局限在歐亞大陸的溫帶和北極的區域。用個比方說，我們能夠從它的一端走到另一端。和東歐的斯拉夫人之語言的類似，以及——說得愉快一點——和很多非斯拉夫族群間的歷史的、政治的、宗教的、經濟的關係意味著，**相對地**來說，通往聖彼得堡之路並未完全被阻絕。[21]在另一方面，大英帝國卻像是統統裝在一整個摸彩袋的，以熱帶地方為主但卻散布在各大洲的領地。只有很少數的被征服人民和母國之間有著長期的宗教、語言、文化，或者甚至政治和經濟的關係。若在維多利亞女王在位第六十年之時將這些領地並排在一起來看，它們就像是被英國和美國富豪倉促收藏，但終究會被送進神聖的帝國國立博物館的十八世紀以前歐洲大師的雜多畫作。

畢平・昌達拉・帕爾（Bipin Chandra Pal）苦澀的回憶為英國化政策造成的後果提供了很好的例證。他在一九三二年，也就是馬考萊的「備忘錄」提出經過一世紀之後，還如此憤怒地寫道：[22]

> 「印度籍的地方長官」不只和殖民行政體系內的英國官員以相同條件通過了非常嚴格的考試，也在英格蘭度過了他們青年時代人格形成期的黃金歲月。一回到祖國，他們事實上過著和他們的兄弟行政官們完全相同的生活方式，並且**幾乎如宗教般**地奉行後者的社會習俗和倫理標準。在那個年代出生在印度的（原文如此——試與我們的西班牙裔美洲海外移民做一比較）行政官幾乎完全切斷和他的母體社會的關係，並且在他的英國同僚們所摯愛的氛圍之中生活、運動，與存在。**在心靈和舉止上他是毫不遜於任何英國人的英國人**。他的犧牲不可謂不大，因為如此他使自己疏離了自己同胞的社會，而且在他們當中成為社會和道德上的賤民……他就像居住在這個國家的歐洲人一樣，**是他自己家鄉土地上的異鄉人**。

到此為止一切都有如馬考萊之構想。然而，遠較此更為嚴重的是，這些在自己家鄉土地上的異鄉人**仍然**注定了——其宿命性不下於美洲的歐裔海外移民——要非理性地，永遠地從屬於來自英國的馬圖蘭哥（maturrango，譯者注：原意為來自半島的西班牙人，此處引伸指殖民地的母國人）。這並不只是說，一個像帕爾這樣的人不管有多麼英國化還是永遠被排除在印度殖民政府的最高層職位之外而已。他也被禁止向殖民政府領地範圍之外移動——比方說，向黃金海岸（Gold Coast）或香港的水平移動，以及向母國的垂直移動。他或許「完全和同胞的社會疏離」了，但他也被處以必須終生與他們為伍之刑。（當然，「他們」究竟包括了什麼人必須視英國在印度次大陸之征服範圍而定。[23]）

稍後我們會探討，官方民族主義所造成的後果對二十世紀亞洲和非洲的民族主義之興起有何影響。就此處的目的而言，需要強調的是英國化政策在全世界各地製造出數以千計的帕爾。沒有什麼會比這個事實更能凸顯出英國官方民族主義的根本矛盾了——亦即帝國與民族之內在的互不相容。我特意使用「民族」一詞，因為人們總會忍不住要用種族主義來解釋這些帕爾的存在。沒有一個腦筋正常的人會否認十九世紀英國帝國主義帶有深刻的種族主義性格。但是帕爾們同樣也存在於**白種人**的殖民地——澳大利亞、紐西蘭、加拿大和南非。出身英格蘭和蘇格蘭的校長們也同樣蜂擁而至，而英國化（Anglicization）也是當地的文化政策。就像帕爾的遭遇一樣，十八世紀時還開放給蘇格蘭人的環形上升之路（looping upward path）已經對他們封閉了。英國化的澳大利亞人並未任職於都柏林或曼徹斯特，甚至也不在渥太華或開普敦服務。而且，一直要等到相當後期，他們才有可能成為坎培拉的總督。[24]在此之前，只有「英國的英國人」（English English）——亦即一個猶抱琵琶半遮面的英國民族的成員——才享有此一殊榮。

在東印度公司失去其印度獵場的三年以前，艦隊司令培理（Commodore Perry）率領他的黑船不由分說地推倒了長期護衛日本於其自我孤立狀態的牆垣。一八五四年之後，因為明顯地無力面對西方之入侵，幕府（德川家的將軍政權）的自信與內在正當性急速地受到腐蝕毀壞。在尊王攘夷之旗下，一小群主要是來自薩摩和長州兩**藩**的中級武士終於在一八六八年推翻了幕府。他們能夠成功的理由之一是非常有創意地吸收了——特別是在一八六〇年之後——普魯士和法國專業參謀從一八一五年以來逐步系統化的新式西方軍事科學。因此他們能夠有效運用購自一個英國軍火商的七千三百枝最現代的步槍（大部分是美國南北戰爭中用過的二手貨）。[25]「長州藩的人如此精通槍法……以至於舊式的刀劍砍削流血互搏之術對他們根本發生不了作用。」[26]

然而，一旦掌握權力，這些被我們今天記憶為明治藩閥（the Meiji oligarchs）的反叛者們就發現傑出的軍事能力並不會自動保證政治的正當性。雖然天皇能夠經由廢除幕府而迅速復權，野蠻人卻不是那麼容易驅逐的。[27]日本在地緣政治上的安全仍然和一八六八年以前同樣脆弱。為鞏固藩閥政府在日本內部地位所採取的基本手段之一，就是相當有意識地師法霍亨索倫的普魯士－德國（的改革），而這正是十九世紀中期「官方民族主義」的一種變體。在一八六八年到一八七一年之間，所有殘存的地方性「封建的」藩兵都被解散，東京因而能夠以中央集權的方式壟斷了所有暴力手段。一八七二年，天皇詔敕下令促進所有成年男性的識字能力。一八七三年——遠在英國之先——日本引進了徵兵制。與此同時，藩閥政權廢除了武士這個法定的特權階級；這個重要步驟不僅向天下英才（慢慢地）敞開了軍官團的大門，也符合了如今已「可得的」公民的民族（nation-of-citizens）之模型。日本農民從封建藩制的支配當中被釋放出來，並且從此以後直接受到國家和商業化農業的地主之剝削。[28]接著在一八八九年制訂了一套普魯士式的憲法，而最終，男性普選權也隨之來臨了。

在這井然有序的布局行動之中，明治人還得到了三個半偶然的因素之助力。第一個因素是由於幕府維持了兩個半世紀的孤立與國內的平靖，日本在「族群－文化」上形成了相對較高的同質性。儘管住在本州的人聽不大懂九州人講的日本話，而且甚至連江戶——東京和京都——大阪之間的語言溝通也有問題，但是半漢字化的、表意文字的表記系統在日本列島各地行之久遠，所以透過學校和出版印刷來發展民眾識字不但容易而且沒有爭議性。第二，天皇家所獨有的古老性（日本是唯一一個自有歷史紀錄以來王位都是由單一王朝所壟斷的國家），以及其富於象徵意義的日本屬性（Japanese-ness，試與波旁家族和哈布斯堡家族做一對比），使得天皇極易為官方民族主義所用。[29]第三，野蠻人的入侵是如此突如其來，如此地強大而具有威脅性，以至於大多數在人民當中具有政治覺醒者相率群起支持以新的民族架構所構思出來的國防計畫。值得強調的是，此事之所以可能，與西方入侵的時機——一八六〇年代而非一七六〇年代——有絕對的關係。因為到了那個時候，在擁有支配優勢的歐洲，「民族的共同體」——不管是群眾版的也好，官方版的也好——都已經穩穩立足了半個世紀之久。事實上，在此時國防已經可以依循並符合將要成為「國際規範」（international norm）的原則來設計了。

雖然為支付以軍需為基礎之工業化所進行的殘酷徵稅使農民承受了可怕的痛苦，但這場豪賭還是成功了。而這個成功當然部分要歸功於明治藩閥自身毫不動搖的決心。他們能在這個時代掌權是幸運的，因為這是一個連作夢都還想不到會有蘇黎世銀行的編號帳戶這種東西的時代，而這使他們得以免於受到想將搾取所得移轉到日本之外的誘惑。他們能在這個時代擔任統治者是幸運的，因為這是一個軍事科技還在以較慢的步伐進展的時代，而這使他們得以透過其迎頭趕上之軍備計畫在本世紀末將日本轉化為一個獨立的軍事強權。日本的徵兵制陸軍在一八九四至一八九五年之際對中國之戰，以及一九〇五年她的海軍對帝俄之戰的驚人成功，再加上臺灣（一八九五）與朝鮮（一九一〇）之兼併——這些事件全都被有意識地透過學校與出版品加以宣傳——極端有利於創造一個普遍的印象，將這個保守的藩閥政權視為日本人逐漸開始想像自己所屬的那個民族的真正代表。

最能解釋為什麼這個民族主義會甚至在統治圈之外也開始帶有了具侵略性的帝國主義性格的，是以下兩個因素：日本長期孤立的遺澤，以及官方民族主義模式的威力。丸山真男敏銳地指出，所有歐洲民族主義都是在傳統的複數的，彼此互動的王朝制國家的背景之中興起的——正如我早先所說，拉丁文在歐洲享有的普遍主義地位在政治上並無足以對應之事物：30

「歐洲的」民族意識因此從誕生之際就是以國際（inter-national）社會的意識為其基底的。一個不證自明的前提是，主權國之間的爭端是這個國際社會的獨立成員之間的衝突。正因如此，從格勞秀斯（Grotius）以來，戰爭逐漸在國際法之中占據了一個重要而系統性的地位。

然而，日本幾個世紀的孤立意味著：31

對國際事務中的對等性完全無知。「攘夷論者」以基於國內的階層支配體系（hierarchy）之眼來看待國際關係，因此，「國際」問題從一開始就被化約成一個二擇一的問題：征服乃至併吞對方，或者被對方征服和併吞。如此，由於沒有更高的約束國際關係的規範意識，依照權力政治的準則，到昨天還是消極的防衛意識，到了明天就突然變成了無限制的擴張主義。

第二，藩閥政權據以學習的主要模型是自我歸化的（self-naturalizing）歐洲王朝。如果這些王朝一面愈來愈從民族的角度界定自我，而同時又一面向歐洲之外擴張權力，這個模型竟會被做帝國式的理解就不足為奇了。[32]正如非洲的分割和柏林會議（一八八五）[33]所顯示的，偉大的民族都是全球的征服者。那麼，為期日本被接納入「偉大」之林，就算她是後來者，而且要走過漫漫長路才能迎頭趕上，她也應該化天皇為皇帝，並發動海外競逐才對——這個主張聽起來是多麼合理啊！最能讓我們清楚看到這些歷史殘餘如何影響了讀書人的意識的，是激進的民族主義思想家與革命家北一輝（一八八四－一九三七）在他那篇出版於一九二四年，影響深遠的日本改造法案大綱裡提出的下述論式：[34]

正如國內的階級鬥爭旨在重整不平等的區分，國際間也可以為了重新劃定現階段不公不義的勢力範圍而光榮出師。英國是橫跨全世界的大富豪；俄羅斯是占有北半球的大地主。被劃定在散粟般之島嶼界限內而在國際間居於無產者地位的日本，難道無權以正義之名向那些強權宣戰以奪取彼等獨占之財富嗎？那些承認國內的無產階級有權進行階級鬥爭，卻又將國際的無產階級發動的戰爭譴責為侵略與軍國主義的歐美社會主義者，根本思想是自我矛盾的……如果他們主張勞動階級可以被容許組織起來以力量與流血鬥爭推翻不正義的現狀，則他們就應該無條件承認作為國際的無產者的日本可以充實陸海軍之組織性力量，並以開戰來匡正不義的國際劃定線……以合理的民主社會主義者之名，日本要求對澳洲與遠東西伯利亞之所有權。

走筆至此，唯一尚待補述的一點是，當日本帝國在一九〇〇年之後向外擴張時，它也自覺地將馬考萊式的日本化當作國家政策來加以推行。在兩次大戰之間的朝鮮人、臺灣人、滿洲人，以及太平洋戰爭爆發之後的緬甸人、印尼人和菲律賓人，都成為以歐洲模式之實務運作方式為師的政策的施行對象。而且正如在大英帝國內部一樣，日本化的朝鮮人、臺灣人，或是緬甸人通往母國之路都被完全封閉起來。他們也許能完美地說或讀日語，但他們永遠不會管轄

「日本」本州的哪個縣，或者甚至被派駐到出生地以外之處。

在考慮過這三個不同的「官方民族主義」個案後，我們必須強調的是，就算不特別懷抱什麼側身強權之企圖心的國家，一旦該國的統治階級或是他們的領導者感到，以民族之名想像的共同體向全球的擴散已構成威脅，他們就可能自覺地遵循模仿這個模式。如果將兩個這類型的國家，即暹羅和奧匈帝國內的匈牙利，做一比較，也許會對我們頗有助益。

與明治天皇同一時代，而且長期在位的朱拉隆功（Chulalongkorn），以一種迥異於和他處於相對地位的日本人的方式，保衛他的王國免受西方擴張主義之入侵。[35]由於身處英屬緬甸與馬來亞和法屬印度支那的夾縫之間，他並未試圖建立一個當真的戰爭機器，反而將全副心力用於推動靈活巧妙的外交之上（國防部要到一八九四年才成立）。他的軍隊主要是由越南人、高棉人、寮國人、馬來人與華人的傭兵和進貢屬國的人民所組成的雜牌軍——這情形不由讓人想起十八世紀的歐洲。他也沒有透過一個現代化的教育體系來推動官方民族主義。事實上，初級教育要到他死後超過十年才變成強制性教育，而該國的第一所大學要到一九一七年才出現，而這已是東京大學成立四十年之後的事了。然而，朱拉隆功認為自己是一個現代化的推動者。不過他所師法的主要模式不是聯合王國或德國，而是荷屬的東印度群島、英屬的馬來亞，還有印度這種殖民地**官僚國家**（colonial Beamtenstaaten，譯按：德文，文官國家之意）。[36]遵循這些模式就意味著將皇室政府予以理性化與中央集權化，除去那些傳統上半獨立的屬國，以及促進某種殖民地式的經濟發展。最明顯的例證——一個奇怪地預示了當代沙烏地阿拉伯的例證——是他鼓勵大量年輕單身的外國男人赴泰，使之成為建設港口、鐵路、挖掘運河、擴大商業式農業所需的一批人生地不熟，而且政治上無力的勞動力。這種進口**外勞**（Gastarbeiter）的做法類似——事實上是模仿——巴達維亞和新加坡的殖民當局的政策。而且如同荷屬東印度群島和英屬馬來亞的個案，這些在十九世紀之中被引進的工人有大半是來自中國的東南地區。值得深思的是，和他所師法的殖民地統治者的情形一樣，這個政策並未導致他個人的良心不安，也沒有為他帶來政治上的困難。事實上，短期而言，這個政策對於一個王朝制國家是很合理的，因為它在泰國社會之外創造了一個無力的勞動階級，並且大致上對那個社會「秋毫無犯」。

瓦其拉武（Wachirawut，譯按：即拉瑪六世），也就是他的兒子和繼承人（一九一〇－一九二五在位）必須得收拾先王遺澤，而此次他所師法的對象則是歐洲那些自我歸化的君主了。雖然——而且正因為——他是在維多利亞晚期的英格蘭受教育的，他戲劇化地稱呼自己是他的國家的「第一個民族主義者」。[37]然而，這個民族主義的目標既非控制了九〇％的暹羅貿易額的聯合王國，也非最近才席捲了若干暹羅東部舊有領土潛逃的法國：對象是他父親不久前才愉快地引進的華人。《東方的猶太人》（*The Jews of the Orient*，一九一四）以及《吾國前進之輪的障礙》（*Clogs on Our Wheels*，一九一五）——這兩本他最有名的宣傳小冊子的標題，正點出了他的反華人立場的姿態。

為什麼會有這樣的轉變呢？無疑的，在他於一九一〇年十一月即位前後所發生的戲劇性事件對他產生了影響。那年六月曼谷的華裔商人（向上流動的早期移民子女）和工人發動的總罷工——這個事件宣示了華人步入暹羅政治之始——已經必須要動用警察鎮壓了。[38] 翌年，北京的天子被一大群各式各樣的團體給趕下了皇帝寶座。而這些團體之中當然也包括了商人。如此「華人」看起來就像是深深威脅到王朝原則的一種群眾性**共和主義**的先鋒了。其次，正如「猶太人」和「東方的」這些字眼所暗示的，這個英國化的君主同時也接受了英國統治階級特有的種族主義。不過，除此之外，瓦其拉武事實上可說是某種「亞洲的波旁」（Asian Bourbon）。在民族主義以前的年代裡，他的祖先早就曾經將動人的華人女子納為妻妾；結果是，若從孟德爾（Mendel）的遺傳法則觀點而言，他本身擁有的華人「血統」要多於泰國血統。[39]

我們在此處所看到的，是關於官方民族主義之性格的一個絕佳例證——當一個民族的想像共同體正在浮現中時，面臨到將要從這個共同體之中被邊緣化或被排除在外威脅的支配集團所採取的一種防範性的先期策略（anticipatory strategy）。（毋須說，瓦其拉武當然也開始動用一切官方民族主義的政策手段了：國家控制下的初級義務教育、國家組織的宣傳活動、官方的歷史重寫、軍國主義——不過此處意在對外展示，而非真正實施軍國主義——以及沒完沒了地再三確認王朝和民族本為一體。）[40]

十九世紀匈牙利民族主義的發展以不同的方式顯示出官方「模式」的特徵。稍早，我們曾注意到說拉丁語的馬札爾貴族如何憤怒地反對約瑟夫二世在一八七〇年代想將德文提升為唯一的帝國國家語言的嘗試。這個階級中占據較高地位者擔心，在被說德語的帝國官僚所支配的一個中央集權的、精簡了的政府體系下會失去他們坐領乾薪的閒差事。地位較低者則為可能失去他們免稅、免服兵役的特權，以及他們對農奴和農村郡縣的控制權而憂心忡忡。然而他們在保衛拉丁語的同時，也相當機會主義地替馬札爾語辯護，「因為長期而言，馬札爾語似乎是德語之外唯一可行的選擇」。[41]貝拉・格倫瓦（Béla Grünwald）語帶諷刺地指出：「那些當時（反對皇帝詔令）並且強調馬札爾語行政之可能性的諸郡，到了一八一一年——也就是二十七年之後——卻又宣稱那是不可能的。」再過二十年之後，在一個非常「民族主義的」郡裡面，據說人們認為「引進馬札爾語會危害我們的憲法和我們的全部利益」。[42]事實上，要一直到一八四〇年代馬札爾的貴族——這個由十三萬六千人所組成的階級，壟斷了擁有一千一百萬人口的國家的土地和政治權力[43]——才開始認真主張馬札爾化，而這也只是出於想避免自身在歷史浪潮之中淪於邊陲地位的考量而已。

與此同時，慢慢增加的識字率（到一八六九年之時已占三分之一的成年人口），印刷馬札爾語的擴散，以及一個規模雖小卻很有活力的自由派知識分子階層等因素，率皆刺激了一個以迴異於貴族的方式被想像出來的、**群眾的**匈牙利民族主義的成長。這個對後世而言以拉約斯·科許特（Lajos Kossuth，一八〇二－一八九四）為象徵的群眾的民族主義在一八四八年的革命中享受了它的光榮時刻。革命政權不僅除掉了維也納任命的帝國的總督，也廢止了號稱從原始馬札爾時代（Ur-Magyar）以來就存在的封建的貴族郡議會，並且宣告了廢除農奴制和貴族免稅特權，以及嚴厲限制不動產限嗣繼承等改革措施。此外，它也決定了所有說匈牙利語者都應該是匈牙利人（從前只有具特權者才能成為匈牙利人），而且每個匈牙利人都應說馬札爾語（在此之前只有部分馬札爾人慣用馬札爾語）。如同伊格納諾特斯冷冷地評論：「當那個『民族』除了與財產有關的事項之外完全不帶歧視地『承認』馬札爾農民，[44]當它在歸化為馬札爾人的條件下『承認』非馬札爾的基督徒，最後，當它略帶不情願地，並且在延遲了二十年之後，終於『承認』猶太人之時——就當時的標準而言（那個時代對自由主義和民族主義這對雙子星的上升懷抱著無限的樂觀），它確實有理由覺得自己是真是太慷慨了。」[45]在和各個非馬札爾領袖沒有結果的談判之中，科許特自己的立場是這些族群應享有與馬札爾人完全相同的公民權，不過因為他們不具備「歷史性的人格」（historical personalities），所以他們不能形成他們自己的民族。這個立場在今天看來也許有點傲慢。不過，如果我們還記得那個才華洋溢的、年輕的激進民族主義詩人裴多菲（Sándor Petőfi，一八二三－一八四九）——一八四八年革命精神的領導者——也曾一度稱呼少數族群為「長在祖國身體上的潰瘍」[46]的話，科許特的這個立場看起來就會好些了。

在沙皇大軍於一八四九年八月鎮壓了革命政權之後，科許特開始了終生的流亡。如今歷史已經為「官方的」馬札爾民族主義的復興設好了舞臺。卡爾曼．提沙伯爵（Count Kálmán Tisza，一八七五－一九〇〇在位）與其子伊許特凡（István，一九〇三－一九〇六在位）的反動政權，正是這個復興了的官方馬札爾民族主義之縮影。促成這個復興的原因非常具有啟示性。在一八五〇年代之時，在維也納的威權－官僚的巴哈（Bach）政權一面進行嚴厲的政治鎮壓，一面卻堅定地執行一八四八年革命黨人所公布的某些社會和經濟政策（最明顯的是廢除農奴制與貴族的免稅特權），並倡導現代化的傳播通訊和大規模的資本主義企業。[47]由於所享有的封建式特權與安適差不多已被完全剝奪淨盡，而且又無力在經濟上與大地主和活躍的德國人和猶太人企業家競爭，舊的中間層和下層的馬札爾貴族遂沒落成一個憤怒而飽受驚恐的鄉紳階級。

然而幸運之神卻是站在他們這一邊。當維也納於一八六六年在哥尼希格瑞茲（Königgrätz）的戰場上羞辱地敗給普魯士軍隊後，它不得不在一八六七年的妥協憲章（Ausgleich）之中同意設立雙元帝國（Dual Monarchy）。[48]從那時起，匈牙利王國在處理內政事務上就開始享有很大的自主權。大妥協的最初受益者是一群有自由主義傾向的高層馬札爾貴族和受過高等教育的專業人士。一八六八年，開明的顯赫貴族安德拉西伯爵（Count Gyula Andrássy）政權制訂了一部給予非馬札爾的少數族群「所有他們曾經主張或可能主張的權利——只差沒有把匈牙利變成一個聯邦」的少數民族法（Nationalities Law）。[49]不過，一八七五年提沙之升任首相卻開啟了一個新的時代，在這個時代，反動鄉紳得以在較不受維也納干預的情況下成功地恢復其地位。

在經濟領域中，提沙政權給予農村大地主以自由行動之權，[50]不過政治權利基本上還是由鄉紳階層所壟斷。原因是：

被剝奪產業者只剩下一個避難所：中央和地方政府的行政網絡以及軍隊。匈牙利需要為這些組織配置大量人員；而且如果她沒有這麼做，至少她假裝在這麼做。這個國家有一半是由必須加以抑制的「少數民族」所組成的。這個主張說，付錢雇用一群可靠的、馬札爾出身的，並且具有紳士教養的地方行政官來控制他們，對民族的利益而言是非常划算的。

多民族的問題也是天賜之物，因為它為增加領乾薪的閒差提供了絕佳的藉口。

如此，「大地主保有他們限嗣繼承的領地，而鄉紳則保有他們限嗣繼承的職位」。[51]這就是無情的強制馬札爾化政策的社會基礎，也使少數民族法在一八七五年後成為一紙具文。立法縮小投票權範圍，腐敗自治區的增加，被操縱的選舉，在農村地區有組織的政治暴力[52]——凡此種種都使提沙與其支持者的權力更加鞏固，並且更凸顯了他們民族主義的「官方」性格。

賈希將這個十九世紀晚期的馬札爾化與「俄羅斯沙皇政權對待波蘭人、芬蘭人、魯西尼亞人（Ruthenians，譯按：主要指加里西亞〔Galicia〕及鄰近中東歐地區之烏克蘭人）的政策，普魯士對待波蘭人和丹麥人的政策，以及封建的英格蘭對待愛爾蘭人的政策」拿來做比較是正確的。[53]以下這些事實為反動與官方民族主義的連鎖關係提供了絕佳例證：在一八八〇年代末期，當語言的馬札爾化成為政權政策的核心成分之時，儘管羅馬尼亞人占有總人口的二〇％，比較重要的中央和地方政府官員中卻只有二％是羅馬尼亞人，而且「甚至連這二％也都被安插在最下層的職位」。[54]另一方面，在一次大戰前的匈牙利議會之中，「連一個勞動階級和無土地的農民（占全國人口的極大多數）的代表也沒有……而且，在一個只有五四％的住民以馬札爾語為母語的國家裡面，總數四百一十三席的議會席次中卻只有八名羅馬尼亞和斯洛伐克議員」。[55]無怪乎當維也納在一九〇六年派遣大軍解散這個議會時，「連一場抗議新的『維也納專制主義』（Viennese absolutism）時代來臨的群眾集會，連一面抗議的標語牌或者一份群眾的抗議聲明也沒有出現。相反的，勞動階級和少數民族帶著惡意的愉悅冷眼旁觀這民族的寡頭政治（national oligarchy）軟弱的抵抗」。[56]

然而，反動的馬札爾鄉紳的「官方民族主義」在一八七五年之後的勝利，並非單憑這個集團自身的政治力量，或是它承繼自妥協憲章的行動自由就可以解釋的。事實上，在一九〇六年以前，哈布斯堡宮廷並不覺得能夠對於一個在很多方面都還是帝國支柱的政權採取斷然介入的行動。畢竟，這個王朝甚至無力對其臣民強加一套熱烈的、自家的官方民族主義。這並不只是因為這個政權是——用著名的社會主義者艾德勒（Victor Adler）的話來說——「被懶散所緩和了的專制主義」（Absolutismus gemildert durch Schlamperei）的緣故。[57]這個王朝幾乎比其他任何地方都要更持久地固守那些業已消逝的概念。「每一個哈布斯堡家族成員都在其宗教的神祕主義之中感覺自己和神之間有著特殊的聯繫，都感覺自己是神意的執行者。這解釋了他們處在歷史災難之中時那種幾近狂妄的態度，以及他們那著名的忘恩負義傾向。『哈布斯堡家之感謝』（Der Dank vom Hause Habsburg）遂成為廣泛流傳的口號。」[58]此外，對逐漸竊占了神聖羅馬帝國招牌，並且將自己變成了德國的霍亨索倫家的普魯士的強烈嫉妒，也使這個王朝堅持法蘭茲二世（Franz II）那偉大的「為我的愛國主義」（patriotism for me）。

同時，有趣的是，哈布斯堡王朝到了末期發現——也許出乎於自己的意料之外——自己和社會民主主義者之間具有某種親和性，以至於一些他們的共同敵人挪揄這種親和關係為「宮廷社會主義」（Burgsozialismus）。無庸置疑的，參與這個暫時性結盟的兩方都同樣出之以混合了馬基維利主義與理想主義的動機。從奧地利社會民主主義者領導的，對提沙伯爵政權在一九〇五年推動經濟和軍事的「分離主義」的激烈反對運動之中，我們可以看到這種混合的動機。例如，卡爾·倫納（Karl Renner）就「譴責奧地利資產階級默認馬札爾人分離計畫的懦弱，因為儘管『摩洛哥之於德國的重要性無法與匈牙利市場對**奧地利資本**的重要性同日而語』，但德國外交政策仍竭力保護摩洛哥市場。所謂獨立的匈牙利關稅區的主張在他眼中無非是城市放高利貸者、騙徒，和政治煽動家傷害**奧地利工業的利益**，傷害奧地利勞動階級和匈牙利農業人口利益的喧鬧起鬨而已」。[59]同樣的，奧圖·包爾也如此寫道：[60]

> 在（一九〇五年的）俄國革命的年代裡，沒有人敢用赤裸裸的武力來征服那個國家（匈牙利），儘管它自身已被階級與民族的矛盾所撕裂。然而那個國家的內部衝突將給皇帝提供另一個權力工具；如果不想重蹈貝納鐸特家族（House of Bernadotte）覆轍的話，他就

不能不加以運用。皇帝不能既是擁有兩種意志的機關而又想統治匈牙利與奧地利，因此他必須採取步驟以確保匈牙利與奧地利擁有一個共同的意志，並且必須建立一個單一的領地（帝國）。匈牙利內部的四分五裂給了帝國達成此一目標的良機。她將派遣大軍至匈牙利，將之重新納入管轄，但她將會在大纛之上揮筆寫下：不腐化的，普遍與平等的投票權！農業勞動者的結盟權！民族自治！為抗衡獨立的匈牙利民族國家（Nationalstaat）的理念，她將提出**大奧地利合眾國**（United States of Great Austria，原文如此）的理念——一種**聯邦國家**（Bundestaat）的理念，主張每個民族將獨立管理其民族的事務，而所有民族將結合為一個國家以維護共同的利益。必然的、而且無可避免的，**各民族的聯邦國家**（Nationalitätenbundesstaat）之理念將成為皇帝的工具（Werkzeug der Krone，原文如此！），其統轄領地正被雙元帝國體制之衰頹所逐步摧毀。

在這個大奧地利合眾國（USGA）之中，吾人似乎可以合理地發現到若干美利堅合眾國（USA）和大不列顛與北愛爾蘭聯合王國（來日將受工黨統治）的殘跡，以及蘇維埃社會主義共和國聯邦的預兆（其領土範圍很奇怪地讓人聯想到沙皇政權）。事實上，在其想像者的心中，這個大奧地利合眾國似乎是某個**特定**王朝支配領域（大奧地利）的必然後繼者——而那些獲得自治權的組成分子也正好是哈布斯堡王朝數世紀的「討價還價」之所得。

這類「帝國式的」想像有部分是那個孕育於偉大的歐洲帝都之一的社會主義運動之不幸。[61]正如我們早先已注意到的，被辭典編纂學和印刷資本主義所召喚出來的那些新型的想像共同體（包括那個雖注定絕不會實現，但仍被想像著的大奧地利合眾國）不知怎麼的總是把自己想得很古老。在一個「歷史」本身還普遍被理解成「偉大的事件」和「偉大的領袖」，還被想像成是由一條敘述（narrative）之線所串成的一顆顆珍珠的年代，人們明顯地會忍不住想要從古代王朝之中解讀這個共同體的過去。這就說明了為何在大奧地利合眾國的想像之中，分隔帝國與民族、皇帝與無產階級的那層薄膜會幾乎是完全透明的。包爾這些想法也並沒有什麼不尋常之處。雖然征服者威廉和喬治一世兩人都不會說英文，他們毫無疑義地是持續出現在「英格蘭之王」項鍊上的兩顆珠玉。「聖人」史蒂芬（'Saint' Stephen，一〇〇一－一〇三八在位）或許曾如此警告過他的繼承人：[62]

> 外國人與客人是極有用處的，因此他們可以在受皇室賞賜榮耀的人物當中排名第六……因為，既然客人是來自不同的區域與省分，他們隨身帶來了各種各樣的語言和風俗習慣，各種各樣的知識和武器。凡此皆裝飾了皇朝，提高了它的威儀，並且使傲慢的外國強權心

生畏懼。因為，一個語言和風俗習慣統一的國家是脆弱無力的。

不過這樣的話語卻絲毫無礙於他日後被神化為第一個匈牙利王。

總結而言，我們已經論證了從十九世紀中葉以降在歐洲內部發展出了賽頓－華生所謂的「官方民族主義」。從歷史發展的角度而言，這種民族主義在群眾性的語言民族主義尚未出現之前是「不可能」出現的，因為，基本上，它們是面臨要被排除出群眾的想像共同體，或者在其中淪入邊陲地位之威脅的當權集團——雖不全然，但主要是王朝和貴族的集團——的**反應**（responses）。某種劇烈的地殼變動正在開始，並且分別在一九一八年之後和一九四五年之後的期間將這些集團推向了埃斯特里爾（Estoril）和蒙地卡羅（Monte Carlo）的陰溝。[63]這種官方民族主義是以在它之前出現的大體上自發的群眾民族主義為模式改造而成的保守的——當然更是反動的——**政策**。[64]最終它們也不是只出現在歐洲和地中海東部地區（Levant）而已。以帝國主義之名，同類的集團也於十九世紀中征服的廣大亞洲、非洲的領土上推行了非常類似的政策。[65]最後，這些政策像折射一樣地被帶入非歐洲的文化與歷史之中後，又被倖免於直接征服的那少數幾個區域（包括了日本和暹羅）的當地統治集團學習模仿起來。

幾乎在每一個個案之中，官方民族主義都掩蓋了民族與王朝的矛盾。這正說明了何以會有這個世界性的矛盾：斯洛伐克人要被馬札爾化、印度人要被英國化、朝鮮人要被日本化，但他們不會被允許參加使他們能管理馬札爾人、英國人，或者日本人的朝聖之旅。他們被邀請赴會的宴席永遠只是盤中空無一物的表面殷勤（a Barmecide feast）。66這一切並非只是因為種族主義而已。同時也因為以下這個事實：在帝國的核心之中，民族也正在出現——匈牙利民族、英吉利民族，和日本民族。並且，這些民族也同樣本能地抗拒「外來的」統治。因此，一八五〇年代以後的帝國主義意識形態典型地帶有一種魔術（conjuring-trick）的性格。從母國的群眾階級在終於「失去」殖民地——甚至像阿爾及利亞那種已被依法併入母國的殖民地——的時候是否還能平靜地一笑置之這點，可以看出它在多大程度上是一種魔術。最終，長期為帝國哀悼的總是統治階級——當然包括資產階級，但最主要是貴族——而且他們的悲嘆總是帶有一種演戲的性質。

第七章 最後一波

第一次世界大戰為盛極一時的王朝制時代畫下了句點。到一九二二年之時，哈布斯堡王朝、霍亨索倫王朝、羅曼諾夫王朝和鄂圖曼王朝都已經滅亡了。取柏林會議而代之的是將非歐洲人排除在外的國際聯盟（League of Nations）。從此刻以降，民族國家變成了正當性如此之高的國際規範，以至於在國聯裡面連倖存的帝國強權也逐漸卸下帝國制服而改穿民族的服裝了。在第二次世界大戰的巨變之後民族國家達到了最高潮。到了一九七〇年代中期，甚至連葡萄牙帝國也成為明日黃花了。

第二次世界大戰以後出現的新國家具有它們自己的特質，然而如果不從我們一直在探討的那些先後出現的模型的角度來思考，我們將難以理解此一特質。凸顯出這個血脈相承關係的方法之一，是提醒我們自己有為數甚多的這些（主要是非歐洲的）民族到頭來卻擁有歐洲的國家語言。如果它們在這一點上與「美洲的」模型相似的話，它們也襲取了歐洲的語言民族主義的熱烈的民粹主義，以及官方民族主義的俄羅斯化式的政策取向。他們會這樣做是因為美洲人和歐洲人已安然度過了複雜的歷史經驗，而這段經驗如今在到處都被引為模範來加以想像，同時也因為它們所使用的國家語言是帝國主義者的官方民族主義之遺澤。這也說明了在新國家的「建造民族」（nation-building）政策之中，為何我們會常常同時看到一種真實的、群眾性的民族主義熱情，以及一種經由大眾傳播媒體、教育體系、行政的管制等手段進行，有系統的、甚至是馬基維利式的民族主義意識形態灌輸。這種群眾的和官方的民族主義之混合，乃是歐洲帝國先後創造出來的兩種異常事物所造成的：眾所周知的邊界之任意性，以及危顫顫地懸在各種各樣單語人口之上的雙語的知識分子階層。我們因此可以將很多這些民族想成是正在進行之中，尚未完成的計畫——然而這些計畫是以馬志尼（Mazzini）[1]而非烏伐洛夫的精神構思出來的。

當我們在考量最近的「殖民地民族主義」（colonial nationalism）的起源之時，馬上讓人眼睛一亮的是一個和較早期的殖民地民族主義非常重要的相似之處：每個民族主義的領土範圍和先前的帝國行政單元的形狀是相同的（isomorphism）。這個相似性絕非偶然；很清楚的，它和所有殖民地朝聖之旅的地理有關。差別之處在於，十八世紀歐裔海外移民的朝聖之旅的路線形狀（contour）不僅被母國的專制主義政權之中央集權野心所決定，也受制於真實的傳播和運輸問題，和一般科技的落後。在二十世紀，這些問題大多已被克服了，繼之而起的是有著兩種面目的「俄羅斯化」。

稍早，我曾論證在十八世紀晚期帝國的行政單元之所以會逐漸產生一種民族的意義，部分是因為這個單元將歐裔海外移民官員的向上之旅限制在其邊界之內。二十世紀的情形亦復如是。因為，即使在有些個案之中，一個年輕的棕色皮膚或黑色皮膚的英國人到頭來確實在母國受到一些教育或訓練（他的歐裔海外移民先輩之中很少有人能做到這點），一般而言這也是他最後一次從事此種官僚的朝聖之旅。從那時起，他的盤旋上升之路的頂峰就是**他所能奉派赴任的最高行政中心**：仰光、阿克拉（Accra，譯按：今迦納共和國首都）、喬治城（Georgetown，譯按：南美英屬圭亞那首府），或可倫坡。然而在每一次受到緊縮控制的旅途中，他都會發現一群能操雙語的旅伴，而到頭來他會逐漸對這些旅伴產生一種共同感。在他的旅途之中，他很快就瞭解到他的出身之處——不管是族群的、語言的，或者地理的——是無關緊要的。他的出身至多只決定他會從此一朝聖，而非彼一朝聖之旅出發而已：它並沒有從根本上決定了他的終點何處，或者旅伴是誰。由這個模式之中，殖民政府（colonial-state）[2]微妙地，若隱若現地，逐步地轉型成為民族國家（national-state）——而這個轉型之所以可能，不僅因為國家人員有著堅實的連續性，也因為經由那些既定的、雜沓紛亂的旅程，官員們得以經驗到他們的國家。[3]

然而，從十九世紀中葉之後，特別是到了二十世紀以後，這些旅程漸漸地不再只是一小撮旅行者的專利了，人數眾多，形形色色的群眾也加入了旅程。發生作用的因素有三。第一個，而且是最重要的因素是工業資本主義的驚人成就——上一世紀的鐵路與汽船，本世紀的馬達驅動的運輸與航空——促成了物理的移動（physical mobility）之大量增加。昔日美洲那種冗長的旅途將要很快地成為明日黃花了。

第二，帝國式的「俄羅斯化」固然有其意識形態的一面，但也有實際的一面。橫跨全球的歐洲帝國的規模與在其支配下的巨大人口，意味著帝國既無從甄拔充分的人才，也無力負擔足夠的經費以組成純由母國人，或甚至是歐洲裔的海外移民所運作的官僚機構。殖民政府，以及稍後的企業資本需要的是一批批能通曉雙語才有用處的辦事員大軍，以充當母國的民族和被殖民的人民之間在語言上的媒介。而到了本世紀初，當全球各地國家功能的專門化都以倍數成長之時，這樣的需求就愈來愈大了。在舊有的地區行政官員身旁，出現了醫療官員、水利工程師、農業指導員、學校教師、警察……。隨著每一次國家行政規模的擴大，其內部朝聖者群也跟著擴張。[4]

第三是經由殖民政府與私人的宗教和世俗的組織之手所推動的現代化教育的擴散。這個擴張的發生並不只是因為必須要為政府和企業的科層組織提供幹部群，也因為如今連被殖民的民眾也都日益能夠接受現代知識在道德上的重要性的緣故。[5]（事實上，受過教育者的失業現象已經開始在種種不同的殖民地當中出現了。）

知識分子階層在殖民地民族主義興起當中扮演了核心角色已是眾所周知的事實了，而究其原因，無非是因為在殖民主義體制之下，本地人的農村大地主、大商人、企業家，以及甚至一個大規模的專業階級必然是比較少見之故。幾乎在所有的殖民地，經濟權力不是完全被殖民者自己所壟斷，就是被殖民者和一個沒有政治力量的賤民階級（非本地人的）商人不平均地瓜分——如在非洲殖民地的黎巴嫩人、印度人和阿拉伯人，以及在亞洲殖民地的華人、印度人和阿拉伯人。同樣為眾所周知的是知識分子階層之所以會扮演先鋒的角色是因為他們擁有雙語的識字能力，或者應該說，他們的識字能力和雙語能力。閱讀印刷品的能力已經使得我們早先談過的那種漂浮在同質的、空洞的時間之中的想像的共同體成為可能。雙語能力則意味著得以經由歐洲的國家語言接觸到最廣義的現代西方文化，特別是那些十九世紀過程之中在其他地方產生的民族主義、民族屬性，與民族國家的模型。[6]

一九一三年，在巴達維亞（Batavia，譯按：今日印尼雅加達的舊荷蘭名）的荷蘭殖民政權模仿海牙（The Hague，譯按：荷蘭行政中心所在地）在整個殖民地，舉辦慶祝荷蘭從法國帝國主義之下獲得「民族解放」的大規模慶典。殖民當局下令要求親自參與慶典並捐獻金錢，然而這個命令不只傳遞給當地的荷蘭人和歐亞混血族群的社區，也下達給受支配的本地人民眾。為了表示抗議，早期的爪哇－印尼民族主義者蘇瓦地・蘇占寧拉（Suwardi Surjaningrat，即 Ki Hadjar Dewantoro）用荷蘭文寫了他那篇著名的報紙文章〈假如我能做一次荷蘭人〉（Als ik eens Nederlander was）。7

> 在我看來，如果我們（我還想像自己是荷蘭人）要求本地人去參加那些慶祝我們獨立的典禮似乎有點不適當，或者說有點無禮。首先，我們會傷害到他們敏銳的感情，因為我們是在受到我們殖民的，他們的本國土地上慶祝我們自己的獨立。此刻，我們因百年前得以從異族宰制之下自我解放而雀躍不已，但這一切都是在仍受我們宰制的人們眼前發生的。難道我們從不曾想過說，這些可憐的奴隸也可能同樣渴望有朝一日能像我們今天一樣地歡慶他們的獨立嗎？或者，也許我們是覺得，拜我們那摧毀靈魂的政策之賜，我們根本就認為所有人的靈魂都已經死滅殆盡了吧。如果是這樣的話，我們就是在欺騙自己，因為無論是多麼落後原始的共同體都一樣會反對任何形式的壓迫。假如我是一個荷蘭人，我不會在一個人民的獨立已被竊取的土地上組織任何獨立的慶典。

憑著這些話語，蘇瓦地大膽地在那片焊接荷蘭民族主義與帝國主義的金屬上面刮出刺耳的聲響，從而成功地運用荷蘭史反制了荷蘭人。更有甚者，透過想像將自己暫時轉化成荷蘭人（而這也同時相應地誘使他的荷蘭讀者暫時轉化成印尼人）的動作，他也破壞了荷蘭殖民意識形態背後的種族主義式的宿命。[8]

蘇瓦地凶猛的攻擊——取悅了他的印尼讀者，也激怒了他的荷蘭讀者——是一個世界性的二十世紀現象的例證。因為，帝國式的官方民族主義的弔詭在於它不可避免地將逐漸被想成並且被寫做是歐洲的「民族史」（national histories）的東西——不僅是經由偶一為之，而且讓人沒有什麼感覺的慶典，而且也經由圖書室和學校的教室——帶進了被殖民者的意識之中。[9]越南的年輕人很難不學到關於啟蒙運動的**哲學家**和法國大革命，以及德勃艾稱之為「我們對德國的世俗的敵意」的事。[10]硬是被詮釋為屬於英國民族史的「大憲章」（Magna Carta）、「議會之母」（Mother of Parliament），與「光榮革命」（Glorious Revolution）則進入了全大英帝國的教室之內。比利時對抗荷蘭的獨立鬥爭是不可能從剛果兒童有朝一日要讀的教科書當中抹消掉的。同理，菲律賓人必定會讀到美國歷史，而最後，莫三比克人和安哥拉人也一定會讀到葡萄牙史。當然，諷刺的是，這些歷史是發生在世紀之交的歐洲各地的，一種逐漸被以民族之名來界定的歷史學意識（historiographical consciousness）的產物。（那些強迫約翰王接受大憲章的男爵們根本不說「英語」，而且他們也沒有什麼自己是「英國人」的概念，可是他們還是在七百年後的聯合王國的課堂內被扎扎實實地界定為早期的愛國者。）

然而，這些正在出現之中的殖民地的民族主義知識分子階層具有一種特徵，這個特徵使他們和十九世紀歐洲推動方言的民族主義知識分子階層之間產生了區隔。幾無例外的，他們都非常年輕，並且對他們的年輕賦予了某種複雜的政治意義——儘管這個政治意義的內涵隨著時間的經過而產生了變化，但是直到今天它還是很重要。（現代的／組織化的）緬甸民族主義興起的時間常常被定在仰光的佛教青年會（Young Men's Buddhist Association）成立的一九〇八年；而一九三八年馬來青年聯盟（Kesatuan Melayu Muda）的成立則被視為馬來亞民族主義發軔之日。印尼人每年都慶祝由一九二八年的民族主義青年大會所起草並宣誓的〈青年誓詞〉（Sumpah Pemuda）。諸如此類，不一而足。的的確確，在某一意義上歐洲也曾經歷過這個過程——如果我們想到像「青年愛爾蘭」（Young Ireland）、「青年義大利」（Young Italy）之類的組織的話。無論是在歐洲或是殖民地，「年輕的」（young）和「青年」（youth）這樣的字眼都意味著活力、進步、自我犧牲的理想主義和革命的意志。而在歐洲的個案中，「年輕」並不具有什麼社會學上可以界定得出來的外貌。一個人可以既是中年而又是「青年愛爾蘭」的一分子；一個人可以即使不識字而仍然是「青年義大利」的成員。當然，原因是這些民族主義的語言或者是成員們自幼通曉的方言式母語，或者，像愛爾蘭的個案，是一種經過數世紀的征服之後已經在部分人口中扎根深到也能夠——像歐裔海外移民的情形一樣——以方言姿態出現的宗主國語言。因此，語言、年齡、階級和地位之間並沒有必然的關聯。

在殖民地的情形就大不相同了。在那裡，青年首先意味著有相當人數受到了歐洲式教育，而這使得他們在語言上與文化上和他們父母的世代，以及眾多與他們屬於同一年齡層的被殖民者產生了區隔的第一代（比較前一章提過的帕爾）。在緬甸，局部模仿基督教青年會（YMCA）的，「說英語」的佛教青年會（YMBA）是由閱讀英文的男學生所創立的。在荷屬印度群島，你特別會發現像「青年爪哇」（Jong Java）、「青年安蓬」（Jong Ambon），與「青年伊斯蘭教徒聯盟」（Jong Islamietenbond）這類對任何不懂殖民者語言的年輕本地人而言全然不知所云的名稱。所以在殖民地，當我們說「青年」，我們所指的——至少在最初——是「受過教育的青年」（Schooled Youth）。這又再次提醒我們，殖民地的學校體系在促成殖民地民族主義興起中扮演了獨特的角色。[11]

正因其面積廣袤，人口眾多（即使在殖民地時代就已如此），地理上的支離破碎（大約三千個島嶼），各式各樣的宗教信仰（穆斯林、佛教徒、天主教徒、各教派的基督徒、峇里島的印度教徒，以及「泛靈信者」〔animists〕），還有族群語言的多樣性（遠超過一百個不同的語族），印尼的個案才為這個過程提供了一個絕妙的複雜例證。此外，正如「印度尼西亞」（Indonesia）這個拼湊的準希臘式名字所暗示的，它的涵蓋範圍完全不符合任何前殖民地時代的疆域；相反的，至少在蘇哈托將軍於一九七五年殘酷地入侵前葡萄亞屬地東帝汶之前，它的疆界一直就和荷蘭人最後幾次征服（一九一〇年前後）以來的疆界相同。

住在蘇門達臘島東岸的一些族群，和狹窄的麻六甲海峽對岸的馬來半島西部沿海地區的馬來人不僅物理距離很接近，而且在種族上也有關聯，並且還懂得彼此的語言，信仰共同的宗教等等。同樣的這群蘇門達臘人和住在蘇門達臘以東數千英里之外的群島上的安蓬人（Ambonese）之間，既沒有共同的母語，不屬於同一族群，也不信仰共同的宗教。然而，在本世紀之中，他們到頭來卻將安蓬人理解為印尼同胞，而將馬來人視為外國人。

沒有什麼會比在巴達維亞的政權從本世紀之初以來在各地逐漸增設的學校，更能培養這種連帶感了。要瞭解這點，我們必須要記得，政府設立的學校形成了一個結構上很類似國家官僚體系本身的巨大的、高度理性，並且受到緊密的中央集權控制的層級組織，而這和總是屬於地方性和個人性事業的傳統本地學校（雖然還是有很多學生遵從著良好的穆斯林的方式，從某一個特別有名的伊斯蘭教師〔ulama〕橫向地轉移到另一位名師門下）恰好成一完全的對比。統一的教科書，標準化的文憑和教師證書，受到嚴格管制的年齡群劃分、[12]班級和教材——這些因素本身共同創造了一個自足的、有連貫性的經驗世界。然而同等重要的是這個層級組織的地理。到頭來，標準化的小學分布在殖民地的村莊和小鎮之中；初中和高中在較大的城鎮和省級的都會；而第三級教育（金字塔的頂端）則被局限在殖民地首府巴達維亞，以及位於其西南一百英里之涼爽的普里安崗（Priangan）高地上的，由荷蘭人建立起來的城市萬隆（Bandong）兩地。因此，二十世紀的殖民地學校體系孕生了和存在較久的官員仕途之旅類似的朝聖之旅。這些朝聖之旅的羅馬是巴達維亞：不是新加坡、不是馬尼拉、不是仰光，甚至不是昔日的爪哇皇都約格雅加達（Jogjakarta）和蘇拉加達（Surakarta）。[13]從廣大殖民地的四面八方（但卻無一人來自殖民地以外的地區），年少的朝聖者們向內、向上跋涉前進，在小學邂逅來自不同的，甚至可能還曾經是敵對的村莊的朝聖同伴；在中學邂逅來自不同語族的同伴；然後在首府的第三級教育機構裡邂逅了來自殖民地全境各地的旅伴。[14]而且他們知道無論他們來自何處，他們還是讀一樣的書，算一樣的算數。縱使他們絕對走不了那麼遠——而多數人也確實沒有走的那麼遠——他們也知道羅馬就是巴達維亞，而且他們之所以會從事這些旅行，乃是因為他們「感覺到」那是他們的首府，而這事實上剛好解釋了為什麼「我們」會「一起」在「這裡」。換個方式來說，他們的共同經驗與課堂上愉快而相互競爭的同志情誼，為他們在研讀的（總是被塗上和英屬的馬來亞或美屬的菲律賓不同的顏色的）殖民地地圖賦予了一種關於某一特定領土的想像的真實性，而每一天，他們同班同學的口音和長相都在確認這個想像的真實性。[15]

還有，如果整個合在一起，他們到底算是什麼？關於這點，荷蘭人可是很清楚的：不管他們說什麼母語，他們都無可救贖的是 inlanders（本地人）——一個和英語的 natives（土著）以及法語的 indigènes（原住民）一樣，總是會在無意間帶有弔詭語意的字眼。在這個殖民地，就如同在其他每一個分開的殖民地一樣，這意味著這個字眼所指涉的人同時是「較劣等的」**以及「屬於那裡」**的（正如荷蘭人，因為他們是荷蘭的「本地人」所以他們屬於那裡）。相反的，荷蘭人則用這樣的語言派給他們自己優越性和「不屬於那裡」的地位。這個字眼也暗示了不管是出身於哪個語族團體或階級，就其共同的劣等性而言，所有的本地人（inlanders）**都是一樣**下賤的。然而即使是這個可憐的條件上的平等也還是有一個明確的範圍。因為，本地人這個名稱總是會引發「什麼地方的本地人？」這個問題。雖然荷蘭人有時候把本地人講的像是一個世界性的範疇，經驗卻顯示這樣的概念在實際上是無法成立的。本地人的範圍止於那個有色人種的殖民地被劃定的邊界。出了這個邊界之外，就是被「其他不同的殖民者分別」稱為 natives、indigènes、indios（西班牙語，印第安人）的其他形形色色的「土著」的世界了。此外，殖民地的法律術語當中也包括了一個叫做外籍東方人（vreemde oosterlingen）的範疇——這個名詞聽起來有一種曖昧的，像假銅板一樣的感覺，彷彿在說「外籍本地人」似的。這種主要指的是華人、阿拉伯人和日本人的「外籍東方人」——儘管他們可能住在殖民地——擁有高於「本地的本地人」的政治－法律地位。不僅如此，彈丸之地的荷蘭對明治藩閥的經濟力量和軍事才能是如此敬畏，以至於從一八九九年起在法律上將殖民地的日本人擢升到「榮譽歐洲人」的地位。經由所有這些「分類」措施，就像一層層沉澱般的，本地人（inlanders）——除去了白人、荷蘭人、華人、阿拉伯人、日本人、natives、indigènes、indios 之後——的內容變得愈來愈明確；然後，就像成熟的幼蟲一樣，直到有一天，它突然就蛻變為一隻叫做「印度尼西亞人」的美麗蝴蝶。

確實，像「本地人」和「土著」之類的概念永遠不能變成真正一般化的種族主義概念，因為他們總是隱含了根植於某些特定居住地域的意義。[16]然而，我們不應僅憑印尼的個案就假設每一個「本地人的」居住地域都擁有命中注定或者不可改變的邊界。法屬西非（French West Africa）和法屬印度支那（French Indochina）這兩個例子就顯示了情形恰好相反。

雖然在達卡（Dakar）的威廉龐地師範學校（École Normale William Ponty）只不過是一所中等學校，但在其全盛時期它還是法屬西非的殖民地教育金字塔的頂峰。[17]聰明的學生從我們今日稱之為幾內亞、馬利（Mali）、象牙海岸、塞內加爾等等的地區湧向威廉龐地。因此，我們毋須驚訝說這些男孩子最初是從法屬「西部」非洲的觀點——黑種人性格（negritude）這個弔詭的概念（亦即只能用威廉龐地的課堂上所使用的語言〔法語〕才表達得出來的非洲特性的本質）就是這個觀點令人難忘的象徵——來理解他們以達卡為終點的朝聖之旅的。但是威廉龐地的頂峰地位是偶然而短暫的。當更多中學在法屬西非設立之後，聰明的男孩已經不必再走這一趟路途如此遙遠的朝聖之旅了。而且，不管怎樣，達卡在行政上從來不曾擁有過足以和威廉龐地在教育上的中心地位相互匹配的重要性。在威廉龐地教室裡可以互換座位的法屬西非男孩，並不就是日後在法屬西非殖民地行政體系內的可以相互替代的官僚。因此，這所學校的校友們（Old Boys）返鄉之後終於會成為幾內亞或馬利的民族主義領袖，儘管他們仍然保有一種往後的世代將不復擁有的「西非的」同志愛與親密的連帶感。[18]

與此頗為相近的，對於一整個世代的，受到相對良好教育的青少年而言，那個奇妙的、混種的「印度支那」（Indochine）具有某些真實的、被經驗到的、被想像的意義。[19]雖然法國積極介入這一整個區域的事務可以回溯到一個世紀之前，但我們必須記得這個（叫做印度支那的）實體要到一八八七年才在法律上被正式宣告存在，而且要到一九〇七年才獲得了它最完整的領土形態。

大體而言，「印度支那」的殖民統治者所遵循的教育政策有兩個根本目標，[20]而這兩個目標最終都促成了一個「印度支那」意識的成長。目標之一是打破被殖民族群和緊鄰印度支那的外部世界之間既有的政治文化關係。就「柬埔寨」（Cambodia）和「老撾」（Laos）而言，[21]目標是曾經對他們行使過種種宗主權，並且和他們一樣都奉行小乘佛教（Hinayana Buddhism）的儀式、制度，和經典的暹羅。（此外，寮國低地區的語言和書寫系統與泰族所使用者也有密切關係。）正是出於此一考慮，法國人才會在**最後**從暹羅攫取的地區，首先實驗旨在將吉蔑（Khmer）和尚及其生徒從泰族軌道移到印度支那軌道之中的所謂「革新後的佛教學校」（renovated pagoda schools）。[22]

在東部印度支那（我對越南「東京」〔Tonkin〕、「安南」〔Annam〕和「交趾支那」〔Cochin China〕的速記方式），對象則是中國和中華文明。雖然統治河內和順化（Hue）的王朝數世紀以來都能捍衛其獨立不受北京侵犯，他們終究還是透過一個刻意模仿中國人的官僚集團來進行統治。國家機關經由以儒家經典為主題的筆試（科舉）來甄拔人才；王朝的文書是以漢字書寫的；而在文化上，統治階級中國化的程度也很深。在一八九五年左右之後，當像康有為和梁啟超這些中國改革者，以及像孫逸仙這類的民族主義者的著作開始從這個殖民地的北界滲透進來之時，（越南與中國間的）這些長期的關係就更帶上了不受歡迎的性格了。[23]職是之故，科舉制度遂於一九一五年在東京地區，一九一八年在安南地區先後廢止。此後，印度支那文官體系的人才甄拔就完全透過一個發展中的法語的殖民地教育體系來進行了。此外，一個最初由耶穌會教士在十七世紀所設計，[24]並且早在一八六〇年代就為「交趾支那」當局所採用的羅馬字表音系統，國語（quc ngữ），也刻意地提倡，以便使新一代被殖民的越南人因無法接觸到王朝時代的文獻與古代文學而斷絕與中國——可能也包括越南本地的過去——的聯繫。[25]

教育政策的第二個目標是要生產一批精心計算過的一定數量的能夠說、寫法語的印度支那人；他們的功能在充當一個政治上可靠、心懷感激，並且同化了的本地菁英階層，以及填補殖民地的官僚機構和較大型企業組織內的下層職位。[26]

我們毋須在此費神追究殖民地教育體系的複雜細節。對我們此刻的目的而言，這個體系的關鍵特性是它構成了一座單一的——雖然是搖搖晃晃的——金字塔，而且，直到一九三〇年代中期以前，這座金字塔的上層部分全都位於東部地區。例如，直到那時為止，僅有的幾所公立高中（Lycées）全都位於河內和西貢，而在整個戰前的殖民地時期當中，全印度支那唯一的一所大學位於河內——這麼說吧，它就和總督府「在同一條街上」。[27]這座金字塔的層級的攀登者，包括了法國屬地內的所有主要方言族群：越南人、華人、吉蔑人，和老撾人（以及不少殖民地的法國人）。對於來自，比方說，美萩（My Tho，越南境內城市）、巴撣邦（Battambang，又譯馬德望，柬埔寨中西部城市）、永珍（Vientiane，寮國首都），和榮市（Vinh，越南中北部城市）等地的攀登者而言，就像巴達維亞和萬隆的那些來自許多語言族群的學生會將他們之相遇理解為「印度尼西亞的」一樣，他們之在此會合的意義必定是「印度支那的」（Indochinese）。[28]這個印度支那屬性（Indochinese-ness）雖然很真實，卻只是被一小群人所想像，而且想像的時間並不很長。為什麼它會終於逐漸消逝，而印度尼西亞屬性（Indonesian-ness）卻得以繼續存在並且深化呢？

首先，從大約一九一七年開始，殖民地教育，特別是施行在東印度支那的教育，起了顯著的變化。由於傳統的科舉考試事實上已被取消，或者將要被取消，愈來愈多越南菁英階層的成員相信為了要確保他們子女在官僚體系的前途，必須儘量嘗試將他們送進可能找到的最好的法語學校。由此所產生的對當時（在殖民地）僅有的少數幾間好學校的入學名額的競爭，引起了認為這些學校的入學權理應保留給法國人的殖民地法國人（colons）的強烈反彈。殖民政權對這個問題的解決之道是創造一個分開但地位較低的「法語－越南語」教育體系；這個體系將較低的年級的重點特別放在用國語的越南語文授課之上，而法語則透過國語被當作第二語言來教授。[29]這個政策上的變化產生了兩個互補的結果。一方面，政府出版了數以十萬計的國語入門教材，大大地加速了這個由歐洲人發明的書寫符號的擴散，結果無意中卻在一九二〇到一九四五年這段期間幫它變成了那個表達出越南的文化（和民族的）團結的群眾性媒介。[30]因為，就算到了一九三〇年代末期在越南語人口當中只有一〇%的人識字，但這已經是這個族群歷史上前所未見的比例了。此外，和儒家式的文人不同的是，這些識字者熱切地獻身於增加識字者的數目。（相同的，在「柬埔寨」和「老撾」，雖然是在一個較小的規模上，也提倡**印刷**以方言寫就的小學課本。這些課本最初而且最主要是使用傳統的拼音法，但後來也使用了——雖然比較不那麼積極——羅馬字。）[31]另一方面，這個政策有效地排除了居住在東印度支那的那些不以越南語為母語的人。在「交趾支那」的吉蔑克倫族（Khmer Krom）的個案裡，由於殖民政權同時也願意允許他們擁有像在保護領（柬埔寨）所提倡的那種「法語－吉蔑語」小學，（這個政策）遂將人們的野心壯志**重新導向**了湄公河的上游。如此，那些渴望到印度支那的行政首府（以及對少數菁英而言，到殖民母國法蘭西）受高等教育的吉蔑克倫族青少年們逐漸開始取道金邊，而不再走那條行經西貢的大道。

第二，金邊的西索瓦初級中學（Collège Sisowath）在一九三五年被升格為完全的公立高中（lycée），因而有了和位於西貢和河內的那些現有的公立高中相同的地位與**相同的課程**。雖然該校的學生最初（依循其初中時期的傳統）大多來自當地的華裔吉蔑商人和居住當地的越南人官員的家庭，土生土長的吉蔑人學生的比例卻穩定地增加。[32]如果說一九四〇年以後大多數說吉蔑語的青少年是在殖民者為諾洛多姆家族（the Norodoms）所建造的乾淨的殖民地首府裡面獲得扎實的法語高中教育的，應是持平之論。

第三個因素是，在印度支那，教育的朝聖之旅和行政的朝聖之旅之間並沒有真正地重合。法國人毫不掩飾地表達這樣的觀點：就算越南人既不可靠又貪心，他們還是絕對比那些「幼稚的」吉蔑人和老撾人更活力充沛，也更聰明。因此，他們在西印度支那地區大量使用越南籍的官員。[33]在一九三七年之時住在「柬埔寨」的十七萬六千名越南人——不及全殖民地一千九百萬越南語人口的一%，但卻占了保護領（柬埔寨）人口的六%左右——構成一個相對較成功的集團，因此他們和一九四五年以前被送到老撾的五萬名越南人一樣，覺得印度支那具有一個相當實在的意義。尤其是他們之中身為官員者，由於或許曾奉調於殖民地的**所有**五個部門的各地之間，更可能把印度支那想像成他們會在上面持續演出的一個廣大舞臺。

儘管並沒有形式上或法律上的規定禁止老撾和吉蔑人官員在印度支那全域服務，這種想像對他們而言還是要困難得多。即使是來自位於東印度支那，總人口三十二萬六千人（一九三七年之時）的吉蔑克倫族社群（可能占整個吉蔑語人口的一〇%）的比較有企圖心的青年，也曾發現**在實際上**他們在「柬埔寨」以外地區的事業前景非常有限。所以，就算吉蔑人和老撾人也許會和越南人並肩坐在西貢與河內的法語教學的第二級和第三級的學校教室裡一起聽課，他們卻不大可能繼續在那裡共用行政部門的辦公室。和在達卡的那些來自科特努（Cotonou）和阿必尚（Abidjan）的年輕人一樣，他們一畢業就注定要回到殖民主義為他們劃出來那個「家鄉」去。換言之，如果他們的教育朝聖之旅的目的地是河內，他們在行政體系內的仕宦之旅的終點卻是金邊和永珍。

從這些矛盾當中出現了日後將被追念為最早的柬埔寨民族主義者的那些說吉蔑語的學生們。那位確實可以被視為高棉民族主義「之父」的宋武譚（Son Ngoc Thanh）是——這個越南式的名字就暗示了——在西貢受過教育並曾在當地擔任過一陣子下級司法官員的吉蔑克倫族人。然而到了一九三〇年代他拋棄了湄公河三角洲的巴黎，而到它的布盧瓦（Blois，法國中部古城）去追求比較有希望的前途。西索瓦．尤特逢親王（Prince Sisowath Youtevong）在赴巴黎繼續深造之前曾就讀於西貢的第二級學校。過了十五年，當他在第二次世界大戰之後重返金邊，他協助建立了（高棉）民主黨，並且在一九四六到一九四七年之間擔任首相。他的國防部長宋文才（Sonn Voeunnsai），幾乎經歷了完全相同的旅程。一九五一到一九五二年擔任民主黨政權首相的回康圖（Huy Kanthoul）在一九三一年畢業於河內的一所師範學校，回到金邊之後他成為西索瓦高中的教員。[34]所有這些人當中，也許最具代表性的例子是尤．寇斯（Ieu Koeus），也就是那令人悲傷的一系列被暗殺的高棉政治領袖當中的第一位。[35]他在一九〇五年出生於當時還在曼谷統治下的巴撣邦省；在進入巴撣邦城的「印度支那」小學之前，他曾經就讀過一所當地的「改良式佛教學校」。一九二一年，他升入保護領首府的西索瓦初中就讀，然後再進入河內的一所商業學校。當他一九二七年畢業時，他在法文閱讀課上名列前茅。由於希望到波爾多研讀化學，他參加並且通過了獎學金的考試。然而殖民地政府卻阻擋了他留學海外之路。他回到故鄉巴撣邦，在那裡開了一間藥房。當曼谷在一九四一年重新取得這個省分時，他還繼續在經營他的藥房。在日本於一九四五年八月崩潰之後，他以民主黨議員的身分重新現身於「柬埔寨」。值得注意的是，以他自己的方式，他可謂是較早先的歐洲那些傑出的語言學家的直系後裔，因為他設計了吉蔑文字的打字機鍵盤，並且出版了一套分量很重的兩冊版的《吉蔑語言》（*Pheasa Khmer*），或者是像一九六七年版的扉頁上那個容易誤導的標題所稱呼的名字——《柬埔寨語言：一篇理性研究的論文》（*La Langue Cambodgienne: Un essai d'étude raisonné*）。[36]然而，這本書是在一九四七年，當它的作者擔任金邊的立憲會議主席的時候才首度出現的——而且只有第一冊；它並未在它的作者還在巴撣邦混日子，西索瓦高中還未教育出任何一個講吉蔑語的高中畢業生，而且印度支那還仍然具有某種短暫的真實性的一九三七年出現。到了一九四七年，講吉蔑語的人——至少那些出身「柬埔寨」者——已經不再到西貢或河內讀書了。一個對他們而言，「印度支那」已成歷史而「越南」如今是一個真真實實的外國的新世代已經出現了。

確實，十九世紀時由順化的阮氏王朝下令的殘酷入侵與占領，在吉蔑人——包括那些住在注定要成為越南的一部分的「交趾支那」的吉蔑人——當中留下了悲苦的民間記憶。然而類似的悲苦也存在於荷屬印度群島的住民之間：巽他群島人（Sundanese）對爪哇人；巴塔人（Batak）對敏那卡布人（Minagkabu）；沙薩人（Sasak）對峇里島人；托拉賈人（Toraja）對布金人（Buginese）；爪哇人對安蓬人……。那個令人畏懼的副總督修柏特·凡·穆克（Hubertus van Mook）為了要打敗新生的印尼共和國而在一九四五到一九四八年之間推動的所謂「聯邦主義政策」，正是想要利用這些悲苦的情緒。[37]但是，儘管在一九五〇到一九六四年之間在獨立的印尼的各地爆發了一波又一波族群叛變的浪潮，「印度尼西亞」還是存活下來了。它之所以存活部分是因為巴達維亞終殖民統治之世都是教育的頂峰，但也因為殖民地行政政策並未將受過教育的巽他群島人下放到「巽他蘭」（Sundalands），或者將巴塔人下放到他們出身之處的北蘇門達臘高地。到了殖民地時期結束之時，幾乎所有的語族團體對於一個他們扮演著一定角色的群島舞臺這樣的想法都已習以為常了。因此，一九五〇到一九六四年之間的叛變當中，只有一次具有**分離主義**的野心；其他所有的反叛都是在一個單一的印尼政治體系內部的競爭行為。[38]

此外還有一個我們不能遺漏的有趣意外，也就是到了一九二〇年代的時候，一種「印尼語」已經自覺地存在了。這個意外的發生方式非常富有教育意味，因此似乎值得我們稍微離題來看一下這個過程。稍早之前，我們曾經提過荷蘭人要到比較後期才對印度群島實施有限的直接統治。如果說，荷蘭人在十七世紀初期就開始在當地進行征服，但卻要等到二十世紀初才開始認真教導**本地人**荷蘭語，那情形怎麼有可能不是這樣呢？其結果是，透過緩慢的、大體上未經計畫的過程，一種奇怪的國家語言從一個古老的、跨島嶼的共通語（lingua franca）的基礎上演化出來了。[39]這個語言被稱做dienstmaleisch（也許是「公務馬來語」或者「行政馬來語」的意思）；分類學上，它和「鄂圖曼語」以及從哈布斯堡帝國那些講多種語言的軍營當中產生的「國庫德語」（fiscal German）[40]同屬一類。到了十九世紀初的時候它已經在官僚圈之中享有穩固的地位了。當印刷－資本主義在十九世紀中葉之後以盛大的氣勢出現時，這個語言就從「官場」移入了市場和媒體之中。最初使用它的主要是華裔和歐亞混血的新聞工作者和印刷業者，但在上個世紀末，**本地人**也逐漸學會這個語言了。這個語言的家譜上「行政的」那一支很快就被遺忘了，取而代之的是推定的祖先發源地——利奧群島（Riau Islands，從一八一九年以後這個群島當中最重要的島嶼變成了——也許這是幸運的事——英屬的新加坡）。到了一九二八年，經過兩代的都市作家與讀者的形塑琢磨之後，它已經成熟到可以讓青年印度尼西亞黨（Young Indonesia）將之採用為民族（主義）的語言（bahasa Indonesia，譯按：印尼文，「印尼話」之意）了。從那時候開始，它就再也不曾回頭了。

最後，儘管印尼的個案很有趣，我們還是不應因此就誤以為即使荷蘭是一個更大的強權，[41]而且是在一八五〇年，而非一六〇〇年來到當地的，後來的民族語言仍然不可能是荷蘭語。沒有任何事情可以暗示說，只因為迦納民族主義使用的民族語言是英語而非阿善提語（Ashanti），它就比印尼民族主義更不真實。像某些民族主義意識形態的宣傳家一樣把語言視為如旗幟、服裝、民俗舞蹈之類的民族屬性的**表徵**是絕對錯誤的。關於語言，最重要之處在於它能夠產生想像的共同體，能夠建造事實上的**特殊的連帶**（particular solidarities）。畢竟，帝國的語言也還是**方言**，而且因此是眾多方言之中的特殊方言。如果激進的莫三比克人說的是葡萄牙語，那麼這件事的意義在於葡萄牙語是被用來想像莫三比克的媒介（而且也同時限制了這個想像的範圍，使它不至於延伸到坦尚尼亞和尚比亞）。由此一角度觀之，莫三比克之使用葡萄牙語（或印度之使用英語）基本上與澳大利亞之使用英語或巴西之使用葡萄牙語的情形並無不同。語言不是排除的工具（instrument of exclusion）：原則上，任何人都可以學習任何一種語言。恰好相反，它根本上是具有包容性的（inclusive）。它所受到的唯一限制是巴別塔（Babel）的宿命：沒有人的生命長到足以學會**所有**語言。發明民族主義的是印刷的語言，而不是任何一個特定的語言本身。[42]打在像莫三比克的葡萄牙語或是印度的英語這樣的語言上面的唯一問號是，是否行政和教育體系，特別是後者，能夠創造出從政治的角度而言，擴散得夠廣的雙語狀態？三十年前，幾乎沒有一個印尼人的母語是bahasa Indonesia；幾乎每個人都有他們自己的「族群的」語言，而有些人，特別是那些參與民族主義運動的人，則還會說印尼話／行政馬來語。今天，可能有數以百萬計來自數十種語族背景的年輕印尼人把印尼話當作他們的母語了。

然而，我們還不清楚三十年後是否會出現只會說莫三比克葡萄牙語的一代莫三比克人。不過，在二十世紀晚期的現在，這樣一個世代的出現不必然就是莫三比克民族認同的**必要條件**了。首先，傳播科技的進步，特別是收音機和電視，帶給了印刷術一個世紀以前不可多得的盟友。多語的廣播能夠在文盲和有著不同母語的人口中召喚出想像的共同體。（這裡與經由視覺表現和雙語文人而召喚出來的中世紀基督教世界有若干相類之處。）第二，誠如我所反覆陳說的，二十世紀的民族主義具有一種深刻的模式化的特性。它們能夠——而確實也——援引超過一個半世紀以上的人類經驗與三種較早的民族主義的模型。因而民族主義領袖如今已能刻意地布署運用以官方民族主義為模型的文、武教育體系，以十九世紀歐洲的群眾性民族主義為模型的選舉、政黨組織和文化慶典，以及被南北美洲帶進這個世界的公民－共和的理念。最重要的是，「民族」這個理念現在幾乎已經牢牢地固著在所有印刷語言之中，而民族之屬性也已幾乎無法從政治意識分離出來了。

在一個以民族國家為至高無上規範的世界裡，所有這一切意味著，如今即使沒有語言的共通性，民族也還是可以被想像出來了——不是以一種素樸的「**我們美洲人**」（nosotros los Americanos）的精神，而是出於一種對已經被現代史證明為可能的事物的普遍知覺。[43]在這樣的脈絡裡面，如果我們回到歐洲稍微思考一下當中的一個民族，其語言的多樣性經常被用來修理那些主張語言是民族主義之基礎的理論家，並以此總結這一章，似乎是很適當的。

一八九一年，在首度紀念許維茲（Schwyz）、歐布瓦登（Obwalden）和尼德瓦登（Nidwalden）三地聯邦六百週年的慶典當中，瑞士政府「決定」了以一二九一年為瑞士「建國」的日期。[44]這樣一個等了六百年才做出的決定有幾個有趣的面相，並且也暗示了瑞士民族主義的特性不是它的古老，而是它的現代。事實上，休斯（Hughes）甚至主張以一八九一年的這些慶典標示了這個民族主義的誕生，並且評論說：「在十九世紀的前半……民族這種概念還只是輕輕地坐在有教養的中產階級肩膀上而已：試看，斯塔爾夫人（Mme. De Staël，一七七三－一八四二）、傅賽利（Fuseli，一七四一－一八二五）、安潔利卡・考夫曼（Angelica Kaufmann，一七四一－一八〇七）、西斯蒙地（Sismondi，一七七三－一八四二）、邦雅曼・貢斯當（Benjamin Constant，一七六七－一八三〇）[45]難道他們不全都是瑞士人嗎？」[46]如果這個問題隱含的答案是「一點也不」的話，它的重要性是來自以下的事實——十九世紀前半，我們在瑞士周邊的歐洲各地都可以看到正在萌芽之中的「有教養的中產階級」（可以說就是語言學家＋資本家）在其中扮演了重要角色的方言民族主義運動。那麼，為什麼在瑞士民族主義來得這麼遲，而這種遲到又對它最終的形態造成了什麼結果（特別是它在當代擁有的多種「民族語言」）？

答案有部分要從瑞士國家的年輕之中去探尋。休斯冷冷地觀察道：「如果沒有憑藉一點搪塞之詞，我們很難將這個國家的起源上溯到比一八一三到一八一五年更早的時期。」[47]他提醒我們，最初的、真正的瑞士公民權制度，直接（男性）選舉權的引進，和「內部的」過路稅與關稅區的廢止都是法國在一七九八年占領期所強制創建的黑爾維提克共和國（Helvetic Republic）的業績。要等到一八〇三年獲得提契諾（Ticino）地區，這個國家才真正納入了相當人數的義大利語人口。要到一八一五年它才由充滿復仇心的、反法的神聖同盟（Holy Alliance）之手取得人口眾多的瓦萊（Valais）、日內瓦和紐夏特爾（Neuchâtel）等法語區——交換條件是保持中立與施行一部極端保守的憲法。[48]事實上，今日的多語瑞士乃是十九世紀初期的產物。[49]

第二個因素是這個國家的落後。（而這個因素，連同它那令人難以接近的地形與可利用資源之匱乏，使它能夠免於被更強大的鄰國兼併的命運。）今天，我們可能已經不大記得直到第二次世界大戰的時候瑞士還是一個生活水準僅及英格蘭的一半的窮國，而且這個國家的絕大多數地區都還是**鄉村**。一八五〇年的時候，住在稍微都市化地區的居民不及總人口的六%，而遲至一九二〇年這個數字只成長到二七．六%。[50]終十九世紀之世，人口中（除了強健勇敢的青年被送出去擔任傭兵或教皇衛士這個悠久傳統之外）大多數都是安土重遷的農民。這個國家的落後不只是經濟上的，同時也是政治上和文化上的。在「老瑞士」（Old Switzerland），一個從一五一五到一八〇三年都不曾變動的地區，大部分居民都說一種或其他種德語方言，而統治這個地區的是各省貴族寡頭政權組成的一個鬆散的聯盟。「聯邦之得以持久的祕密是它的雙重性格。為了對抗外在敵人而產生了各族群間充分的團結；為了對抗內部反叛則促成了寡頭政權間充分的團結。一旦發生了每個世紀都會爆發三次左右的農民叛亂，歧見就先擱置一旁，其他省分的**政府**就會伸出援手，並且往往——雖然未必沒有例外——會在中介談判中站在他們的統治者同僚的那一邊。」[51]除了沒有君主制以外，整個圖像和神聖羅馬帝國境內無數個小公國（principalities）沒有很大的差別。瑞士東部邊境的列支敦士登（Liechtenstein）就是這類小公國的殘留的最後一個怪異的遺跡。[52]

一個發人深省的事實是，遲至一八四八年，也就是瑞士國家已經出現近兩個世代之後，古老的宗教區隔（cleavage）卻比語言區隔在政治上要顯著得多。讓人夠驚異的是，在被認定為不可改變的天主教區域裡基督教是**非法的**，而在被認定為不可改變的基督教區域當中天主教也是非法的；而且這些法律都被嚴格執行。（語言所涉及的是個人的選擇和方便。）要到一八四八年之後，在蔓延全歐各地的革命動亂與方言化的民族運動普遍擴散的餘波之中，語言才取代了宗教的位置，而這個國家也才被切割成幾個被認定為不可改變的語言區。（宗教現在變成了個人選擇之事。）[53]

最後，在這麼小的國家中還持續存在著許多不同的，而且有時還無法相互溝通的德語方言，暗示了在大半的瑞士農民社會當中，印刷－資本主義和標準化的現代教育很晚才來到。印刷的德語（Hochsprache，標準語）直到相當晚近才取得和國庫德語或者行政馬來語一樣的國家語言的地位。更有甚者，休斯評論說，今天「較高級的」官員被要求擁有實際運用兩種聯邦語言的能力，這暗示了他們的部屬並未被期待具有相同的能力。以一種間接的方式，堅持「**受過教育的**德語瑞士人當然能以法語工作，就如同**受過教育的**義大利語瑞士人一樣」的一九五〇年聯邦指令也證明了同一點。[54]事實上，我們（在這裡）看到的情境在根本上和莫三比克的情形沒有很大的不同：一個雙語的政治階級安坐於形形色色各不相同的單語人口之上。不過，相異之處只有一個：瑞士人的「第二語言」不是前殖民統治者的語言，而是一個強大鄰國的語言。

然而，一旦當我們知道了在一九一〇年的時候有幾近七三％的人的母語是德語，二二％是法語，四%是義大利語，而一%是羅曼語（這個比例至今尚未有什麼變化）之後，也許我們會對瑞士政府竟然沒有在十九世紀後半——官方民族主義的年代——推動德語化政策感到驚訝。當然，強烈的親德國情緒到一九一四年都還存在著。德國和瑞士德語區之間的邊界模糊到了極點。貿易與投資，還有貴族與專業人士都很自由地在兩地之間移動往返。可是瑞士也和另外兩個歐洲的主要強權——法國和義大利——毗鄰，因而推行德語化的政治風險是顯而易見的。德語、法語和義大利語在法律上的平等地位因此是瑞士中立這個銅板的另一面。[55]

所有前述的這些證據都顯示我們最好將瑞士民族主義理解為「最後一波」的一部分。如果休斯把它的誕生日期定在一八九一年是正確的話，那只不過比緬甸或印尼的民族主義早了十多年而已。換言之，它興起於世界史之中民族正在成為國際的規範，並且人們能夠以較前此要複雜得多的方式來「模塑」（model）民族的時期。雖然瑞士保守的政治結構與落後的社會經濟結構「延遲」了民族主義的興起，[56]但它那非王朝、非君主制的前現代政治制度卻幫它避開了官方民族主義的極端（請試與第六章所討論的暹羅個案做一對比）。最後，就像東南亞的那些例子的情形一樣，因為瑞士民族主義出現在二十世紀傳播革命的前夜，所以對它而言，運用毋須語言統一的方式來「表現」想像的共同體已經不僅是可能的，而且也是實際的。

作為結語，我們也許值得在此把本章的一般論證再覆述一遍吧。「最後一波」的民族主義——大多發生在亞洲和非洲的殖民地——就起源而論乃是對工業資本主義所造就的新式全球帝國主義的一個反應。正如馬克思以其難以模仿的風格所言：「一個持續擴張的市場對產品的需求把資產階級趕到了地球表面的每個角落。」[57]然而經由印刷品的散布，資本主義協助在歐洲創造出群眾性的、以方言為基礎的民族主義，而這個民族主義則從根腐蝕了歷史悠久的王朝原則，並且煽動了每一個力有所及的王朝去進行自我歸化。官方民族主義——新的民族原則和舊的王朝原則的融合（大英帝國）——再反過來導致了我們為了方便起見稱之為「俄羅斯化」的政策出現在歐洲以外的殖民地之上。這個意識形態傾向乾淨俐落地調和了實際的迫切需要。十九世紀晚期的帝國太大而且散布範圍太廣，因此不是一小撮本國人所能統治的。此外，不論是在殖民母國或殖民地裡面，國家的功能以一種與資本主義發展並駕齊驅的步伐急速地倍增。這些力量合在一起，遂產生了部分是為了要製造國家和企業官僚機構所需的下級幹部的「俄羅斯化」式的學校體系。這些中央集權以及標準化的學校體系創造了新式的朝聖之旅；這些朝聖之旅典型地是以各個殖民地的首府為其「羅馬」，因為隱藏在帝國核心之中的民族已經不允許更上一層樓了。通常（但絕非沒有例外），這些教育的朝聖之旅也平行地出現在行政領域之中——或者說在行政領域之中被複製。特定的教育和行政朝聖之旅的相互結合，為本地人會逐漸把他們自己看成是「本國人」的那種新的「想像的共同體」提供了領土基礎。殖民政府的擴張可說是把「本地人」請進了學校和辦公室裡面，而殖民資本主義的擴張則把他們從董事會給排除出去——這兩件事意味著在一個前所未有的程度上，殖民地民族主義最重要的早期發言人是那些寂寞的，並未附著在堅實的本地資產階級之上的，雙語的知識階層。

然而，作為雙語的知識分子，尤其是作為二十世紀初期的知識分子，他們能夠在教室內外接觸到從超過一個世紀的美洲和歐洲歷史的動盪、混亂經驗中萃取出來的關於民族、民族屬性，和民族主義的模型。而這些模型則又協助雕琢成形了一千個初生之夢想。歐裔海外移民的民族主義、方言民族主義，和官方民族主義的教訓，以不同的組合形態被仿造、改編和改進。最後，正如同資本主義以漸增的速度改造了物理的和知識的傳播工具，知識分子們也找到了不經由出版印刷就能宣傳想像的共同體的方法，而且他們不只向不識字的群眾宣傳，甚至也向**閱讀**不同語言的識字群眾宣傳。

第八章

愛國主義與種族主義

在前面幾章，我嘗試描繪出民族終於開始被想像，以及一旦被想像之後，又如何被模塑、改編和改造的過程。這種分析主要關切的對象必然是社會變遷和不同形式的意識。然而，令人懷疑的是，到底社會變遷或被改造過了的意識本身能不能充分解釋人們對於他們想像力的創造物的**執著**——或者，再重提一次本書開頭所問的問題——為什麼人們隨時願意為這些創造物獻身。

置身在一個進步的、世界主義的知識分子（特別是在歐洲？）如此普遍地堅持民族主義具有幾近病態的性格，如此堅信它起源於對他者（Other）的恐懼與憎恨並且和種族主義有密切關係的時代裡，[1]如果我們提醒自己民族能激發起愛，而且通常激發起深刻的自我犧牲之愛，應該不無助益吧。民族主義的文化產物——詩歌、散文體小說、音樂、雕塑——以數以千計的不同形式和風格清楚地顯示了這樣的愛。另一方面，與此**類似的**，表達恐懼和厭惡的民族主義產物卻真的是鳳毛麟角。[2]即使是在有充分理由對他們那些帝國主義的統治者感到憎恨的被殖民者的個案裡面，我們也非常驚訝地發現，在這些表現民族情感（的作品）當中怨恨的成分是多麼地微不足道。在此，讓我們舉黎剎在等待被西班牙帝國主義處決時所寫的著名詩篇〈最後的告別〉（Ultimo Adios）的第一段和最後幾段為例：[3]

1. Adiós, Patria adorada, región del sol querida,
Perla del Mar de Oriente, nuestro perdido Eden!
A darte voy alegre la triste mustia vida,
Y fuera más brillante más fresca, más florida,
También por ti la diera, la diera por tu bien...

12. Entonces nada importa me pongas en olvido,
Tu atmósfera, tu espacio, tus valles cruzaré,
Vibrante y limpia nota seré para tu oído,

Aroma, luz, colores, rumor, canto, gemido
Constante repitiendo la esencia de mi fé.

13. Mi Patria idolatrada, dolor de mis dolores,
Querida Filipinas, oye el postrer adiós.
Ahí te dejo todo, mis padres, mis amores.
Voy donde no hay esclavos, verdugos ni opresores,
Donde la fé no mata, donde el que reyna es Dios.

14. Adiós, padres y hermanos, trozos del alma mía,
Amigos de la infancia en el perdido hogar,
Dad gracias que descanso del fatigoso día;
Adiós, dulce extrangera, mi amiga, mi alegría,
Adiós, queridos séres morir es descansar.

要注意的是，不只沒有提及「暴君」的國籍，連黎剎熱烈的愛國心都是用「他們的」語言漂亮地表達出來的。4

這種政治愛的某些性質可以從語言描述其對象的方式當中去解讀出來：從關於親族關係的語彙（祖國，motherland〔母國〕、Vaterland〔父國〕、patria〔父國〕）或是關於故鄉的語彙（heimat〔故鄉〕或 tanah air〔土地與水，印尼語的家鄉群島之意〕）當中去解讀。這兩類慣用的語彙都意指某種人們與之有自然聯繫的事物。正如我們在稍早之前已經討論過的，在所有「自然的」事物之中總是都存在著某些不容選擇的東西。因此，民族的屬性就被融入膚色、性別、出身、出生的時代等——所有那些我們沒有選擇不得不然的事物之中。而且在這些「自然的連帶關係」中我們感受到了也許可以稱之為「**有機的共同體**之美」（the beauty of gemeinschaft）的東西。換個方式說，正因為這種連帶關係是不容選擇的，它們因此就戴上了一種公正無私的光圈。雖然在過去二十年間已有許多論者談過「家庭是一種表現得清清楚楚的權力結構」這種觀念，但對於絕大多數的人類而言這當然是一個完全陌生的概念。毋寧說，傳統上家庭一直被設想成是屬於無私的愛與團結的領域。所以，儘管歷史學家、外交家、政客和社會學家對「民族利益」的理念頗為安然自在，但對大多數來自任何一個階級的一般人而言，民族這個東西的整個重點正是在於它是不帶有利害關係的。正因為這個理由，民族可以要求

（成員的）犧牲。

如同前面提到過的，本世紀的幾次大戰的非比尋常之處與其說是在於這些戰爭容許人們進行史無前例的大規模殺戮，不如說是在於那些被說服而拋棄生命的難以計數的人們。那些被殺戮者的數目豈不是明明白白地遠超過那些殺戮者的數目嗎？終極的犧牲（ultimate sacrifice）這種理念，乃是經由宿命之媒介而與純粹性（purity）的理念一同孕生的。

為一個通常不是出於自己選擇的國家而死，帶有一種為英國工黨、為美國醫學學會，或者可能甚至是為國際特赦組織（Amnesty International）而死所難以匹敵的道德崇高性，因為這些都是人們可以任意加入或離開的組織。為革命而死之所以被視為崇高的行為，也是因為人們感覺那是某種本質上非常純粹的事物。（如果人們把無產階級想像成**只不過**是一個熱心追求冰箱、假期、或權力的集團，他們會有多願意——包括無產階級的成員在內——去為這個階級而死呢？）[5]夠諷刺的，也許是因為馬克思主義對歷史的詮釋是被感受（而不是被理性思考）成是對無法逃避的必然性的表現（representations），這些歷史詮釋也產生了一種純粹與無私的氣息。

如果我們再回頭思考一下語言的問題，也許對此處的討論會有所助益。首先，我們注意到語言——即使是那些眾所周知的現代性語言——所具有的原初性（primordialness）。沒有人能夠定出任何一種語言誕生的日期。每一種語言都是從一個漫無際涯的過去之中悄然浮現的。（正因為 Homo sapiens〔智人〕同時也是 Homo dicens〔說話的人〕，我們很難想像語言的起源會晚於人類本身的起源。）故而，語言幾乎比當代社會裡面的任何其他事物都要顯得更根深蒂固。而且，沒有任何其他事物能夠像語言一樣有效地在情感上將我們和死者聯繫起來。如果說英語的人聽到「Earth to earth, ashes to ashes, dust to dust」（譯按：「土歸土，灰歸灰，塵歸塵。」英美葬禮時，牧師經常在棺木下葬前誦念的字句）——創造於幾近四個半世紀之前的一句話——他們會感覺到這句話如鬼魅般地暗示了跨越了同質的、空洞的時間而來的同時性。這些字眼的重量不只來自於它們自身莊嚴的意義，同時也來自一種彷彿是先祖所傳遞下來的「英國性」（Englishness）。

第二，有一種同時代的，完全憑藉語言——特別是以詩和歌的形式——來暗示其存在的特殊類型的共同體。讓我們以在國定假日所唱的國歌為例。無論它的歌詞有多麼陳腐，曲調有多麼平庸，在唱國歌的行動當中蘊含了一種同時性的經驗。恰好就在此時，彼此素不相識的人們就著相同的旋律唱出了相同的詩篇。就是這個意象——齊唱（unisonance）。[6] 唱著〈馬賽進行曲〉（Marseillaise），〈馬蒂達華爾滋〉（Waltzing Matilda），[7] 和〈大印度尼西亞〉（Indonesian Raya）[8] 創造了和諧一致的場合，也提供了使想像的共同體在回聲之中獲得體現的機會。（聆聽〔或許也跟著默念幾節〕像《公禱書》〔*The Book of Common Prayer*〕之類的儀式性的詩歌朗誦亦然。）這個齊唱讓人感到何等的無私啊！如果我們知道了正當我們在唱這些歌的時候，有其他的人也在唱同樣的歌——我們不知道這些人是誰，也不知道他們身在何處，然而就在我們聽不見的地方，他們正在歌唱。將我們全體連結起來的，唯有想像的聲音。

然而時日一久，這種合唱還是可以加入的。如果我是列特人（Lett），我的女兒可能會是澳洲人。一個紐約的義大利移民之子將會視清教徒拓墾殖民之父（Pilgrim Fathers）[9]為祖先。如果民族的屬性散發著宿命的氣息，這是一種深埋在歷史之中的宿命。在此，聖馬丁之詔令將說克邱亞語（Quechua）的印第安人命名為「祕魯人」——相當類似宗教改宗的運動——就是很好的例證。因為這個動作顯示了從一開始，民族就是用語言——而非血緣——構想出來的，而且人們可以被「請進」想像的共同體之中。所以今天就算是最孤立的國家，不管它們在實際上把手續弄得有多困難，也還是接受了**歸化**（naturalization，多麼美好的字眼！）的原則。

由於被視為既是**歷史的**宿命也是經由語言想像出來的共同體，民族因此同時將自身表現為既是開放的，也是封閉的。以下這幾段詠嘆科盧尼亞戰役（battle of Coruña）中約翰・摩爾（John Moore）之死的有名詩句的游移的韻律，適切地說明了這個詭論：[10]

1. Not a drum was heard, not a funeral note,
As his corpse to the rampart we hurried;
Not a soldier discharged his farewell shot
O'er the grave where our hero we buried.

2. We buried him darkly at dead of night,
The sods with our bayonets turning;
By the struggling moonbeam's misty light
And the lantern dimly burning.

3. No useless coffin enclosed his breast,
Not in sheet nor in shroud we wound him;
But he lay like a warrior taking his rest,
With his martial cloak around him…

5. We thought, as we hollowed his narrow bed
And smoothed down his lonely pillow,
That the foe and the stranger would tread o'er his head,
And we far away on the billow…

8. Slowly and sadly we laid him down,
From the field of his fame fresh and gory;
We carved not a line, and we raised not a stone,
But we left him alone with his glory!

試譯：

一、不聞鼓聲，不聞輓歌，
我們匆匆將他軀體安置垣壁之側；
不聞戰士告別槍響
迴盪於我們英雄埋骨的墳塋

二、我們葬他於死寂的暗夜，
我們的刺刀翻掘草地；
在如霧起時的微微月光之下，
在猶燃的晦暗燈火之下。

三、何需無用的棺木包裹胸膛，
何需被單屍衣纏身；
而他躺臥如戰士和衣
安眠於軍服之中。

五、我們如是思考，當我們淨空他狹小的床
當我們撫平他寂寞之枕
當仇敵與異邦人踩過他的頭顱
而我們遠在巨浪之上……

八、緩慢而憂傷，我們將他軀體放下
從那猶自灑落鮮血的戰場，染著他的聲名的戰場
未刻一字、未立一碑
但留他與榮耀獨處！

這幾段詩以一種與英語不可分割的美，歌頌一段英雄的記憶——以一種無法翻譯的，只有英語的說者與讀者才聽得到的美。然而摩爾和他的讚頌者都是愛爾蘭人。而且，就算是一個摩爾的法國或西班牙的「仇敵」的後代也沒有什麼理由不能完全聽出這首詩中的反響——和其他語言一樣，英語總是對新的說者、聽者，和讀者開放的。

聽聽湯瑪斯·布朗（Thomas Browne）[11]如何在幾句話裡面包含了整個人類歷史的長度與廣度吧：[12]

Even old ambitions had the advantage of ours, in the attempts of their vainglories, who acting early, and before the probable Meridian of time, have by this time found great accomplishment of their designs, whereby the ancient Heroes have already out-lasted their Monuments and

Mechanical preservations. But in this latter Scene of time, we cannot expect such Mummies unto our memories, when ambition may fear the Prophecy of Elias, and Charles the Fifth can never hope to live within two Methuselah's of Hector.

試譯：

即使古老的野心家也比我們今天的有志者立於更有利的地位。在他們虛榮的努力之中，那些及早行動，並在那可能的時間之正午[13]來臨前就行動的人，如今已經達到他們所預想的偉大成就了，由是，古代英雄的生命已經比為彼等而設之紀念碑或機械的保存物更為長久了。然而在如今這時間之後半的場景之中，當懷抱野心之士或畏懼先知以利亞的預言，[14]而查理五世[15]永遠不能企求活在赫克特之後兩千年[16]內時，我們不能再期待後人以此等木乃伊來紀念我們了。[17]

在這裡，古代埃及、希臘和猶地亞（Judaea，譯按：昔日羅馬所統治之南巴勒斯坦的一部分）和神聖羅馬帝國被統一起來了，但他們這種跨越了上下數千年與縱橫數千英里的統一，是在布朗的十七世紀英語散文的特殊性當中完成的。[18]當然，這段文字可以被翻譯到某個程度。

然而，讀到「可能的時間之正午」、「機械的保存物」、「以此等木乃伊來紀念我們」和「赫克特之後兩千年」這些話語陰森的輝煌之後會感到頸項起了雞皮疙瘩的，只有英語的讀者。

上一頁，這段文字描述的情景將自身敞開於讀者的眼前。另一方面，偉大的印尼作家普拉莫底亞・阿南達・托爾（Pramoedya Ananta Toer）所寫的 Yang Sudah Hilang 的最後幾行也帶有毫不遜色的陰森的輝煌：[19]

> Suara itu hanya terdengar beberapa detik saja dalam hidup. Getarannya sebentar berdengung, takkan terulangi lagi. Tapi seperti juga halnya dengan kali Lusi yang abadi menggarisi kota Blora, dan seperti kali itu juga, suara yang tersimpan menggarisi kenangan dan ingatan itu mengalir juga-mengalir ke muaranya, kelaut yang tak bertepi. Dan tak seorangpun tahu kapan laut itu akan kering dan berhenti berdeburan.
>
> Hilang.
>
> Semua itu sudah hilang dari jangkauan panc[h]a-indera.

這些印在前後兩頁上的文字，讀者卻很可能不得其門而入。[20]

雖然每個語言都是可學得的，但要學得語言需要耗費一個人生命的相當部分時間：伴隨每一次新的征服而來的，是逐日縮短的剩餘歲月。限制人們接觸其他語言的並非這些語言之難以參透，而是人自身生命的有時而盡。這就說明了所有語言都有某種隱私性。在漫長年月之中法國和美國的帝國主義者統治過、剝削過，也殺戮過越南人。然而不管他們劫掠了多少東西而去，越南的語言還是不動如山。也因此，（這些帝國主義者）總是對越南人的「不可解」感到憤怒，而（他們）才會從隱約的絕望之中創造出像「外國佬」（gooks）、「浣熊」（ratons）等等垂死的殖民主義的惡毒黑話。[21]（長期而言，對於被壓迫者的語言的巨大隱私性的回應方式不是撤退，就是進一步屠殺。）

在其內在形式之中，這些綽號有著種族主義的特性。一旦解讀了這個內在形式，我們就會明白為什麼奈倫關於種族主義和反猶主義是衍生自民族主義——以及因此「從充分的歷史縱深來看，法西斯主義比任何其他（歷史的）插曲更能說明民族主義的特質」的主張基本上是錯的。[22]縮寫自「斜眼的」（slanted-eyed）一詞的「斜仔」（slant）這種字眼並不只有表現出一種普通的政治敵意而已。藉由將對手化約到他的生物性相貌特徵，這個字眼抹煞了對手的民族屬性。[23]藉由取代「越南人」的稱呼，它否定了「越南人」；正如「浣熊」之名因取代了「阿爾及利亞人」的稱呼而否定了「阿爾及利亞人」一樣。同時，它將「越南人」連同「韓國人」、「中國人」、「菲律賓人」等一起攪進了一堆無名的爛泥之中。如果將這個語彙和其他越戰時期的字眼，像「查理」（Charlie，譯按：指白人）和「V．C」（譯按：越共），或者更早一個期的「德國佬」（Boches），「日本仔」（Japs），和「法國佬」（Frogs）——所有這些綽號都只被用到一**個**特定的民族，因而在憎恨之中承認了對手在民族的聯盟當中的成員身分——做一對比，它的性格就會更清楚了。[24]

事實上，民族主義乃是從歷史宿命的角度思考的，而種族主義所夢想的卻是從時間之始經由一系列永無止境而令人作嘔的交配傳遞下來的永恆的汙染——這是發生在**歷史**之外的。拜那隱形的黑色焦油刷之賜，黑鬼永遠就是黑鬼；拜亞伯拉罕的精液之賜，猶太人永遠就是猶太人，不管他們攜帶什麼護照，或者讀、講什麼語言。（因而對納粹而言，**猶太裔**德國人永遠是冒牌貨。）[25]

種族主義之夢想的根源事實上存在於階級的意識形態，而非民族的意識形態之中：特別是統治者對神命與「藍色」或「白色」血統的宣稱，以及貴族對「教養」的宣稱。[26]無怪乎現代種族主義被推定的始祖不是什麼小布爾喬亞的民族主義者，而是哥畢諾伯爵約瑟夫．阿瑟（Joseph Arthur, Comte de Gobineau）。[27]整體而言，種族主義和反猶主義並未跨越民族界線，而是在民族界線之內現身的。換言之，它們所欲正當化者，與其說是對外戰爭，不如說是對內的壓迫與宰制。[28]

十九世紀時在歐洲境外發展出來的種族主義，由於兩個匯合在一起的原因，始終和歐洲的支配息息相關。第一個，而且是最重要的原因，是官方民族主義與殖民地的「俄羅斯化」政策的興起。正如本書所反覆強調的，官方民族主義通常是受到威脅的王朝和貴族集團——**上層**階級——對群眾性方言民族主義所產生的反應。殖民地的種族主義是試圖結合王朝的合法性與民族共同體的那個「帝國」概念的主要成分。帝國將它的國內地位賴以為根基（不管有多麼不穩）的一個先天的、遺傳的優越性原則普遍運用到廣大的海外領地，並偷偷摸摸地（或者也不怎麼偷偷摸摸地）向外傳達這個觀念：就算，比方說，英國的貴族天生就比其他英國人優越，這也沒有關係——相較於被支配的本地人，這些其他的英國人仍不稍減其優越性。事實上，我們會忍不住想主張說晚期殖民帝國的存在甚至發揮了**支撐**貴族的國內地位的功能，因為這些帝國似乎在一個全球的、現代的舞臺上肯定了陳舊的權力與特權的概念。

這是會產生一些效果的，因為——而這是我們的第二個原因——快速擴張的官僚機構與「俄羅斯化」政策使殖民帝國容許大量的布爾喬亞和小布爾喬亞在舞臺正中央的周邊——亦即帝國領域內除了母國以外的任何地方——扮演貴族的角色。我們在每一個殖民地都發現了這個殘酷而有趣的**活生生的畫面**（tableau vivant）：布爾喬亞貴族（bourgeois gentilhomme）對著寬敞的宅邸與種滿含羞草和九重葛的花園的背景朗讀詩歌，而在一旁的則是一大群由童僕、馬夫、園丁、廚子、保母、女僕、洗衣婦，以及最重要的馬匹所組成的配角。[29]即使是還無力過這種生活方式如年輕的單身漢之流的殖民者，也還是擁有像農民暴動前夜的法國貴族般的崇高的曖昧地位：[30]

> 在穆爾緬（Moulmein），位於下緬甸的一個城鎮（有必要向母國的讀者說明這個沒沒無名的小鎮），有很多人恨我——這是我一生當中唯一一次重要到會讓這種事情發生在我身上。我是本鎮第二級管區的警官。

這則「熱帶怪談」之所以可能，是因為全盛時期的資本主義給予了殖民母國勢不可當的力量強大到了可以說毋須現身，只要藏在舞臺兩側就足以感覺其威勢。和母國的軍隊有著惡名昭彰的差別，而且甚至常常連正式制度都不同的殖民地軍隊。[31]可謂是穿上了封建－貴族式服裝的資本主義的最佳例證。因此在歐洲，我們看到的是「一軍」——透過徵兵制在群眾的、公民的和母國的基礎上甄拔兵員所組成的，意識形態上被設想為**祖國**的保衛者，穿著實用、便捷的卡其制服，擁有可能獲取的最新的裝備，平時隔離於軍營之中，戰時駐紮於戰壕之中或重型野戰槍炮之後的軍隊。在歐洲之外我們看到的是「二軍」——（軍官以下的）以傭兵制從地方上的宗教或種族的少數族群募集的兵員組成的，意識形態上扮演維護（殖民地）內部治安的角色，無論在寢室或舞宴廳都一律穿著實戰服裝，配備刀劍與過時的武器，平時展現威勢，戰時躍馬揮戈的部隊。如果說歐洲軍事之導師普魯士的參謀總部強調專業化軍官團無名的團結，彈道學、鐵路、工兵、戰略計畫之類的話，殖民地軍隊強調的就是榮耀、肩章、個人的英勇作為、馬球，以及軍官特有的一種帶有古風的優雅。（他們可以這麼做是因為背後有一軍和海軍在撐腰。）這種心態存續了一段很久的時間。一八九四年身在越南東京（Tonkin）時，利友提（Lyautey）如此寫道：32

> 多麼遺憾不能早十年來此啊！這裡有著大好的立功出頭之途啊！在這裡，沒有一個擔任前哨部隊和偵察部隊指揮官的區區中尉不在六個月之內就發展出在法蘭西的軍官終其軍旅生涯都無法企及的積極性、意志力、耐力，和**人格**。

在一九五一年的東京，「欣賞結合了勇氣與『風格』的軍官」的讓・德・拉特・德・塔西尼（Jean de Lattre de Tassigny）馬上就喜歡上那個雄赳赳氣昂昂的騎兵（卡斯特希〔Castries〕上校）。他那鮮紅色的斯帕伊（Spahi）帽與圍巾，手上揮動的亮麗馬鞭，以及那兼有泰然自若的舉止與**貴公子丰采**（ducal mien）的氣質，使他如同在一九三〇年代風靡了巴黎人一樣，也在一九五〇年代風靡了印度支那的女性。[33]

從殖民地種族主義衍生出來的貴族或準貴族特質的另一個發人深省的指標，是不問其內在對立衝突而將來自不同殖民母國的殖民統治者連結起來的，典型的「白人的團結」（solidarity among whites）。這種團結的奇特的跨國性格立即讓人想起十九世紀歐洲貴族透過彼此的打獵小屋、溫泉療養地和舞廳形成的階級團結；以及在二十世紀時經由日內瓦公約之保證給予被俘的敵軍**軍官**——相對於游擊隊員和平民——以特權待遇而愉快地表現出來的「軍官與紳士」的兄弟情誼。

我們到目前為止的主張也可以從殖民地人民這邊來論證。因為，且不論某些意識形態論者的宣稱如何，一個令人注意的事實是被稱為「反向的種族主義」（reverse racism）的那種曖昧的東西很少出現在反殖民運動之中。此事極易為語言所欺罔。例如，爪哇語的 londo（衍生自 Hollander 或 Nederlander〔荷蘭人〕一詞）這個字不僅意指「荷蘭人」，也有「白人」的意思。但是這個衍生字本身顯示了對很少接觸到「荷蘭人」以外的白人的爪哇農民而言，這兩個意義就有效地重疊在一起了。與此相似的，在法國殖民地當中 les blancs（白人）一詞意指其法國屬性與白人屬性無法區分的統治者。就我所知，不管是 londo 或 blanc 都並未失去社會地位，或者產生帶有貶損意味的第二度的差別。[34]

相反的，反殖民民族主義的精神，是馬卡利歐．撒卡伊（Makario Sakay）的短命的卡達加路甘共和國（Republic of Katalugan）那部令人心碎的憲法（一九〇二）中所說的：[35]

> 沒有任何一個生在這個塔加拉群島上的塔加拉人會將任一種族或膚色的人提到高於其他人的地位之上；淺色皮膚、深色皮膚、富有、貧窮、受過教育和無知識者——所有人都完全平等，並且應該擁有同一種內在精神（loob）。教育、財富或外貌容或有異，但本質（pagkatao）與為理念獻身的能力，絕無分別。

我們可以輕易地在地球的另一端找到類似的個案。說西班牙語的混血墨西哥人並不是將他們的祖先上溯到卡斯提爾的征服者，而是上溯到已經半被消滅了的阿茲特克人、馬雅人、托爾特克人（Toltecs）和薩波特克人（Zapotecs）。本身是歐裔海外移民的烏拉圭革命愛國志士採用了圖帕克．阿瑪魯（Tupac Amarú）之名——也就是最後一位反抗歐裔海外移民壓迫而在一七八一年死於苦不堪言的刑求的原住民反叛者的名字。

也許看來有些弔詭的是，所有這些情感依附的對象都是「想像的」——無名的、沒有面目的塔加拉同胞、消滅殆盡的部族、我的母親俄羅斯（Mother Russia），或者故鄉群島（tanah air）。然而在這個方面，祖國之愛（amore patriae）和永遠帶有溫柔的想像之成分的其他情感並無不同。（這是為什麼看陌生人婚禮的相簿就像是在研究考古學家所畫的巴比倫懸空花園的平面圖一樣。）語言——不管他或她的母語形成的歷史如何——之於愛國者，就如同眼睛——那對他或她生來就有的、特定的、普通的眼睛——之於戀人一般。透過在母親膝前開始接觸，而在入土之時才告別的那個語言，我們喚回過去，想像同胞愛，夢見未來。

第九章
歷史的天使

我們是從最近發生在越南社會主義共和國、柬埔寨民主共和國和中華人民共和國之間的戰爭開始這個簡短的研究的，因此最後我們再回到那個起始點是再合適也不過了。然而我們在這中間所談論的一切可曾對理解這些戰爭的爆發有所幫助嗎？

在《不列顛的崩解》一書中，湯姆・奈倫對不列顛政治體系和其他所有現代世界政治體系的關係，寫下了這些頗有價值的話語：[1]

單獨而論，（不列顛的體系）代表一種「緩慢，傳統的成長，而這不同於其他的體系是源於一套理論的，刻意**發明的**產物」。那些其他的體系出現得較晚，而且「想要一舉總結那個國家歷經數世紀演化而成的立憲主義經驗的成果……」英格蘭的——後來的不列顛

> 的——體系因為是最初的，因此也一直維持其獨特性。後來的布爾喬亞社會是第二個來到的，而且是來到了一個英國革命已經成功並且擴張了的世界之中，這些社會遂無法重複這個早期的發展。**他們的研究和模仿產生了某種非常不同的東西**：真正現代的抽象或「非個人的」，並且正因其抽象性格而能在往後的歷史中被模仿的國家的學說。
>
> 當然這或許會被看成發展過程通常的邏輯。這是後來被冠上像「不平均與合併的發展律」（law of uneven and combined development）這類尊稱的一個早期的樣本。實際的重複和模仿——不論是政治上的、經濟上的、社會上的，或是科技上的重複與模仿——是不大可能的，因為宇宙已經被人們在模仿的第一因（the first cause）所大大改變了。

奈倫對現代國家的討論，用在促成我們這三個交戰國家在當代出現的一組孿生概念——革命與民族主義——之上也同樣真確。也許我們太容易忘記這一對概念和資本主義與馬克思主義一樣都是不可能保有專利權的**發明**。可以這麼說，它們就是放在那裡供人盜版之用的。從這些盜版，而且**只有**從這些盜版之中，才會出現這個廣為人知的反常現象：像古巴、阿爾巴尼亞和中國這類社會，因為是革命–社會主義的，所以就把自己想成是「領先」法國、瑞士和美國社會，但因為他們又有著低生產力、悲慘的生活水準和落後的科技的特性，這幾個社會也同樣理所當然地被認為是「落後」的。（也因此周恩來才會憂鬱地夢想要在西元兩千年以前趕上資本主義的英國。）

如同稍早之前所留意到的，霍布斯邦正確地觀察到「法國大革命既不是被一個現代意義的成形政黨或運動，也不是被想要實踐一個系統性綱領的人所創造或領導的」。不過，拜印刷－資本主義之賜，法國的經驗不只已經無法從人類的記憶抹除，它也同時是可以學而得之的（learnable-from）。在幾近一個世紀的模式化的理論建構與實際的實驗之中，出現了創造第一個成功的「根據計畫的」革命（儘管如果沒有早先興登堡〔Hindenburg〕在坦能堡〔Tannenberg〕和馬蘇利亞湖澤區〔Masurian Lakes〕之役的勝利，這個革命是不可能成功的），[2]以及試圖實行貫徹一個系統綱領（儘管在實務上流行的是隨機應變）的布爾什維克黨人。似乎同樣清楚的是，在一個尚未進入工業資本主義的地方，**如果沒有**這種計畫和綱領，革命根本就不可能發生。布爾什維克的革命模型已經成為所有二十世紀的革命毫無疑問的典範，因為這個模型使得比全俄羅斯還要更落後的社會也可能想像革命的來臨。（它可謂開啟了將歷史從難行的狹路之中解放出來的可能性。）毛澤東巧妙的早期實驗證實了歐洲以外的模型的效用。我們因此可以在柬埔寨的個案中——一九六二年之時，在二百五十萬餘的成年勞動力當中只有不到二·五％的「工人階級」和不到〇·五％的「資本家」——看到這個模式化過程達到了某種最高點。[3]

從十九世紀末以降，民族主義就以非常類似的方式經歷一個依不同時代、政權、經濟體制和社會結構而調節、順應的過程。結果，「想像的共同體」遂傳布到每一個可能想得到的當代社會之中。如果可以用柬埔寨的例子來說明一種極端模式化的「革命」轉移過程的話，那麼用越南的例子——稍微離題來探討這個民族的名稱——來說明一種極端模式化的民族主義移轉過程或許也是妥當的吧。

一八〇二年嘉隆帝（Gia-long）登基之時，他希望把他的王國稱為「南越」（Nam Việt），並為此遣送特使到北京徵求同意。然而清仁宗嘉慶皇帝卻堅持應該稱為「越南」（Việt Nam）。將這兩個字的順序顛倒的理由如下：Việt Nam（或是中文的越南）粗略地說意指「越地之南」，亦即十七個世紀之前被漢朝征服的地域，這個地域如眾所周知的，包括了今天中國的廣東和廣西省以及紅河流域。然而嘉隆帝的「南越」卻意指「南部的越地」，而這實際上是主張對其古王國擁有支配權。用亞歷山大．伍賽德（Alexander Woodside）的話來說：「大體而言，雖然『越南』之名出自北京，但是一個世紀以前的越南統治者並沒有像在本世紀一樣尊敬這個名字。在當時，不管是中國人或越南人都不曾廣泛使用這個人為的名稱。中國人仍然頑固地襲用唐代的『安南』這個無禮的稱呼……而在另一方面，越南宮廷在一八三八到一八三九年之際私下為自己的王國發明了另一個名稱，而且也並未費心通告中國。這個新名稱——大南，『偉大的南方』或『帝國的南方』——有規律地出現在宮廷文書和正史的編纂之中。但是它並未存活至今日。」[4]這個名字從兩個方面而言可說是饒富興味的。第一，它並未包含「越」南的成分。第二，它所指涉的領土似乎是純粹相關性的（relational）——（中國以）「南」。[5]

今日的越南人驕傲地保衛被一個十九世紀的嘉慶皇帝以輕蔑態度發明出來的「越南」——這個事實讓我們想起了赫南那句民族必須要「遺忘很多事情」（oublié bien des choses）的警語，不過它同時也弔詭地提醒了我們民族主義所擁有的想像力。

如果我們回顧一九三〇年代的越南或者一九六〇年代的柬埔寨，我們會發現，只要稍做必要的修正，這兩者之間存在很多相似之處：一個龐大的不識字而被剝削的農民階層，一個規模很小的工人階級，一個四分五裂的資產階級，和一個很小卻又分裂的知識分子階層。[6]在客觀審視過這些條件之後，沒有一個清醒的當代分析家會預測這兩個社會之中任何一者會很快就爆發革命，或者預測這些革命最終取得有如焦土般的勝利。（事實上，類似的主張和原因都可以應用到一九一〇年的中國之上。）最終，讓這些地方的革命成為可能的，是對「革命的計畫」與對「民族的想像」。[7]

波帕（Pol Pot）政權的政策只有在一個非常局限的意義上可以被歸因於傳統吉蔑文化或者

領導者的殘酷、被害妄想症和狂妄。吉蔑人早已經驗過許多狂妄的暴君，然而吳哥（Angkor）的文化盛世卻是其中幾位狂妄暴君的成就。遠較此更為重要的因素，是從法國、蘇聯、中國和越南以及所有那些關於這些國家的「革命經驗」的書中——這些書全都是用法文寫的——學到的關於革命裡面有什麼、革命能夠做什麼、應該做什麼而又不應該做什麼的那些模型。[8]

民族主義的情形幾乎與此完全相同。當代的民族主義繼承了兩個世紀的歷史變遷。由於所有那些我試著在前面勾勒出來的原因，這些遺澤帶有真正的兩面性。因為留下遺產的人不只包括了聖馬丁和加里波底，也包括了烏伐洛夫和馬考萊。正如我們已經討論過的，「官方民族主義」從一開始就是和保存帝國與王朝的利益密不可分的，一個刻意的、自我保護的**政策**。不過一旦這個政策「出現在那裡給眾人觀看」了，它就像普魯士在十九世紀初期的軍事改革一樣，不但可以被模仿，而且可以被眾多不同的政治和社會體系所模仿。這類民族主義從過去、現在到未來都不曾改變的一個特徵是它的**官方**性格——也就是某種發自國家，並且以服務國家利益為至高目標的東西。

因此，在革命家成功地控制了國家，並且首度能夠運用國家權力來推動理想的那一刻，官方民族主義就變得事關緊要了。而因為即使是最堅決的激進革命家也還是在某一程度內會從被推翻的政權繼承了國家，官方民族主義就更加事關緊要了。有些遺澤是象徵性的，但卻並不因此就比較不重要。雖然托洛斯基感到不舒服，但是蘇維埃社會主義共和國聯邦的首都還是被搬回到沙皇舊都莫斯科；明明在這個幅員廣闊的社會主義國家中有無數可能的地點可供選擇，然而在長達六十五年以上的時間之中，蘇聯共黨的領袖們卻偏偏要在沙皇權力的堡壘——克里姆林宮——裡面進行決策。相同的，中華人民共和國的首都是清朝的首都（雖然蔣介石曾一度遷都南京），而且中國共產黨的領袖們也群集在天子的紫禁城之內。事實上，幾乎沒有任何社會主義國家的領導階層**不**爬進這些陳舊而溫暖的座位上的。在一個比較不那麼明顯的層次上，成功的革命家也繼承了舊國家的配線（wiring）：有時候是幹部和線民，但一定有的是檔案、人事資料、文獻室、法律、財政紀錄、普查資料、地圖、條約、通信、備忘錄……。國家就像主人逃走以後的任何大型宅邸的電力系統一樣，等待著新主人的手重新啟動開關，讓它再度回復與昔日無異的明亮。

所以，如果革命的**領導階層**自覺或不自覺地開始扮演起莊園領主的角色，我們也不應該感到太驚訝。我們此處想到的不只是朱嘉許維利（Djugashvili，譯按：即史達林）把自我認同於伊凡．格洛茲尼（Ivan Groznii，譯按：即伊凡四世，俄國第一個沙皇，一五四七－一五八四在位，史稱「恐怖的伊凡」），或是毛澤東對暴君秦始皇的公開仰慕，或是約瑟夫．布羅茲（Josip Broz，譯按：即狄托）復興盧立塔尼亞式（Ruritanian）[9]的華麗遊行和慶典而已。[10]「官方民族主義」以一種遠較此更微妙的方式進入了後革命時期的領導風格之中。我的意思是，這類領導階層很容易就開始借用了舊王朝**和**王朝制國家的推定的民族屬性（nationalnost）。透過一種驚人的回溯運動，他們把那些不知道什麼是「中國」、「南斯拉夫」、「越南」或「柬埔寨」的帝王們全都變成了民族的同胞（即使並非總是「值得讚許的」同胞）。從這個「對過去的」包容順應之中總是會產生那種「國家的」馬基維利主義——和革命民族主義運動適成對比的，後革命政權的一個鮮明特徵。只要舊王朝國家歸化程度愈深，它那古老的華服就愈能被裹在革命家的肩上。被裝飾在馬克思主義的民主柬埔寨政權（Democratic Kampuchea）——還有龍諾的傀儡共和國和施亞努的君主制柬埔寨——旗幟之上的賈亞瓦曼七世（Jayavarman VII），其吳哥形象所表徵的，不是忠誠之謎，而是權力之謎。[11]

我強調的是**領導階層**，因為繼承舊的配線盤和宮殿的不是人民，而是領導階層。我的假設是，誰也無法想像中國的廣大人民群眾會對發生在柬埔寨和越南之間的殖民邊界的事有絲毫的興趣。吉蔑農民和越南農民也非常不可能會想和對方發生戰爭，或者說他們根本就不曾就此事被徵詢過意見。在一個非常真實的意義上，這些都是在事後才用一貫的自我防衛的語言來動員群眾民族主義的「大官的戰爭」（chancellory wars）。（這就說明了何以在即使有「蘇聯霸權主義」霓虹燈宣傳看板的助威這類語言也毫無說服力的中國，人們會對這些戰事特別不熱心了。）[12]

就這一切而言，中國、越南和柬埔寨都一點也不獨特。[13] 這就是為什麼我們很難期望它們為社會主義國家間的戰爭造成的先例不會被追隨，或者社會主義民族的想像共同體會很快被當作風漬書廉價出售的緣故。然而，除非我們先拋棄像「馬克思主義者就不會是民族主義者」或者「民族主義是現代歷史發展的病態」這樣的虛構論點，並代之以竭盡全力地，一步一步地學習真實的與想像的過往經驗，我們是不可能對限制或防止這類戰爭做出任何有用的貢獻。

關於歷史的天使，華特．班雅明如此寫道：[14]

> 他的臉轉向過去。在我們知覺到一連串的事件之處，他所看到的卻是持續堆積起一層層的殘骸，並把這堆殘骸丟到他的跟前的一場單一的大災難。天使想駐足於此，喚醒逝者，並還原那已被打碎的事物。然而一場風暴由伊甸園席捲而至；風暴猛烈地攫住他的雙翼使他再也無法闔翅。這風暴勢不可當地把他推向他所背對的未來，而他跟前那堆殘骸卻已在此時成長拔高到天際了。這風暴就是我們喚作進步的東西。

但天使是不朽的，而我們的臉則轉向前方的黑暗。

第十章
人口調查、地圖、博物館

在《想像的共同體》初版裡面我曾寫道：「我們常常會在新國家的『建造民族』（nation-building）政策之中同時看到一種真實的、群眾性的民族主義熱情，以及一種經由大眾傳播媒體、教育體系、行政管制等手段進行有系統的，甚至是馬基維利式的民族主義意識形態灌輸。」[1]當時，我短視地假設亞洲和非洲的殖民地世界的官方民族主義是直接模仿十九世紀歐洲的王朝制國家的。後來的反省使我相信這個觀點過於草率而膚淺，而且「殖民地官方民族主義的」直接系譜應該溯及到殖民地政府（colonial state）[2]的想像才對。乍看之下，這個結論可能顯得令人驚訝，因為殖民地政府不但典型的是反民族主義的，而且往往是非常激烈地反民族主義。然而我們一旦檢視過那個隱藏在殖民意識形態和政策的底層，而且從十九世紀中葉以來就指導著這些意識形態和政策之布局的基本規則（grammar），這個血統關係就一定會更清楚了。

最能讓這個基本規則一目瞭然地呈現出來的，莫過於三種雖發明於十九世紀中葉之前，但形態與功能卻在殖民地區進入機械複製時代後也隨之變化的權力的制度（institutions of power）。這三種制度是人口調查、地圖和博物館；這三者一起深刻地形塑了殖民地政府想像其領地的方式——在其統治下的人類的性質、領地的地理、殖民地政府的家世（ancestry）的正當性。為了探討這種關係的性格，我將把本章的焦點集中在東南亞，因為我的結論只是初步的，而且我能嚴肅宣稱為我的專業領域之處也只限於那個地區。然而，那些對比較和歷史感興趣的人會發現東南亞確實給了他們若干特別有利之處，因為這個地區既包括了被幾乎所有的「白種」帝國強權——英國、法國、西班牙、葡萄牙、荷蘭和美國——殖民過的領土，也包括了從未被殖民過的暹羅。對亞洲和非洲的其他地區知道的比我更多的讀者將會比較能夠判斷，我的論證是否在一個更寬廣的歷史和地理舞臺上也可以成立。

人口調查

社會學家查爾斯．赫胥曼（Charles Hirschman）在最近的兩篇很有價值的論文裡面，開始研究海峽殖民地和馬來半島的英國殖民地人口調查專家以及他們那些為獨立的馬來西亞國家工作的後繼者們的**精神面貌**（mentalites）。[3]赫胥曼對從十九世紀末一直到最近先後做的人口調查中出現的「認同範疇」（identity categories）做了精確的描述，而他的描述顯示出「在這段期間之中」這些範疇經驗了異常迅速而又膚淺武斷的一系列變化——這些範疇持續地被聚集、解散、重組、混合，還有重新編排順序（儘管政治上有力的認同範疇總是名列前茅）。他從這些人口調查之中獲得兩個主要的結論。第一個結論是，愈到殖民後期，人口調查的範疇就愈來愈明顯地變成純以種族來界定的範疇。[4]在另一方面，作為一種主要的人口調查分類的宗教認同則逐漸「從調查範疇中」消失。與「克靈人」（Klings，馬來西亞的印度裔移民）和「孟加拉人」並列的「印度教徒」（Hindoos）在一八七一年的第一次人口調查之後就消失了。到了一九〇一年的調查，「祆教徒」（Parsees）雖然還存在，但卻和「孟加拉人」、「緬甸人」和「塔米爾人」（Tamils）一起被擠進「塔米爾人與其他印度土著」這個很廣的範疇之中。他的第二個結論是，大體上，大的種族範疇在獨立後都被保留下來，甚至集中起來，不過現在它們被重新指名並排列為「馬來西亞人」、「華人」、「印度人」和「其他」。然而一些異常現象直到一九八〇年代都還存在。在一九八〇年的人口調查中，「錫克人」（Sikh）仍舊以一個準種族的次級範疇的地位緊張地現身了——它和「馬拉亞利人」（Malayali，印度德拉威〔Dravidian〕語族之一）與「特來古人」（Telegu，另一支德拉威語族），「巴基斯坦人」與「孟加拉人」、「斯里蘭卡塔米爾人」與「其他斯里蘭卡人」一起出現在「印度人」這個通稱之下。

然而赫胥曼對這些調查的精采摹寫卻使人想要探究他當下所關心的那些分析以外的議題。例如，一九一一年的馬來聯邦各州人口調查（Federated Malay States Census）在「依種族區分之馬來人口」底下列出了以下各項：「馬來人」、「爪哇人」、「撒卡伊人」（Sakai，馬來半島原住民之一族）、「班甲里斯人」（Banjarese）、「波顏人」（Boyanese）、「曼德林人」（Mendeling，原文如此）、「克林契人」（Krinchi，原文如此）、「詹比人」（Jambi）、「阿撒尼斯人」（Achinese，北蘇門達臘穆斯林）、「布吉人」（Bugis，南蘇拉威西住民），與「其他」。在這些「集團」之中，除了大多數的「馬來人」和「撒卡伊人」之外，其他全部來自蘇門達臘、爪哇、南婆羅洲和賽樂布（the Celebes）等島嶼，而這些島嶼都是荷屬東印度群島這個毗鄰的巨大殖民地的一部分。但是那些在建構他們的「馬來人」範疇時，謙遜地把目光放低到自己的殖民地邊界上的人口調查專家們，卻沒有認出上述這些在馬來聯邦各州以外的族群發源地。（無庸贅言，在一水之隔的彼岸，荷蘭的人口調查專家也在建構一種不同的「馬來人」的想像——不在「阿撒尼斯人」和「爪哇人」之上，而是與他們並列的次要族群。）「詹比」

和「克林契」其實指的是地方，而不是任何足以勉強稱得上是語族的群體。在一九一一年的時候，絕大多數被歸到某個範疇或次級範疇的人根本就不大可能用那種標籤來認識他們自己。這些被殖民地政府那（本身也很困惑的）分類心智（classing mind）所想像出來的「認同」，仍有待帝國以其行政的穿透來迅速促成它們的實體化。此外，我們還注意到了人口統計專家對完整性與明確性所懷抱的熱情。這就說明了為何他們無法容忍多重的、政治上「男扮女裝」的、模糊的，或者變化的認同。這也說明了為何在每一個種族團體之下都會有一個「其他」的次級範疇——而且，每一個種族團體下的「其他」絕對不能和**其他的**「其他」混為一談。人口調查的虛構性就在此：每個人都在裡面，而且每個人都占據了一個——而且只有一個——極端清楚的位置。「一律整數」，沒有分數（No fractions）。

殖民地政府這種模式的想像有著比一八七〇年代的人口調查要古老得多的起源。正因如此，我們若想充分瞭解何以十九世紀晚期的人口調查根本上是如此新的事物，那麼對歐洲勢力最初入侵東南亞的那段歲月做一回顧應該是會有點用處的。取自菲律賓群島與印尼群島的兩個例子就很有教育意味。在他最近的一本很重要的著作當中，威廉·亨利·史考特（William Henry Scott）嘗試以最早期的西班牙文紀錄為本小心翼翼地重建西班牙殖民時代以前的菲律賓的階級結構。[5]作為一個專業史家，史考特清清楚楚地知道菲律賓之名源於「西班牙」的菲利普二世（Filipe II），而且若不是由於災難或者幸運，這個群島本來也許會落入荷蘭人或英國人之手，或者因進一步的征服而在政治上被分割或重組。[6]所以，這就會讓人忍不住想將他之所以選擇這個奇妙的題目，歸因於他在菲律賓的長期居留，以及他對一世紀來一直在追尋一個本土伊甸園（aboriginal Eden）的菲律賓民族主義的強烈同情。不過，形成他這個想像的深層基礎很可能是他必須仰賴的那些材料。因為，「歷史的」事實是，不管那些最早期的教士和西班牙征服者到哪個島嶼上探查，他們總是上了岸就會發現 principales、hidalgos、pecheros 和 esclavos（王子、貴族、平民和奴隸）這些他們借用改編自中世紀末期伊比利半島的社會分類來命名的準階級（quasi-estates）。他們所留下來的文書資料提供了很多附帶的證據，顯示「貴族」對於這個分散而地廣人稀的群島上其他不同「貴族」的存在大多一無所知，而那些少數知道彼此存在者通常並不把對方看成「貴族」，而是看成敵人或潛在的奴隸。然而這個框架的力量竟強大到把這類證據都擠到史考特想像力的角落去了，所以他就很難看出那個前殖民時期的「階級結構」其實是從西班牙商船上流傳的種種消息中創造出來的一個「人口調查」的想像。不管**他們**到那裡，「貴族」和「奴隸」都會浮現，而這些「貴族」和「奴隸」也只能被一個新生的殖民政府以「貴族」和「奴隸」這樣的範疇——也就是只能被以結構性的方式——集合起來而已。

關於印尼，我們拜梅森・侯德利（Mason Hoadley）的研究之賜而得以讀到一篇關於十七世紀末期在爪哇的海港西瑞本（Cirebon）所判決的一個重要司法案件的詳細紀錄。[7]很幸運的，荷蘭文（荷蘭東印度公司）的紀錄和當地西瑞本文的紀錄至今尚存。假如留下來的只有西瑞本文的紀錄，我們就只會知道被控謀殺的那個人是西瑞本宮廷的一位高官，而且也只會知道他的頭銜是 Ki Aria Marta Ningrat 而不會知道他的本名。然而荷蘭東印度公司的紀錄卻憤怒地指稱他是一個**中國人**（Chinees）——事實上這是他們這份資料所傳遞的最重要的情報。由此可見西瑞本宮廷區分人民的根據是等級和身分，而東印度公司所使用的則是像「種族」之類的範疇。我們完全沒有理由認為被控告謀殺的那個人——他的崇高地位證明了不管他出身何處，他和他的祖先早已融入西瑞本社會了——會認為他自己是「一個」**中國人**。那麼荷蘭東印度公司又是怎樣做成這個分類的？他們究竟聽到什麼風聲（poops）可能讓他們去想像「他是」**中國人**？當然唯有那些在中央控制下往來丹老灣（Gulf of Mergui）和長江口之間，從一個港口飄到下一個港口的極度渴求商機的風聲了。東印度公司忘記了中國人口的異質性，忘記了這些人口所使用的許多不同語言之間無法相互溝通，忘記了流散在東南亞沿海的中國人出身於各自不同的社會和地緣背景——就像西班牙人征服者接二連三不停地看見「菲律賓群島的」「貴族」一樣，這個公司也以其跨越大洋之眼接二連三不停地看見「中國人」（Chinezen）。而且，以這個創作性的人口調查（inventive census）為基礎，東印度公司開始堅持那些受其統治並且被它歸類為「中國人」的人必須根據那個人口調查來穿著、居住、婚嫁、喪葬，以及贈與遺產。令人驚訝的是那些遊蹤範圍要比荷蘭人近得多，而且商業精神也遠為遜色的菲律賓群島上的伊比利半島人會想像出一種相當不同的人口調查範疇——他們稱之為sangley。sangley這個字是由被收入西班牙文的福建話「生利」（sengli）而來的——意指「商人」（trader）。[8]我們可以想像最初的西班牙人口調查員問那些被商船貿易吸引到馬尼拉的商人說：「你們是什麼人？」而對方聰明地回答說：「我們是『生利人』。」[9]由於不曾遠遊於亞細亞七海之上，伊比利半島人遂在長達兩個世紀的時間裡，安居在一片地方性的概念迷霧之中。sangley 這個字變成「中國人」的過程非常緩慢——它要到十九世紀初才消失，取而代之的是帶有荷蘭東印度公司風格的 chino（即西班牙文「中國人」）一字。

職是之故，一八七〇年代的人口調查專家真正革新的不是**建構**族群－種族的分類，而是對這些分類所做的系統性的量化。前殖民地時代的馬來－爪哇世界的統治者曾經嘗試計算過在他們支配之下的人口，不過他們是透過納稅人名冊和課徵名單來計算的。他們的目的具體而特定——掌握那些他們能有效強制納稅和徵兵者的行蹤，因為這些統治者只對經濟的剩餘和可武裝的人力資源感興趣。在這方面，本區域早期的歐洲人政權和他們的先行者之間並沒有很顯著的差別。不過到了一八五〇年之後，殖民當局就開始使用以不具有立即的財政或軍事目的，而且像迷宮一樣的種種框架為根據的，日益複雜的行政手段來統計包括（向來被古代的統治者所忽視的）婦女和兒童在內的人口了。往昔，那些負有納稅和徵兵義務的臣民通常很清楚知道自己是被計算的對象；在這個事情上，統治者和被統治者就算是站在對立的立場，但他們之間還是有著充分的相互瞭解。可是到了一八七〇年，一個不納稅也不被課徵義務的「交趾支那」婦女可能會在海峽殖民地（the Straits Settlements，英屬南洋舊稱，包括新加坡、馬來亞、檳榔嶼等）幸福或不幸地走完一生，卻一點也不知道這就是她被上面的人所劃歸的範疇。新的人口調查的特殊性在這裡就變得很明顯了。它想要小心翼翼地計算被它興奮地想像出來的對象。基於這個分類體系的排他性質和量化本身的邏輯，一個「交趾支那人」必須被理解成可以集合和複製的一連串——當然，而且是在殖民政府的領地範圍內的——「交趾支那人」當中的一個數字。在殖民政府的規模和功能倍增的同時，新的人口分布地形圖也在「殖民地」社會和各種制度之中種下了很深的根。在它那張想像出來的地圖引導之下，殖民政府根據其實總是被理解為平行系列的族群－種族層級結構原則來組織它正在建立的那些新的教育、司法、公共衛生、警察，和移民管理的官僚機構。這些臣屬人口在不同的學校、法院、診所、警察局和移民辦公室的複雜網絡中的流動創造了一些「交通習慣」（traffic-habits），而時日一久，這些「交通習慣」遂為殖民政府先前的想像賦予了真實的社會生活的內容。

無庸贅言的，這些流動並不總是一帆風順的，而殖民政府也經常遇到令人不快的種種現實。其中最重要的無疑是為一些非常古老、非常穩定的想像共同體提供了形成基礎的宗教歸屬。這些宗教共同體的分布狀態和世俗國家畫的那張專斷的方格地圖一點也不吻合。不同的東南亞殖民地的統治者，在不同的程度之上都被迫要做出一些麻煩的讓步——尤其是對伊斯蘭教和佛教。特別是像神龕、宗教學校、宗教法庭等這類出於人民自己的選擇，而不是由人口調查來決定要不要接觸的宗教性機構更是持續興盛。政府至多只能對這些機構進行規範、縮小規模、統計數量、標準化，並且將他們從屬於政府機構之下而已。[10]正因為佛寺、清真寺、宗教學校和法庭在人口分布形態上是異常的現象，這些地方才會被看成自由地帶，而時間一久，在人們眼中它們也成為宗教的反殖民運動者和稍後的民族主義者輩出的堡壘。與此同時，透過盡可能地把宗教共同體族群化的手段，政府也不時想要牽強附會地把人口調查和宗教共同體扯上更緊密的關係。在殖民地馬來亞的聯邦各州，這個任務相對地比較容易。凡是被政權認為屬於「馬來人」這個範疇者，就會被硬推到「他們的」那些已失勢的蘇丹的大多還遵行伊斯蘭法的法庭去。[11]因此「信奉伊斯蘭者」（Islamic）事實上只被當成「馬來人」的別名而已。（要到一九五七年獨立以後才有某些政治團體嘗試要逆轉這個邏輯，主張要將「馬來人」當成「信奉伊斯蘭者」的別名。）在廣大而異質性很高的荷屬東印度群島，類似的政策在這裡面臨了遠較馬來亞更多的實質障礙，不過到了殖民末期，一群彼此不合的傳教組織已經在分布範圍極廣的各區域促成許多民眾的改宗了。然而即使在這裡，我們也在一九二〇年代和一九三〇年代看到了各種「族群的」基督教派（巴塔人教會、卡羅人教會，以及後來的達亞人教會等等）的出現；而這些族群教會的出現有部分要歸因於殖民政府將欲勸誘改宗的區域依其人口調查的分布圖分配給不同的傳教團體所致。巴達維亞政府對穆斯林可就沒有那麼成功了。雖然它不敢禁止前往麥加的朝聖之旅，卻試圖遏止朝聖者人數的成長，監視他們的旅程，並且從為監視朝聖者而在吉達港（Jiddah，沙烏地阿拉伯紅海岸港口，麥加之門戶）設立的哨站派密探調查他們在當地的行動。這些手段都不足以防止東印度群島的穆斯林和外面廣大的伊斯蘭世界——特別是源自開羅的新思潮——愈來愈頻繁的接觸。[12]

地圖

然而與此同時，開羅和麥加卻開始被人們用一種奇怪的新方式來想像了——它們不再只是神聖的伊斯蘭地理中的兩個位置（sites），而且也是包括了巴黎、莫斯科、馬尼拉和加拉卡斯這些點（dots）的紙張上的兩個點；而這些不問世俗或神聖的點之間的平面關係純粹由數學計算出來的直線距離所決定。被歐洲殖民者帶進來的麥卡托式地圖（Mercatorian map）透過了印刷品，正在開始形塑東南亞人的想像。

泰國歷史學家東猜・維尼察古在他最近的一篇傑出的論文當中，追溯了一個「有邊界的」暹羅在一八五〇年到一九一〇年之間出現的複雜過程。[13]他所記述的過程之所以富有啟發性，正是因為雖然泰國從未被殖民，但是到頭來它的邊界卻還是由殖民勢力所決定。所以，我們在泰國的個案中可以異常清楚地看到從一個「傳統的」政治權力結構裡面出現的新的國家心靈（state-mind）。

直到那個聰明的拉瑪四世（Rama IV，即電影與歌舞劇《國王與我》裡面的蒙庫〔Mongkut〕）在一八五一年登基之時，在暹羅只有兩種類型的地圖，而且兩種都是手工繪製的——機械複製的時代尚未降臨當地。一種可以被稱之為「宇宙圖」（cosmograph），也就是對傳統佛教宇宙論當中的三個世界的一種形式化的、象徵的表現。宇宙圖並不是像我們的地圖那樣是以水平方式組織的；相反的，它是把一系列塵世之上的天國和塵世之下的地獄沿著單一的垂直縱軸嵌進一個可見的世界之中。除了尋求獎賞與救贖之外，它對任何旅行都毫無用處。第二種則是完全世俗的；它是由作戰和沿海航行所用的圖表式指南所構成的。這些大致依四個象限組織起來的圖表式指南，其主要特徵是附記的關於行軍和航行時間的注解，而之所以需要這些注解，乃是因為製圖者缺乏比例尺的技術性概念之故。這些只涵蓋了塵世的、世俗的空間的圖表通常是從一個怪異而傾斜的透視角度，或是從幾個混雜在一起的透視角度畫成的，彷彿是在日常生活中習於在雙眼的高度水平地觀看地景的製圖者之眼，竟受到了宇宙圖之垂直性的崇高影響似的。東猜指出這些指南地圖都是地方性的；它們從未被放置在一個更大的、穩定的地理脈絡之中，而且現代地圖習用的鳥瞰圖對它們也是完全陌生的。

這兩類地圖都沒有標示出邊界。它們的製圖者想必完全無法理解里察・穆爾（Richard Muir）下面這段漂亮的論式吧：[14]

> 位於臨接國家領土之接觸面的國與國之間的邊界，對決定主權的範圍與界定封閉的政治區域的空間形式具有很特殊的重要性……邊界……發生在國家主權間的垂直接觸面與地表交會之處……作為垂直的接觸面，邊界沒有水平的寬度。

界碑以及類似的劃定邊界之標誌確實是存在的，而且事實上當英國人從下緬甸地區往前進逼之時，這類標誌在領土西界的沿線就以倍數增加了。不過這些界碑斷斷續續地被安置在具有戰略重要性的山隘和淺灘，而且往往和對方所設立的相應界碑距離甚遠。它們被理解為——從雙眼視線的角度看來——王室權力向外的水平延伸點，而不是「從天而降的」東西。泰國的領導者要等到一八七〇年代才開始把邊界想成地圖上的連續線的一部分，而且這部分的連續線並不相應於任何地面上的可見之物，而是畫出了夾在其他主權之間的一塊排他的主權範圍。一八七四年，由美國傳教士凡戴克（J.W. Van Dyke）所寫的第一本地理教科書出現了，這是當時正橫掃過暹羅的印刷－資本主義的一個早期產品。一八八二年，拉瑪五世在曼谷設立了一所製作地圖的專科學校。一八九二年，教育部長達榮・拉渣努帕親王（Prince Damrong Rajanuphab）開始在泰國施行現代式的學校體系的時候，將地理課規定為初中教育的必修課程。一九〇〇年前後，約翰生（W.G. Johnson）出版了《暹羅地理》（*Phumisat Sayam*），而這本書從那時開始就成為所有在該國印行的地理書的典範。[15]東猜注意到，印刷－資本主義和這些地圖所呈現出來的新的空間現實的概念在歷史發展方向上的會合對於泰國政治產生了立即的影響。在一九〇〇年到一九一五年之間，krung 和 muang 這兩個傳統的字眼大致上已經消失了，因為它們是從神聖的首都和可見的、不相連的人口中心的角度來想像國土的。[16]取而代之的是從不可見的、有邊界的領土空間的角度想像國土的prathet，也就是「國家」，這個字眼。[17]

和人口調查一樣，歐洲式的地圖是在一種概括一切的分類方式之基礎上發生作用的，而且這些地圖將製圖的官僚和地圖的消費者導向了具有革命性後果的政策。自從約翰・哈里遜（John Harrison）在一七六一年發明了讓人們得以精確計算經度的「海上計時器」（chronometer）以來，整個地球有曲度的表面已經完全被納入一個將空無一物的海面與人跡未至的地區畫成一個個有刻度方格的幾何框架之中了。[18]冒險家、測量專家和軍隊將會完成像是去「填滿」這些方格的任務。在東南亞，十九世紀後半是軍事測量專家——殖民當局的測量家以及稍後的泰國測量家——的黃金時代。就像人口調查專家試圖監視人口一樣，他們也步步進逼地將空間置於相同的監視上下。一次三角測量接著一次三角測量，一場戰爭接著一場戰爭，一個條約接著一個條約，地圖和權力的結盟於焉向前邁進。用東猜適切的話來說：[19]

從大多數傳播理論以及常識的觀點而言，一張地圖就是對現實的一個科學的抽象化。一張地圖只不過代表著已經客觀地存在「那裡」的某些事物而已。在我剛才描述的那段歷史之中，這個關係卻被逆轉過來了。地圖先於空間現實而存在，而非空間現實先於地圖存在。換言之，地圖是為它聲稱要代表的事物提供了模型，而非那些事物本身的模型……它已經變成將地球表面的投影圖具體化的真實工具了。對於新的行政機構和要支持其領土主張的軍隊而言，地圖如今已是不可或缺之物了……行政和軍事行動不只以製圖論述（the discourse of mapping）為其運作其中之的典範，也同時為這個典範服務。

到了世紀之交時，隨著達榮親王在內政部（一個關於製圖的好名字）的改革，這個國家的行政在繼毗鄰的殖民地之後終於也有了一個完全屬於領土－地圖的基礎了。

如果我們忽視了地圖和人口調查關鍵性的交會，那就很不智了。因為，透過劃定——為了政治性的目的——「客家人」、「非塔米爾斯里蘭卡人」和「爪哇人」等等的界線，新式地圖幫忙把人口調查的正式機構所想出來的這些沒完沒了的系列範疇實實在在地分離開來了。而反過來，人口調查則透過了某種人口學式的三角測量從政治上填滿了地圖那徒具形式的地形圖。

從這些變遷之中產生了地圖兩種最後的化身（avatars，兩者均為晚期的殖民政府所制訂）；它們是二十世紀東南亞的官方民族主義的直接先驅。雖然歐洲人完全明白自己是遙遠的熱帶地區的不速之客，但因為他們來自於一個早已確立了地理空間的依法繼承與法律上之可轉移性的文明，[20]所以他們常常想要用準法律的方法來正當化他們權力的擴散。比較常用的方法之一是宣稱歐洲人「繼承」了被他們剷除或征服的本地統治者推定擁有的主權。不管在哪個情況裡面，這些霸占者都是在幹——特別是針對著其他歐洲人——重建他們新到手財產的歷史的勾當。這就說明了何以「歷史地圖」（historical maps）會特別在十九世紀晚期出現，它們的設計理念是，要以新的製圖論述（cartographic discourse）來證明被牢牢框限了的特定領土單元的古老性。透過這類地圖的依年代先後安排的序列，這塊領土的某種政治的－傳記的敘述（political-biographical narrative）就此出現，而且有時候這個敘述還帶著巨大的歷史深度。[21]反過來，這個敘述到了二十世紀，也被變成殖民地政府的遺產受贈人的民族國家所採用（adopted）——儘管常常是被它們給改編（adapted）了。[22]

第二種化身是作為識別標誌的地圖（map-as-logo）。它有著合情合理的純真起源——各帝國的政府用帝國式的染料在地圖上把它們的殖民地圖上顏色的習慣。在倫敦的帝國地圖上，英國殖民地通常是粉紅色的、法國殖民地是紫藍色的、荷蘭殖民地則是黃棕色的……。既被如此染色，每個殖民地看起來都像是一套拼圖遊戲中可以分開的一片圖樣。一旦這個「拼圖」看起來很平常以後，每一「片」就可以從它的地理脈絡之中被完全分離出來了。在它的最終形式裡面，所有解釋性的語彙都可以馬上拿掉：經緯線、地名、河川、海和山脈的記號、**鄰國**。如今是純粹的記號，而不再是世界的指南針了。以這個形狀，地圖遂進入了一個可以無限複製的系列之中，能夠被轉移到海報、官式圖記、有頭銜的信紙、雜誌和教科書封面、桌巾、還有旅館的牆壁之上。因其立即可以辨認與隨處可見的特質，作為識別標誌的地圖深深地穿透到群眾的想像之中，形成了正在孕生之中的反殖民民族主義的一個強而有力的象徵。[23]

關於這個過程，現代印尼為我們提供了一個良好而痛苦的例證。一八二八年，為熱病所苦的第一個荷蘭人殖民拓墾區建立在新幾內亞島之上。儘管荷蘭在一八三六年的時候不得不放棄這個拓墾區，荷蘭國王仍然對這個島嶼東經一四一度（一條和地面上的事物毫無對應的隱形線，不過卻圈住了康拉德筆下那逐日縮小的白人空間）以西的部分——除了某些被視為主權屬於梯鐸爾（Tidore）蘇丹的綿延的海岸地區之外——宣告擁有主權。海牙政府要到一九〇一年才向蘇丹買下那些土地，將西新幾內亞併入荷屬印度群島之中——正好來得及被識別標誌化（logoization）。在面積廣大的地區中，白種人居留的人數即使到了第二次世界大戰之後都還像康拉德筆下所描寫的那麼稀少；那一小撮荷蘭人多半是傳教士、礦藏探勘員——還有監禁死硬派的激進印尼民族主義者的監獄看守人。位於荷屬新幾內亞之東南最前端的梅勞克（Merauke），其北面的沼澤地帶之所以會被選為這些監獄設施的地點，正是因為該區域被認為是位於殖民地的其他地區所遙不可及之處，而且那些還處於「石器時代」的當地居民也完全沒有受到民族主義思想的汙染。[24]

民族主義烈士之拘禁，而且往往埋骨於此，使西新幾內亞在反殖民鬥爭的民間傳說中占有一個核心的地位，並且使之成為民族的想像裡面的一個聖地：自由的印尼，從（蘇門達臘西北角的）沙邦（Sabang）到——除了此處還會有什麼地方？——梅勞克。除了幾百名被拘禁的人犯以外，所有的民族主義者都要等到一九六〇年代才親眼看到了新幾內亞；然而這一點也不影響這個地方在他們心中所占的神聖地位。但是迅速傳遍了整個殖民地荷蘭人的殖民地識別標誌地圖卻顯示了一個**在它的東邊空無一物**的西新幾內亞，因此在無意中強化了正在發展中的那些想像的連帶。在一九四五到一九四九年的慘烈的反殖民戰爭之後，當荷蘭人被迫將群島主權讓給印尼合眾國（United States of Indonesia）的時候，他們還試圖（為了某些我們毋須在此深究的原因）要將西新幾內亞再度分離出來，暫時使之置於殖民統治之下並準備讓它獨立建國。直到一九六三年，由於來自美國的沉重外交壓力以及印尼屢次發動的軍事突擊之故，才放棄這個計畫。要到那時，蘇卡諾總統才在六十二歲高齡首度造訪一個他曾孜孜不倦地為之雄辯了四十載之久的地區。其後西新幾內亞住民和獨立的印尼政府的特使之間的痛苦關係可以歸因於這個事實——儘管印尼人多少是誠心誠意地把這些住民當成「兄弟姊妹」，這些住民自身卻大多有很不一樣的看法。[25]

這個差異的產生在相當大程度上要拜人口調查與地圖之賜。新幾內亞的地處偏遠與高低不平的險惡地勢在過去一千年之中創造出一種極度碎裂的語言分布狀態。當荷蘭人在一九六三年離開這個地區的時候，他們估計在那裡的七十萬住民之中就存在遠超過兩百種大多互相無法溝通的語言。[26]很多居住在較遠處的「部落」團體甚至根本就不知道彼此的存在。可是，尤其是在一九五〇年以後，荷蘭的傳教士和官吏才第一次認真地想經由從事人口調查、擴張傳播網絡、設立學校，以及設置超「部落」的政府結構等手段來「統一」這些住民。發動這項任務的是一個——如我們先前所注意到的——獨特的殖民政府，因為長久以來它主要賴以統治印度群島的媒介不是歐洲的語言，而是「行政馬來語」。[27] 這就解釋了何以西新幾內亞被「帶大」過程所使用的語言和先前印尼被「撫養長大」時所用（而且假以時日終於成為國語）的會是同一種語言。諷刺的是，bahasa Indonesia 遂因此就成為新生的西新幾內亞的西巴布亞民族主義（West Papuan nationalism）的共通語了。[28]

然而把經常相互齟齬的年輕的西巴布亞民族主義者結合在一起——尤其是在一九六三年之後——的是地圖。雖然印尼政府將這個地區的名字從西新幾內亞先改成伊利安巴拉（Irian Barat，西伊利安），再改成伊利安加亞（Irian Jaya），但它卻是從殖民時代的鳥瞰圖式的地圖集當中來認識當地的現實的。一群四散在各地方的人類學家、傳教士和地方官員也許會知道，而且會想到恩丹尼斯人（the Ndanis）、阿司馬特人（the Asmats）和包迪人（the Baudis）等等的族群。但印尼政府，以及透過印尼政府的全體印尼人民所看到的只有一個根據地圖命名的、幻影般的「伊利安人」（orang Irian）而已；而正因有如幻影一般，於是就以一種準識別標誌的形式來想像這個「伊利安人」：「黑人的」五官、陰莖的包皮……。以一種讓我們想起最初印尼是如何在二十世紀初期荷屬東印度群島的種族主義結構之中被想像出來的方式，一個被東經一四一度線和隔鄰的南北摩鹿加（Moluccas）省圍起來的「伊利安人」民族共同體的胚胎就此出現了。當這個共同體最著名而且最有魅力的代言人阿諾・阿普（Arnold Ap）在一九八四年被印尼政府謀殺之時，他正在擔任一所專門以「伊利安的」（地方的）文化為主題的國立博物館的館長。

博物館

阿普的職業和他的被暗殺之間的關聯一點也不偶然，因為博物館和博物館化的想像（museumizing imagination）都具有深刻的政治性。他的博物館是由遙遠的雅加達當局所設立的這個事實向我們顯示，這個新的印尼民族國家是怎樣在向它最近的祖先——荷屬東印度群島的殖民政府——學習的。如今東南亞地區博物館的大量出現暗示了正在進行之中的一種普遍的政治繼承的過程。要想理解這個過程，我們必須先思考一下使這類博物館成為可能的新的十九世紀的殖民地考古學。

直到十九世紀初期之時，東南亞的殖民地統治者都還很少對他們征服的文明的古代遺跡表現出多少興趣。那位來自威廉・瓊斯統治下的加爾各答的不祥的特使湯瑪斯・史坦佛・拉佛司（Thomas Stamford Raffles），是第一個不只蒐羅了一大批個人珍藏的當地藝品，而且也有系統地研究其歷史的著名殖民官員。[29]從那以後，波羅布度（Borobudur）、吳哥（Angkor）、帕干（Pagan），以及其他古文明所在地富麗堂皇的遺跡就以愈來愈快的速度先後被發掘，從覆蓋的叢林之中清理出來，測量、拍照、重建、圍籬、分析，以及展示。[30]殖民地考古局（Colonial Archaelogical Services）變成了強大而有威望的機構，並且徵用了一些極端能幹的學者－官僚來為之服務。

如果我們去完整地探究為何這個現象會發生，以及它在何時發生的話，我們就會離題太遠了。在這裡也許只要提出一點就夠了：這種改變和兩家大東印度公司的商業殖民政權的衰落，以及直接附著於母國的真正的現代殖民地的出現有關。[31]因此，殖民地政府的威望現在已經和故鄉的上司密不可分了。值得注意的是，殖民政府在考古事業所耗費的心力多麼密切地集中在復原壯麗的遺跡之上。（而這些遺跡又如何開始被標示在供民眾傳閱和教育之用的地圖上：某種死者名冊的人口調查已在進行之中了。）無疑的，對這方面的強調反映了一般的東方主義式（Orientalist）的時尚。然而所投入的大量資金卻足以讓我們懷疑政府之如此做，可能還有純屬它自己的、與科學無關的理由。有三個理由會馬上浮現在我們的腦海之中，而這當中的最後一個，當然就是最重要的理由。

首先，推動考古事業的時機剛好和關於國家教育政策的第一次政治鬥爭發生的時間一致。[33]「進步派」——包括殖民者和本地人——極力主張應大量投資現代化教育。反對他們的則是對這種教育的長期後果心存畏懼，並且主張讓本地人就停留在原來本地人的樣子就好的一群保守派人士。因此，考古保存——以及隨後由國家出資印行的傳統文學典籍——可以被視為一種保守的教育計畫，同時也成為抵抗來自進步派之壓力的藉口。第二，正式的古蹟重建的意識形態綱領總是把古蹟的建造者和被殖民的本地人放在某種層級結構裡面。在若干個案之中——例如在荷屬東印度群島，直到一九三〇年代還有主張古蹟的建造者事實上和本地人分屬不同的「種族」（他們「真的」是印度來的移民）這樣的想法。[34]在其他的——比方說像緬甸——個案當中，這類意識形態所想像出來的是一種現世的衰敗過程——當代的本地人由於如此墮落，以至於再也無法企及他們那些推定的祖先們的成就了。從這個觀點看來，則那些聳立在周圍農村的貧困之中、重建後的古蹟，無異是在向本地人說：我們的存在本身就顯示了你們始終就是——或者已經有漫長的歲月——無力成就偉大的功業或者管理自己。

第三個理由則使我們更深入、更接近地圖。我們在先前討論「歷史地圖」的時候，已經看到殖民政權如何為了最初相當直接的馬基維利的－法律主義式的理由，開始把自己和古代與征服的行為結合起來的過程。然而，時日一久，殖民者就愈來愈少在公開場合殘酷地談論征服的權利，並且花費愈來愈多的心力去創造另外的正當性基礎了。有愈來愈多的歐洲人出生在東南亞，並且很想要把這裡變成他們的家。逐漸和旅遊業發生關係的遺跡考古學使得政府看起來像是一個一般化了，但同時也還是屬於當地傳統（Tradition）的守護者。陳舊的神聖遺址將被納入殖民地的地圖之中，而它們（如果已經消失——往往就是如此——政府就會嘗試去恢復的）古老威望則懸掛在製圖者的身旁。這些重建過的古蹟四周常常鋪著設計得很漂亮的草坪，而且四處都總會設有標示著各種日期的解說牌。此一事實正為上述那個弔詭的情境提供了很好的例證。而且，除了四處閒逛的旅客之外（並且盡可能不要有宗教儀式或朝聖之旅），這些古蹟內部必須保持空無一人。以這樣的方式被博物館化以後，這些古蹟就被改頭換面成為一個**世俗的**殖民地政府統治權威的標誌（regalia）。

不過，正如前述一般，這種世俗的（profane）國家機器的執行部門，其特徵之一是無限的可複製性——這個可複製性在科技上之所以可能要拜印刷術與攝影之賜，但它在政治文化上之所以可能，卻要歸功於統治者自身並不相信本地古蹟擁有真正的神聖性。我們在每個地方都可以發現到一種相同的進展方式：（一）龐大的、技術上很複雜的考古學報告，並且附有數十張照片，記錄了重建一個特定的、獨特的遺址的過程；（二）供大眾消費之用的、附有大量插圖的書籍，而且這些插圖裡面包括**在殖民地範圍以內**的所有重建後的主要古蹟所在地（如果像在荷屬印度群島那樣，印度教和佛教的寺廟能夠和被恢復後的伊斯蘭的清真寺並排出現更好）的說明性全頁圖版。[35]拜印刷－資本主義之賜，對殖民政府家傳財產的一種圖片式的調查已經隨手可得了——即使這份調查是政府統治下的臣民以高昂的代價換來的。（三）透過前面所勾勒出來的那種褻瀆化過程（profaning processes），識別標誌化（logoization）於焉普遍展開。郵票因其特有的種種系列，如熱帶鳥類、水果、動物——那又何嘗不能也把古蹟放上去呢？——而成為這個階段最好的例子。不過明信片和課堂裡面所用的教科書也遵循相同的邏輯。從那裡，只差一步就進到市場了——比方說，帕干旅館（Hotel Pagan）、波羅布度炸雞（Borobudur Fried Chicken）……。

雖然這種成熟於機械化複製時代的考古學具有深刻的政治性，但它的政治性卻存在於一個很深的層次之中，以至於幾乎所有的人，包括殖民地政府的雇員在內（到了一九三〇年代，東南亞大部分地區的殖民政府雇員有九〇％是本地人），都沒有意識到這個事實。這早就全都變成普通而日常的事情了。正是它的統治權威標誌那種司空見慣的、無限的可複製性，透露了國家機器的真正權力。

和殖民時期的前身之間有著明顯的連續性的後殖民國家會繼承此種形式的政治的博物館化

（political mesuemizing），也許是無足為異之事吧。例如，在一九六八年十一月九日，作為紀念柬埔寨獨立十五週年的慶祝活動的一部分，諾羅多姆・施亞努（Norodom Sihanouk）下令在金邊的國家體育場展示一個用大塊木材和混凝紙漿作成的吳哥遺址的大巴庯（Bayon）寺的複製品。[36]這個複製品非常粗製濫造，但它已經發揮了它的功能——拜那段殖民時期的識別標誌化的歷史之賜，如今它可以馬上被辨認出來。「啊，我們的巴庯」——然而關於法國殖民地古蹟復原者的記憶則完全被摒棄了。正如我們在第九章所提及的，也是以「拼圖」形式被法國人重建起來的吳哥寺（Angkor Wat）先後成為施亞努的保皇政權、龍諾的軍事政權，以及波帕的雅各賓式政權旗幟上最重要的象徵符號。

比較令人吃驚的是在比較群眾的層次上繼承這種做法的一些證據。印尼的教育部在一九五〇年代委託製作一系列以民族歷史上的故事為主題的畫作，就是一個透露了豐富訊息的例子。這些畫將會被大量生產並且分發到各地的小學；年輕的印尼人將會在——每個地方的——他們教室的牆上，看到他們國家的過去在視覺上被重現出來。這些畫的背景多半是以二十世紀初商業藝術的那種可預期的、感傷的－自然主義的風格畫成的，人物造型則取材自殖民時期博物館的透視畫（dioramas），或者廣受民眾歡迎的 wayang orang（譯按：「民眾戲」，一種擬似歷史的〔pseudo-historical〕民俗戲劇）。然而，這個系列當中最有趣的是為小朋友重現了波羅布度的那張。在現實當中，這個擁有五百零四幅佛像，一千四百六十幅圖畫和一千二百一十二面裝飾性石版的巨大古蹟，是一座古代爪哇雕刻品的稀有貯藏庫。但是那位頗受好評的藝術家卻以一種發人深省的謬誤來想像處於第九世紀全盛時期的這片奇景。波羅布度全部畫成白色，畫面上看不到絲毫雕刻品的蹤影。圍繞在四周的是割刈平整的草坪和乾淨的林蔭大道，**而且不見人跡**。[37]有人也許會主張說這種空洞反映了一個當代伊斯蘭畫家在面對一個古代的佛教現實時的不安。可是我懷疑我們真正看到的其實是殖民地考古學的一個不自覺的直系後裔：他所呈現的，是作為國家權力標誌以及作為「當然，那就是它」的識別標誌的波羅布度。成為一個民族認同象徵的波羅布度是最強大的，因為經由無限多的一連串完全相同的波羅布度，每一個人都知道了它的所在地。

於是，人口調查、地圖和博物館就如此相互關聯地共同闡明了晚期殖民地政府思考其統治領地的方式。這種思考的「經線」是一個包括一切，而且可以被無限彈性地運用到任何在國家的真正控制下，或者國家想要控制的事物的分類框架：人民、地區、宗教、語言、物產、古蹟……。這個框架的效用是對任何事物都能夠說：它是這樣，而不是那樣；它屬於這裡，而不是那裡。它是有邊界的，有確定數量的，也因此——原則上——是可以計算數量的。（那些被標為「其他」的滑稽的分類和次級分類方格，以一種了不起的官僚式、掩人耳目〔trompe l'oeil〕的伎倆隱藏了所有活生生的異常現象。）「緯線」則是可以被稱之為系列化（serialization）的作法——也就是認為這個世界是由可複製的複數事物所組成的假設。特殊的事物總是被視為某一系列的一個臨時性的代表，而且總是被從這個角度來處理。這就是為什麼殖民地政府會在中國人還沒出現以前就想像出一個中國人的系列，並且在民族主義者還沒出現以前就想像出一個民族主義者的系列的緣故。

偉大的印尼小說家普拉莫底亞．阿南達．托爾為這種心態找到了一個最好的暗喻。他將他那部以殖民時期為主題的四部曲的第一冊命名為 *Ruma Kaca*——玻璃屋。那是和邊沁（Bentham）的環形監獄（Panopticon）[38]一樣有力量的一個全面可測量（total surveyability）的意象。因為殖民地政府不只渴望要在其控制下創造出一個完全可見的人類景觀而已；這種「可見度」的條件是每一個人，每一樣東西都（可謂是）有一個系列的編號。[39]這種形態的想像並不是憑空出現的。它是航海術、天文學、鐘錶製造術、測量術、攝影與印刷術的科技——更不用提資本主義那深刻的驅動力了——的產物。

如是，地圖和人口調查就形塑出了日後將使「緬甸」與「緬甸人」，「印尼」與「印尼人」成為可能的那個基本規則。但是這些可能性之能夠具體化——這些具體化的成果在殖民地政府消失已久的今天仍然充滿了生命力——大多必須歸功於殖民地政府對歷史與權力之特殊的想像方式。考古這種事業在前殖民時期是無法想像的；沒有被殖民過的暹羅很晚才開始採行考古，而且是以殖民地政府的方式推動的。它在分類的地理－人口的方格「荷屬印度群島」和「英屬緬甸」裡面再創造了「古代遺跡」系列。因為是被放在這個世俗的系列裡面構想的，因此每一個遺跡都變成可供監視和無限重製的。當殖民地政府的考古局在技術上已經能夠以地圖和照片的形式將這個系列組合起來之後，政府本身就可以將這個系列看成順著歷史時間排列的一本關於它的「統治者」祖先們的相簿。真正的關鍵之物從來就不是特定的波羅布度，也不是特定的帕干，因為殖民地政府和它們之間只有考古上的關係，對它們並沒有實質的興趣。然而，那個可複製的**系列**卻創造了一個很容易就被殖民地政府的後殖民時期繼承人所繼承的具有歷史深度的場域。最終的合理結果就是識別標誌——不管是「帕干」或者「菲律賓」的標誌都一樣——透過其空洞性、缺乏脈絡、在視覺上的容易記憶，以及在每個方向都同樣無限的複製性，識別標誌遂將人口調查和地圖，經線和緯線一起捲入一場不可磨滅的相擁之中。

第十一章——記憶與遺忘

新空間與舊空間

新約克（New York〔紐約〕），新里昂（Neuva Leon），新奧爾良（Nouvelle Orléans），新里斯本（Nova Lisboa），新阿姆斯特丹（Nieuw Amsterdam）。早在十六世紀，歐洲人就已經開始有用他們出身地的「舊」地名的「新」版本來為遙遠的所在——先是在美洲和非洲，然後在亞洲、澳洲和大洋洲——命名的這個奇怪的習慣了。而且，即使這些地方被轉移到不同的帝國主人之手，它們也仍然保存了這個傳統，所以「法語的」Nouvelle Orléans 就靜靜地變成了「英語的」New Orleans（紐奧爾良），而（荷蘭語的）Niuew Zeeland 也靜靜地變成了（英語的）New Zealand（紐西蘭）。[1]

一般而言，把政治性和宗教性的地方命名為「新」的某某地本身並不是一件很新鮮的事。以東南亞為例，我們發現相當古老的城鎮的名字裡面也會帶有「新的」這類稱呼——清邁（新城）、科塔巴陸（Kota Baru，新鎮）、培堪巴陸（Pekanbaru，新市集）。然而這些名稱當中的「新」總是帶著某個已消逝事物之「後繼者」或「繼承人」的意思。「新」與「舊」以歷時性的方式（diachronically）結合在一起，而且前者看起來總像是在向死者召喚一種曖昧的祝福。從十六世紀到十八世紀之間在美洲地方的命名方式之所以令人驚訝，是因為「新」與「舊」被理解為共時性的（synchronically）——它們共同存在於同質的、空洞的時間之中。維茲卡亞（Vizcaya）和新維茲卡亞（Nueva Vizcaya）**並肩共存**，新倫敦（New London）和倫敦**並肩共存**——這是一種手足競爭而不是繼承的慣用語。

只有在當很大一群人能夠將自己想成在過一種和另外一大群人的生活**相互平行**的生活的時候——他們就算彼此從未謀面，但卻當然是沿著一個相同的軌跡前進的——只有在這個時候，這種新的、共時性的嶄新事物才有可能在歷史上出現。以印刷－資本主義為媒介，一五〇〇到一八〇〇年之間在造船、航海、鐘錶製造術和地圖繪製法等領域逐漸累積的科技創新終於使得這種想像成為可能。[2]如今，住在祕魯的高地平原、阿根廷的大草原，或者「新」英格蘭港邊，而卻感到和遠在數千英里外的英格蘭或伊比利半島上的某些地區或社區相連，已經不是無法想像的事了。人們可以完全知道他們和另外的一群人擁有相同的語言和（不同程度的）相同的宗教，但卻又不會太期待要和這些伙伴們相會。[3]

如果不僅要讓這種平行性或同時性的感覺出現，而且要讓它產生巨大的政治後果，那麼相互平行的團體之間的距離就必須很大，還有他們之中比較新的那個團體必須要很大，要已經永遠定著於居住地，並且要穩穩地從屬於比較舊的那個團體。從來沒有什麼地方能像南北美洲一樣符合這些條件了。首先，大西洋那漫無際涯的廣袤與存在大西洋兩岸迥異的地理條件，使得像把「諸西班牙」（Las Españas）轉化為「西班牙」（España），以及讓蘇格蘭被吸入聯合王國的那種將人口逐步吸納到較大之政治文化單元的過程不可能在此發生。第二，正如在第四章所說，歐洲人是以一種驚人的規模向美洲進行移民的。到了十八世紀末的時候，在西班牙波旁王室的西部帝國的一千六百九十萬人口中已經有不下於三百二十萬的「白種人」（包括不超過十五萬的「伊比利」**半島人**）了。[4]光是這個移民社群的規模，就在維持其自身文化的完整性以及在當地的政治優勢地位上，扮演了不下於它那相對於原住民而言壓倒性的軍事、經濟和科技的力量的重要角色。[5]第三，殖民帝國的母國部署了使其在幾世紀以來都能有效支配歐裔移民的強大官僚和意識形態機構。（光想到所涉及的後勤問題，就不得不讓人對倫敦和馬德里對反叛的美洲殖民者持續進行漫長的反革命鎮壓的能力感到印象深刻。）

如果我們將這些條件和（約略發生在同一時代的）華人和阿拉伯人向東南亞以及東非的大移民做一對比，就會看出這些條件的嶄新之處。這些移民很少經過任何母國的「計畫」，而且更少發展出穩定的從屬關係。在華人的個案中，唯一可以勉強類比的是在十五世紀初時由傑出的太監水軍元帥鄭和所率領的一系列橫越印度洋的驚人遠航。這幾次勇敢的冒險行動是奉永樂帝（明成祖）之命進行的，其目的在將和東南亞以及更西部地域的外貿強制收歸朝廷之壟斷，以對抗民間中國商人的掠奪。[6]到了十五世紀中葉，這個政策的失敗就很明顯了；因此明朝放棄了海外探險事業，並且盡可能防止從中國向外的移民。華南在一六四五年之落入清廷之手造成了一波因不願和新朝代發生任何政治關係而湧向東南亞的難民潮。其後清朝的政策和晚明並沒有很大的不同。例如，一七一二年康熙皇帝下詔全面禁止與東南亞的貿易，並且宣布他的政府會「要求外國政府遣送那些身在國外的中國人回國，以便將之正法」。[7]最後一波大規模的海外移民浪潮發生在十九世紀當清朝逐漸解體，而東南亞各殖民地和泰國開始大量需求中國的不熟練勞工的時候。因為幾乎所有移民在政治上都和北京斷絕了關係，而且這些人都是操著彼此無法相互溝通的方言的文盲，所以他們之中有些人多多少少地被融進了當地的文化之中，而有些人則徹底附庸於正在向當地進軍的歐洲人。[8]

至於阿拉伯人，大多數向外移民者都是來自在鄂圖曼帝國和蒙兀兒（Mughal）帝國的時代從來不算是真正的母國的哈德拉茂（Hadramaut）地方。富有進取心的個人也許曾設法建立起地方性的小公國，就像一七七二年在西婆羅洲建立了彭迪雅納（Pontianak）王國的那個商人一樣；不過他與當地的女性結婚，而且雖然還保有他的伊斯蘭信仰，卻很快就喪失了他的「阿拉伯人屬性」（Arabness），並且他所臣屬的對象是正在興起於東南亞的荷蘭和大英帝國，而非任何在近東地區的強權。一八三二年，馬斯開特（Muscat，譯按：今阿曼共和國首都）統治者賽依德．薩伊（Sayyid Sa'id）在非洲東部海岸建立了一個強大的基地，並且移住到被他經營為興盛的丁香（clove）栽種經濟之中心的桑結巴爾（Zanzibar）島。但是英國人用軍事手段強迫他和馬斯開特切斷關係。[9]因此，雖然阿拉伯人和中國人都曾在約略與西歐人相同的時期大批遠赴海外冒險，但是他們都未能成功建立完整、富裕，並且從屬於一個偉大的核心母國的自覺的海外移民共同體。這也就說明了何以我們從未在這個世界上看到新巴斯拉（New Basra，譯按：伊拉克主要港口城市）或是新武漢這類城市的出現。

上面所勾勒出來的美洲的雙重性（doubleness）以及導致這種雙重性產生的因素有助於解釋為何民族主義會先出現在新世界，而不是舊世界。[10]他們也說明了在一七七六到一八二五年之間燃遍了新世界的革命戰火的兩個奇異的特徵。一方面，沒有一個革命家曾夢想要保持帝國之原封不動；他們所夢想的只是要重新安排帝國內部的權力分配——透過將母國從歐洲轉移到美洲來**逆轉**先前的支配關係。[11]換言之，目標並不是想讓新倫敦繼承、推翻，或者摧毀舊倫敦，而是要守護新舊倫敦之間持續的平行存在關係。（在那些沒落中的早期帝國歷史當中經常會出現想要**取代**舊中心的夢想，而由此我們就可以推論出上面這種想法有多新了。）在另一方面，雖然這些戰爭造成了很多苦難而且也非常野蠻，但很奇怪地他們所涉及的利害關係卻很不重要。不論是北美洲或者南美洲的歐裔海外移民，都不必像許多阻礙了歐洲帝國主義駭人之毀滅力的其他民族一樣，害怕會遭到滅種或奴役的命運。他們畢竟都是「白種人」、基督徒，以及講西班牙語或英語的人；而且，如果歐洲還想繼續控制這些西方帝國的經濟財富的話，他們是母國所不可或缺的中間人。因此，他們是受制於歐洲，但同時卻又不必過度畏懼歐洲的，一個位於歐洲之外的重要集團。革命戰爭儘管慘烈，卻仍然只是親戚之間的戰爭。[12]這個家族的聯繫確保了在某個尖銳的時期過去了以後，前母國和新民族之間還是可以重新建立起文化的，而且有時候也有政治和經濟的，密切關係。

新時間與舊時間

如果對於新世界的歐裔海外移民而言，前面所討論的奇怪地名象徵性地代表著他們逐漸展現的一種能力，亦即能將自己想像為不但是與歐洲的共同體**平行存在，而且是可以與之相媲美**（parallel and comparable）的共同體的話，那麼在十八世紀最後二十五年中所發生的一些不尋常事件，則很突然地為這個嶄新的事物賦予了一個全新的意義。這些事件的第一個當然就是一七七六年的（北美十三個殖民地的）獨立宣言，以及在隨後幾年當中以軍事力量成功地保衛了那個宣言。人們覺得這個獨立，以及它之為一個**共和的**獨立這個事實，是某種絕對史無前例的事物，然而一旦它出現了，人們也同時覺得它是絕對合理的。因而，當歷史發展使得委內瑞拉的革命家能夠在一八一一年為委內瑞拉第一共和起草一部憲法的時候，他們一點都不覺得逐字逐句借用美利堅合眾國的憲法是件缺乏獨立精神的行為。[13]因為在委內瑞拉人的眼中，在費城的那些人所寫的不是什麼專屬北美洲的東西，而是某種具有普遍真理和價值的東西。稍後，在一七八九年的時候，在舊世界的法國大革命的火山爆發於是追隨，並且**平行存在於**（paralleled）新世界的革命爆發之旁了。[14]

如今我們已經很難以想像來重建那種感覺民族是某種全新事物的生活狀態了。但是那個時代確實就是如此。一七七六年的獨立宣言絕對沒有提到克里斯多福·哥倫布（Christopher Columbus）、洛亞諾克（Roanoke）[15]，或者清教徒拓墾殖民之父（Pilgrim Fathers），也沒有提出任何強調美國人民之古老性這個意義下的「歷史的」根據來正當化獨立的行動。事實上，令人不可思議的是甚至連「美利堅民族」（American nation）也沒有被提到。一種覺得與過去的激烈的斷裂正在發生——「炸開歷史的連續體」——的深刻感受，迅速地擴散出去。一七九三年十月五日國民公會（Convention Nationale）決定廢除年代久遠的基督教曆法，並且以廢除舊政權宣告共和的一七九二年九月二十二日為一個新世界紀元的元年（Year One）之始，就是這種直覺的最佳例證。[16]（以後再也沒有任何一次革命會對「自身的」嶄新擁有如此崇高的信心，而這正是因為法國大革命始終都被看成一個祖先的緣故。）

從這個深刻的嶄新感（sense of newness）之中同時產生了 nuestra santa revolucion（譯按：西班牙文，「我們的神聖革命」），這個由帕封（José María Morelos y Pavón，他在一八一三年宣告墨西哥共和國成立）在他被西班牙人處決前不久所創造的美麗新字眼。[17] 從這裡也產生了聖馬丁在一八二一年所發布的諭令：「**將來**，原住民將不再被稱為印第安人或者土著；他們是祕魯子嗣與公民，而且他們將會被看成祕魯人。」[18] 這句話對「印第安人」和／或「土著」所發生的作用就像巴黎的「國民」公會對基督教曆法所做的一樣——廢除了古老的汙名，並且開啟了一個全新的紀元。「祕魯人」和「元年」因此從修辭上標示了和現存世界的一個深刻斷裂。

然而事情無法長久停留在這個狀態——而這正是由於最初加速了這個斷裂感的那些相同

的原因。在十八世紀的最後二十五年之中，僅只英國一地每年就生產了十五萬到二十萬只手錶，而這些手錶中有很多是作為出口之用的。全歐洲的產量可能在那時已經將近每年五十萬只了。[19]當時連續出版的報紙已經是都市文明熟悉的一部分了。小說也是如此，因為它那在同質的空洞時間中表現同時性行動的驚人可能性。[20]人們逐漸覺得那使我們得以理解共時的、跨海的配對（synchronic, transoceanic pairings，譯按：即前述之平行存在的共同體）的宇宙性的計時（cosmic clocking）帶來了一種對社會因果關係的完全俗世內的（intramundane）、連續性（serial）的觀點；而對世界的這種感覺，如今迅速而深刻地支配了西方人的想像。因而我們可以瞭解為何在革命元年宣告不到二十年之後，最初的歷史學學術講座就被設立了——一八一〇年在柏林大學，還有一八一二年在拿破崙的索邦（Sorbonne，巴黎大學文理學院）。到了十九世紀的第二個二十五年，拜那些苦心經營的專業期刊之賜，歷史學已經被建構成一個正式的「學科」（discipline）了。[21]元年很快就讓位給西元一七九二年，而一七七六年和一七八九年的革命性斷裂逐漸被認為是埋藏在歷史的連續之中，**也因而被看成是歷史的先例和模型**。[22]

職是之故，對於我們也許可以稱之為「第二代」民族主義運動——也就是在大約一八一五到一八五〇年之間在歐洲發展出來的民族主義運動——的成員們，以及對繼承了美洲的獨立民族國家的那個世代而言，他們已經不可能去「重新捕捉」他們的革命先輩那種「最初的美好而輕率的狂喜」了。如此，出於各自不同的理由，這兩個集團就開始從**系譜**的角度閱讀民族主義——民族主義閱讀成一個具有序列的連續性之歷史傳統的表現（the expression of a historical tradition of serial continuity）——並且因此獲致了不同的後果。

在歐洲，新的民族主義幾乎立即就開始將自己想像成「從睡夢中醒過來」（awakening from sleep），但這個比喻對美洲卻是完全陌生的。早在一八〇三年（正如我們在第五章已經看到的），年輕的希臘民族主義者阿達曼提歐斯·柯瑞斯就已經向一群同情的巴黎聽眾如此訴說了：「這個『希臘』民族**首度**審視了自己無知愚昧的慘狀，並且，它在親自衡量和祖先的榮耀之間相隔的距離之後，不由渾身戰慄發抖了。」這個例子完美地說明了從新的時間向舊的時間的轉換。「首度」仍然與一七七六年和一七八九年的斷裂相互呼應，但是柯瑞斯甜美的雙眼並沒有轉向前方聖馬丁所夢想的未來，反而——戰慄發抖地——轉向在身後的祖先的榮耀。用不了多久時間，這個令人愉快的雙重性就逐漸消失，取而代之的是從按年月測量，以西元表記的大夢中，一次模式化的，「持續的」甦醒。——一次保證回歸到原始本質（aboriginal essence）的旅程。

無可置疑地，有很多因素導致了這個比喻受到令人震驚的廣大歡迎。[23]就此刻討論的目的而言，我只想提出兩點。首先，這個比喻有考慮到孕育了美洲的民族主義，並且因美洲民族主義革命的成功而在歐洲被強化了的那種平行存在感（sense of parallelism）。它似乎在解釋為何民族主義在文明的舊世界之詭異的突然發生會那麼明顯地**晚於野蠻的新世界**。[24]因為這個比喻被閱讀成遲來的甦醒——縱使是被遠方的事件所驚擾的甦醒——它開啟了隱藏在那場劃時代的大夢之後的巨大古老性。第二，這個比喻為新的歐洲民族主義和語言之間提供了一個具有關鍵性的修辭上的聯繫。正如我們在前面所觀察到的，十九世紀歐洲的主要國家都是邊界幾乎從未與語言共同體重合的巨大的多語政治體。這些國家的多數識字人口都承襲了中世紀以來那種將某些語言——如果不再是拉丁文，那麼就是法文、英文、西班牙文或德文——想成文明語言的習慣。富有的十八世紀荷蘭中產階級在家裡驕傲地只說法語；德文在沙皇帝國的西半部的多數地區以及（捷克）的波西米亞都是教養的語言。在十八世紀晚期以前沒有人認為這些語言屬於任何以特定領土為界線內的集團。然而從那以後，由於我們在第三章提及的那些原因，「不文明」的方言很快就開始在政治上發揮大西洋早先所發揮的功能——也就是將臣屬的民族共同體從古老的王朝國家「分開」。還有，因為多數歐洲的群眾性民族主義運動的先鋒都是往往不習慣使用這些方言的識字者，這個異常現象也需要解釋。似乎沒有哪個字會比「睡覺」（sleep）更恰當了，因為這個字容許那些正在逐漸意識到自己是捷克人、匈牙利人或者芬蘭人的知識分子和資產階級將他們對捷克的、馬札爾的或者芬蘭的語言、民俗學和音樂的研習想像成「重新發現」某種深藏歷史底層，但人們向來就知道其存在的事物。（此外，一旦人們開始從連續性的角度思考民族，就很少有什麼東西會比永遠無法確定起源日期的語言更顯得深植於歷史之中了。）[25]

在美洲，問題是以不同的方式被提出來的。一方面，到一八三〇年代民族獨立幾乎在每個地方都得到了國際的認可。因此它已經成為一個遺產（inheritance），而**作為遺產**，它被迫進入了一個家譜的系列之中。然而正在發展中的那些歐洲式的工具還不大容易到手。語言在美洲的民族主義運動裡從來沒有變成一個議題。如前所述，「南北美洲的」最初的民族想像之所以可能，正好就是因為「它們」和母國擁有一個共同語言（以及共同宗教和共同文化）之故。確實是有一些有趣的個案，在其中我們可以察覺到有一種「歐洲式的」思考正在初步發生作用。例如，諾亞·韋伯斯特（Noah Webster）一八二八年（也就是說，「第二代」）的《美國英語辭典》（*American Dictionary of English*）的目的，就是要正式認可一個血統有別於英語的美洲語言。在巴拉圭，耶穌會從十八世紀以來使用瓜拉尼語（Guaraní）的傳統使一個極端非西班牙的「土著」語言有可能在荷賽·賈斯帕·羅德利哥·德·佛蘭西亞（José Gaspar Rodríguez de Francia）長期的、仇外的獨裁統治（一八一四－一八四〇）下變成一個**民族**語言。不過，整體而言，任何想要透過語言來為民族賦予歷史深度的嘗試都會面臨無法克服的障礙。幾乎所有的歐裔海外移民都在制度上（透過學校、印刷媒體、行政習慣等等）全心全意地接受了歐洲的——而非美洲當地的——語言。任何對語言血統的過度強調都正好會使絕對必須加以保留的「獨立的記憶」有被模糊之虞。

最終在新世界和舊世界都能適用的解決方案，是在歷史——或者應該說被以特定方式來安排情節的歷史——裡面找到的。我們已經看到歷史講座是以多快的速度繼承了革命元年的。正如海登．懷特（Hayden White）所論，同樣驚人的是領導歐洲史學的五個天才全都生在國民公會將時間割斷之後的二十五年內：蘭克（Ranke）生於一七九五年，密西勒（Michelet）生於一七九八年，托克維爾（Tocqueville）生於一八〇五年，而馬克思和布爾克哈特（Burkhardt）生於一八一八年。[26]在這五人之中，自許為法國大革命寫史的密西勒是正在孕育中的民族想像最清楚的例證，而這也許是很自然的，因為他是第一個自覺地代表死者寫史的史家。[27]以下這段話就是他特有的文字：

Oui, chaque mort laisse un petit bien, sa mémoire, et demande qu'on la soigne. Pour celui qui n'a pas d'amis, il faut que le magistrat y supplee. Car la loi, la justice, est plus sûre que toutes nos tendresses oublieuses, nos larmes si vite séchées. Cette magistrature, c'est l'Histoire. Et les morts sont, pour dire comme le Droit romain, ces miserabiles personae dont le magistrat doit se préoccuper. Jamais dans ma camere je n'ai pas perdu de vue ce devoir de l'historien. J'ai donné à beaucoup de morts trop oubliés l'assistance dont moi-même j'aurai besoin. Je les ai exhumés pour une seconde vie... Ils vivient maintenant avec nous qui nous sentons leurs parents, leurs amis. Ainsi se fait une famille, une cité commune entre les vivants et les morts.

是的，每個死者都留下了一筆小小的財產——他的記憶，並且要求我們去照顧這個遺產。對於那些無親無故的死者，行政官員必須代理其親友照顧他的遺產。因為法律之正義要比我們全部的善忘的溫情，比我們那如此容易乾枯的眼淚要更確定穩當。行政官，爾即歷史！而死者是如羅馬法所說的**可憐人**（miserabiles personae），行政官應該全心全意去關懷他們。在我的事業當中我從未忽視過作為一個歷史家的義務。我給予了太多被遺忘的死者我自己將來也會需要的協助。我發掘他們，是為了賦予他們第二次生命……他們現在正和我們這些覺得自己是他們的父母，他們的朋友的人一起活著。在生者與死者之間，一個家庭，一座共同之城於焉產生。[28]

在這裡，以及在別的地方，密西勒都清楚表明他所挖掘的絕對不是隨意湊在一起的一堆被遺忘的無名死者。他們是在歷史中犧牲生命，促成了一七八九年之斷裂與法蘭西民族之自覺的出現的那些人——**縱使其中某些受難者並不如此理解他們的犧牲也無妨**。在一八四二年的時候，他對這些死者作了這樣的注解：Il leur faut un Oedipe qui leur explique leur proper enigme dont ils n'ont pas eu le sens, qui leur apprenne ce que voulaient dire leurs paroles, leurs actes, qu'ils n'ont pas compos.（他們需要一個伊底帕斯來向他們解釋他們一無所知的自己的謎，向他們教導他們所不瞭解的他們的語言和行為的意義。）[29]

這個論式可能是史無前例的。密西勒不只宣稱要代表大量的無名死者講話，並且還以一種辛辣的權威堅持他能夠說出他們「真正」想說的話和他們「真正」想要的東西，因為他們自己並「不瞭解」。從那時開始，死者的沉默就不再構成發掘他們最深沉慾望的障礙了。

以這樣的心情，在美洲以及其他地方就有愈來愈多「第二代」的民族主義者學會去「為」不可能或不想要與之建立起語言的關聯的死者說話了。這種反向的腹語術——尤其是在南美洲——為一個自覺的**本土主義**（indigenismo）打開了一條道路。在南美洲的邊緣，墨西哥人用西班牙語「為」他們並不瞭解其語言的前哥倫布時代的「印第安」文明說話。[30] 如果我們把這種發掘方式和第二章所引述過的費敏·戴·瓦加斯的論式做一對比，它到底多麼具有革命性就會無比清晰地顯現出來了。因為費敏還愉快地想著要「消滅」活生生的印第安人，但許多他在政治上的孫輩人物卻已經開始著迷於「記憶」這些印第安人，或者事實上應該說是著迷於「為他們發言」了，而也許這正是因為這些印第安人到了那時通常是已經被**消滅**了。

再次保證是手足相殘

令人驚訝的是，在密西勒的「第二代」論式之中注意焦點總是放在發掘有被遺忘之虞的人物和事件之上。[31]他沒有看到思考「遺忘」的必要性。然而當赫南在一八八二年——費城的獨立宣言發表超過一個世紀，以及密西勒自己過世的八年後——出版他的《民族是什麼？》（*Qu'est-ce qu'une nation?*）時，他最關心的問題正好就是遺忘的必要性。例如，讓我們重新思考在第一章引述過的論式：[32]

> Or, l'essence d'une nation est que tous les individus aient beaucoup de choses en commun et aussi que tous aient oublié bien des choses... Tout citoyen français doit avoir oublié la Saint-Barthélemy, les massacres do Midi au XIIIe siècle.

> （然而，民族的本質是每個個人都會擁有許多共同的事物，而且同時每個個人也都遺忘了許多事情……每一個法蘭西公民都**必須要已經遺忘**聖巴托羅繆日，還有十三世紀南方的屠殺事件。）

乍看之下，這兩句話也許像是很直接了當。[33]然而片刻的反省就透露出這兩句話其實有多麼怪異了。例如，我們注意到赫南看不出有什麼理由要為讀者解釋「聖巴托羅繆日」或是「十三世紀南方的屠殺事件」的意思。但是除了所謂的「法國人」之外，又有誰會馬上就瞭解「聖巴托羅繆日」是法盧瓦（Valois）王室的國王查理九世（Charles IX）和他出身佛羅倫斯的母親在一五七二年八月二十四日發動的反法國新教徒（Huguenot）的殘忍的迫害行動，或者「十三世紀南方的屠殺事件」指的是英諾森三世（Innocent III）——長長一列罪孽深重的教皇當中罪孽尤為深重的一位——教唆對居住在庇里牛斯山和南阿爾卑斯山之間廣闊地區的阿比然西亞人（Albigensians）的滅族行動？同樣的，赫南也不覺得假設他的讀者心中還留存著這些「記憶」——就算這些事件本身發生在三百年前與六百年前——有什麼奇怪之處。令我們也感到驚訝的是 doit avoir oublié（不是 doit oublier〔必須遺忘〕）這個斷然的句法——「**必須要已經遺忘**」——它以一種財稅法典和徵兵法的不祥口氣暗示著「已經遺忘」古老的悲劇是當代公民的一個主要義務。事實上，赫南告訴他的讀者們要「已經遺忘」那些其實在他自己的話裡面已經假設這些讀者當然會記得的事！

我們要怎樣理解這個弔詭？我們也許可以先從「聖巴托羅繆日」（la Saint-Barthélemy）這個單數**法語**名詞開始——我們觀察到這個字眼排除了殺戮者與被殺戮者，也就是說，排除了那些在燃遍了十六世紀中歐和北歐的這場不神聖的聖戰中扮演了地方性的角色，並且當然不曾舒服地自認他們同是「法國人」的天主教徒與新教徒。相同的，「十三世紀南方的屠殺事件」在「南方」（Midi）這個字的純粹法國屬性背後模糊掉了沒有被指名的被害者與刺客。沒有必要提醒他的讀者大多數被謀殺的阿比然西亞人講的是普羅旺斯語（Provencal）或加泰隆尼亞語（Catalan），而且那些謀殺他們的人來自西歐的很多不同地區。這個比喻用法的效果是將中世紀和現代初期歐州的巨大宗教衝突當中的一些插曲描繪成是發生在——還會有誰？——**法國同胞**之間的（被再一次保證是）手足相殘的戰爭。因為我們可以確信如果任其自行其是，絕大多數與赫南同時代的法國人從未聽過「聖巴托羅繆日」或「南方的屠殺事件」，所以我們就開始察覺到一場主要由國家透過公立學校系統部署的，試圖「提醒」每一個年輕的法國婦女和法國男人現在已經被書寫成「家族史」的一系列古老的殺戮事件的歷史學戰役。必須「已經遺忘」我們要不斷被「提醒」的悲劇終究證明是一種在較後期建構民族系譜的特有設計。（引人深思的是，赫南並未說每個法國公民都必須「已經遺忘」巴黎公社〔Paris Commune〕。[34] 在一八八二年的時候關於巴黎公社的記憶還是真實的，而不是如神話一般的，而且這些記憶痛苦到足以令人難以從「再次保證的手足相殘」的標記來解讀。）

無庸贅言，在這一切之中沒有一樣是法國特有的。一個巨大的教育工業（pedagogical industry）不停運轉地在迫使年輕的美國人將一八六一到一八六五年的相互仇視記憶／遺忘為一場「兄弟」之間的「內」戰，而非——如同在一段簡短時間內確實是如此的——兩個主權的民族國家之間的對立。（然而我們可以確定的是，如果南方邦聯〔Confederacy〕成功地維持其獨立，那麼在記憶中這場「內戰」就會被某種很沒有兄弟之情的東西所取代了。）英國的歷史教科書為每個學童都被教導要稱之為征服者威廉（William the Conqueror）的那位偉大的開國之父，提供了一個有趣壯觀的畫面。同樣的一個學童並未被告知說威廉是不說英語的，而事實上他也不可能說英語，因為在他的時代英語還不存在；也沒有人告訴他或她「威廉是」「什麼的征服者？」因為唯一讓人看得懂的現代的答案就會是「征服英國人的人」，而這會把這個古老的諾曼掠奪者變成了拿破崙和希特勒的一個比較成功的先行者了。這就說明了為何「征服者」和「聖巴托羅繆日」同樣都是那種提醒人們某些他們必須立即遺忘的事物的省略語法（ellipsis）。諾曼人威廉和薩克遜人哈羅德（Harold，譯按：英格蘭王，一〇四七—一〇六六在位）因此雖然不是以舞伴的身分，卻至少還是以兄弟的身分在黑斯汀斯（Hastings）的戰場上相遇的。

不過，我們當然還是太容易只將這些具有重新確認性質的古老的兄弟相殘事件歸因於國家官僚冷冷的計算了。在另一個層次，他們反映了國家並沒有意識到，而且對之也只有微弱控制的一次想像的深刻變形。在一九三〇年代很多不同國籍的人到伊比利半島參加戰鬥，因為他們把這裡看成一個全球歷史性力量與歷史性理想面臨危急存亡關頭的競技場。當長命的佛朗哥（Franco）政權在建造陣亡者之谷（Valley of the Fallen）時，它將有資格葬在這個陰鬱的大墳場的人限定在那些——在這個政權眼中——死於這場反布爾什維克和無神論的世界性鬥爭之中的人們。然而，在國家力量所不及的邊緣地帶，一個「西班牙的」內戰的「記憶」已經在出現了。只有等到這個狡猾的暴君死亡，以及後來出人意表地順利轉型為資產階級民主——這個「記憶」在此過程中扮演了關鍵性的角色——以後，才變成官式（official）的記憶。十分類似地，雖然大體上蘇聯政府仍然持正統馬克思主義觀點來解讀一九一八到一九二〇年肆虐帕米爾（Pamirs）和維斯杜拉（Vistula）之間地區的規模龐大的階級鬥爭，但是在蘇聯的電影和小說之中這場鬥爭終究還是被記憶／遺忘成「我們的」內戰。

在這方面，美洲的歐裔海外移民民族主義就特別富有啟示了。因為，在一方面，美洲的國家在數十年之久的時間中都是脆弱、有效地分權，並且在教育上沒有很大的企圖心的。在另一方面，「白種的」拓墾殖民者和「黑種的」奴隸以及半滅種的「土著」相對立的美洲社會內部分裂的程度是歐洲難以望其項背的。然而，缺之則無法產生手足相殘的再確認的那種手足之愛（fraternity）的想像卻出現得非常早，而且是以一種令人好奇的、真正受歡迎的情況出現的。美利堅合眾國的情形是這個弔詭特別好的例證。

一八四〇年，在對佛羅里達的賽美奴族印第安人（Seminoles）的一場長達八年的殘酷戰爭當中（以及當密西勒正在召喚他的伊底帕斯時），詹姆士·費尼摩·庫柏（James Fenimore Cooper）出版了《尋路者》（*The Pathfinder*），他的五本廣受歡迎的《皮襪故事》（*Leatherstockings Tales*）的第四本。這本小說（以及除了第一本以外的同系列其他幾本）的核心旨趣是將「白種的」樵夫奈第·班普（Natty Bumppo）和高貴的德拉威爾酋長欽噶契固克（Chingachgook〔Chicago「芝加哥」！〕）結合起來的，萊斯里·費德勒（Leslie Fiedler）所謂的「樸素的、幾乎無法言傳的，但毫無疑問的愛」。[35]然而他們之間以鮮血凝結而成的兄弟愛（bloodbrotherhood）的赫南式背景不是設在充滿謀殺的一八三〇年代，而是設在那被遺忘／記憶的英國帝國統治的最後幾年。兩個人都被描寫成為了生存而與法國人、與他們「土著」盟友（那「邪惡的明哥族」[36]），以及與「英王」喬治三世的那些背叛「美洲」的密探戰鬥的

「美洲人」（Americans）。

當赫曼．梅爾維爾（Herman Melville）在一八五一年描述伊許梅爾（Ishmael）和葵克（Queequeg）在史保特客棧裡面舒適地同床共枕時（「我和葵克躺在那裡，在我們心中的蜜月之旅」），那個高貴的波里尼西亞蠻人被他譏諷地美國化成下面的這個樣子：[37]

……確定從骨相學來看他的頭是出色的。這樣講也許有點荒謬，不過它讓我想起了從流行的胸像上看到的喬治．華盛頓的頭。它在眉毛上方有著同樣規律地逐步向後退的斜坡，而他的雙眉也一樣向上突出，彷彿兩個上面種滿樹木的岬角。葵克是發展成食人族的喬治．華盛頓。

還要等到「內戰」和林肯的解放宣言之後很久的一八八一年，馬克．吐溫（Mark Twain）才創造出第一個黑人和白人作為美國人「兄弟」的難忘形象：吉姆（Jim）和哈克（Huck）結伴漂流在寬闊的密西西比河上。[38]不過它的背景是黑人還是奴隸的一個被記憶／遺忘的內戰前的時代。

這些從一個被最暴烈的種族、階級和區域對立所碎裂的社會中「自然地」出現的、驚人的十九世紀的兄弟之情的想像，和其他所有事物一樣清楚地顯示了密西勒和赫南的時代的民族主義代表了一種新形式的意識——當它不再能夠將民族經驗為新的事物之時，從歷史斷裂巨浪的浪頭上出現的意識。

民族的傳記

依據其自身的性質，所有意識內部的深刻變化都會隨之帶來其特有的健忘症。在特定的歷史情況下，敘述（narratives）就從這樣的遺忘之中產生。在經驗過青春期造成的生理和心理的變化之後，就已經不可能再「記得」童年時期的意識了。從嬰兒期到成年初期，有幾千天的歲月就此消逝，不復直接記憶了！必須求助於他人，才會知道泛黃的照片中這個在地毯上或嬰兒床上快活地爬行的赤身露體的嬰兒就是你——這是多麼奇怪啊！這張照片——機械複製時代的佳兒——只不過是同時記錄了某種表面的連續性並且又強調它之從記憶中喪失的，已經累積了非常多種的現代紀錄性證據（出生證明、日記、成績單、書信、醫療紀錄之類的）當中的一種而已。從這種疏隔之中產生了一種關於人格的概念，也就是因為不能被「記憶」，所以必須被敘述的**認同**（是的，你和那個赤身露體的嬰兒是同一個人）的概念。儘管生物學已經證明人體每一個細胞每隔七年就會被取代一次，自傳和傳記還是年復一年地淹沒印刷－資本主義的市場。

就像我們在第二章討論過的小說和報紙一樣，這些敘述也是被放在同質的、空洞的時間之中。因此它們的架構是歷史的，而它們的背景是社會學的。這就是為什麼有這麼多的自傳是以自傳寫作者只能擁有間接的、文字上的證據的父母和祖父母的情況開始的；這也是為什麼傳記作家要費盡心力去記錄他或她的主角永遠不能「同時」記得的兩個事件的年曆和西元的日期：生日和忌日。沒有什麼會比《馬太福音》的開端更能尖銳地提醒我們這種敘述的現代性了。福音書的作者給我們一份從族長亞伯拉罕直到耶穌基督，三十個男性先後傳承香煙的樸素名單。（只有一次提到一個女人，但這不是因為她生下了後代，而是因為她是一個非猶太的默阿布人〔Moabite〕。）作者連關於任何一位耶穌祖先的任何日期都沒有提供，更不用提和他們有關的生理或政治方面的資訊了。這種（同時反映了變成記憶的那場伯利恆的斷裂〔譯按：即耶穌降生〕）的敘述方式對於這位已經成為聖人的族譜作者而言是完全合理的，因為他並未把基督設想成一個歷史「人物」，而只把他看成真正的上帝之子。

適用於現代人物的「敘述方式」，同樣也適用於民族。知覺到自己深深植根在一個世俗的、連續的時間之中，並且知覺到這雖然暗示了連續性，卻也暗示了「遺忘」這個連續性的經驗（這是十八世紀晚期的歷史斷裂的產物）——這樣的知覺，引發了對一個「認同」的敘述之需要。這個任務是為密西勒所說的行政官（magistrate）而設的。然而在人物的敘述和民族的敘述之間有一個情節安排的重要差異。在「人物」的世俗故事當中有開頭也有結尾。她從父母的基因和社會環境出現，在一個短暫的歷史舞臺上登場，在那裡扮演一個角色，直到死亡之日為止。在那之後，殘留的不過是那徘徊不去的名聲或影響力的曖昧暗影罷了。（想像一下，如果我們今天要說因為希特勒在一九四五年四月三十日就直接前進到地獄去了，所以他的生命就此結束——這會有多奇怪。）然而，民族並沒有可以清楚辨認的生日，而如果死亡竟然來臨，那也絕不會是出於自然因素的。[39]因為沒有創始者（Originator），民族的傳記不能用福音書的方式，經由一長串的生殖與父子相承之鍊，「順時間之流而下」地寫作。唯一的替代方案是以「溯時間之流而上」的方式來為民族立傳——上溯到北京人、爪哇猿人、亞瑟王，上溯到斷斷續續的考古學之燈所照射到的任何地方。然而，以一種對傳統家譜的曼妙逆轉，這個立傳方式的特徵是始於一個起源之現在（originary present）的那些死亡。第二次世界大戰孕育了第一次世界大戰；從色當（Sedan）之中產生了奧斯特利茲（Austerlitz）；[40]華沙起義（Warsaw Uprising）[41]的祖先是以色列國。

不過，為民族的傳記賦予了結構的那些死亡是一種特別種類的死亡。在費爾南・布勞岱爾

（Fernand Braudel）那本令人敬畏的《菲利普二世時代的地中海與地中海世界》（*La Méditerranée et le monde méditerranéen à l'époque de Philippe II*）全書一千兩百頁當中，從來沒有提到過「聖巴托羅繆日」，儘管這個事件幾乎就發生在菲利普二世在位期的中點。對布勞岱爾而言，真正重要的死亡是那些被聚集和換算成平均世俗死亡率之後，可以讓他把數以百萬計無名的，而且他一點都不關心他們國籍的人類緩慢變化的生活狀況畫成圖表的無數的、沒有名字的事件。

然而，無視於當前的死亡率，民族的傳記從布勞岱爾那冷酷地持續累積的墓園之中攫取了堪為典範的自殺，令人悲痛的殉難、暗殺、處決、戰爭，以及大屠殺。只是，為了要配合敘述的目的，這些激烈的死亡必須被記憶／遺忘成「我們自己的」。

旅行與交通

——論《想像的共同體》的地理傳記*

既然從《想像的共同體》初版至今已經過將近四分之一個世紀，我們似乎可以從這本書自身的某些核心主題——如印刷資本主義，正面的、隱喻意義上的盜版，方言化運動，還有民族主義與國際主義之間不可分離的姻緣——來勾勒出它出版之後的旅行史了。

就比較一般的角度而言，除了弗郎哥．莫瑞提（Franco Moretti）在文學史的領域中所立下的卓越典範之外，[1]關於書籍跨國界擴散的研究仍然很少。這裡有一些可供初步比較反省的材料。到了二〇〇七年年底為止，這本書已經在三十三個國家之中，以二十九種語言的版本出版了。[2]會有如此廣闊的散布狀態，和該書的品質關係較少，而比較是因為它原來是在倫敦以英文出版的緣故，因為英文現在扮演著一種全球霸權的、後教士時代的拉丁文的角色。（假設《想像的共同體》本來是在第拉納〔Tirana，譯按：阿爾巴尼亞首都〕以阿爾巴尼亞文出版，或者是在胡志明市以越南文出版，或者甚至在墨爾本以澳大利亞式英文出版，那麼它是不大可能旅行得很遠的。）在另一方面，這種翻譯的擴散暗示著過去和印刷資本主義結盟，最終摧毀了教會拉丁文霸權，並且催生了民族主義的方言化運動的力量，在五百年之後依然強勁。

我要在此詳述那些由於許多同事、同志，以及友人的慷慨協助，我所能發現的關於這些譯本的事：涉及了哪些出版社，他們又是出於什麼動機、運用了什麼策略，還有在什麼樣的國內外政治脈絡之中出版這些翻譯的。在文章的最後，我會試著提出一些初步的結論。

然而我必須先從我最原始的，而且當然是具有挑起論爭意圖的寫作動機談起，因為這些動機常常以沒有預期到的方式影響了這本書的接受及其翻譯。首先，由於若干太過複雜以至於無法在此處細述的原因，一九六〇和一九七〇年代的聯合王國（UK），[3]是世界上絕無僅有的國家，在關於民族主義的性質和起源的一般性論題上，從不同的思考方向分別產生了由四位有影響力的猶太裔知識分子所完成的高水準作品。這四位知識分子是：保守主義的歷史學家埃里・凱都里（Elie Kedourie），[4]啟蒙的自由主義哲學家和社會學家厄尼斯特・蓋爾納，[5]（六、七〇年代）當時仍是馬克思主義者的歷史學家艾瑞克・霍布斯邦，[6]以及傳統主義的歷史學家安東尼・史密斯。[7]儘管如此，關於這個問題真正的公開辯論卻要等到一九七七年，當蘇格蘭民族主義者兼馬克思主義者湯姆・奈倫[8]出版了他那本打破因襲成見的《不列顛的崩解》之後才出現。[9]這位蘇格蘭民族主義者把聯合王國——蓋爾納、霍布斯邦，還有史密斯都對這個國家有著強烈的情感依附——描述為一個從前民族、前共和的時代殘留下來的老朽遺跡，因此注定要迎向和奧匈帝國一樣的覆亡命運。這位修正主義的馬克思主義者槍口所指向的，是在他眼中古典馬克思主義對於最廣泛意義下的民族主義之歷史和政治重要性，那種膚淺的對待或者迴避。在這本書所引發的辯論之中，我對奈倫非常同情。

所以寫作《想像的共同體》背後的一個重要論爭意圖，就是支持（當然，是「批判性地」支持）奈倫前述兩個論證的立場。從我在書中專為討論聯合王國、大英帝國，乃至蘇格蘭而保留的相當不成比例的大篇幅，就可以看到明顯的（支持）痕跡（而或許因為我從一九五八年以來就一直在美國生活和工作，這一點就變得更明顯）：可能對很多未曾在聯合王國受教育的讀者而言非常難解的，對「英國」（English〔譯按：英格蘭的〕）文學的過量引用和引喻；以共和主義精神進行的地方性的挑釁行動（所有聯合王國的統治者都被我以一種彷彿是鄰人般的方式命名〔安・斯圖亞特〕，然而外國統治者則以傳統方式稱呼〔路易十四〕）；還有一些如今令我感到後悔的，對奈倫的論敵霍布斯邦不友善的引述評論。

第二個論爭意圖是想擴大奈倫理論批評的範圍，因為他的批評幾乎完全針對古典馬克思主義。在我看來，馬克思主義無法以有深度的方式掌握民族主義本質的這個「失敗」，似乎一點也不獨特。完全相同的批評也可以、而且應該指向古典自由主義，以及——在一個比較不那麼重要的意義上——古典保守主義。（這就是為什麼《想像的共同體》會嘲笑無名馬克思主義者之墓和陣亡自由主義者紀念碑令人難以想像的原因。）這個普遍的理論缺陷一定有一個共同原因，但是在（有別於教條主義而具有探索精神的）馬克思主義之中似乎比自由主義更有可能找到這個原因。然而以這個（擴大範圍的）方式提出批評，《想像的共同體》可以同時引發具有批判精神的馬克思主義者和自由主義者的興趣，因為這本書向二者指出了從事大量真正新的思考與新的研究之必要性。所以，當一位整體而言非常友善的書評家還很生氣地把這本書描述為「對於自由主義者而言太馬克思主義，對於馬克思主義者而言太自由主義」時，我可一點也不覺得沮喪。

第三個論爭意圖是想將民族主義的理論性研究去歐洲化（de-Europeanize）。這個衝動與奈倫無關，而是源於我對當時（對西方而言）還極為遙遠的印尼和泰國／暹羅的社會、文化和語言的長期浸淫。儘管蓋爾納、霍布斯邦，以及史密斯涉及多種語言的著作具有令人驚嘆的廣度，然而從雅加達和曼谷的立場觀之，他們仍然顯得無可救藥的歐洲中心。蓋爾納確實曾經在馬格列布（Maghreb）[10]做過研究，不過愛德華・薩依德（Edward Said）攻擊他不懂阿拉伯文，這或許是正確的——儘管他們之間的論爭那種始終一貫的辛辣口氣一點也無法讓人產生景仰向上之心。[11]問題在於要如何在源於十九世紀歐洲的浪漫幻想——也就是想像中國、日本、越南等民族已存在數千年之久的危險神話（Scylla），和帕爾塔・恰特吉日後滿懷義憤地宣稱所有歐洲以外的反殖民民族主義都是「衍生性的論述」（derivative discourse）這個精采指控的巨大漩渦（Charybdis）之間，找出一條可以安然通行的航道。[12]將我從這個難局之中解救出來的，是一八一〇到一八三八年這段期間在南美洲和中美洲被創造出來的多樣的民族國家（儘管在〔本書初稿寫作的〕一九八三年，我既無法閱讀西班牙文，也不懂葡萄牙文）。這些民族國家的多樣性和它們具有世界史意義的早期誕生，具有同等關鍵的重要性。美國和海地的「革命」先於西屬美洲民族主義運動而爆發，而巴西的民族意識則在很久以後才出現。不過，美國、海地和巴西的個案都各有其明顯的特異性，因此有利於我們對其提出個別解釋。（幾天前，曼谷的地方報紙才譏諷美國是自由〔自在地自我中心的〕人的土地〔the Land of the Free[ly Self-Centered]〕。）然而西屬美洲（各殖民地之間）卻有顯著的類似性，可以相互比較，而且同樣重要的是，就算這些殖民地和西班牙帝國擁有相同的語言和宗教，它們卻遠在馬扎爾人、捷克人、挪威人、蘇格蘭人，還有義大利人起而爭取獨立之前，就已經為了眾多共和國的獨立而多次浴血奮戰了。

西屬美洲同時向國家之間不可比較論以及歐洲中心論的主張提出了完美的反論。這個個案使我得以在泛美洲的脈絡之中，將早期美國視為就是另一個由歐裔海外移民領導的革命國家，而且在某些面向還要比她南方的姊妹國家更反動。（不像華盛頓，解放者玻利瓦逐步廢止了奴隸制，而且不像傑佛遜，聖馬丁非但沒有把他國家的原住民說成野蠻人，反而還邀請他們成為祕魯人。）我的印象是，（我在書中的）去歐洲化努力事實上並沒有在歐洲留下太深的印象，反而卻可能讓《想像的共同體》在全球南方（Global South）[13]的讀者心中變得更有吸引力。

最後一個論爭的目標是美國。我說的並不只是對雙手沾滿血腥的美帝介入拉丁美洲、亞洲和非洲表達敵意這麼單純的事情而已。我主要也不是對以下這個怪異事實的反彈：那就是，在《想像的共同體》出版前夜，美國各大學事實上根本沒有任何講授民族主義的課程——更別說有什麼課程是關於被視為「自明的命運」（Manifest Destiny）論[14]在十九世紀晚期之變形的美國民族主義了。我論爭的目標，是直到今天甚至在自由派的《紐約時報》都還明顯可見的那種驚人的自我中心主義（solipsism），以及對《紐約書評雜誌》（*New York Review of Books*）讀者而言一望可知的「大國」偏見。（後來，我在其他「大國」之中發現了相同的地方主義——印度、中國、俄羅斯、印尼，還有巴西。）卡爾・杜伊奇（Karl Deutsch）[15]那犬儒主義的警語——「權力就是毋須傾聽」（Power is not having to listen）——迴響在我的耳畔。這就是為何《想像的共同體》採用了凸顯以下這些「小國」，將它們置於書中前景的論爭策略——這些國家包括匈牙利、泰國、瑞士、越南、蘇格蘭，還有菲律賓。

由於上述這些原因（以及其他因素），初版雖然同時在倫敦和紐約出版，但在兩國所獲得的迴響卻迥然相異。在那段遙遠的歲月裡，英國仍然有一個「優質媒體界」（quality press），《想像的共同體》幾乎一出版就馬上受到艾德蒙・李區（Edmund Leach），[16]康納・克魯斯・歐布來恩（Connor Cruise O'Brien），[17]尼爾・艾察遜（Neil Ascherson），[18]和牙買加裔的馬克思主義者溫斯頓・詹姆斯（Winston James）[19]的評論。在從來也不曾有過一個「優質媒體界」的美國，則很少有人注意到這本書。學術期刊的冷淡也並無二致。要等到一九九〇年代初期，在蘇聯崩潰，南斯拉夫充滿暴力的瓦解，以及國內認同政治急速興起之後，這個情況才有所改變。

第一本外語版的《想像的共同體》於一九八七年以《想像の共同体》的日文書名出現在東京。這部翻譯是我過去兩位頗有才華的學生，白石隆和白石沙耶（白石さや）的作品。他們相信這本書將有助於在教育領域中對日本的孤立傾向，以及那種認定日本的歷史與文化是如此獨特，以至於任何與他國的比較都是不可能或者不相干的民間保守信念所進行的持久鬥爭。

這個翻譯自身也是新穎的，因為它所遵循的是倫敦版的論爭旨趣，而非其逐字逐句的字面意義。原文中許多指涉或引用英國文學的地方，被他們以極有創意的方式置換成日本文學的「對應組」（counterparts）。例如那段出自《甕葬》（*Urne-Buriall*）的長長引文，[20]就被換成了一段《平家物語》的引文。至於東京那家有點中間偏左的出版社Libroport（譯按：リブロポート），（白石）隆在最近寫給我的一封信中如此說明：「公司的負責人——堤，是大亨之子，他反叛了自己的父親，選擇走上詩人和作家之路，可是在父親過世後，到頭來卻還是繼承了一部分父親的事業。所以他告訴編輯們要出版好書，不要擔心利潤……這也是為什麼這家出版社在一九九〇年代會宣告破產倒閉。」不過這家出版社總算存活得夠久，因此得以目睹《想像的共同體》在大多數日本較好的大學中，成為教授民族主義的高級課程所使用的標準教科書。

從日文版到Verso發行大幅增訂的《想像的共同體》第二版這四年間，出現了德文、葡萄牙文，以及塞爾維亞－克羅埃西亞文的譯本。那部傑出的德文譯本（*Die Erfindung der Nation*）是在法蘭克福出版的，在它驚人的封面上是黑森林裡巨大而低俗的赫曼紀念碑（Hermanndenksmal），這座建造於十九世紀的紀念碑是為紀念阿米紐斯（Arminius），一位在軍事上讓羅馬皇帝奧古斯都和提伯里烏斯嘗盡苦頭的「日耳曼族」領袖。成立於一九七五年的獨立出版社坎普斯出版社（Campus Verlag），很快就因為它所出版的關於歷史與政治的嚴肅書籍而累積了良好的聲譽。德文譯本所以會那麼早出現，理由之一可能是因為「優質」的《法蘭克福日報》（*Frankfurter Zeitung*）密切注意著英國「優質媒體界」的書評之故。[21]至於一九八九年的葡萄牙文譯本（*Nação e consiência nacional*）則不是在里斯本出版，而是在聖保羅（São Paulo）由阿提卡出版社（Ática）出版的。這個機構有一段很不尋常的有趣歷史。根據它現在網站的資訊，[22]這間出版社緣起於一九五六年，在那一年，一群進步知識分子和學者，如安德森・費南德斯・狄亞斯（Anderson Fernandes Dias）、華斯柯・費南德斯・狄亞斯・費羅（Vasco Fernandes Dias Filho），以及安東尼奧・納瓦耶斯・費羅（Antonio Narvaes Filho）等人，發起成立了聖塔因尼斯成人教育課程（Curso de Mandureza Santa Inês）。那是巴西政治和文化生活洋溢著樂觀主義和充沛創造力的時代——巴莎諾瓦音樂（bossa nova）、新電影，還有第一屆巴西里亞雙年展的時代。到了一九六二年，由於教育課程的入學人數大量增加（必須印製教材），而且授課教授們也擁有廣泛的知識影響力，於是順勢成立了聖塔因尼斯出版社（Sociedade Editora do Santa Inês）。兩年後，就在推翻顧拉特（Goulart）總統的軍事政變爆發前不久，在安德森・費南德斯・狄亞斯的倡導下，決定創建一家專業經營，具有批判精神的出版社，並且命名為阿提卡，也就是古希臘文明的搖籃所在地的名稱。一九六五年，阿提卡出版了第一批書籍，而且總算能夠在其後二十年的高壓軍事獨裁統治下存活過來。一九九九年，這家出版社被兩家性質極為接近的財團——巴西的四月出版集團（Editora Abril）和法國的維凡第集團（Vivendi）聯合併購。過了五年，在經過一段漫長的鬥爭之後，四月集團——最初進口迪士尼漫畫，現在則出版巴西版的《時代》和《花花公子》——取得了多數的股權。不過阿提卡似乎仍然享有一定的自主權。

一九八〇年代末期，我受耶魯大學的伊佛．巴納奇（Ivo Banac）之邀，為一場在杜布羅夫尼克（Dubrovnik）舉行，以巴爾幹半島和東歐的民族主義為主題的研討會擔任提供「比較研究者」（comparativist）觀點的評論人。在那裡，我遇見了西爾娃．梅茲娜瑞奇（Silva Meznaric），並且和她有了熱烈的討論。她是後來一九九〇年塞爾維亞－克羅埃西亞文版（*Nacija: Zamišljena Zajednica*）的主要翻譯者，也為那個譯本寫了一篇特別的導讀。她就學於札格列布（Zagreb）大學法學院以及芝加哥大學；一九八四年，她在盧布里亞納（Ljubljana）大學取得社會學博士學位。在那一年，她也成為伍德羅．威爾遜中心（Woodrow Wilson Center）研究員。或許她就是在那裡第一次接觸到《想像的共同體》。她最近寫信告訴我，那時候她相信翻譯這本書有助於打擊日益高漲的克羅埃西亞和塞爾維亞好戰主義與（民族）神話狂熱——然後藉此可以保持南斯拉夫的完整。唉！這個夢想在來年春天就破滅了。學校出版社（Školska knjiga）當時是一家大規模的國營教科書出版社，在南斯拉夫瓦解後被民營化。然後就在最近——說來真恐怖（horribile dictu）——它購併了塞爾維亞最大的教科書出版社。[23]

雖然《想像的共同體》增訂版已經在一九九一年出版，不過到了下一年韓國的那南出版社（Nanam）卻推出了一部以一九八三年初版內容為本的盜版譯本。[24]那南是由趙相浩在一九七九年成立的出版社。趙本人並非政治活躍分子，但他出身於左翼知識分子輩出的「異議」地方——光州。從一九八〇年代到一九九〇年代初期，那南因出版比較「通俗」的左傾社會科學教科書而繁盛一時；在此之後，它追隨市場趨勢，轉而出版新自由主義和保守主義的書籍。《想像的共同體》似乎安然度過了這波新浪潮，因為該公司在二〇〇二年（也就是十年後）推出了一部以一九九一年增補版內容為本的非海盜版譯本（상상의 공동체）。（或許是象徵了當時韓國社會的典型氛圍吧，這個版本的封面是一大群揮舞著旗幟的年輕人的彩色照片，他們大概是在二〇〇二年六月舉行的世界盃足球賽中大放異彩的韓國足球隊的支持者。）對於許多嚴肅的作家和出版商而言，那南向來以大量生產和快速出品，還有時而出現的粗糙編輯與拙劣翻譯著稱。該出版社也因未付給許多作者酬勞而惡名昭彰。[25]如今已轉向保守立場的那南之所以會製作（《想像的共同體》的）新版，可能是因為他們知道白石隆和白石沙耶的日文譯本在商業上獲得成功的緣故。在二〇〇五年短暫訪問首爾期間，我偶然巧遇了迷人而謙虛的韓文版譯者尹炯淑教授。她不停地為盜版的品質道歉，並且說當時她不得不在嚴厲的截稿日期壓力下進行

翻譯工作。

如果說直到一九九二年為止，翻譯的類型就地理分布而言似乎是任意而不規則的——東京、法蘭克福、聖保羅、札格列布，以及首爾——那麼九二年之後的整個九〇年代可就完全不同了。在這段時間裡面出現的十五種翻譯當中，有十一種譯本是在一九九五到一九九九年之間產生在歐洲的。然而最先出現（譯本）的地方，是一九九三年的墨西哥市（*Comunidades imaginadas*）和伊斯坦堡（*Hayali Cemaatler*）。

文化經濟基金（Fondo de Cultura Económica）是經濟學家和外交官丹尼爾・科西歐・維勒加斯（Daniel Cosío Villegas）在一九三四年所設立，最初的目的是要為新近創校的國立經濟學院提供西班牙文教科書，不過出版範圍迅速擴大，涵蓋了歷史、文化、文學等主題。它從一開始就是國營企業，並且一直隸屬於正式的文化官僚部門。（一九九〇年代，該基金由前任總統米蓋爾・戴・拉・馬德里〔Miguel de la Madrid〕主持。）二次大戰後，它將自己的「帝國」擴張到阿根廷（一九四五）、智利（一九五四）、西班牙母國（一九六三），以及稍後的巴西、哥倫比亞、美國（聖地牙哥）、瓜地馬拉、祕魯，還有委內瑞拉。在一九九〇年代，它的產量也是巨大的：二千三百種的新版書，以及五千種再版書。刺激了墨西哥版譯本出現的驅力，似乎有可能是來自大批在美國大學就學或教書的墨西哥學者和知識分子，因為（一九九三年）這時候《想像的共同體》已經在美國各大學的歷史、人類學、社會學，還有比較文學系裡像教科書般被廣泛使用了。我記得在一九九〇年前後曾受邀赴查摩拉（Zamora）參加一個以墨西哥民族主義為主題的超大型研討會，而我震驚地發現除了我之外唯一的一位外國籍與會者，是大衛・布瑞汀（David Brading）[26]，專攻墨西哥和祕魯的權威史家，稍後他也成為整個西語系美洲歷史的權威。雖然身為唯一一個不懂西班牙語的與會者令我深感困窘，不過那位年輕、實質上能操流利雙語的安利柯・克勞澤（Enrique Krauze），也就是歐大維・帕茲（Octavio Paz）[27]的左右手，卻親切地招呼照顧我。帕茲長期以來一直是對文化經濟基金最具影響力的知識分子。

伊斯坦堡的梅第斯出版社（Metis Yayinlari）的情況，就與此迥然相異了。梅第斯的前身，最初是一九八三年由Verso出版社在土耳其的「代理人」慕歌・居索・蘇克曼（Müge Gürsoy Sökmen）和一些左派朋友一起成立的。為了避免全體員工被逮捕的風險，梅第斯是合法登記在單一個人名義之下的，而這個人不管政權要判刑多久都願意坦然服刑。儘管成立之初命運未卜，這家公司到了比較開放的九〇年代卻變得非常成功，出版了土耳其小說和翻譯小說（從托爾金到培瑞克〔Perec〕[28]），哲學（阿多諾、班雅明、盧卡契），政治和女性主義理論（巴吉烏〔Badiou〕[29]、阿里吉〔Arrighi〕[30]、麥金能〔MacKinnon〕[31]），時事（奧力佛·洛伊〔Oliver Roy〕[32]），以及最近一些反全球化和反伊拉克戰爭運動的書籍。梅第斯的成功似乎是源自三個獨立的因素：這個國家年輕且教育程度愈來愈高的人口，他們之中有許多人支持安卡拉政府爭取加入歐盟的行動；該公司和伊斯蘭教徒長期的友好關係；還有得歸功於主要銀行的文化政策，因為這些大銀行在判斷要支持哪一間出版社時，不是依據利潤，而是依據出版書籍所獲得的評論，而且只要該公司經營成本低於廣告費用，它們就會感到滿足了。[33]或許值得附帶一提的是，在九〇年代後期我有時會遇到一些來自前蘇聯的土耳其語系共和國的學生，他們告訴我說他們最初讀的，就是梅第斯出版的《想像的共同體》譯本。

接著輪到歐洲本土了。瑞典（一九九三）；荷蘭（一九九五）；挪威、法國和義大利（一九九六）；希臘和波蘭（一九九七）；保加利亞、斯洛維尼亞、馬其頓和塞爾維亞（一九九八）。瑞典文譯本（*Den Föreställda gemen-skapen*）是由戴達洛斯出版社（Daidalos）在哥特堡（Göteborg）出版的。戴達洛斯成立於一九八二年，是從學生運動之中誕生的一間很小但很受尊敬的獨立左翼出版社。這是一間嚴肅的出版社，也出版博士論文（經由國家補助）。它所出版的書籍在哲學領域陣容堅強——從古典到鄂蘭（Arendt）、伽達瑪（Gadamer）、哈伯瑪斯、海德格、羅爾斯（Rawls）、還有泰勒（Taylor）。關於歷史和社會分析，它則出版了馬克思、包曼（Bauman）、布迪厄、柯司特（Castells），還有紀登斯。34

荷蘭文譯本（*Verbeelde gemeenschappem*）很有趣，不過是出於兩個相當不同的原因。直到一九九五年，各種譯本的封面一般而言都相當樸素，甚至毫不顯眼。（只有日文譯本使用了我硬要Verso放在封面上的那張充滿玄機的殖民地時期印尼的照片。）唯一的例外是坎普斯出版社版的赫曼紀念碑，不過那當然是出於反諷的意圖。然而從那時開始，創造「民族主義式的」封面卻儼然成為趨勢——例如稍後出現的荷蘭文譯本，封面是精美的複製木刻版畫，畫面則是一間早期荷蘭印刷廠的內部陳設。其次讓人感到好奇的是譯本誕生的方式。在一九七〇年代的某個時點，我開始和當時住在莫斯科的索爾喬諾（Soerjono）通信。他是一位強悍、機智又古怪的印尼老共產黨員，在自己國家的革命期間（一九四五—一九四九）曾經非常活躍，在獨立目標達成之後進入黨報《人民日報》（*Harian Rakjat*）工作。或許是因為他強烈的個人主義，也或許是因為性生活上些微的不檢點，他逐漸被邊緣化。不過，當一九六五年十月一日那場「意圖政變」發生之時，他很幸運地正好在北京訪問。在這場政變之後，黨被摧毀，而數十萬黨員在未受審判的情況下遭到屠殺或監禁多年。因為在毛澤東文化大革命中的所見所聞令他感到不悅，也因為對流亡印尼共產黨員之間的派系內鬥覺得不勝其擾，他設法遷居到莫斯科，在那裡從事了很多年的翻譯工作。後來他和一派受到ＫＧＢ（譯按：前蘇聯國家安全局）支持和操控的流亡者鬧翻，又經歷了一次很嚴重而且始終無法完全復原的中風，因而在莫斯科郊外幾間陰鬱的退伍軍人醫院裡待了很久。最後他被一小群在蘇聯首都擁有人脈關係的荷蘭左翼分子救了出來，而且被帶到阿姆斯特丹。他寄寓在城市邊緣的一間老人院裡，我曾數度到那裡拜訪他。由於和這位至死不屈的堅毅病人有著共通的友誼，我（在老人院）遇到了會固定來訪的獨立出版商楊・麥茲（Jan Mets）。然而決定要翻譯《想像的共同體》並不是一個感傷的姿態，麥茲很清楚這本書在倫敦所得到的商業上的相對成功。荷蘭文譯本是我首度直接參與翻譯過程的經驗，因為我可以流暢地閱讀荷蘭文，所以我堅持要在送印之前親自檢查翻譯內容。出版社很不情願地答應了，然而他們警告我說譯者的英文要比我的荷蘭文好多了。在第一頁，我發現在下面這個句子「But, having traced the nationalist explosions that destroyed the vast polyglot and polyethnic realms which were ruled from Vienna, London, Constantinople, Paris, and Madrid, I could not see the train was laid at least far as Moscow」[35]裡面，「train」（也就是「fuse」〔導火線〕）卻被翻成不知所云的「鐵道線」。儘管不是全部，不過出版社對我提出的一些修改建議終於還是很不熱心地接受了。

挪威文譯本（*Forestilte fellesskap*）可能是緣起於我和哈勒德・波克曼（Harald Bøkman）教授的友誼吧。他是一位傑出的漢學家，專研中華人民共和國與東南亞交壤國界一帶的少數民族，也曾在康乃爾大學擔任過幾年的訪問學人。他是一個非常有幽默感的人，對於那個信奉毛主義的政權及其後繼者，則抱持著一種令人讚嘆的冷靜而毫不傷感的態度。總之，這本書是由斯巴達卡斯出版社（Spartacus Vorlag）所出版的。這是一間設立於一九八九年的小公司（每年出版二、三十種書），和波克曼之間有著很好的個人關係。書的封面設計顯示了新的趨勢：美麗而色彩繽紛地再現了挪威國慶日的遊行，主角則是穿著民族服飾的可愛幼童。當我問波克曼為什麼像這樣一個人口很少，而且多數民眾都能無礙地閱讀瑞典文譯本的國家還會需要一部挪威文譯本的時候，他笑著說：「你知道我們對瑞典人和瑞典文是怎麼想的吧。我們寧可讀英文原文也不願意讀瑞典文譯本。不過最好還是有一部我們自己國語的譯本。」

至於義大利文譯本（*Comuità immaginate*）的出現，可能是起因於我受邀到芝加哥發表一系列演講時和馬可．迪拉摩（Marco d'Eramo）的偶遇。迪拉摩是一位傑出的羅馬知識分子，同時也是義大利（歐洲僅存的？）高品質激進左翼報紙《宣言報》（*Il Manifesto*）的記者，當時他從報社休假，來到芝加哥大學撰寫一本關於這個城市歷史的書，後來 Verso 在二〇〇二年出版了這本書。我們很快就變成了好朋友，因此義大利文版的《想像的共同體》就在羅馬由宣言報文庫（Manifestolibri）出版。這家出版社是一九九一年由費爾特里耐利出版集團（Feltrinelli）有持股的宣言報所創立，一年只出版約四十種書而已，不過由於強調品質並且支持有才華的年輕作家，它出的書已經在大學講堂中被廣泛使用了。那令人愉悅的封面看來彷彿是從某部費里尼晚期電影中剪出的畫面。這個封面是可以被解讀為「民族主義式的」，不過我寧願依循德文版赫曼紀念碑封面的精神，把它想成是反諷的。

法文譯本（*L'imaginaire national*）是由弗蘭索瓦．蓋澤（François Gèze）主持的發現出版社（La Découverte）所發行。這是一個對翻譯作品有著嚴肅興趣的中型「獨立左翼」出版社（每年出版八十到一百種書籍）。發現出版社的前身是創立於一九五九年的著名的弗蘭索瓦．瑪斯培霍出版社（Editions Francois Maspero）。當瑪斯培霍在一九八三年交棒給蓋澤的時候，他同時也要求更改公司的名字。一九九六年正當法文版《想像的共同體》問世之際，該公司和成立於一九七四年，並且在法國左翼的政治與社會革新鬥爭中扮演了積極角色的西和出版社（Editions Syros）合併。這本書的封面是一張簡素的照片，照片中是一棟巴黎新古典建築的斷片，看起來簡直像是剛剛被馬勒侯（Malraux）清洗過。[36]反諷嗎？或許吧，然而是細膩的法國式反諷。這是第一次也是唯一一次，我直接而且充滿喜悅地從頭到尾參與了翻譯的工作。皮耶．埃曼紐爾．多薩（Pierre-Emmanuel Dauzat），這位法國最傑出的翻譯者之一不只生產了一份在很多地方都優於英文原文的文本，而且檢查了原書中所有的法文引注，並提醒我其中的若干錯誤。多虧了他，我因此得以發現一件有趣的事情。當我對法文書名 *L'imaginaire natinonale*（民族的想像）表達我的保留之意時，他回答說英文的「community」（共同體）一詞隱含著社會性的溫暖與團結之意，但是在法文裡面並沒有與此相當的語詞。（法文的）「Communauté」一詞（如 Communauté Européenne〔歐洲共同體〕）則帶有一種不可避免的冷淡與官僚之感。（馬可·迪拉摩後來開玩笑地寫信給我，說義大利文的「communità」一般意指藥物上癮者勒戒的中途之家。）

波蘭文（*Wspólotny wyobrażone*）和希臘文的譯本出現在一九九七年。波蘭文版是由記號社會出版學院（Społeczny Instytut Wydawniczy Znak）在克拉科（Kraków，而非華沙）出版的。關於這間學院我所知不多，只知道它是一家頗受好評的學術性書籍和小說的出版社。

然而希臘文版（*Phantasiakés Koinótites*）可就是另一回事了。奈弗利（Nepheli）出版社是由已故的自由左翼知識分子雅尼斯·都維查斯（Yannis Douvitsas），在帕帕多普魯斯—愛奧尼底斯（Papadopoulos-Ioannides）軍事政權垮臺（一九七四年）幾年以後所創立的。這是一間小而卓越的出版社，主要專注出版小說和精心翻譯的人文學科與社會科學類作品。除了書籍之外，它也出版三種期刊，《詩學》（*Poiesis*），《哲學》（*Cogito*），和《歷史學》（*Historein*，〔期刊副標題是〕*A Review of the Past and Other Stories*〔過去的以及其他故事的評論〕——以英文印行）。《歷史學》的精神導師一直是雅典大學的安東尼斯·里亞可斯（Antonis Liakos）教授，他先後在薩羅尼加（Salonika）和羅馬（他在那裡進行義大利統一的研究）接受學術訓練，一九八九年左右再赴伯明罕，並且在那裡加入了歷史唯物論研究群（Historical Materialism Group）。[37]當時，民族主義研究已經因為柴契爾主義的成功而被列入研究群的日程表之上。奈弗利也出版卡羅・金茲堡（Carlo Ginsburg）、[38]娜塔莉・齊蒙・戴維斯（Natalie Zemon Davis），[39]以及其他人的作品。這些書所針對的對象，是人文學科與社會科學領域的學生和年輕學者。然而正如它那嘲諷的副標題所暗示的，《歷史學》也有一個明確的政治目標，就是要「找希臘民族三千年史這個穩固意識形態的麻煩」。[40]

照希臘文版譯者波西蒂・漢札魯拉（Pothiti Hantzaroula）[41]的說法，一九九〇年代初期民族主義者舉行一系列遊行主張馬其頓之名屬於希臘所有的時候，她開始動了翻譯《想像的共同體》的念頭。出版這本翻譯的目的，是要確立一個反對的聲音，以及關於希臘民族如何被創造出來的一種另類思考方式。儘管這本書是提供給一般大眾閱讀的，然而主要對象還是大學生，因為當時大學裡面的歷史課程還受到十九世紀浪漫主義的強烈影響。[42]

一件具有啟發性的事是，《歷史學》批判的對象不是傳統的希臘右派，而是主要的左翼政黨，這些政黨至少從一九九〇年代初期起就愈來愈喜歡宣傳自己是「三千歲的希臘民族」，乃至東正教的捍衛者。里亞可斯教授注意到，就《想像的共同體》這個特定個案而言，（左翼政黨）指控《歷史學》是在提倡、出版、教授一本充滿錯誤百出的希臘史資訊與唯心論傾向，對於締造出現代民族的經濟轉型沒有充分著墨的書。[43]

或許我們可以說，隨著這個希臘文譯本的出現，一個「時代」終結而另一個新的時代開始了。一九九〇年代中期，喬治．索羅斯（George Soros）召集了一組學者和圖書館員，要求他們起草一份人文學科和社會科學領域中一百本（最近出版的）最重要著作的清單。[44]（幸或不幸的是，《想像的共同體》名列最終選擇之中。）他的計畫是要提供部分補助給前東歐共產國家和蘇聯瓦解後誕生的共和國的出版社，讓它們去翻譯這些著作。從這個有著龐大資金為後盾的跨國性努力之中，產生了以下幾種《想像的共同體》譯本——一九九八年的斯洛維尼亞文版（*Zamišljena skupnosti*）、馬其頓文版（*Zamisleni zayednisti*）、塞爾維亞文版（*Natsia: zamislenja zayednista*）和保加利亞文版（*Vobrazenije obshchnosti*），二〇〇一年的羅馬尼亞文版（*Comunităti imaginate*）、俄文版（*Voobrazhayemie soobshchestva*）和烏克蘭文版（*Uyavleni spilnoti*），以及二〇〇二年的立陶宛文版（*Isivaizduojauios bendruomenės*）。

這場努力奮戰涉及的（地理）範圍是如此之廣，因此值得我們中斷一下本文直到目前為止一直使用的嚴格年表式敘事順序。

幸運的是，索羅斯的開放社會學院（Open Society Institute）所推動的這個翻譯計畫的負責人雅娜．熱諾娃（Yana Genova），自己就是《想像的共同體》保加利亞文版的譯者。最近，她很親切地向我做了這些說明：

開放社會學院的翻譯計畫……約開始於一九九四年，目的是為高等教育的更新，以及為支持對社會和政治議題的一種具有知識基礎的公共討論，提供最起碼所需之社會科學基本著作的東歐在地語言譯本。最早是一九九五年在羅馬尼亞和保加利亞開始辦理獎助金申請與評比，接下來幾年也在其他各國迅速開辦。開放社會學院已經為近兩千種譯本花了大約五百萬美金。推薦書籍的清單……是給出版社參考用的，它們也可以提出人文學科領域的其他書籍……獎助金支付全部出版成本的三成到八成，多寡則視不同國家的情況而定。這個計畫對各國所產生的影響並不相同，因為各國的書籍出版量差異很大，而且也不是每個地方都執行得很好。然而我可以充分自信地說，這個計畫對於人文學科和社會科學從過去到現在在這個區域被教授的方式，產生了巨大的影響。例如，在保加利亞和烏克蘭主要大學的十一個學門開列的閱讀書單裡，由這個計畫所支持的翻譯作品便占了全部書目的四〇％……所有（出版你的書）的出版社都是一九九〇年代初期創立的小型（二到十名員工）獨立公司。它們出版學術性書籍，而且大多是依賴像索羅斯這樣的私人捐贈者、像法國文化協會這樣的外國政府機構，還有——在最近——歐盟的文化事業計畫的資助而存活。

關於這些譯本，除了雅娜·熱諾娃所慷慨告知者之外，我尚未得到更多的資訊。斯洛維尼亞文版是由人文研究（Studia Humanitatis）所出版，馬其頓文版是文化出版社（Kultura），塞爾維亞文版是柏拉圖知識文庫（Biblioteka Episteme Plato），保加利亞文版是批評與人文主義出版社（Kritika i Humanizm），羅馬尼亞文版是綜合出版社（Integral），俄文版是經典出版社（Kanon-Press），烏克蘭文版是批評社（Kritika），立陶宛文版則是白色平原出版社（Baltos Lankos）。關於這些出版社我只有一些資訊。批評與人文主義是一九九一年在索菲亞創立的獨立公司，如今已成為保加利亞唯一專門發行人文學科與社會科學書籍的出版社。它的主要目標在出版許多翻譯（似乎主要是法文作者的作品）以支持「這些學科內部的多元主義氣候」。由於塞爾維亞文版顯然是以基里爾文字（Cyrillic script）的形式脫胎於一九九〇年在札格列布出版的塞爾維亞-克羅埃西亞文版，這兩家出版社之間可能有一些財務上或其他方面的關係。俄文譯本有一段奇妙的歷史。一部很糟的，而且可能是盜版的譯本確實在一九九八年由經典出版社所出版。這是由莫斯科的基礎社會學中心所創立的「人的境況（Conditio Humana）」叢刊系列中的一冊，這個系列還出版孟德斯鳩、柏克（Edmund Burke）、馬克思、韋伯、柏格森（Henri Bergson）和施密特（Carl Schmitt）的作品。後來這本書被全面而專業地重譯，然後「在開放社會學院的協助下，被納入該學院的超大型計畫『普希金圖書館』架構中」，而由經典出版社在二〇〇一年合法出版。值得附帶一提的是，所有這些「索羅斯」譯本的封面都是簡單素淨的，完全沒有向商業行銷或明顯的民族主義想像讓步。

與此同時，二十一世紀初期的西歐則生產了一些有趣的《想像的共同體》變異種版本（variations）。二〇〇一年，有著迷人而難解的「後現代」封面的丹麥文譯本（*Forestillede faellesskaber*），在羅斯基爾德大學出版社（Roskilde Universitertsforlag）手中問世。這是第一部由大學出版社出版的《想像的共同體》譯本。譯者是精力充沛的年輕教授拉斯·簡森（Lars Jensen），當我問他既然已經有了挪威文版和瑞典文版，為什麼還需要一個丹麥文版時，他的回答和哈勒德·波克曼差不多。事實上他是這麼說的：「沒錯，我們是讀得懂這些譯本，不過我們應該擁有我們國家自己的譯本。」二〇〇三年，米洛斯拉夫·荷洛區把《想像的共同體》捷克文譯本的頭兩章放進他的論文選輯教科書《民族與民族主義的諸家觀點》（*Pohledy na narod a nacionalismus*）之中。這本教科書是由普隆（Plon）「社會學」出版社在布拉格出版的。二〇〇五年，加泰隆尼亞文譯本（*Comunitats imaginades*）出現了，這是由艾佛斯出版社（Editorial Afers）和瓦倫西亞大學合作出版的。同一年，里斯本的七〇出版社（Edições 70）在最初那本不是很好的聖保羅版葡萄牙語譯本出版十六年後，出版了一部傑出的譯本。然而拜巴西愚蠢的「外文」書關稅政策之賜，巴西人必須付出大幅增長的高價才能擁有這部新譯本。最近，在二〇〇七年，喬・庫爾提（Joel Kuortti）的芬蘭文譯本（*Kuvitellut Yhteisöt*）也由獨立的知識型出版社法斯塔派諾（Vastapaino）出版了。

現在只剩下一九九八年之後在歐洲以東出版的七個譯本的故事需要簡短討論一下了。在一九九九年，不同的譯本分別出現在臺北、臺拉維夫，以及開羅。臺北版的譯者是吳叡人，一個反抗國民黨獨裁統治鬥爭的年輕英雄。他是一位堅定但卻心胸開放的臺灣民族主義者，也是一本打破因襲成見的傑出的芝加哥大學博士論文的作者，在這本論文當中他討論了臺灣民族主義複雜的起源和發展。追隨著白石隆和白石沙耶（翻譯本土化）的腳步，這位譯者在譯稿中加入了大量的解釋注腳，並且寫了一篇長長的學術性導讀，從而將原書意圖的「聯合王國內部論爭」（UK polemic）轉化成對今日臺灣年輕人而言具有相關性的思考論題。出版者是時報出版公司，臺灣最大的商業出版社，可是……唉！等一下我們就會看到，它卻沒有絲毫叡人的誠實和政治獻身精神。[45]

希伯來文譯本（*Qehiliot madumaynot*）是在以色列開放大學（Open University of Israel）的贊助下出版的，目的在介入公共討論，批判流行的錫安主義——右翼政黨聯盟（Likud）的正統意識形態。這個譯本收錄了一篇由阿茲米．畢夏拉（Azmi Bishara）所寫的導讀。他是以色列最重要的巴勒斯坦族裔政治人物，同時也是一位研究馬克思和恩格斯的學者，當德意志民主共和國（DDR，編按：東德）還存在的時候，他在耶拿（Jena）大學完成了博士學位。很妙的是，這個譯本的封面設計看起來像是一幕耶誕時節佛蒙特（Vermont）的雪景。然而阿拉伯文版（*Al Jamáat Al Khayaliah*）卻有著完全不同的起源和意圖。聯合國的一些報告指出，「阿拉伯」世界所出版的翻譯作品數量遠低於地球上其他地區，或許是受到這些報告的刺激，埃及教育部轄下的最高文化會議（al-Majlis al-Ala lil-Thaqafah）在一九九五年展開了一項大規模的翻譯計畫，由嘉伯．艾斯富（Gaber Asfour）博士主導。該計畫在成立後的十年間，已出版了上千種翻譯書籍（發行量通常是一千冊），包括聶魯達、盧梭、托洛斯基、佩索亞（Fernando Pessoa）、卡夫卡、艾略特、黑格爾、沙特、吳爾芙、傅柯、卡瓦菲（C.P. Cavafy）、杭士基與佛洛伊德本人的作品，以及針對這些作者的論著。一開始大部分是盜版書，包括《想像的共同體》（第八十一號）在內。這些書以低廉的補貼價格販售，而且幾乎在整個埃及境內都可以買到。由於這個計畫非常成功，所以有可能即將成為最高文化會議底下的常設部門。

在萬年執政的印尼蘇哈托政權垮臺之後（一九九八年五月），審查制度大體上已經廢止了。數十家有好有壞的出版社遂如雨後春筍般出現，其中有許多專門重新出版長期被禁或者官方故意造成絕版的書。當我在睽違二十七年後首度被允許重返印尼時，很快就發現在約格雅加達（Jogjakarta）的一家惡名昭彰的無恥出版社Pustaka Pelajar已經倉促推出盜版的《想像的共同體》譯本了。這家出版社專靠這個大學城的學生的好奇心和無知來賺錢。我成功地迫使他們回收這本書，不過不是為了金錢上的理由，而是因為翻譯品質實在太糟糕了。靠著過去幾位學生的協助，以及來自福特基金會雅加達辦公室的補助，一部大幅重譯的新版本終於在二〇〇一年出版了（*Komunitas-Komunitas Terbayang*）。我從吳叡人的翻譯得到暗示，在這個譯本中用口語的印尼文加了很多補注，以便協助學生瞭解書中許多英文讀者一望即知的隱喻和指涉（allusions and references）。這次的出版社是INSIST，一個專門從事資訊自由議題的進步非政府組織（NGO）——唉！時至今日，它卻已因內部派系衝突而陷入停滯狀態了。

值得一提的是，當我想為馬尼拉最大的出版社安維爾（Anvil）二〇〇三年在菲律賓出版的廉價英文版提供同樣的協助時，卻遭到義正辭嚴的拒絕。可不是嗎？受英文教育的菲律賓學生當然會懂得書中提及的所有事情了（references）！

最後則是兩個奇特的版本，一本二〇〇三年在上海出版，另一本則預定於二〇〇六年稍晚之時在曼谷出版。在中華人民共和國的出版者是上海人民出版社，一間龐大的國營集團。到頭來，這個《想像的共同體》譯本是它和臺北的時報出版公司之間一項祕密交易的產物。這個祕密交易不但聯手進行了一次實質上的消極盜版（negative piracy），也允許上海方面的共謀者任意刪削吳叡人的文字。一個值得注意的結果是，對偉大的舵手和黨近來對馬基維利式「官方民族主義」的心力投注做了一些反諷評論的第九章整個被刪除了。「你應該把這件事看成是對你的恭維，」一位中國朋友面帶淘氣的笑容說：「只要是他們打算出版的書，他們幾乎從來不會刪除一整章的。比方說，看看希拉蕊・柯林頓吧——那本書也不過是這裡砍幾行，那裡刪幾句而已！」叡人的導讀也在他不知情或者未經他同意的情形下遭到刪削，儘管那是關於我的個人背景、寫作《想像的共同體》的政治與知識脈絡、書中主要論證與蓋爾納和史密斯作品的比較，以及中國研究專家杜贊奇和（後殖民研究理論家）恰特吉對本書的批評的一篇嚴謹而學術性的記述。[46]文章結論把臺灣稱呼為一座「美麗而庸俗，熱情而反智」，而且前途依然如此不確定的島嶼[47]——或許是對臺灣的這個召喚（invocation），注定了它要得罪北京審查官員的命運吧。[48]

現在已近完稿的泰文版是一群進步而具有批判精神的教授的集體創作，他們之中有幾位是我以前的學生。在逐章檢查譯稿時，有一件事情令我非常驚訝。由於泰國王室擁有如此獨特的光環，所以我預期到譯者們在描述泰國古今諸王的任何活動時，都會遵照（官方）要求使用特殊的「封建」語彙。然而我不曾預想到的是，他們會把同樣的特殊語彙也應用到所有的外國君王，包括像倫敦的征服者威廉、巴黎的弗蘭索瓦一世、維也納的法蘭茲二世，以及柏林的威廉二世等這些令人生厭的人物。我提出了反對意見，指出《想像的共同體》整本書的精神是共和主義的，而且我在處理書中所有君王時幾乎都是語帶反諷和敵意的，然而這個反對意見馬上就被否決了。「你不瞭解我們的傳統和我們的處境。」帶著既好笑又疑慮的心情，我期待著這本可能會被看成是第一部「保皇版」（royalist）《想像的共同體》譯本的出現！[49]

在如此殘缺不全的證據基礎上，我們又似乎能夠得到什麼確切的初步結論呢？

地理分布。除了開放社會學院在一九九〇年代後半為東歐和前蘇聯發動的聯合翻譯計畫這個例外之外，很少證據能夠證明一個起源於「西方」，後來終結於**前**第三世界（ci-devant Third World）的階段性時間層級序列（graded time-hierarchy）確實存在。在《想像的共同體》初版問世之後的最初十年間，我們找到了兩個西歐版本（德國和瑞典），一個東歐版本（南斯拉夫），兩個拉丁美洲版本（巴西和墨西哥），兩個亞洲版本（日本和韓國），以及一個近東版本（土耳其）。歐洲語言譯本的大量湧現是從一九九〇年代後半才開始的。就我所知，所有這些譯本都是以英文原文為本，並非根據先前出版的區域性或殖民霸權國家語言譯本，而這顯示了英語在全球的非凡優勢。

與此同時，如果我們考慮到那些有著大量口頭使用者以及——在一個有地區性差異的較小範圍內——大量讀者的語言時，（若干語言譯本的）缺席就變得很顯眼了。最明顯的例子是有著數以百萬計閱讀烏爾都文（Urdu）、印地文（Hindi）、孟加拉文、塔米爾文（Tamil）等語言人口的（印度）「次大陸」。之所以造成這個空白，必然要歸因於英國殖民的遺澤。或許會讓人感到吃驚吧，英國殖民統治的結果是，即使到了今天英文仍然是「國家層次」的教育與思想論述的支配性語言。第二個例子是非洲（如果我們認定埃及地處近東的話）。比方說，並沒有史瓦希利文（Swahili）、阿姆哈力克文（Amharic）、沃洛夫文（Wolof），或者豪撒文（Hausa）的譯本。50或許我們可以舉在大多數非洲國家中，前殖民者的語言（法文、英文及葡萄牙文）享有官方和高等教育語言地位的事實為由來解釋這個空白。然而（前殖民者的）語言支配現象本身，就需要從非洲大陸各國在達成獨立後動盪不安的經濟、社會與政治條件來加以解釋。越南文譯本的付之闕如可能只是暫時的，因為這個急速發展的國家會從三十年的恐怖戰爭所強加的思想隔離中掙脫而現身（於世界思想的舞臺）。最奇怪的個案是西班牙母國（Mother Spain）。在經過十五年的等待之後，她依然尚未效法葡萄牙迎頭趕上其巨大的美洲殖民地（譯按：巴西）的決定。在另一方面，西班牙卻也是唯一一個「次民族的」（sub-national）語言譯本（加泰隆尼亞文）已經出現的國家。

出版社和讀者。我手頭上並不完整的資料透露了一些非常驚人的模式。首先，只有一家出版社（墨西哥的文化經濟基金）的歷史可以追溯到二次大戰之前；絕大多數都成立於過去三十年間——或者應該說，成立於讓整個世界陷入騷動不安的「漫長的六〇年代」（long 1960s）剛結束之後。其次，我們可以清楚看到這些出版社多數是中小規模，而且在不同程度上具有獨立性格。這種獨立性必須從三個角度來觀察。只有在墨西哥、南斯拉夫、埃及和中華人民共和國（在當地的《想像的共同體》譯本出現時都是一黨獨大的威權國家）的個案中是國營出版社。另一方面，只有在臺灣的個案當中我們才看到一間大規模的私營商業出版社，此外也沒有任何龐大的跨國集團介入的個案。或許讓人更驚訝的是，儘管《想像的共同體》讀者群具有特定屬性（對此下文將有較多討論），大學出版社卻相對少見：可以看到的只有以色列開放大學、羅斯基爾德大學、瓦倫西亞大學，或許還可以加上克拉科的記號社會出版學院。第三，就可明確辨識者而言，各出版社的政治傾向主要涵蓋了從（政治意義上的）自由派到不同類型的獨立左翼。或許我們可以說，如果考慮到 Verso 的政治立場和我個人的政治偏好，那麼會出現這樣的模式並不讓人驚訝。

誠如前述，《想像的共同體》最初以那樣的形式出現，所針對的主要是聯合王國，其次是美國受過良好教育的一般大眾。這本書並不是從我自己的學術專業領域（容我說，那是「政治學」）或其他任何學科的角度出發，或者說是為了這個學科或其他任何學科而寫成的。我也盡力確保它不夾雜任何學術專業用語。我當時一點也沒有想到這本書會變成大學用的教科書，然而大體上不管是英文原文還是譯文，成為大學教科書已經是它的命運了。不過我們不應該用一種過於盎格魯－薩克遜的方式來理解這個命運。在世界上很多地方，學生和他們的老師扮演著遠比英國和美國的師生更為重要的政治與社會角色，而且這種角色總是帶有某種程度的典型的反對性格。然而這個角色的出現是相當晚近（二十世紀初期）的事——這是為什麼「學生」只有零星出現在《想像的共同體》書中的一個原因。

在試圖找出為何《想像的共同體》結果會那麼廣泛地，而且相當迅速地以「教科書」的姿態被翻譯出來的原因時，我發現了以下幾個最可能的答案。

首先，原來它的論爭攻勢具有意想不到的廣泛魅力。在一九八〇年代，它是唯一一本旨在對抗歐洲中心主義，而且運用了非歐洲語言材料的民族主義歷史的比較研究。它也是唯一一本明顯地偏好（在地理、人口或者世界政治影響力上的）「小國」的民族主義論著。在世界上很多地方的大學教師和學生，如果他們有一點政治獻身的熱情，通常會屬於左派或者同情自由左派，而且對於《想像的共同體》所意圖達成的目標有著開放的態度。這本書雖然以英文寫成，然而它的矛頭卻有部分對準了英國和美國帝國主義，這可能也是原因之一。然而其次，透過「想像的共同體」這個概念的提出，《想像的共同體》這本書以一種弔詭的方式將一種對所有民族主義者都具有吸引力的有機社會連帶（gemeinschaft）和某種令人不安的事物併置在一起了。這種令人不安的事物，既非如「獨角獸」一般是「空想的」，也不像「電視機」一樣是理所當然「真實的」，而是某種類似包法利夫人和葵克（Queequeg）[51]那樣的東西——只有在福樓拜和梅爾維爾開始為我們想像著他們的時候，他們才開始存在。這個論式打開了一扇大門，使人得以對大多數當代國家中那種經由大眾傳播和國家控制的教育機構而被廣為宣傳的「自古以來的」民族主義做批判性的評價。以同樣弔詭的方式，《想像的共同體》既明顯同情很多型態的民族主義，但卻又刻意地漠視民族主義者所摯愛的特定民族主義神話，而只對民族主義意識的一般類型學表達較高的興趣。最後，這本書試圖將某種歷史唯物論與後來被稱之為論述分析（discourse analysis）的方法結合在一起——馬克思主義的現代主義與後現代主義一詞尚未出現之前的後現代主義（postmodernism *avant la lettre*）之聯姻。我想這有助於解釋一九九五年以後出版的不同譯本封面的圖像學。這些封面圖像通常可以解釋為天真的，或者反諷的（挪威相對於義大利？）。

對於渴望開發學生們進步而具有批判精神之公民意識的教師而言，《想像的共同體》另一項有利於教學之處就是這本書所採用的那種不尋常的比較方式：美國是和委內瑞拉而不是和英國並列，挑起日本和沙俄與英帝國（Imperial Ukania）[52]而不是日本和儒教亞洲近鄰如中國之間的對立（對比），讓印尼和瑞士而不是和馬來西亞哥倆好。對於想要打倒天真的民族例外論（national exceptionalism）和虛偽的「文化－區域的」陳腔濫調（如惡名昭彰的「亞洲價值」論之流）的教師們而言，這樣的比較是有用的。

刺激。在許多個案之中，促成翻譯的原始刺激來自何處是難以確認的。可以確定的是Verso並沒有特別鼓勵翻譯，而那些由我過去的學生所做的翻譯（日文、印尼文和泰文）都是自發的，並非出於我的主導。

在一個比較不重要的意義上，這樣的模式似乎是在支持《想像的共同體》用「盜版」——強調地方主導而非外部強制或盲目地模仿——的隱喻來描述民族主義以不同形式在全球快速擴散的過程。不過在可以清楚辨認刺激來源的個案中，開放社會學院試圖將東歐和前蘇聯加盟國的政治文化朝自由多元方向改造的大規模運動，無疑是最明顯的。曾經在美國和英國待過一段時間的教師和學生們當然也扮演了一定的角色，因為在那兩個國家，《想像的共同體》從一九九〇年代初期起就已經成為普遍使用的教科書。然而最具啟示意義的個案，是那些懷抱著超越了立即教育性目的之意圖的翻譯者和出版社。一九九〇年的塞爾維亞－克羅埃西亞文譯本會出版，是因為西爾娃．梅茲娜瑞奇和她的同志們希望這本書能夠對那場試圖挽救「南斯拉夫」使其免於血腥自我毀滅的鬥爭有所助益。吳叡人譯本的目的，則是要透過從比較觀點解釋臺灣民族主義為何出現較晚，以及透過削弱北京基於中國民族主義和從滿族皇帝繼承而來的「祖先基業」而對這個島嶼所做的所有權宣稱，來激勵強化臺灣民族主義。而正如我們在前面看到的，希臘文譯本是要抑止針對「馬其頓」的愚昧地方沙文主義，並且批判左翼諸政黨採行本質上屬於右翼民族主義立場的懦弱或無恥作為。同樣的，以色列開放大學那部收錄了由一位知名的巴勒斯坦裔以色列人所寫的導讀的希伯來文譯本，也是對於在右翼政黨聯盟統治下國家持續倒向種族隔離制的一種抵抗。無疑的，加泰隆尼亞文版也試圖要協助加泰隆尼亞獲得在一度曾有「諸西班牙」（Las Españas）美稱之西班牙王國境內的最大可能自治權。[53]

轉型。如俗諺所云，作家在他／她的書出版，進入公共領域的瞬間就失去了這本書。然而沒有什麼比面對一部被譯成了原作者不懂的語言的書，更讓人全面感受到這句諺語令人悲傷的力量了。他，或者她，並不知道這本書遭遇了什麼命運：誤解、扭曲、逐字逐句直譯、增加、刪減，或者：創造性的改寫、具有誘惑力的重新詮釋、被更動的重點，以及比原文更美麗的文體。因此，起初我對德國和墨西哥的譯者完全沒有和我溝通，以及荷蘭文譯稿直到最後一刻才送到我手上感到有點生氣。我那時相信這本書還是「我的」，而且忘記了那句帶有嘲弄意味的箴言「traduttori, traditori」（譯按：義大利諺語，「翻譯者即反叛者」）：翻譯必然是有用的背叛。我在和皮耶．埃曼紐爾．多薩之間一段長期而溫暖的通信過程中學到了一課。雖然英格蘭和法國是近鄰，但是將法文譯成英文是出了名的困難，反之亦然。法文版中有著我連作夢都想不出的優雅文字，還有一些對原文的重新處理，這些重組過的字句讓我看到了自己「真正」想說卻無法適當表達的東西。通信本身也是一個教育過程，而關於這點最具象徵性的例證是，我發現了 community 一詞在拉丁語特性的表象之下隱藏著和日耳曼語的 gemeinschaft 的派生關係，還有法文 imaginé 無法傳遞英文 imagined 所蘊含的種種悲傷嚴肅的可能性。我所學到的最後一個教訓來自那本被偷譯的最初的印尼文版。印尼文是英文之外唯一一個我能夠完全運用自如的語言。很快發現那個譯本中有許多不知所云的段落之後，我展開兩、三個月的密集工作，一行一行進行「更正」。工作成果是一個我認為在概念上對印尼學生而言變得非常容易理解的版本；然而它讀起來依然死氣沉沉，毫不生動，因為我並沒有充分背離原文。英文那種精緻複雜而能表達微妙差異的動詞變化體系，還有它對主動的、「支配的」（imperial）語態的典型堅持，在優雅的印尼文裡面是見不到的。印尼文傾向被動語態，而且還蒙上天賜予一個無法翻譯的動詞字首ter，一旦在文章中使用了這個動詞字首，行動的主體與客體之間的對立軸線就會消失在語意的迷霧之中，所描述的場景則變成純然機遇與偶然的產物，反而與行動無關了。優美的印尼文至今仍然充滿了正式英文中早已消失的口語性（orality）——這是為什麼英文化的印尼文學術寫作就算寫得出來，還是要比英國或美國的這類寫作顯得更難看。正因如此，最初我才會高興地用一種能夠引起注意，但卻不會激怒、困惑，或者驚嚇讀者的日常性語言來為這本書加上解釋注腳。然而到了最後，我瞭解到我正在假裝自己是印尼人（impersonating an Indonesian），正在用一種小規模的自我盜版（self-piracy）來打擊主要的「盜版」，而且徒勞無功。「我不該再做這些事情了，」我告訴自己：「這根本就是政治腹語術，[54]而且等於是在用一種非商業性手法保護美國人對『知識』（！）財產權的荒謬堅持。」這是為什麼當我在檢查「保皇版」的《想像的共同體》泰文譯本時，就已經決定要做一個翻譯的叛徒。《想像的共同體》已經不再是我的書了。

譯後記

「翻譯（這個文學形式）被賦予的任務，」華特．班雅明如是說：「……是去守護看顧原文的成熟過程，以及翻譯自身出生之陣痛。」[1]是以在那簡陋風寒永遠黃昏的地下室，我凝神守護一個想像的成熟，看顧一個共同體的誕生，遺忘日光、雨雪、風，與霧。我以驚異與敬畏，注視一座繁複深邃的言語之林的現身——a forest of language！而我是森林裡的 Hansel und Gretel，在令人困惑的黑暗中搜尋路跡與橋梁，我逐漸感覺我無知的步伐與四周的言語之樹一同成長，我愈來愈清晰地聽見言語之樹的思想。當月光終於燃起一盞微亮的燈，我看見我足跡行過，我汗水滴落的土地上，長出了一片新生的，謙遜的言語之林。

這段翻譯之路大體上是獨自走過的，在芝加哥地下室的荒涼隱遁中，巴哈的《郭德堡變奏曲》為我記錄時間之流，舒伯特的《冬之旅》伴我進入羈旅之夢，而吳晉淮的〈港口情歌〉幫我記憶了那即將遺忘的故鄉的方向。這其中沒有知識的傲慢，只有禁錮經院多年造就的疏懶與固陋。然而也有與我中途邂逅，偶而同行一程的旅伴，如芝大音樂系的楊建章在音樂學與德文上對我的指點，如芝加哥神學院的羅興隆牧師在基督教神學上對我的開示，也如遠在鴨川之畔京都大學法學部的舍弟豪人就《羅馬法大全》為我做的殷殷解說。他們的慷慨相助，挽救了我疏懶無知的危機。然真正將我自無知的深淵釋放出來的，是我和我的日本同窗友人石田淳共同稱之為 "the" library 的芝加哥大學 Regenstein 圖書館。在解讀安德森以其歌德般的淵博與文采在《想像的共同體》裡面所構築的民族之謎過程中，這座偉大的圖書館成為我時時叩問的，最忠實最關愛的導師。如果沒有一座偉大的知識之城相伴，淺陋的我們如何面對一切經典所呈現的那種難以穿透的厚度呢？

「即使當所有表面的內容都被擷取出來，而且被傳遞過去了，」班雅明如是說：「真正的翻譯者的主要關懷仍舊是難以捉摸的。」[2]然而《想像的共同體》的翻譯者的「主要關懷」竟是如此難以捉摸嗎？在政治學、哲學與歷史的歧路徘徊，在臺灣史、日本史、中國史和西洋史的地圖上流離，在民族主義研究的迷宮裡徬徨，在知識與政治之間掙扎，從青年到壯年，這一切都是為了尋找回家的路。這一切都是為了 Hölderlin 的那幾句詩：

Freilich wohl! das Geburtsland ists, der Boden der Heimat,

Was du suchest, es ist nahe, begegnet dir schon.

啊，是的，這是你出生的故土，你故鄉的土地；你所要尋找的已經很近了，你最終將會找到的。

為著走找咱的福爾摩沙。

吳叡人謹識於芝加哥大學，一九九九，三，二十三。

帝國／臺灣

在這場演講的開端，我必須先承認我感到緊張而尷尬。我確信在座各位大多已經知道，儘管我出生於昆明，而且我的父親能夠流暢無礙地聽、說、書寫以及閱讀中文，但是我本人對於中國、臺灣、日本卻極端無知，而且也不懂這些地區的語言。因此之故，我希望各位能夠諒解我在以下的發言中所犯的錯誤，以及所做的種種預設。以下我想提出的看法的靈感，得之於兩個來源。第一個來源是近年來在歐洲、北美、俄羅斯、中東等地學術界對「帝國」這個概念，以及對於約略從一七五〇年至今這段時間內各主要世界性帝國的實踐經驗之比較，重新產生了興趣。這種對帝國的興趣有部分是衍生自近年來歷任美國政府的作為，以及如何將美國這種洋洋自得的全球性支配加以理論化的問題。有些保守的美國學者現在對美利堅帝國的理念——他們指的當然是良性的帝國——公然引以為傲，以為這意味著美國在國際地位上的上升。另外還有部分則是衍生自民族主義的目的論式威信（teleological prestige）的普遍衰退。[1]在超過一世紀以上的時間之中，民族主義一直被廣泛地視為人類邁向後帝國時代的一個嶄新的、更美好的、更和平的世界的一大步。然而誠如霍布斯邦在他的著作當中所呈現的，民族主義成為普世規範的二十世紀，無疑地也是人類史上最充滿暴力的、最具毀滅性的世紀。從這個觀點之中，出現了一種將帝國美化，而且在某些地方，甚至還對帝國感到懷舊的思考傾向。在那些現在已經變成小國，但是曾經是世界級大國的歐洲國家當中，這種傾向最強。最好的例子是英國與法國，以及俄羅斯——如果我們將它視為歐洲的一部分的話。不過，在中國這種傾向也愈來愈明顯可見了。在那裡，大量的知識和國家宣傳現在被專門用來歌頌那些在三十年前還被蔑視為殘暴剝削的壓迫者的帝王。如果在未來的二十年當中，我們在日本也看到對舊日本帝國的某些面向愈來愈公開的讚美，我也不會感到太驚訝。特別是在當「全球化」的學術流行在知識上的動力開始枯竭的時刻，這種對帝國美化與懷舊的現象，不論就歷史或當代的角度而言，確實都是饒富趣味的。我靈感的另一個來源，是我的朋友吳叡人最近寫的一篇關於臺灣民族主義的起源與發展的傑出博士論文——我相信這篇論文很快就會被出版的。這篇論文當中的一部分，對於在一八六八到一九四五年之間出現的日本帝國的特殊性，做了高度複雜細緻的討論，而且這個討論，同樣也是在比較的脈絡中進行的。

不管對哪一種的歐洲人而言，最初，而且最偉大的帝國，就是羅馬帝國。在它的全盛期，羅馬帝國的領土延伸四千英里以上，涵蓋了從今天的蘇格蘭南境到今天的埃及最南端，以及從今天的大西洋岸的摩洛哥到波斯灣與裏海之間的地域，並且控制了整個廣袤的地中海的周緣地帶。這個帝國也以各種不同的形狀和大小，從西元一世紀初開始持續存在，一直到十五世紀中葉為止。在歐洲，從來沒有出現任何堪與羅馬帝國的遼闊疆域與穩定性相比擬的其他國家或政治體。然而，認為羅馬帝國既然是一個「帝國」，**因此**必然擁有一個「皇帝」的這種想法，其實是在羅馬帝國這個實體本身已經出現而且存在很久之後，才開始發展出來的比較晚近的思考方式。這種思考方式也反映了歐洲思想之逐漸趨於抽象化，以及從成文羅馬法的驚人發展所產生的，至今仍然極端強大的影響力。不過，在古拉丁文裡面，我們或許可以說 impeirum 這個字——也就是「統治」的意思——的第一個字母是用小寫表示的，而且附屬於用大寫表示的 Imperator——統治者本人——這個字之上。一個特定的 Imperator 只要活著就不會變更，但是他「統治」下的疆域卻隨時可變。Imperator 這個頭銜在今天被翻譯成「皇帝」（Emperor），但它最初意指軍事的統治者——事實上和日文所謂「將軍」差距不遠。（羅馬帝國的）第一個君主奧古斯都（不稱王而）採用了這個頭銜，以表示對羅馬的共和主義傳統的敬意，因為在他之前的數世紀中羅馬從未有過一個「王」（rex / king）。因此從起源而論，Emperor 是王（king）的對立面。然而在奧古斯都死後，他的子孫將他神格化，而時日一久，Emperor 遂逐漸開始意指較任何王都要偉大崇高的半人半神的統治者（即今天所謂的皇帝）。而事實上，在羅馬皇帝的統治下，特別在今天的中東地區，確實存在為數眾多在位的王，而在經過一段時間之後，皇帝這個關鍵性的身分於是變成一種特殊的超級國王（super king）的地位。每一種歐洲語言當中都有意指「王」的語彙，但是在這些語言當中我們卻完全找不到相當於「皇帝」的本地語彙。要發現這個字我們非到拉丁文去找不可。此外，想成為皇帝，而且讓這個地位被接受，並不是一件容易的事。法國要到一八〇四年拿破崙稱帝才有第一個皇帝，而英國則要等到十九世紀後半的中期，當維多利亞成為印度女皇之時。當國際傳播與競爭與日俱增——尤其是進入十九世紀之後，「皇帝制」（emperorship）遂擴散到全球各地。中國人或許尊崇獨一無二的「天子」，但是只要出了中國境外，這個稱呼就變得讓人無法理解或者很可笑。日本人或許尊崇天照大神後裔的天皇，但是一旦出了日本境外就從來沒人聽說過天照大神，而且就算有人聽過，他們也只會覺得這是怪誕的迷信。在世界上國王仍多如過江之鯽的年代，面對著中國或日本的統治者有可能成為（眾多國王當中的一員的）中國國王或日本國王的可能性之時，中國和日本的領導者們堅持他們的統治者非叫做皇帝不可。（與此相同的身分意識，炮製了那個更滑稽的「大元帥」（Generalissimo）——不只是元帥而已——蔣介石。）[2] 暹羅、波斯、尼泊爾和埃及可就沒法這麼幹了——在國際上，他們的統治者只能維持著國王的身分。

「皇帝」所擁有的極高的地位，從意識形態和文化上，衍生自兩個根源。首先是一個由上——從天、太陽神、阿拉，和上帝——而下組織而成的，上下落差極大的身分階層體制。皇帝們甚至比任何國王都要更著意地藉由擴大他們和治下所有其他人的社會距離，來維持自身至高無上的地位。宮廷內的語言使用與禮儀，還有我們或許可以視為從皇室的跨國性產生的無國籍屬性，對維持這個社會距離都很有用處。大約從一千年前開始，先後有諾曼-法國裔、威爾斯、蘇格蘭、荷蘭和日爾曼裔的王朝統治過英格蘭，然而這之中，沒有英格蘭裔的王朝。法國最後一個較長久的王朝的統治者們體內充滿著義大利人、奧地利人和西班牙人的血液。清朝的「外來性」只有在其統治中國兩個半世紀後才顯得特別清楚。如果日本皇室似乎有可能是源於朝鮮半島，那麼這件事情是在什麼時候才開始變得很重要，而且需要被保密的呢？有趣的是，即使到了今天，如果有人問一個英國人或日本人是否伊莉莎白二世或者明仁天皇被算進全國人口普查當中的時候，他所得到的答案總是先嚇了一跳，然後再承認自己一無所知。

第二個根源其實就是規模（scale）。根據一般的理解，皇帝總是統治著巨大而且充滿差異性的領土和人民。馬可．孛羅告訴我們，偉大的忽必烈汗如何大張旗鼓地進行基督徒、穆斯林和猶太人的宗教敬拜儀式。他的行動正象徵了他所統治地域的大小。鄂圖曼帝國的皇帝或蘇丹們的個人近身護衛是基督徒組成的部隊所擔任的，而且他們也啟用信仰東正教的希臘人和不那麼遵循東正教教義的亞美尼亞人擔任國家要職。歷任沙皇當中事功比較輝煌者自稱為「全俄羅斯人的沙皇」。如果今天我們在電視上看到伊莉莎白二世威儀堂皇地安坐在拉哥斯[3]的某處，身邊簇擁著來自前大英帝國領土各地的黑色皮膚、棕色皮膚，和白種的首相們，我們所看到的正是殘餘至今的一點「帝國的規模」的景象。

我前面所講的這一切的用意，其實只是想強調所有的皇帝制都隱含了一個從神或半神的存在逐步下降到奴隸或農奴的，上下落差極為巨大的陡峭的社會階層體制。此外，我也想強調皇帝制同時意味著一個具有高度異質性的臣民群體，雖然這種異質性終究也還是有其限度的。不過，在十六、十七世紀時，幾乎要撕烈歐洲的可怕的宗教戰爭，使得想要在一個皇帝統治下同時包容大量的舊教徒和新教徒這樣的事情，變得幾乎完全不可能了。幾個例外，像柏林統治下的波蘭，和倫敦統治下的愛爾蘭，也終將因內在衝突無可避免地被引爆而注定失敗。遜尼派和什葉派穆斯林之間深刻的對立，使得波斯幾乎一直都不曾被收入鄂圖曼帝國版圖之內。

我要提出的下一個論點是，因為今天我們總是從所謂「民族的」角度思考帝國的問題，所以我們會很容易忘記說，其實大部分的帝國都是君主、國王和皇帝們創造出來的。所有由里斯本和馬德里、倫敦、柏林、哥本哈根所取得的殖民地，（以及因此建立的所有帝國，）都是如此，不管這些殖民地是在歐洲（愛爾蘭、波蘭的一大部分，還有冰島），或者在南北美洲、亞洲，和非洲。荷蘭剛好在產生第一位君王——也就是一八一五年——的同時，取得第一塊正式稱為「殖民地」的領土。巴黎在北美洲、印度、加勒比海、印度支那，和阿爾及利亞等所取得的主要殖民地，都是以波旁王朝和波拿帕王朝之名完成的。美國是最明顯的例外。美國人對墨西哥人和印第安人的領土征服被理解為正常的領土擴張，但是取得菲律賓卻令人感到不安。不過，嚴格意義下的美國在菲律賓的殖民統治甚至沒有超過半世紀。關於這個帝國創造的普遍性原則，我們可以從湯瑪斯·傑佛遜在一七七六年所起草的著名的美國獨立宣言當中，看到一個驚人的例證。今天已經很少有人在讀完最初那兩段滔滔雄辯的文字之後，會繼續讀下去了。不過，如果你再往下讀，你會發現一長串關於北美十三個殖民地所遭受痛苦境遇的抱怨。到底是誰被指控該為他們所受的不公平的痛苦境遇負責呢？不是英國人——換言之，不是另一個民族，而是一個「受命於天」的人，英王喬治三世。

所以，如果我們從比較觀點思考日本帝國，我們可以輕易地發現在某些重要的面向，它也遵循了相同的發展軌跡。（比方說，我們會驚訝地發現，直到明治維新以前，愛努人和沖繩人由於地位較低，都還被禁止在行為和穿著上模仿本州和九州的人。這和本州的農民被禁止穿著武士的服裝是同樣的道理。）

請容我對皇帝和帝國這個主題再提出最後一個一般性的論點。誠如丸山真男在很久以前所指出的，歐洲是一個獨特的地域，因為除了拿破崙和希特勒短暫的統治之外，這個地區從來沒有被任何一個單一的核心所支配過。整個歐洲史的主題就是永無止境的競爭。此外，對歐洲境外地區的大征服恰好發生在歐洲大陸正被基督新教與舊教之間的恐怖鬥爭所撕裂之時。這意味著從一開始就沒有任何君主的領地可以免於競爭者的覬覦而安然無事。馬德里兼併了葡萄牙帝國有八十年之久。阿姆斯特丹把葡萄牙人從東南亞趕走。倫敦和巴黎在北美和印度纏鬥不休。西屬美洲恆久處在英國海盜和皇家造船廠的威脅之下。到了後來，倫敦和伊斯坦堡在近東地區衝突，而維也納則在巴爾幹半島與伊斯坦堡競爭。[4]特別是到了十八世紀末，這樣的競爭反過來製造了一種它所特有的被害妄想症。北美洲的「英國」裔移民，以及愛爾蘭的英裔－愛爾蘭裔叛徒都向巴黎尋求軍事與政治援助。西屬美洲的歐裔海外移民（creoles）和歐洲人與當地原住民混血的後裔（mestizos）為了對抗馬德里而向盎格魯－薩克遜裔的英格蘭以及前英屬十三個北美殖民地尋求類似的援助。讓帝國核心特別感到坐立難安的，是這些大半都成功了的叛亂都是由一般被認為是和母國人「同種類」的人所領導的——比方說，某種住在費城或都柏林的說英語的英格蘭人，或者某種住在加拉卡斯和布宜諾斯艾利斯的說西班牙語的西班牙人。人類歷史上第一波的反殖民民族主義——至少就其領導層來看——基本上是由（歐裔）海外移民所發動的。這個所謂（歐裔）「海外移民」和接收了福爾摩沙的「中國人」（移民）的意義完全如出一轍，而這個第一波的反殖民民族主義興起之際，恰好是最初的大規模法裔移民在皇室主導下入殖魁北克之時。各歐洲帝國核心的母國人的這種（對海外移民的）恐懼，也擴散到荷屬東印度群島的荷蘭人，以及巴西的葡萄牙人身上了。於是，事情變得很清楚了——共同的語言，共同的宗教，與共同的文化絕對無法保證從母國向海外移住的海外移民會繼續是效忠的臣民，也無法保證他們不會和母國的敵人結盟。相反的，馬德里發現它在拉丁美洲最忠實的支持者，正是那些最怕歐裔移民和其混血後裔的部分印加貴族以及被解放了的農奴。在東印度群島，荷蘭人仰仗最深者，則是那些他們賜予無數榮銜，並且支付了高昂補貼的當地土王與貴族。很少有東印度群島出生的荷蘭人會得到深厚的信任。

在講完這段或許是太過冗長無聊的導論之後，我想換換話題，專注地討論日本帝國，以及——讓我感到非常緊張的——臺灣這個個案。

長州－薩摩聯盟之所以能夠在一八六八年，僅僅經過短暫的內戰，就成功推翻幕府，征服北日本，主要原因在於薩長聯盟的領導人從一個很會做生意的美國軍火商人手中，買到一大批才從最近的美國內戰當中剩餘下來的頂級槍炮。在前一年，華盛頓才從沙皇亞歷山大二世手中買到阿拉斯加。稍早之前，巴黎已經奪得越南中、南部的大部分土地，並且在柬埔寨建立了保護國。英國人則掌握了整個下緬甸，並且正隨時準備揮師占領整個馬來半島。北京自身在一八六〇年的時候已經遭受過英法聯軍的劫掠。法國皇帝路易拿破崙依然維持著他腐敗的統治。正因為知道自己是靠著白人的協助才獲得政權，明治藩閥領袖們對於自身處境沒有任何幻想：如果歐洲人決定在一八六八年進軍東京和京都，沒有任何一支日本軍事力量能夠阻擋他們。

關於明治統治者們的處境，我們首先必須注意的一件事是：當他們取得國內的勝利之時，歐洲每一個獨立國家都是君主制國家——一堆國王和女王，還有不少皇帝。在國際上，君主制是正常而且完全受人敬重的。（但是等到一個世代之後，當中國人終於開始進行遲來的內部改革時，距離國際聯盟來臨的時代，相距不過十年了。）（美國是一個例外，不過在那個年代，美國的國際地位並不比今天的澳洲強多少。）時至一八七〇年，法國帝制已經冰消瓦解，但是要等到一八八〇年代，局勢才明朗化：如今任何現存形式的君主制都將一去不復返了。既然日本這個國家已經被強制性地踢進那個激烈競爭的十九世紀的「全球」體系，因此依照當時歐洲的慣例，它也得有一個君主制，而且如果可能的話，最好是一個高級的皇帝。

透過強有力的仔細描述，歷史學家藤谷的那本了不起的著作[5]告訴我們，明治統治菁英們是透過何等冷酷的馬基維利式的計畫，為日本發明了一個符合真正政治意義的君主制。這些菁英的處境是幸運的，因為在他們所賦予的權力範圍之外，君主是絕對沒有權力的。歷經多世紀以來，天皇一直是一個遙遠的宗教性人物，而這些明治菁英們很快地發現，很多日本人甚至不知道天皇的存在。在這裡，我們可以看到日本現代天皇制與其他十九世紀在荷蘭、比利時、希臘等國被創造出來的「新」君主制之間的平行關係。與此同時，明治藩閥統治者當中的知識分子透過荷蘭文，掌握了大量拿破崙軍事改革的知識，也學會了運用以克勞塞維茲——請注意，這是個波蘭式的名字！——為首的普魯士年輕世代的傑出軍事思想家的軍事思想。他們希望把他們的日本建設成一個真正的軍事強權，而為了達成這個目標，他們必須將一般日本男性從個別的大名轄下解放出來，教育他們，並且對他們施予第一流的軍事訓練。可是想這麼做，得先向日本農民課徵沉重的剝削性賦稅，並且同時要無情地鎮壓一切反抗。然而明治藩閥沒辦法以他們九州地方的名義來進行這一連串行動。於是，一個以天皇之名的官方民族主義遂成為絕對的必要。

他們不大可能不知道與他們同一世代的歐洲正在發生些什麼事。君主的合法性幾乎在歐洲全境面臨新興的群眾性民族主義的威脅，特別是對那些擁有皇帝身分的統治者，這種情況尤其嚴重。到了一八八〇年代初期，沙皇亞歷山大三世終於決定在他所統治的廣大領地中強制實施俄羅斯化政策。在擴張中的普魯士－德意志帝國，俾斯麥這時也正在南部丹麥、萊茵地方（Rhineland）、巴伐利亞、新取得的阿爾薩斯－洛林，以及波蘭西北部強制推行普魯士德語。到了一八八〇年代，蓋爾語（Gaelic）幾乎已經在愛爾蘭消失了，不過一個英語化的愛爾蘭卻也有其驚人的成就：那些支配了上一世紀的「英國文學」（English Literature）的作家，如喬伊斯、葉慈、蕭伯納、王爾德、歐凱西（O'Casey）和黑倪，都是徹頭徹尾的愛爾蘭人，但他們卻能使用殖民者的語言寫出傑出的作品。正如尤金・韋伯（Eugen Weber）在他的名著[6]中所指陳的，在十九世紀的最後二十五年當中，巴黎當局投注龐大的心血對許多法語方言進行標準化，同時也試圖剷除許多法國公民在日常生活中使用的加泰隆尼亞語（Catalan）、義大利語、德語、不列塔尼語（Breton）等。新成立的義大利君主國家也在做一模一樣的事，雖然他們比較沒有那麼成功。到了一八八〇年代，連伊斯坦堡的一些小圈圈都在主張強制推行土耳其語，不過這個主張並沒有被實現就是了。就這個意義而言，日本統治者們想在日本幹的事本身和當時正在地球另一端所發生的事，是緊密相連，密不可分的。

然而這類運動絕不僅只限於歐洲內部而已。早在一八三六年，馬考萊已經提出了將印度部分地區英國化的政策。他曾經寫下這樣有名的一段話：「沒有一個接受過英語教育的印度教徒從此會再誠心誠意地皈依於他的宗教。我堅信，一旦我們的教育計畫被確實遵行，三十年後在孟加拉將不會再有任何游惰之徒。」儘管馬考萊的提案很傲慢，但是毫無疑問的，在相當的範圍內——當然不包括宗教——英國化政策確實是成功的。正如我在《想像的共同體》一書中指出的，在馬考萊寫下他的備忘錄的一世紀後，畢平．昌達拉．帕爾以苦澀但卻悲痛的筆觸，這樣描述一個被英國化了的孟加拉人：「……（他）在心靈和舉止都和任何英國人毫無二致。對他而言這可是不小的犧牲，因為如此一來他使自己從他的同胞的社會完全疏離，並且在自己的同胞之間，成為社會上和道德上的被放逐者。」然而，甚至到了今天，英文依然是獨立後印度的官方語言。英國人率先進行的同化政策終究在後來為全歐洲所仿效。

讓人吃驚的是，像馬考萊這類的思考方式在我們這個時代的公共論述當中，已經漸漸看不到了。這是對教育擁有從存在的最深層改變人的巨大力量的一種不言自明的信仰。在這樣的年代，「認同」這個字眼還沒有任何政治的、倫理的，或者本體論上的意義。然而今天，這個字已經變成無法辯駁的咒語了。

從這個角度看，東京當局的思考方式其實沒有什麼特別奇怪之處。如果愛爾蘭人可能被英國化，如果柯西嘉可能被法國化，如果波蘭人可能被德國化，如果拉脫維亞人可能被俄國化，那為什麼臺灣人和朝鮮人就不可能被日本化呢？如果他們願意，東京當局也可以想想看，如果臺灣繼續被北京統治的話，島上的原住民可能會遭遇到什麼命運。那麼他們可能會得到一個明確的結論：原住民會被中國化。而他們這個看法，將會是完全正確的。

關於官方民族主義，我們應該記住的重點是，它也是一種民族主義的型態。

（請容我在這裡加一段注腳。有些論者主張說，就其出現時間的晚近這點看來，日本帝國是有其特異性的。我認為這個看法有部分值得商榷。東京奪取臺灣，還在美國領有菲律賓的三年之前，而兼併朝鮮那一年，則恰好也是與荷蘭終於完全征服我們今天稱為印尼的土地，以及英國完全統治今日的奈及利亞之時。如果日本人當時沒有奪取臺灣，那麼很有可能其他人也會這麼做，這就好像荷蘭人和西班牙人在以前也曾試圖爭奪過臺灣一樣。說不定是德國呢！此外，我也並不覺得初期的日本統治特別殘酷。在一八六〇到一八八六年之間，人數遠為眾多的越南人被法國人殘暴地奪走生命，而就人口比例而言有更多的亞齊人[7]在一八七〇到一九〇〇年之間死於荷蘭人之手。）

現在我想回過頭來，談談我在開頭討論的那些（關於皇帝與帝國）的大題目的一個面向，也就是皇帝制與帝國主義之間特殊的親和性。很多印尼當地人至今仍然記得，當日本軍隊在一九四二年三月初的幾個禮拜從荷蘭人手中奪得印尼時，他們如何受到兩種不同意義的「衝擊」（struck）。如果他們沒有在適當的時間向遙遠的天皇的幻影「敬禮」，[8]肉體上他們會挨打（physically struck）。然而，連日本占領政權的最高當局也和他們一齊遙拜天皇這件事，也讓他們受到政治和道德上的衝擊。每個人都向那遙遠東北方的無何有之處深深地彎腰致敬。就這個意義而言，皇帝制的階層體制和，比方說南非的種族隔離制那種共和式的二元對立結構，以及事實上所有純粹以種族為基礎的權力體制，都適成激烈的對比。所有你們這些黑人都得向所有我們這些波爾人敬禮，可是我們不向任何人敬禮。今天在拉哥斯，布萊爾首相取代伊莉莎白二世安坐大位的光景，是無法想像的。不過，即使是俄國化、英國化等等的政策，也開啟了某些可能性。請各位嘗試去想像，如果喬伊斯被限制在蓋爾語之內，魯西迪被限制在Gujerati語，[9]康拉德被限制在波蘭語，法拉（Farah）被限制在索馬利亞語內，索因卡被限制在Yoruba語[10]內創作的話，會是什麼情況？我們很容易想像到，如果三〇年代的日本軍部不犯發動戰爭的愚蠢錯誤，今天臺灣（可能還正在使用日語，並且）有可能會出現一個作品在日本比大江健三郎更暢銷的臺灣作家。

講到這裡，其實我今天演講的初步結論已經呼之欲出了。日本領有臺灣，正好發生在帝國主義歷史的一個特殊的時機：也就是各帝國主義國家剛剛開始有意識地相互比較的時刻。後藤新平是一個不管從任何比較殖民的標準衡量，都會讓人印象深刻的人物，而論者經常指出他對亞洲鄰近殖民統治所做的細密研究，但事實上他絕對不是唯一一個這麼做的人。到一九〇〇年的時候，至少在亞洲，大多數的殖民政權都在研究彼此的政策，有時候他們也會合作逮捕逃亡的反叛者，有時候他們會合作進行種種「改革」。當美國人領有菲律賓時，他們覺得自己被迫要表明他們會比所取代的西班牙人做得「更好」。當日本人占領東印度群島時，他們也覺得非講同樣的話不可。在這十年當中，東南亞各殖民政權開始鎮壓那曾經在十九世紀的大半時間裡為他們提供了統治資金的鴉片交易。也是在一九〇〇到一九一〇年之間，這些殖民政權開始認真嘗試要建立國家經營的現代化教育體系。當然，吳叡人指出在這點上日本人做得比所有其他競爭者都要廣泛而徹底，這是正確的。各殖民政權也對彼此在處理娼妓、農村債務、婦女的處境、童工與奴工等社會問題的政策，做了相互比較。這個時候，國際聯盟尚未成立，不過在二十世紀第一個十年中，我們看到了大量倡導國際合作與人道主義的國際組織、會議、機構的出現，而這些團體可說是日後國際聯盟的先驅。即使僅僅為了防堵被殖民者對這個趨勢所抱持的「天真的理想主義」，各殖民國也不得不派代表參加這些論壇，然而參與這些論壇的結果是，各殖民政權在某種意義下必須開始正視傑佛遜所謂「人類良善的輿論」——也就是國際上日益高漲的善待殖民地的呼聲。

在某個意義上，皇帝–帝國主義並不需要被合理化，它的存在自身就是合理的。然而其他的政治形式卻愈來愈被迫要尋找合理化的基礎。殖民主義愈來愈需要取得道德的正當性，而且必須展現足以證明其道德正當性的具體成果——就算只是統計上的數字也好。高等學校和大學在一九一〇年之後開始出現。大規模的考古學成果展示，大約從一九〇〇年開始。政治性結社雖然經常受到暴力鎮壓，但原則上已經不能禁止了。媒體儘管還受到審查威脅，但也開始發展了。於是，世界各地的新聞無法抑制地流入殖民空間之中。反對殖民主義的歐洲人和日本人開始現身在殖民地讀者的眼前。不可避免地，選舉制度開始被引進殖民地。我們從吳叡人的論文中知道，所有這一切，在臺灣都看得到。不過，這種情況在所有殖民地都看得到，並不限於臺灣。不過，（在前述這種殖民統治被迫改革或緩和的時代氛圍中，）如果殖民母國愈是用「民族」而非以「皇權」來界定自己的話，就愈容易使自己的殖民統治陷入一種開始令人覺得難以忍受的南非式種族隔離制度的處境之中。

這就是在愛爾蘭的英格蘭人碰到的問題。在位六十三年的維多利亞女王／女皇在一九〇一年的過世，是一個轉捩點。因為她的過世，附著於她本人的那種舊意義下的（皇權的）合法性也隨之消失。於是（在愛爾蘭），現在變成是「英格蘭人統治愛爾蘭人」的問題，而不再是先前「在女皇普世統治下的數百萬子民」的情況了。二十一年後，在歷經充滿暴力的過程之後，愛爾蘭——或者說至少四分之三的愛爾蘭——獨立了。這裡我要強調的重點是，「民族」統治「民族」不是一種帝國式的多層層級結構，而是一種絕對二元對立的結構。事實上，就在與此大約同時，世界上幾個大帝國，如羅曼諾夫家族統治的俄羅斯帝國、鄂圖曼帝國、霍亨索倫家族的德意志帝國，以及哈布斯堡家族的奧匈帝國都已經接二連三地灰飛煙滅。而在國際聯盟成立後，日本的天皇制帝國主義已經變成一個怪異而老舊的存在了——它已經不再「正常」了。

但是，日本人的政策也開始有了變化。滿洲國在名義上是溥儀統治的獨立國，而到了太平洋戰爭時，日本占領下的菲律賓、緬甸，以及部分的印尼，也被承諾將給予獨立。

我們通常都會習慣用一種太過局限的觀點來觀察歷史的實際發展軌跡。比方說，大家通常會將林肯在一八六三年解放全美國黑奴的宣言視為巨大的里程碑或轉捩點。但是事實上，就算美國內戰的結果是南軍勝利，我們也很難相信奴隸制就可能被維持到二十世紀。事實上，奴隸制到一八八八年就已經在美國以外的世界各地絕跡了。同理，對於臺灣的個案，我們也可以提出一個類比的論證。如果有人在一九二二年告訴知識豐富的日本人說，日本將在二十年後征服東南亞全境與中國東部大半領土，沒有人會相信他的。後來對日本打擊很大，並且促成日本極右翼政治興起的世界經濟大恐慌，起源於地球另一邊的維也納和紐約。我並不認為東京在一九三七年做出對中國展開全面戰爭這個極端愚蠢和代價昂貴的決定（這個決定結果也是導致中國共產黨在中國內部政治鬥爭獲得最後勝利的主要原因），或者後來向東南亞擴張的決定背後，有什麼歷史必然性。我們當然可以說，如果日本人當時沒有做這些傻事，其實不會有誰有足夠的實力去挑戰日本在臺灣和朝鮮的殖民統治——除了臺灣人和朝鮮人之外，不過，也絕非所有臺灣人或者朝鮮人都會這麼做。臺灣是日本的「金庫」，就如阿爾及利亞之於法國，或者緬甸之於英國。但是另一方面，就算日本沒有發動戰爭，我們也很難想像臺灣和朝鮮這兩個地方能夠繼續維持當時被殖民的狀況，直到今日。

愛爾蘭是一個可以用來和臺灣做比較的有趣的海島個案。倫敦當局在一八三〇年代被迫終止對愛爾蘭天主教徒參政權的刑罰式限制。投票權快速擴張的結果是，男性全面普選權在一八六〇年代達成，而這又不可避免地在英國國會內部創造了一個強有力的（愛爾蘭）投票集團，它甚至成為可以決定哪個政黨取得政權的關鍵力量。直到愛爾蘭獨立之後，英國政治才恢復「正常」。同樣的，假設東京終於無法避免地必須做出政治整合的決定——換言之，也就是賦予臺灣和朝鮮成年男性選民日本國會議員的代表席次，那麼日本國會中的一個朝鮮集團和臺灣集團的分量，勢必會在國會裡創造一個反常而不穩定的情境。遲早，東京當局會受不了這種狀況，然後會轉而朝在漢城和臺北設立地方議會、賦予自治權、自治領地位的方向發展，而且我認為最終會出現的結果會是，臺灣與朝鮮和日本維持某種「結盟」關係的獨立（allied independence）。在殖民統治末期，巴黎當局之渴望擺脫阿爾及利亞，正如同阿爾及利亞人想要自己的民族國家一樣的熱切。在今天，倫敦和都柏林，以及阿爾及爾和巴黎的關係就很正常，甚至還相當緊密。

在臺灣海峽的對岸，我們也可以注意到一些不確定性以及一些全球性的趨勢。外國學者，以及甚至若干中國知識分子，曾經嘲弄一些一九四〇年代以前在中國流通的怪異地圖，這些中國地圖出人意表地涵蓋了不只臺灣、圖博、內外蒙古，甚至也包括緬甸、越南，以及一部分的中亞。這些地圖是民族主義者的幻想，而這些幻想，又是基於對先前數世紀當中，不同朝代的征伐或強制性朝貢關係的夢想之上。事實上，緬甸從來就不是中國的一部分。越南北部從唐代之後就不再是中國領土。臺灣在一八九五年就「丟了」。遠大於臺灣的外蒙古是在一次大戰後，而東北地區則是在一九三一年之後失去的。經過若干時日之後，北京已經接受了越南、緬甸、蒙古的獨立，同時也收復了東北。我看不出有什麼強烈的理由，會使北京不會在經過一段時間後，也同樣調整態度，順應、接受臺灣的獨立。臺灣脫離北京控制已經超過一世紀，遠較蒙古更久。只要中國在國際政治體系的地位愈來愈正常，這種調整與順應，就愈可能發生。所有國家統治者都痛恨「丟掉」領土，但是他們的人民通常都會迅速地調整適應。現在在法國幾乎沒有人懷念阿爾及利亞，在英國也沒有人懷念愛爾蘭，而我敢說很少一般的中國人會真的「懷念」蒙古。我不知道他們是怎麼辦到的，不過這些人民總是瞭解民族和帝國之間的根本差異。（二〇〇三年十二月二十日，臺灣臺北。）

曼谷遙寄
——安德森教授對本次研討會的祝福與致意

親愛的朋友們和學界同仁們，首先請讓我向你們獻上我悲傷的祝福。一年多以來，我始終熱切地盼望能在這場無比重要的盛會當中與你們相聚。然而讓我傷心的是，由於我自己的疏忽與愚蠢，我竟在搭機飛往臺北的前一天遺失了護照。我懇請大家原諒我，因為我讓大家失望了。

昨天晚上我開了一個大夜車，努力地在想說，我到底可以在十分鐘裡面向大家談一些什麼既有趣而又相關的話題。最後，我終於決定先從我的父親談起，因為這樣一來，或許你們就會瞭解，我對處在歷史的關鍵時期的臺灣人民所懷抱的深刻的同情。我的父親出身於一個世系綿延，歷史悠久的愛國者家族，這個家族歷代的成員為了爭取愛爾蘭這個被隔壁的英格蘭殖民了數世紀之久的小島的獨立，用盡各種方法進行鬥爭，但卻總是徒勞無功。有些成員在牢中度過歲月，有些逃亡到法國或美國，有些則進入大英帝國的政治體制內，為爭取帝國內部的平等而奮鬥，有些甚至成了（大日本）帝國議會（Imperial Diet）的議員——不，我講錯了，應該是在倫敦的大英帝國國會（imperial parliament）的議員。在一九一四年——也就是《馬關條約》的十九年後，清朝滅亡三年後，袁世凱試圖稱帝的兩年前，以及五四運動發生的五年前——我父親到了中國。他能夠完全流暢無礙地聽、說、書寫以及閱讀中文，而在二十五年之中，他住過東北、湖南、北京、上海、汕頭和廈門，甚至遠及雲南——我就是一九三六年的時候在雲南出生的。我有生以來所交的第一個朋友，是一個四歲大的美麗中國女孩，可是很奇怪的是，她的名字叫做希莉亞．陳。

我父親曾經在孫中山的政府底下做過事，曾經在北京軍閥政府底下做過事，也曾經在蔣介石政府底下做過事。我們還保存著很多他的信件以及私人日記，而從這些文件當中，我們可以很清楚地看到他對普通的中國老百姓，他們的文化，還有他們歷史的大部分，懷抱著很高的敬意。不過在另一方面，我們也可以清楚地看到他對中國政治領袖們的強烈厭惡——除了孫中山之外。我很抱歉——不過也不是太抱歉就是了——我必須告訴諸位，他最討厭的領袖就是委員長和他那個長壽到令人生厭的妻子。他也曾經夢想過一個未來的中國，在那個國度中，所有最美好的傳統和所有最美好的現代觀念得以結合，因而使得普通老百姓有機會過一個良善、快樂，而且自由的生活。他徹底反對日本對中國的帝國主義侵略，但他同時也對他那位長期共事的日本上司有著最深的敬意。這個日本上司是一位富有人道精神的，開明的大正時代知識分子，並且積極地反對日本人和歐洲人對中國老百姓的剝削。他直到一九四一年才離開「自由」中國，那時候他已經病得很重了。他過世於一九四六年，也就是「悲情」（Sadness）降臨臺灣的前一年。

正當我父親二十歲左右的時候，在所有人都預期不到的情況下，大半的愛爾蘭變成了一個獨立的主權國家。那是一個苦澀而充滿暴力的成功，繼之而起的，則是一場非常血腥的內戰。今天，愛爾蘭——應該說，大半的愛爾蘭——是歐洲裡面一個小而興盛的國家，而它之擁有當代在世者之中最出名的詩人，諾貝爾文學獎得主薛摩斯．黑倪，正是愛爾蘭興盛的一個徵兆。

關於愛爾蘭的這一切，我有兩個可能和臺灣處境相關的評論。愛爾蘭民族主義者並不是只靠他們自己的努力就贏得獨立的。當時在英格蘭內部就有愈來愈多開明人士認為倫敦對愛爾蘭的統治殘暴而不公正，而如果這樣下去愛爾蘭問題將成為大英帝國內部永無止境的禍源。與其如此，還不如接受愛爾蘭的獨立，然後努力在兩國之間，建立一個緊密而文明的關係。儘管倫敦當局統治愛爾蘭的時間要超過北京統治臺灣的時間有數百年之久，英格蘭內部還是出現了這種開明的主張。在中國大陸的開明知識分子之間，我們已經可以明顯看到類似的傾向。如果還身在中國，他們沒辦法公開提出這樣的看法，可是他們會在私底下這麼說，而著名的流亡異議分子像王丹則已經相當公開地做此主張了。我們必須沉著而有耐性地等待這種態度上的變化，在中國大陸人士之中更廣泛普遍地發展下去。當臺灣在政治和文化上——不只是經濟上——的進步更普遍地為世人所知，中國大陸一般人士對臺灣獨立態度的轉變，就會來得更快。只要臺灣更民主、更進步，它就會更受到普遍地敬重與仰慕。我很清楚臺灣政府宣稱要使臺灣成為亞洲第一個接受同性戀合法結婚的計畫一定會嚇壞北京的官僚們，可是這個舉動會讓全世界的進步人士刮目相看。臺灣也已經產生了兩位當代最偉大的導演，侯孝賢和楊德昌，他們的作品比任何中國大陸的電影作品都要來得有深度而且讓人感動。他們兩位都是出身臺灣島上的「大陸」籍社區，然而不管從哪個角度看，他們的電影都是有關於臺灣的。

我想說第二件事是，有很長的一段時間之內，愛爾蘭因為受到了一個宗派主義色彩強烈，企圖壓制一切異端的、保守的民族主義的拖累而遲遲無法進步。二十世紀最具革命性的小說家詹姆斯．喬伊斯，因無法忍受這個保守的民族主義而被迫出走愛爾蘭，而在國外度過他的大半生。可能是同一個世紀中最偉大的劇作家的薩姆爾．貝克特（Samuel Beckett）的一生中有大半時間住在巴黎，並且主要是用法文寫他的劇本。其他的偉大作家如葉慈和奧斯卡．王爾德則被攻擊為「大陸」色彩太重。原因是他們用英文寫作，還有就是，儘管他們的愛國心不容置疑，這些作家卻覺得自己沒有什麼理由不能和倫敦、巴黎還有其他地方的文友們對話。到了今天，他們都是民族英雄了。但是愛爾蘭人態度的變化，要經過半世紀之久才完成。我想，愛爾蘭的這個經驗可以作為臺灣的一個借鏡。就像愛爾蘭一樣，臺灣在過去數百年當中也承受了許多苦難，然而臺灣不應該重蹈愛爾蘭的覆轍，長期地陷入地方主義和無法忘懷的怨恨之中。國民黨對本地愛國者那次殘酷的鎮壓，距今已經超過半世紀之久，而且事件的當事人幾乎已經全數死亡了。過去絕不應該被遺忘，但過去終究是過去了。對於現在而言，重要的不是過去的黑暗，而是在前方向我們招手的光明。那些涉入一九四七至四八年事件的雙方當事人的兒孫們年輕、充滿活力，而且共同成長於新的臺灣。他們都將多所貢獻，就像所有其他因種種原因而住在臺灣境外的，眾多屬於臺灣的人們——我不是在談任何狹義的「臺灣人」——一般。我們可以借用那個偉大的舵手（毛澤東）的話——而且遠比他自己對這些話要更當真，然後說：「**讓臺灣百花齊放吧！**」

英文這個美麗的語言當中——我深愛這個語言，縱使我不特別喜愛英國人——有兩個同樣用來表達「勇氣」（courage），但是意義差距很大的字。一個字是 bravery。在現代英文當中，bravery 意指明知情勢險惡而仍奮不顧身，馳赴戰場，或者衝入火宅，解救受困兒童，或者明知必然被禁或者因而賈禍下獄，仍然決定將一部著作出版的勇氣。這種類型的勇氣沒有什麼不對，但是它讓人感覺很陽剛，而且是緊急狀態下的產物。另外一個字——一個我覺得比較美的字，是 fortitude。它源於拉丁文當中的「勇氣」一字。這個字比較安靜，比較持久，而且女性和兒童往往比成年男性更擁有這種素質。這是一種長途跋涉的勇氣。這是一個得了不治之癌的孩子在自知正逐步逼近前方的死亡時，依然夢想，依然玩耍，依然微笑的勇氣。這是看似無望卻絕不放棄希望的窮人的勇氣。這是一個婦人，儘管被丈夫遺棄卻依然堅定奮鬥不願絕望，並且為了兒女一個比較好的未來而犧牲一切的勇氣。這也是一種困難的勇氣，真正地寬恕，寬恕他人所曾加諸於自己身上的恐怖作為的勇氣。或許這是一個老年人的觀點吧。bravery 也許對年輕人比較有吸引力。當你年歲日增，你會愈來愈渴慕 fortitude。誠如那偉大的愛爾蘭人薩姆爾．貝克特所寫下的名句——然而當他寫下這句話時，他心中是否正想著臺灣呢？——

我走不下去了。我會走下去。（I can't go on. I will go on.）

謝謝大家，並獻上我最溫暖的祝福，祝福大家有美好的未來。

黑暗之時，光明之時
——記我的愛爾蘭師友班・安德森

吳叡人

愛爾蘭詩人葉慈說每一個熱情的人都心繫「另一個年代」——一個存在於歷史或想像中的年代，而唯有在那個年代之中，熱情的人才能發現那些激發他生命能量的形象。憂鬱的民族詩人葉慈站立於帝國西方邊陲的硝煙之中，向靈魂深處探尋愛爾蘭薔薇最初綻放的片刻，在詩的想像中誕生的歷史；然而明朗如陽光的愛爾蘭「講古仙」班・安德森，卻漂泊在帝國東南邊陲，一路凝視那段黑暗與光明並存，死亡與生命交錯的時間，辨認那些從歷史中醞釀的，深色皮膚的想像。葉慈在原始愛爾蘭的神祕母體中挖掘反抗帝國的精神泉源，而漂泊的異鄉人安德森卻在近代東南亞反殖民運動的熱情與生命力之中尋得巨大的創造能量，將被壓抑的記憶，被損害的尊嚴，轉化成一把準確刺向帝國心臟的利刃。

這只是閱讀《想像的共同體》的一種方式：當你閱讀這卷書，你同時在閱讀愛爾蘭與安德森，帝國與殖民，於是你會同時讀到赫德與馬克思，鄉愁與理性，家園與世界，以及康德所說的那種「人類扭曲的質地」。（那麼也許你會終於明白為什麼「左派的 Verso」竟然會出版《想像的共同體》了。）於是你會感受到安德森的熱情，原是一種複雜而冷靜的熱情（sophisticated and cool passion），充分表現在他那美麗、準確、機智、詼諧、充滿暗喻典故但卻又簡潔自制的奇妙文體之上。安德森曾經告訴我說：「文字於我是幾近於神聖的事物。」他在《想像的共同體》使用的這個不透明的美麗文體完美地凝結了作者的思想、人格與熱情。翻譯《想像的共同體》，我同時經驗到知識與實踐，歷史與詩學，馬克思與班雅明那憂鬱的憤怒，以及斯威夫特（Jonathan Swift）與穆齊爾（Robert Musil）那冷冽的嘲諷。

我讀到一卷深刻淵博的智慧，也窺探到一個複雜、冷靜而深藏熱情的容顏。然後，當你見到他本人，你會發現安德森的熱情，不只複雜而冷靜，而且有趣極了。他有著百科全書式的博聞強記，以及一種對一切「在地」細節的人類學式的敏感與好奇。他的腦袋中裝滿了「這個人類的大地」（This Earth of Mankind，安德森最喜愛的印尼作家托爾〔Pramoedya Ananta Toer〕的名著書名）上古今東西的人間悲喜劇。他是一個愛說故事而且善說故事的「講古仙」——對他而言，具體的人間故事裡蘊藏著真正動人的思想，因此他不但喜歡故事，也喜歡在故事的本文裡挖掘思想與意義。然而他解讀人間故事的奇特洞察力，來自於他對寫故事、說故事的人，以及故事裡的人物深切的同情與理解。當你在深夜展讀安德森那篇分析印尼民族主義之父蘇托莫（Soetomo）回憶錄的《黑暗之時與光明之時》時，你會發現未竟全篇你卻已經被他冷靜而魅人的文字席捲入印尼歷史想像的深淵中了。韋伯（Max Weber）那個神祕難解的「同情理解」（verstehen）方法論，卻被安德森的文本解讀發揮到極致。最重要的原因，或許是因為這個出身西方邊陲的愛爾蘭人，對於所有身處邊陲的民眾——當然包括「他的印尼」和東南亞——懷抱真正的尊重與同情的緣故吧。我還清楚地記得，當他第一次回信給我，說到「然而福爾摩沙——美麗島——豈不也是一個美好的名字嗎？」（But isn't Formosa "Beautiful" a wonderful name too?）時，我的心如何不由自主地震動起來。

一九九九年初秋，我和友人到綺色佳造訪安德森。僻靜鄉村的平野上，一條名曰「快樂谷」的小路旁立著一棟簡樸的紅頂黃色木屋，屋前栽植兩棵大糖楓。屋旁屋後有一大片草坪，草坪後矗立著一座小小的松林。這是方圓幾英里內唯一的住屋。那天晚上是安德森養子 Yudi 的生日晚會，我們在屋外池塘畔的草坪烤肉。安德森親切地為我準備了一瓶月桂冠和一盒可口的壽司。初秋的夜已經很涼了。安德森的親切、幽默，與清酒溫柔的熱力，迅速地化解了我們「朝聖」的緊張與生澀。我們從屋外聊到屋內，聊中國、臺灣，和我們都喜愛的「緩慢的」小津和侯孝賢。我送了他一片高一生的《春之佐保姬》CD。告別時，快樂谷的秋夜繁星滿天。

第二天午後，我們再度造訪，安德森覺得開著錄音機「訪談」之類未免太不自然，於是我們坐在後院喝茶，談安德森少年時代貧困的愛爾蘭、堅毅聰慧的母親、傑出的同胞手足——包括那個認同英國的弟弟培利．安德森。少了昨夜熱鬧的氣氛，卻一時覺得拘謹起來了。

正當我們打算告別之際，Ben——安德森堅持我們該這麼叫他，「從沒有人叫我『安德森教授』！」——突然拿出昨夜喝剩的大半瓶月桂冠，說讓我們把它喝完再走吧。於是我去熱了酒，我們圍坐在餐桌旁，以清談下酒，又聊了開來。奇妙的月桂冠放鬆了我們的情緒，突然之間我藉著酒力向著我「朝聖」的大師「不遜」地問起種種關於存有的切身問題了。知識與政治，「康乃爾文件」事件，蘇哈托和美帝，《想像的共同體》的實踐意圖，以及臺灣歷史。酒過三巡，我們在微醺中愉快親密地辯論，當他唱作俱佳地訴說書裡面那些炫學的知識不過是用來「惹惱」（irritate）那些有教養的大英帝國「紳士」知識分子時，我們不禁會心大笑。當夜幕四合，腹飢如雷鳴，我們將昨晚的剩菜一掃而空，然後望著滿桌杯盤狼藉，酣然暢快。夜深作別，星空依舊，然而我們胸中激盪著感動與思緒。歸途上，我的腦中不斷回響著安德森笑語下的嚴肅叮嚀：「要打擊帝國，你得要好好瞄準，然後一擲中的。」

吟到恩仇心事湧，江湖俠骨恐無多，然而翻譯《想像的共同體》，卻使我有幸與一位遊俠般的知識分子結緣，也讓我學習到經由寬厚、同情與正義感，知識才會轉化成智慧，產生真正的道德力量。如今這位漂泊的愛爾蘭「講古仙」終於漂泊到「他的東南亞」地圖上最後的 terra incognito——福爾摩沙了。親愛的Ben，你曾經用海涅的詩描述你和印尼的結緣：

Das war kein wahres Paradies-
Es gab dort verbortene Bäume

那不是真的樂園，因為那裡有著生長禁果的樹。然而你可知道，福爾摩沙也不是真的美麗島，因為這裡埋藏著過去和未來的悲劇。我們的祖先也曾見證過黑暗與光明，然而為何我們還不願承受先人的典範，還在猶豫鄉愁的方向？我敬愛的愛爾蘭師友，《想像的共同體》的作者啊，請你，請你為我們見證福爾摩沙的困惑與恐懼，一個難產中的想像。

University Press. 1965.
Williams, Raymond. 'Timpanaro's Materialist Challenge.' *New Left Review,* 109 (May-June 1978). pp. 3-17.
Wills, Gary. *Inventing America: Jefferson's Declaration of Independence.* New York: Doubleday. 1978.
Wolfe, Charles. *The Poems of Charles Wolfe.* London: Bullen. 1903.
Wolters, O. W. *The Fall of Srivijaya in Malay History.* Ithaca: Cornell University Press. 1970.
Woodside, Alexander B. *Vietnam and the Chinese Model. A Comparative Study of Vietnamese and Chinese Government in the First Half of the Nineteenth Century.* Cambridge, Mass.: Harvard University Press. 1971.
Yabes, Leopoldo Y. 'The Modern Literatire of the Philippines.' In Pierre-Bernard Lafont and Denys Lombard, eds. Litteratures contemporaines de l'asie du sud-est. Paris: L'Asiatheque. 1974. pp. 287-302.
Zasloff, Joseph J. *The Pathet Lao: Leadership and Organization.* Lexington, Mass.: Lexington Books. 1973.

Chatto and Windus. 1957.

Strong, Charles Frederick. *Modern Political Constitutions.* 8* rev. ed. London: Sedgwick and Jackson. 1972.

Summers, Laura. 'In Matters of War and Socialism, Anthony Barnett would Shame and Honour Kampuchea Too Much.' *Bulletin of Concerned Asian Scholars,* 11:4 (October-December 1979). pp. 10-18.

Taylor, Robert H. *The State in Burma.* London: C Hurst & Co. 1987.

Tickell, Paul. *Three Early Indonesian Short Stories by Mas Marco Kartodikromo (c. 1890-1932).*

Melbourne: Monash University, Centre of Southeast Asian Studies, Working Paper №23. 1981.

Timpanaro, Sebastiano. *On Materialism.* London: New Left Books. 1975.

— *The Freudian Slip.* London: New Left Books. 1976.

Thongchai Winichakul. 'Siam Mapped: A History of the Geo-Body of Siam.' Ph.D. thesis. University of Sydney. 1988.

Toye, Hugh. *Laos: Buffer State or Battleground.* London: Oxford University Press. 1968.

Turner, Victor. *Dramas, Fields and Metaphors. Symbolic Action in Human Society.* Ithaca: Cornell University Press. 1974.

— *The Forest of Symbols. Aspects of Ndembu Ritual.* Ithaca: Cornell University Press. 1967.

Vagts, Alfred. *A History of Militarism, Civilian and Military.* Rev. Ed. New York: The Free Press. 1959.

Vandenbosch, Amry. *The Dutch East Indies: Its Government, Problems, and Politics.* Berkeley and Los Angeles: University of California Press. 1944.

Vella, Walter F. *Chaiyo! King Vajiravudh and the Development of Thai Nationalism.* Honolulu University of Hawaii Press. 1978.

Veyra, Jaime de. *El 'Último Adiós' de Rizal: estudio crítico-expositivo.* Manila: Bureau of Printing. 1946.

White, *Hayden. Metahistory: The Historical Imagination in Nineteenth-Century Europe.* Baltimore: The Johns Hopkins University Press. 1973.

Wickberg, Edgar. *The Chinese in Philippine Life, 1850-1898.* New Haven: Yale

—— *Tjerita dari Blora.* Jakarta: Balai Pustaka. 1952.

Reid, Anthony J. S. *The Indonesian National Revolution, 1945-50.* Hawthorn, Victoria: Longman. 1974.

Renan, Ernest. 'Qu'est-ce qu'une nation?' In *Oeuvres Complètes.* Paris: Calmann-Lévy. 1947-61. Vol. I. pp. 887-906.

Rizal, José. *Noli Me Tangere.* Manila: Institute Nacional de Historia. 1978.

—— *The Lost Eden. Noli Me Tangere.* Trans. Leon Ma. Guerrero. Bloomington: Indiana University Press, 1961.

Roff, William R. *The Origins of Malay Nationalism.* New Haven and London: Yale University Press. 1967.

Said, Edward. *Orientalism.* New York: Pantheon. 1978.

Scherer, Savitri. 'Harmony and Dissonance. Early Nationalist Thought in Java.' M.A. thesis. Cornell University. 1975.

Schwartz, Stuart B. 'The Formation of a Colonial Identity in Brazil.' In Nicholas Canny and Anthony Pagden, eds. *Colonial Identity in the Atlantic World, 1500-1800.* Princeton: Princeton University Press, 1987. pp. 15-50.

Scott, William Henry. *Cracks in the Parchment Curtain.* Manila: New Day. 1982.

Seton-Watson, Hugh. *Nations and States. An Enquiry into the Origins of Nations and the Politics of Nationalism.* Boulder, Colo.: Westview Press. 1977.

Shiraishi, Takashi. *An Age in Motion: Popular Radicalism in Java, 1912-1926.* Ithaca: Cornell University Press. 1990.

Sitorus, Lintong Mulia. *Sedjarah Pergerakan Kebangsaan Indonesia.* Jakarta: Pustaka Rakjat. 1951.

Skinner, G. William. *Chinese Society in Thailand.* Ithaca: Cornell University Press. 1957.

Smith, Donald Eugene. *India as a Secular State.* Princeton: Princeton University Press. 1963.

Spear, Pereival. *India, Pakistan and the West.* London, New York and Toronto: Oxford University Press. 1949.

Steinberg, S. H. *Five Hundred Years of Printing.* Rev. Ed. Harmondsworth: Penguin. 1966.

Storry, Richard. *The Double Patriots. A Study of Japanese Nationalism.* London:

Montesquieu, Henri de. *Persian Letters.* Trans. C J. Betts. Harmondsworth: Penguin. 1973.
Moore, Jr., Barrington. *Social Origins of Dictatorship and Democracy. Lord and Peasant in the Making of the Modern World.* Boston: Beacon Press. 1966.
Morgan, Edward S. 'The Heart of Jefferson.' *New York Review of Books.* August 17, 1978.
Morgenthau, Ruth Schachter. *Political Parties in French-Speaking West Africa.* Oxford: Clarendon Press. 1964.
Moumouni, Abdou. *L'Éducation en Afrique.* Paris: Maspéro. 1964.
Muir, Richard. *Modern Political Geography.* New York: Macmillan. 1975.
Musil, Robert. *The Man Without Qualities.* Trans. Eithne Wilkins and Ernst Kaiser. New York: Howard-McCann. 1953. Vol. I.
Nairn Tom. *The Break-up of Britain.* London: New Left Books. 1977.
— 'The Modern Janus.' *New Left Review*, 94 (November-December 1975). pp. 3-29. Reprinted as Chapter 9 in *The Break-up of Britain.*
'Nijs, E. Breton de'. *Tempo Doeloe.* Amsterdam: Querido. 1973.
Norman, E. Herbert. *Soldier and Peasant in Japan. The Origins of Conscription.* New York: Institute of Pacific Relations. 1943.
Orwell, George. *The Orwell Reader.* New York: Harcourt-Brace-Jovanovich. 1956.
Osborne, Robin. *Indonesia's Secret War, The Guerrilla Struggle in Irian Jaya.* Sydney: Allen and Unwin. 1985.
Pal, Bipin Chandra. *Memories of My Life and Times.* Calcutta: Bipin Chandra Pal Institute. 1973.
'3349' [pseudonym for Phetsarath Ratanavongsa]. *Iron Man of Laos: Prince Phetsarath Ratanavongsa.* Trans. John B. Murdoch. Ed. David K. Wyatt. Ithaca: Cornell University, Southeast Asia Program Data Paper No. 110. 1978.
Polo, Marco. *The Travels of Marco Polo.* Trans. And ed. William Marsden. London and New York: Everyman's Library. 1946.
Pramoedia Ananta Toer. *BumiManusia.* Jakarta: Hasta Mitra. 1980.
— *Rumah Kaca.* Jakarta: Hasta Mitra. 1988.

Kumar, Ann. 'Diponegoro (1778?-1855).' *Indonesia,* 13 (April 1972). pp. 69-118.

Landes, David S. *Revolution in Time: Clocks and the Making of the Modern World.* Cambridge, Mass.: Harvard University Press. 1983.

Leemans, C. *Boro-Boudour.* Leiden: Brill. 1874.

Luckham, Robin. *The Nigerian Military: A Sociological Analysis of Authority and Revolt, 1960-67.* Cambridge: Cambridge University Press. 1971.

Lumbera, Bienvenido L. *Tagalog Poetry 1570-1898. Tradition and Influences in its Development.* Quezon City: Ateneo de Manila Press. 1986.

Lyautey, Louis-Hubert-Gonzalve. *Lettres du Tonkin et de Madagascar (1894-1899).* Paris: Librairie Armand Colin. 1946.

Lynch, John. *The Spanish-American Revolution,* 1808-1826. New York: Norton. 1973.

Mabry, Bevars D. *The Development of Labor Institutions in Thailand.* Ithaca: Cornell University, Southeast Asia Program, Data Paper No. 112. 1979.

MacArthur, Douglas. *A Soldier Speaks. Public Papers and Speeches of General of the Army Douglas MacArthur.* New York: Praeger. 1965.

McLuhan, Marshall. *The Gutenberg Galaxy: The Making of Typographic Man.* Toronto: University of Toronto Press. 1962.

Maki, John M. *Japanese Militarism, Its Cause and Cure.* New York: Knopf. 1945.

Marr, David G. *Vietnamese Tradition on Trial, 1920-1945.* Berkeley and Los Angeles: University of California Press. 1963.

Maruyama Masao. *Thought and Behaviour inModem Japanese Politics. London* and Oxford: Oxford University Press. 1963.

Marx, Karl, and Friedrich Engels. *The Communist Manifesto.* In *Selected Works.* Moscow: Foreign Languages Publishing House. 1958, vol. I.

Masur, Gerhard. *Simón Bolivar.* Albuquerque: University of New Mexico Press. 1948.

Melville, Herman. *Moby Dick.* London and Toronto: Cassell.

Michelet, Jules. 'Histoire du XIXe Siècle.' In *Oeuvres Completes,* ed. Paul Viallaneix. Paris: Flammarion. 1982. Vol. XXI.

Hobsbawm, Eric. 'Some Reflections on "The Break-up of Britain" '. *New Left Review,* 105 (September-October 1977). pp. 3-24.

— *The Age of Revolution, 1789-1848.* New York: Mentor. 1964.

Hodgson, Marshall G. *The Venture of Islam.* Chicago: Chicago University Press. 1974. 3 vols.

Hoffman, John. 'A Foreign Investment: Indies Malay to 1901.' *Indonesia,* 27 (April 1979). pp. 65-92.

Hughes, Christopher. *Switzerland.* New York: Praeger. 1975.

Ieu Koeus. *Pheasa Khmer. La Langue Cambodgienne (Un Essai d'étude raisonné).* Phnom Penh: n.p. 1964.

Ignotus, Paul. *Hungary.* New York and Washington, D.C.: Praeger. 1972.

Ileto, Reynaldo Clemena. *Pasyon and Revolution: Popular Movements in the Philippines, 1840-1910.* Manila: Ateneo Press. 1979.

Jászi, Oscar. *The Dissolution of the Habsburg Monarchy.* Chicago: University of Chicago Press. 1929.

Joaquín, Nick. *A Question of Heroes.* Manila: Ayala Museum. 1977.

Kahin, George McTurnan. *Nationalism and Revolution in Indonesia.* Ithaca: Cornell University Press. 1952.

Katzenstein, Peter J. *Disjoined Partners. Austria and Germany since 1815.* Berkeley and Los Angeles: University of California Press. 1976.

Kedourie, Elie, ed. and intro. *Nationalism in Asia and Africa.* New York: Meridian. 1970.

Kelly, Gail Paradise. 'Franco-Vietnamese Schools, 1918 to 1938.' Ph.D. thesis. University of Wisconsin. 1975.

Kemiläinen, Aira. *Nationalism: Problems Concerning the Word, the Concept and Classification.* Jyväskylä: Kustantajat. 1964.

Kempers, A. J. Bernet. *Ancient Indonesian Art.* Amsterdam: van der Peet. 1959.

Kirk-Greene, Anthony H.M. *Crisis and Conflict in Nigeria: A Documentary Source Book.* London: Oxford University Press. 1971.

Kohn, Hans. *The Age of Nationalism.* New York: Harper. 1962.

Krom, N.J. *Inleiding tot de Hindoe-Javaanse Kunst.* [2-е изд., испр.] The Hague: Nijhoff. 1923.

Western Society and Thought: A Preliminary Report.' *Journal of Modern History,* 40: 1 (March 1968). pp. 1-56.

Fall, Bernard B. *Hell is a Very Small Place. The Siege of Dien Bien Phu.* New York: Vintage. 1968.

Febvre, Lucien, and Henri-Jean Martin. *The Coming of the Book. The Impact of Printing, 1450-1800.* London: New Left Books. 1976. [Translation *L'Apparition du Livre.* Paris: Albin Michel. 1958]

Fiedler, Leslie. *Love and Death in the American Novel.* New York: Stein and Day. 1966.

Fields, Rona M. *The Portuguese Revolution and the Armed Forces Movement.* New York, Washington and London: Praeger. 1975.

Franco, Jean. *An Introduction to Spanish-American Literature.* Cambridge: Cambridge University Press. 1969.

Gellner, Ernest. *Thought and Change.* London: Weidenfeld and Nicholson. 1964.

Gilmore, Robert L. *Caudillism and Militarism in Venezuela, 1810-1919.* Athens, Ohio: Ohio University Press. 1964.

Greene, Stephen. 'Thai Government and Administration in the Reign of Rama VI (1910-1925).' Ph.D. thesis. University of London. 1971.

Groslier, Bernard Philippe. *Indochina.* Cleveland and New York: The World Publishing Company. 1966.

Heder, Stephen P. 'The Kampuchean-Vietnamese Conflict.' In David W. P. Elliott, ed. *The Third Indochina Conflict.* Boulder: Westview Press. 1981. pp. 21-67. (Reprinted from Institute of Southeast Asian Studies, ed. *Southeast Asian Affairs.* [London: Heinemann Educational Books. 1979].)

Higham, Charles. *The Archaeology of Mainland Southeast Asia.* New York and Cambridge: Cambridge University Press. 1989.

Hirschman, Charles. 'The Making of Race in Colonial Malaya: Political Economy and Racial Ideology.' *Sociological Forum,* 1 : 2 (Spring 1986). pp. 330-362.

— 'The Meaning and Measurement of Ethnicity in Malaysia: An Analysis of Census Classifications.' *Journal of Asian Studies,* 46: 3 (August 1987). pp. 555-582.

Japanese Occupation. The Hague and Bandung: van Hoeve. 1958.

Benda, Harry J., and John A. Larkin, eds. *The World of Southeast Asia: Selected Historical Readings.* New York: Harper and Row. 1967.

Benjamin, Walter. *Illuminations.* London: Fontana. 1973.

Bloch, Marc. *Feudal Society.* Trans. I. A. Manyon. Chicago: University of Chicago Press. 1961. 2 vols.

— *Les Rois Thaumaturges.* Strasbourg: Librairie Istra. 1924.

Boxer, Charles R. *The Portuguese Seaborne Empire, 1415-1825.* New York: Knopf. 1969.

Braudel, Fernand. *La Méditerranée et le Monde Méditerranéen à l'Époque de Philippe II.* Paris: Armand Colin. 1966.

Browne, Thomas. *Hydriotaphia, Urne-Buriall, or A Discourse of the Sepulchrall Urnes lately found in Norfolk.* London: Noel Douglas Replicas. 1927.

Cambodge. Ministère du Plan et Institut National de la Statistique et des Recherches Économiques. *Résultats Finals du Recensement Général de la Population, 1962.* Phnom Penh. 1966.

Chambert-Loir, Henri. 'Mas Marco Kartodikromo (*c.* 1890-1932) ou L'Éducation Politique." In Pierre-Bernard Lafont and Denys Lombard, eds. *Littératures contemporaines de l'asie du sudest. Paris: L'Asiatheque.* 1974. pp. 203-314.

Cooper, James Fenimore. *The Pathfinder.* New York: Signet Classics. 1961.

Craig, Albert M. *Chōshū in the Meiji Restoration.* Cambridge, Mass.: Harvard University Press. 1967.

Craig, Gordon A. *The Politics of the Prussian Army, 1640-1945.* New York and Oxford: Oxford University Press. 1956.

Debray, Regis. 'Marxism and the National Question.' *New Left Review,* 105 (September-October 1977). pp. 25-41.

Defoe, Daniel. *Selected Poetry and Prose of Daniel Defoe,* ed. Michael F. Shugrue. New York: Holt, Rinehart and Winston. 1968.

Djilas, Milovan. *Tito, the Inside Story.* Trans. Vasilije Kojač and RichardHayes. London: Weidenfeld and Nicholson. 1980.

Eisenstein, Elizabeth L. 'Some Conjectures about the Impact of Printing on

參考書目

Alers, Henri J. *Om een rode of groene Merdeka. Tienjaren biennenlandse politiek. Indonesië, 1943-53.* Eindhoven: Vulkaan. 1956.

Ambler, John Steward. *The French Army in Politics, 1945-1962.* Columbus: Ohio State University Press. 1966.

Anderson, Benedict R. O'Gorman. *Language and Power: Exploring Political Cultures in Indonesia.* Ithaca: Cornell University Press. 1990.

—— 'Studies of the Thai State: The State of Thai Studies.' In Eliezer B. Ayal, ed. *The State of Thai Studies: Analyses of Knowledge, Approaches, and Prospects in Anthropology, Art History, Economics, History and Political Science.* Athens, Ohio: Ohio University, Center for International Studies, Southeast Asia Program. 1979. pp. 193-247.

Auerbach, Erich. *Mimesis. The Representation of Reality in Western Literature.* Trans. Willard Trask. Garden City, N.Y.: Doubleday Anchor. 1957.

Baltazar [Balagtas], Francisco. *Florante at Laura.* Manila: Florentino. 1973. Based on the orginal Ramirez and Giraudier imprint of 1861.

Barnett, Anthony. 'Inter-Communist Conflicts and Vietnam.' *Bulletin of Concerned Asian Scholars,* 11:4 (October-December 1979). pp. 2-9. (Reprinted from *Marxism Today*, August 1979).

Barthes, Roland. *Michelet par lui-même.* Bourges: Editions du Seuil. 1954.

Battye, Noel A. 'The Military, Government and Society in Siam, 1868-1910. Politics and Military Reform in the Reign of King Chulalongkorn.' Ph.D. thesis. Cornell University. 1974.

Bauer, Otto. *Die Nationalitätenfrage und die Sozialdemokratie* (1907), in *Werkausgabe.* Wien: Europaverlag. 1975. Bd. I, S. 49-602.

Benda, Harry J. *The Crescent and the Rising Sun: Indonesian Islam under the*

8　譯者注：安德森此處所謂「敬禮」，指的應該是起源於北海道，後來漸次實施於日本帝國全境的所謂「皇居遙拜」之儀式。

9　譯者注：印度西部方言之一。

10　譯者注：居住在非洲西南部、奈及利亞西南部等地的農耕族群所使用的語言。

53 譯者注：「諸西班牙」為十八世紀時西班牙王國之通稱，參見本書第四章注14。

54 譯者注：英文原文為political ventriloquism，字面意義為政治腹語術。愛爾蘭人安德森這句話的意思是，他如此熱心地為印尼文版加注解，到頭來無異於假借印尼文之軀體說自己要說的話。

譯後記

1 華特・班雅明（Walter Benjamin），〈譯者之務〉（The Task of the Translator），收於漢娜・鄂蘭（Hannah Arendt）編，華特・班雅明著，《啟蒙之光》（*Illuminations*. New York: Schocken Books, 1968），p. 73。

2 前引書p. 75。

帝國／臺灣

1 譯者注：意指民族主義作為一種具有歷史必然性的進步力量的威信。根據此種信念，民族主義必然將人類社會逐步推向進步的歷史終極目的（telos）。

2 譯者注：蔣介石頭銜之一「軍事委員會委員長」，一般英譯為Generalissimo，本意為大元帥或最高司令官，即諸將軍之統帥（general of generals）。此處譯為「大元帥」與「元帥」，以呼應英文原文中generalissimo與general之對仗關係。

3 譯者注：Lagos，奈及利亞首都。奈及利亞為前英國殖民地。

4 譯者注：伊斯坦堡（Istanbul）為鄂圖曼帝國的首府。

5 譯者注：T. Fujitani, Splendid Monarchy: Power and Pageantry in Modern Japan（Berkeley and Los Angeles and London: University of California Press, 1996）.

6 譯者注：Eugen Joseph Weber, Peasants into Frenchmen: the modernization of rural France, 1870-1914（Stanford: Stanford University Press, 1976）.

7 譯者注：亞齊人（Atjehnese，又作Achinese），居住在蘇門達臘島北端的伊斯蘭教徒。印尼獨立後亞齊人亦試圖尋求自印尼獨立，此一分離主義運動至今仍然方興未艾。

海人民出版社，向臺北的時報出版買吳叡人的譯稿轉為簡體版。於此過程中，有兩個重大的刪節產生。第一是第九章〈歷史的天使〉，此為1983年版本的簡短結論，此章的主題為對《想像的共同體》開頭提及的1978-79年中南半島戰爭的詮釋評估。第二是吳叡人的長篇導讀。是一篇關於我個人背景，《想像的共同體》寫作的政治與知識脈絡、書中主要論證與蓋爾納和史密斯作品的比較，以及中國研究專家杜贊奇（Prasenjit Duara）和（後殖民研究理論家）恰特吉對本書的批評的一篇嚴謹而學術性的記述。

至於時報版本則維持作者原文，不做任何刪節掩蓋，並完整說明立場與處理過程。

47 譯者注：本句相關引文出自導讀最後一節「思想、記憶與認同」的倒數第二段。參見吳叡人作，收錄於本書之〈認同的重量：《想像的共同體》導讀〉，p. 23。

48 感謝王超華為我描述這篇導讀。

49 譯者注：泰文版已於2009年在曼谷由泰國塔瑪撒大學（Thammasat University）的社會科學教科書基金會（The Textbook Foundation for the Social Sciences）出版。

50 史瓦希利文為廣泛流通於東非地區的各族共通語之一；阿姆哈力克文為伊索比亞的官方語；沃洛夫文為尼日－剛果語族中之一支，流通於賽內加爾與甘比亞；豪撒文為流通於西非和南撒哈拉的語言，與史瓦希利文並列為非洲兩種代表性語言。

51 譯者注：出現在美國作家梅爾維爾名著《白鯨記》中的波里尼西亞人角色，參見本書第十一章〈記憶與遺忘〉，p. 275。

52 譯者注：Ukania一詞是蘇格蘭民族主義者湯姆．奈倫所創的名詞，用以嘲諷雖已沒落但仍具帝國野心之英國（聯合王國United Kingdom，簡稱UK）。奧地利作家穆齊爾（Robert Musil, 1880-1942）在他的傑作《無性格的人》（*Der Mann ohne Eigenschaften*, 1930-32）中諢稱奧匈帝國為Kakania（取自德文對哈布斯堡王室之簡稱k und k, 即Kaiserlich und königlich〔帝國的以及王國的〕，因奧匈帝國為奧地利帝國與匈牙利王國所組成之複合國家，故有此簡稱）。奈倫就是從穆齊爾的Kakania得到靈感而創造了Ukania這個字。關於穆齊爾與《無性格的人》，參照本書第六章〈官方民族主義和帝國主義〉注57。

人，或者一幅畫等人、事、地、物開始進行微型規模的歷史研究）的先驅者之一，著有《起司與蟲：一個十六世紀製粉業者的宇宙》（*The Cheese and the Worms: the Cosmos of a Sixteenth-Century Miller*. New York: Penguin Books, 1982）。

39 譯者注：娜塔莉·齊蒙·戴維斯（Natalie Zemon Davis, 1928-，編按：戴維斯已於2023年辭世），美國裔加拿大歷史學家，現任多倫多大學歷史系教授，專研近代早期歐洲社會文化史，最有名的著作為關於法國庇里牛斯山區小村莊之研究的《馬丹·蓋赫返鄉記》（*The Return of Martin Guerre*. Cambridge, Mass.,: Harvard University Press, 1983）。此書被視為與上述卡羅·金茲堡著作齊名之微觀歷史學傑作。

40 感謝安東尼斯·里亞可斯提供這個背景。

41 里亞可斯對我描述她是一位「優秀的學者，用英文寫了一本尚未出版的書，《從屬的形成：希臘的家庭雇傭，1900-1950》」。

42 感謝波西蒂·漢札魯拉提供的這段描述。

43 這句話改寫自我最近收到的一封里亞可斯來信。

44 我手頭上只有這份清單所列的部分書名，有趣的是，美國人寫的書一點也不是最重要的。德國作者最多，其次是法國人和美國人，然後有幾個英國作者（UK-ers），此外還可以隨處看到個別的義大利人、斯洛維尼亞人、比利時人等等。

45 編者注：時報出版在此對作者的批評持客觀開放的態度，虛心接受，此事的前因後果與最新發展請詳見注46。

46 編者注：關於本段提及的消極盜版，以及上海人民出版社將譯稿導讀、第九章與譯後記刪節的問題，編者在此提出說明。時報當時向Verso取得的是全球中文版，因此簡體版是由時報授權，此後與上海人民以及Verso之間的版稅報告也都往來正常。此次新版繁簡版權已分開授權，但因上海人民仍採用時報譯稿，為確保作、譯者權利，時報已事先確認上海人民是否刪節，上海人民回覆表示取得Verso同意，簡體新版仍將刪除第九章〈歷史的天使〉，而〈旅行與交通〉本段涉及中國刪文的部分則更改如下：

最後則是兩個奇特的版本，一本2003年在上海出版，另一本則預定於2006年稍晚之時在曼谷出版。在中華人民共和國的出版者是上

黎法國國家科學研究中心（CNRS）資深研究員與高等社會科學研究院（EHESS）教授，為著名之中亞、中東與伊斯蘭政治專家，著有《全球化的伊斯蘭》（*Globalized Islam: The Search for a new Ummah*. London and New York: Columbia University Press, 2004）。

33 感謝東尼・伍德（Tony Wood）提供這段梅第斯的歷史。

34 感謝戈蘭・賽爾本（Göran Therborn）為我描述這段事實。

35 譯者按：本段時報版中譯本譯文如下：「不過，在追溯摧毀了維也納、倫敦、君士坦丁堡、巴黎、馬德里統治下的多語言、多族群的龐大帝國的民族主義之爆炸過程後，我卻沒有能夠見到導火線至少已經鋪到遠及莫斯科之處了。」參見本書〈第二版序〉，p. 31。

36 譯者注：安德烈・馬勒侯（André Malraux, 1911-1976），法國小說家與政治家，1930年代曾參與西班牙內戰，二次大戰期間加入法國地下抵抗組織，著有以1927年上海清共事件為背景的小說《人的命運》（*La Condition humaine*, 1933）。馬勒侯戰後進入政壇，在第四共和時期曾擔任戴高樂政府文化部長達十年之久（1959-1969）。關於此處「被馬勒侯清洗」的典故，本書作者安德森教授來信做了如下說明：「在馬勒侯擔任第一次戴高樂內閣的（差勁的）文化部長時，他主要的計畫（當然是為巴黎設想的）就是要清洗城裡所有著名建築物被塵煙燻黑、弄髒了的外表。時間的流逝和工業汙染已經把這些建築的外表全都弄黑了。他的用意是好的，不過有很多人嘲笑那些建築物被刪除了歷史感的、帶有布爾喬亞氣息的乾淨外表，還有那種像是在做博物館展示般的作秀方式。和他的主子（戴高樂）一樣，馬勒侯喜歡這些浮誇的大計畫。」

37 譯者注：此處應指伯明罕大學著名的當代文化研究中心（Centre for Contemporary Cultural Studies, CCCS, 1963/64-2002）之研究小組。該中心創立者之一史都華・霍爾（Stuart Hall, 1932-，編按：霍爾已於2014年辭世）在他1988年的著作中，批判柴契爾主義為「民粹威權主義」（popular authoritarianism）。參見史都華・霍爾，《更新之路：柴契爾主義與左派的危機》（*The Road to Renewal: Thatcherism and the Crisis of the Left*. London: Verso, 1988）。

38 譯者注：卡羅・金茲堡（Carlo Ginsburg, 1939-），義大利歷史學者，「微觀歷史」（microhistory，主張從一個小鄉村市鎮、微不足道之個

名與出版社名稱之漢字表記相關訊息，由現正在首爾高麗大學進行研究的臺灣大學政研所博士班董思齊先生與中研院臺史所韓籍同事陳姃湲女士兩人所提供。

25 我要感謝崔成恩（Choi Sung-eun，音譯）提供上述資訊。她的父親有過讓那南出版社出版他兩本書的不幸經驗。

26 譯者注：大衛・布瑞汀（David Brading），劍橋大學拉丁美洲史教授。

27 譯者注：歐大維・帕茲（Octavio Paz, 1914-1998），墨西哥詩人與外交家，1990年諾貝爾文學獎得主。

28 譯者注：喬治・培瑞克（Georges Perec, 1936-1982），猶太裔法國小說家與電影導演，1978年以畢生傑作《生命：使用者手冊》（*La Vie mode d'emploi*）獲得梅迪奇獎（prix Médicis）。

29 譯者注：阿藍・巴吉烏（Alain Badiou, 1937-），出生於摩洛哥的法國哲學家與政治評論家，信奉極左馬克思主義，曾任法國高等師範（ENS）哲學系主任，哲學上的代表作為《存有與事件》（*L'étre et l'événement*. Paris: Seuil, 1988）。

30 譯者注：喬凡尼・阿里吉（Giovanni Arrighi, 1937-2009），義大利籍政治經濟學家與社會學家，1979年起任教於美國社會學家華勒斯坦（Immanuel Wallerstein, 1930-，編按：華勒斯坦已於2019年辭世）在紐約州立大學賓罕頓分校所主持的費南德・布勞岱爾經濟、歷史體系與文明研究中心，成為世界體系理論之重要成員，1998年轉任約翰霍普金斯大學社會系教授。代表作為探討全球資本主義起源與轉型的三部曲《漫長的二十世紀》（*The Long Twentieth Century: Money, Power and the Origins of Our Times*. London; New York: Verso, 1994）、《現代世界體系的混亂與治理》（*Chaos and Governance in the Modern World System*. Minneapolis; London: University of Minneapolis Press, 1999〔本書與Berverly Silver合著〕），以及《亞當・斯密在北京》（*Adam Smith in Beijing: Lineages of the Twenty-First Century*. London; New York: Verso, 2007）。

31 凱瑟琳・愛麗絲・麥金能（Catherine Alice MacKinnon, 1946-），美國女性主義法學家，現任密西根大學法律學院教授，為當代北美反性騷擾與反色情之重要法學理論家。

32 譯者注：奧力佛・洛伊（Oliver Roy, 1949-），法國政治學家，現任巴

學歷史系教授，信奉馬克思主義與泛非主義（Pan-Africanism），提倡「激進史學」（radical history），近著有《對不義的激烈仇視：克勞德・麥凱的牙買加反叛詩》（*A Fierce Hatred of Injustice: Claude MacKay's Jamaican Poetry of Rebellion*. London and New York: Verso, 2000）。

20 譯者注：十七世紀英國作家湯瑪斯・布朗（Thomas Browne）之散文名著*Hyporiotaphia, Urne-Buriall, or, A Discourse of the Sepulchrall Urnes lately found in Norfolk*（1656-57），中國大陸譯本作「甕葬」。參見T・布朗著，謬哲譯，《甕葬》（北京：光明日報出版社，2000）。關於安德森引用部分，參見本書第八章。

21 在1998年，坎普斯出版社發行了一個新版本，把封面從赫曼紀念碑換成了一張群眾暴動的驚聳圖片：著火的房屋，恐慌的人們，放火的煽動者。2005年，該出版社決定將這本書放在「經典」系列中重新出版，而且換上一個樸素而缺乏特徵的封面。這個版本有一篇湯瑪斯・梅爾格爾（Thomas Mergel）寫的很長的後記，有一部分的篇幅用在反思讀者對《想像的共同體》的接受情況，還有關於該書在網路上流傳狀況的一些令人不安的資料。

22 譯者注：http://www.atica.com.br/NossaHistoria/index.htm（編按：原連結已失效，現應為：https://atica.saber.com.br/quem-somos/〔最後檢索日期：2025年2月21日〕）

23 在1992年到1996年之間，梅茲娜瑞奇接著創辦並且主持了人道專家集團強制移民計畫（Humanitarian Expert Group Project on Forced Migration）。現在她任教於盧布里亞那大學，並且擔任札格列布的移民與族群研究所資深顧問。

24 譯者注：原文誤作Naman，應為Nanam。據該社創辦人趙相浩自述，Nanam漢字表記為「羅南」，即全羅南道，也就是趙相浩的故鄉。不過nanam（나남）一語在純韓文字中另有「我與他者」之意，因此經常被誤解該社命名目的在促成自他之溝通。趙相浩認為此一誤解較之原名更具啟蒙意義，因此也將錯就錯，未予更正，於是「自他」相沿成習，而「羅南」的原始意義反而湮滅不彰。面對此一曲折有趣的語言背景，譯者採取折衷做法，在本文採用nanam（나남）一語之音譯「那南」，而在譯注中說明其語源與流變。又，本文所提及之韓文人

域之開發中國家，與「已開發的」歐美日等「北方」（the North）相對。由於當代南北發展差距的重要根源之一是以北方國家為中心的帝國主義與殖民主義對南方的侵略剝削，因此「南方」一詞有時也帶有某種「反帝、反殖民」的規範性意涵。

14 譯者注：「自明的命運」（Manifest Destiny）是十九世紀後半在美國流行的理論，主張支配並開發北美洲全土乃是上帝賦予美利堅合眾國不證自明之命運。此一理論原為民主黨人在1840年代美墨戰爭期間用來合理化美國向西部擴張，兼併德克薩斯土地之用，後來成為描述美國擴張主義的象徵性用語。

15 譯者注：卡爾．杜伊奇（Karl W. Deutsch, 1912-1992），德裔捷克政治學者，1938年躲避戰禍移居美國，在哈佛大學取得政治學博士學位，先後任教於麻省理工學院、耶魯大學以及哈佛大學，曾擔任美國政治學會（1969）與國際政治學會會長（1976）。杜伊奇以引進量化、系統分析與模型建構於社會科學著稱，他那本改寫自哈佛大學博士論文的《民族主義與社會溝通：關於民族基礎的研究》（*Nationalism and Social Communication: An Inquiry into the Foundations of Nationality*. Cambridge, Massachusetts: MIT Press, 1966）就是此一研究途徑的應用。這本書是二次大戰後美國政治學界關於民族主義的早期經典著作。

16 譯者注：艾德蒙．李區（Edmund Leach, 1910-1989），英國社會人類學家，將李維史陀（Claude Lévi-Strauss）的結構主義人類學從法國引進英國。

17 譯者注：康納．克魯斯．歐布來恩（Connor Cruise O'Brien, 1917-2008），愛爾蘭政治家與作家，在1979至1981之間曾擔任英國報紙《觀察家》（*The Observer*）的總編輯。

18 譯者注：尼爾．艾察遜（Neil Ascherson, 1932-），出身於劍橋大學的蘇格蘭籍名記者與評論家，曾先後任職於《曼徹斯特衛報》（*Manchester Guardian*）、《蘇格蘭人》（*The Scotsman*）、《觀察家》與《週日獨立報》（*Independent on Sunday*），現為《倫敦書評雜誌》（*London Review of Books*）主要撰稿人之一。

19 譯者注：溫斯頓．詹姆斯（Winston James, 1956?-），牙買加歷史學家，畢業於里茲大學及倫敦政經學院，1991赴美，現任哥倫比亞大

分是對凱都里的回應（參見譯者注5）。霍布斯邦論民族主義的大作直到1990年才出版（參見譯者注6），不過他1977年秋就在《新左評論》上攻擊奈倫的論點（譯按：參見本書第一章注3），同時也是促使米洛斯拉夫．荷洛區（Miroslav Hroch）論中東歐民族主義運動的權威性比較研究在盎格魯－薩克遜世界為人所知的主要推手。

10 譯者注：非洲西北部地區之統稱，西元八世紀摩爾人（Moor，游牧的貝伯人與阿拉伯人之混種後裔，信仰伊斯蘭教）支配時代曾擴及西班牙，現在一般指涉包括今日之摩洛哥、阿爾及利亞，以及突尼西亞等國之地區。

11 凱都里當然熟悉阿拉伯文，然而他的著作並未很清楚地顯示這點。他1970年出的那本書主要是亞、非洲民族主義知識分子文本的選集，附有他自己寫的一篇廣泛而嚴厲的導讀。

12 譯者注：這句話的意思是，如何在盲目信仰民族主義神話的「神聖瘋狂」和徹底否定民族主義的犬儒主義之間，找到一條既能解構神話，但也承認民族主義現象具有一定自主性的中間路線。

在希臘神話中，Scylla和Charybdis是分別住在義大利梅西納海峽兩端的兩個女妖，前者有六頭十二足，後者則化身為巨大漩渦，由於該海峽甚為狹窄，航行經過的水手無論靠近哪一端都有被吞噬的危險。英文「between Scylla and Charybdis」一語即典出於此，意指進退維谷。安德森使用此一典故，旨在描述十九世紀式的民族主義意識形態和恰特吉所代表的當代左翼反民族主義論兩者都過於極端，因此同樣危險，有如Scylla和Charybdis一般，而如何在兩個相互對峙，但又緊密相鄰的危險觀點之間找出一條真理的安全航道，則構成了民族主義研究者的重要挑戰。由於十九世紀浪漫主義對民族之古老起源的想像，在當代社會科學主流見解中已被認定為近代民族主義所創造之神話，目的在動員群眾情感，故此處結合希臘神話原始語意與當代社會科學見解，將Scylla譯為「危險的神話」。關於恰特吉對民族主義的見解，參見他的《民族主義思想與殖民地世界：一種衍生性的論述》（*Nationalist Thought and the Colonial World: A Derivative Discourse*. Minneapolis: University of Minnesota Press, 1993[1986]）。

13 譯者注：在1980年代盛極一時的發展社會學（特別是左翼的依賴理論）語彙中，「南方」（the South）指涉亞洲、非洲與拉丁美洲等地

九世紀」（the long nineteenth century）同時也是他觀察民族主義興起的主要歷史脈絡。1990年，霍氏出版了他的民族主義論名作《民族與民族主義》（*Nations and Nationalism after 1780*. Cambridge and New York: Cambridge University Press, 1990）。

7 譯者注：安東尼・D・史密斯（Anthony D. Smith, 1933-，編按：史密斯已於2016年辭世），猶太裔英國社會學家，牛津大學、倫敦政經學院畢業，長期任教該校，現任該校民族主義與族群研究名譽教授。史密斯曾受教於蓋爾納，但反對乃師之民族現代起源論，提出折衷觀點，主張民族乃是在既有族群（ethnie）基礎上經歷現代化之轉型而形成。1995年10月史密斯與蓋爾納針對此一問題在英國沃里克大學（The University of Warwick）進行了一場著名的辯論，史稱「沃里克辯論」（The Warwick Debate）。史密斯日後將自己的論證發展為民族主義研究之「族群象徵主義」（ethnosymbolism），並創辦期刊《民族與民族主義》（*Nations and Nationalism*），擔任該刊總編輯。史氏關於民族主義的相關著述甚豐，最具代表性作品為《民族的族群起源》（*The Ethnic Origins of Nations*. Oxford and New York: Blackwell, 1986）。

8 譯者注：湯姆・奈倫（Tom Nairn, 1932-，編按：奈倫已於2023年辭世）蘇格蘭民族主義者與馬克思主義理論家，與培利・安德森同為戰後不列顛新左翼之重要思想家，最早在七〇年代起即主張歐洲整合，1977年他將發表於《新左評論》的文章結集成《不列顛的崩解》（*The Breakup of Britain: crisis and neonationalism*. London: NLB, 1977）一書，運用馬克思的「資本的不平均與合併的發展」定律解釋蘇格蘭民族主義之興起並預測聯合王國之崩解。奈倫的民族主義理論對同屬《新左評論》知識集團的班納迪克・安德森影響甚深，《想像的共同體》書中隨處可見他與奈倫對話之痕跡（一、二、四、五、六，以及新增之本章）。

9 凱都里出身巴格達，蓋爾納來自布拉格，而霍布斯邦的母親是維也納人。或許是因為自己的出身，凱都里對近東，以及近東以外的（亞非）地區有興趣。他討論亞洲和非洲民族主義的書出版於1970年（譯按：《亞非地區的民族主義》〔*Nationalism in Asia and Africa*. New York: The World, 1970〕）。蓋爾納第一篇討論民族主義問題的文章部

4 譯者注：埃里・凱都里（Elie Kedourie, 1926-1962），出生於巴格達的猶太裔英國中東史專家，長期任教於倫敦政經學院。凱氏是著名的保守主義者，支持大英帝國。他在1961年出版《民族主義》（*Nationalism*. New York: F.A. Praeger, 1961。譯按：1993年Blackwell重新出版），從思想史角度批判民族自決原則之謬誤及其流惡，引發在倫敦政經學院社會系任教的蓋爾納之反論，批評該書論證過於唯心，無力從社會學角度解釋民族主義之起源與散布，並提出他著名的早期工業化論試圖取而代之。凱都里則回應指出蓋爾納的社會學解釋是化約了複雜史實的「唯經濟主義」（economism）。

5 譯者注：厄尼斯特・蓋爾納（Ernest Gellner, 1925-1995），東歐猶太裔英國哲學家、社會學家與社會人類學家，出生於巴黎，童年在布拉格度過，1939年為避禍納粹舉家遷移至英國，後來在牛津大學巴利奧學院專攻哲學。曾任教於愛丁堡大學（道德哲學）、倫敦政經學院（社會系），以及劍橋大學（人類系）。1993年，蓋爾納返回布拉格，在金融聞人索羅斯（George Soros）創立的中歐大學（Central European University）任教，並在該校設立民族主義研究中心（Center for the Study of Nationalism）。蓋爾納在他1964年的名著《思想與變遷》（*Thought and Change*）中首度提出他關於民族主義興起與擴散的社會學理論，這個理論後來在1983年的《民族與民族主義》（*Nations and Nationalism*）一書獲得更完整的發展。蓋爾納主張以早期工業社會內部對同質性的功能需求，以及區域間不均衡的發展（工業化）來解釋民族主義之興起與擴散。蓋爾納這個融合了馬克思主義、現代化理論和結構功能論的一般理論，在八〇年代以後與安德森的《想像的共同體》對峙，成為當代民族主義理論的兩大典範。參見收錄於本書之吳叡人作，〈認同的重量：《想像的共同體》導讀〉，p. 18。

6 譯者注：艾瑞克・霍布斯邦（Eric J.E. Hobsbawm, 1917-，編按：霍布斯邦於2012年辭世），猶太裔英國馬克思主義歷史學家，出生於埃及亞歷山卓，在維也納度過童年，1933年移居英國，在劍橋大學國王學院取得歷史學博士學位，長年任教於倫敦大學伯貝克學院（Birkbeck College），現任該學院榮譽院長。作為史家，霍布斯邦的代表作為著名的三部曲──《革命的年代》（1962）、《資本的年代》（1975）和《帝國的年代》（1987），而這三部曲所構成的「漫長的十

軍大敗於此。奧斯特利茲（Austerlitz），捷克中部一城市，1805年拿破崙在此擊潰俄奧聯軍。

41 譯者注：作者此處所指的應該是1943年的華沙猶太人區起義（Warsaw Ghetto Uprising），也就是在納粹占領下的波蘭猶太人為反抗被送往崔布令卡（Treblinka）集中營的起義，這場起義後來因納粹的殘酷鎮壓而失敗。而所謂「華沙起義」（Warsaw Uprising）一般指的是1944年波蘭人企圖推翻德國占領軍的失敗起義。

旅行與交通

* 如果沒有我弟弟培利（Perry Anderson, 1938-）無私的協助，這篇後記是不可能寫成的，然而除此之外，我也要向以下諸位深致謝意：崔成恩（音譯，英文原文作Choi Sung-eun）、雅娜・熱諾娃（Yana Genova）、波西蒂・漢札魯拉（Pothiti Hantzaroula）、安東尼斯・里亞可斯（Antonis Liakos）、西爾娃・梅茲娜瑞奇（Silva Meznaric）、戈蘭・賽爾本（Göran Therborn），以及東尼・伍德（Tony Wood）。

1 譯者注：弗朗哥・莫瑞提（Franco Moretti, 1950-），義大利籍文學史家與馬克思主義文學批評家，現任史丹佛大學英文系教授，以研究歐洲小說著稱。安德森此處所指的應為莫瑞提名著《歐洲小說地圖》（*Atlas of the European Novel*. London: Verso, 1998）。在該書中，莫瑞提將近代歐洲小說之興起與民族國家之興起聯繫起來，並探討小說與地理之關係（包括小說人物出身之地理分布，以及小說之跨國翻譯流布等主題）。此外，莫瑞提也經常為《新左評論》撰稿。

2 除了簡潔的優點之外，《想像的共同體》還讓如今快要被那些吸血鬼般的陳腔濫調完全吸乾了氣血的兩個字眼（譯按：即「想像的」和「共同體」）安詳地咬合在一起（，因而產生了新意）。

3 譯者注：聯合王國（United Kingdom），正式名稱為大不列顛與北愛爾蘭聯合王國（United Kingdom of Great Britain and Northern Ireland），即通稱之英國。安德森的英文原文一貫使用UK而非England（英格蘭），固有其細緻區隔民族（英格蘭）與國家（英格蘭、蘇格蘭、威爾斯與愛爾蘭等多民族之聯合王國）之用意，然中文「英國」之通稱已沿用成習，故以下將從上下文語意判斷，有時直譯為「聯合王國」，有時則譯為通稱之「英國」。

32 赫南生於1823年，也就是密西勒誕生四分之一世紀之後，而他的青春時期大部分是在迫害密西勒的那個犬儒的官方民族主義政權下度過的。

33 在1983年時我就是如此瞭解這兩句話的，唉！

34 譯者注：巴黎公社（Paris Commune），1871年普法戰爭之後，仍舊主戰的共和派巴黎市民因不滿保皇派所掌握的法國政府的議和並且擔心皇室復辟，遂在同年3月18日起事叛變，自行展開市政會選舉，是為巴黎公社。公社的組成分子包括共和主義者、無政府主義者和第一國際的社會主義者等。後政府軍全力進剿，尤其在5月21日到5月28日之間，展開殘酷鎮壓，史稱「血腥的一週」（la semaine sanglante），巴黎公社叛變於焉潰滅。事變中共有二萬名公社分子被屠殺，事變後有三萬八千人遭到逮捕，七千人被流放。

35 參見他的《美洲小說中的愛與死》（*Love and Death in the American Novel*），p. 192。費德勒從心理的，以及無歷史的角度，將這個關係解讀成美國小說無法處理成人異性愛，及其對死亡、近親相姦與純真的同性情慾之著迷之一例。與其說這是一篇民族的情慾（national eroticism）的寫作，我卻懷疑它可能是正在發生作用的一個情慾化了的民族主義（eroticized nationalism）。在一個從一開始就嚴禁種族雜婚的新教社會裡面，男性－男性間的結合關係很類似天主教容許龐大的混血人口成長的拉丁美洲的民族主義小說所描繪的那種男性－女性之間的「神聖的愛」。（英語必須從西班牙語借用mestizo〔混血的〕這個字，就是很鮮明的例證。）

36 譯者注：明哥族印第安人（Mingo Indians）是在1750年後遷移到俄亥俄的西尼加族印第安人（Seneca Indians）的一支。西尼加族在美國獨立革命戰爭時效命於英國人，故身為西尼加族一支的明哥族印第安人被稱為「邪惡的」。

37 赫曼·梅爾維爾（Herman Melville），《白鯨記》（*Moby Dick*），p. 71。這個作者必定再三玩味最後那個惡意的片語吧！

38 我們愉快地注意到《頑童流浪記》（*Huckleberry Finn*）的出版日期只比赫南召喚「聖巴托羅繆日」早了幾個月而已。

39 「滅種」（genocide）這個新字是相當晚近才為了這類啟示錄（即民族之不自然死亡）而被造出來的。

40 譯者注：色當（Sedan），法國東北部的城市，1870年普法戰爭時法

24 我們也許可以說這些革命在歐洲人眼中是發生在大西洋彼岸的最早的真正重要的政治事件。

25 然而，歷史深度不是無限的。追溯到某一時點，英語就會消失在諾曼法語和盎格魯－薩克遜語之中；法語會消失在拉丁文和「日爾曼」法蘭克語之中……。我們將會在下面看到特定場域後來是如何被附加深度的。

26 《元歷史》，p. 140。生於1770年的黑格爾在法國大革命爆發時已經將近二十歲，但是他的《歷史哲學講義》（*Vorlesungen über die Philosophie der Weltgeschichte*）要到1837年，也就是他死後六年才出版。

27 懷特，《元歷史》，p. 159。

28 儒勒．密西勒（Jules Michelet），《作品全集》（*Œuvres complètes*），第二十一卷，p. 268，收錄在他的未完成的《十九世紀史》（*Histoire du XIXe siècle*）第二冊《直到霧月十八日》（*Jusqu'au 18e Brumaire*）序言。我是從《元歷史》一書得知這段引文，但懷特所用的譯文令人很不滿意。

29 本句引文取自羅蘭．巴特（Roland Barthes）編《密西勒》（*Michelet par lui-même*），p. 92。他的《作品全集》中收有本句引文的那冊尚未出版。

30 相反的，在全墨西哥只有一座荷南．科提斯（Hernán Cortés）的雕像。這座被小心翼翼地藏在墨西哥市一隅的紀念碑，是1970年代末期才被那討厭的荷賽．羅培茲．波提又（José López Portillo）政權樹立起來的。（譯者注：荷南．科提斯於1519年4月12日率領五百人抵達墨西哥，並進軍內陸，打敗阿茲特克人，征服墨西哥全域，開啟了往後三百年的西班牙統治。）

31 無疑的，這是因為他的一生有很長的時間為復辟的，或者是代用的統治正當性所苦。他的拒絕向路易．拿破崙（Louis Napoleon）宣誓效忠，令人動容地顯示了他對1789革命與法蘭西的獻身熱情。在突然被從國家檔案館長的職位上免職之後，他一直到1874年過世為止都過著近乎貧困的生活——不過也活得夠長，以致還能親眼目睹那個郎中（mountebank，譯按：即路易．拿破崙）的垮臺和共和體制的重建。

此，但在1591年之前這批移民卻神祕地消失了。

16 年輕的華茲華斯（Wordsworth）在1791年到1792年之間身在法國，日後，他在〈序曲〉（The Prelude）一詩中寫下了這幾段憶往的名句：

活在那**破曉**是無上至福，
但青春年少彷如天堂！

粗體是筆者所加。

17 林區，《西屬美洲革命》，pp. 314-15。

18 如前文第四章所引。

19 蘭迪斯，《時間革命》，pp. 230-31, 442-43。

20 參見前文，第二章。

21 關於對這個轉型過程的一個細緻討論，參見海登·懷特（Hayden White），《元歷史：十九世紀歐洲之歷史想像》（*Metahistory: The Historical Imagination in Nineteen-Century Europe*），pp. 135-43。

22 但是這個西元（A.D.）有一點不同。在斷裂發生之前西元紀年還保有——儘管在啟蒙圈內是十分薄弱的——從這個中世紀拉丁文字眼之中發散出來的神學的味道。Anno Domini（譯按：拉丁文，「在我主之年」之意）讓人想到發生在伯利恆的那場永恆闖入世俗時間（即耶穌誕生）的事件。在斷裂發生之後，這個被縮寫為A.D.的字眼遂加入了那個涵蓋了一段（新興的地質學已經對它做出顯著貢獻的）連續的宇宙史的（英語）方言B.C.，也就是「基督以前」（Before Christ）的行列之中。如果我們注意到佛教和伊斯蘭世界即使到今天都不曾去想像以「釋迦牟尼以前」或者「我主穆罕默德從麥加逃到麥地納（西元622年）以前」劃定任何時代，也許就能判斷在Anno Domini和A.D.／B.C.之間已經存在著一個多麼難以見底的深淵了。這兩個宗教所支配的世界都不安地將就配合那個外來的縮寫字母B.C.。

23 遲至1951年，聰明的印尼社會主義者林通·穆里亞·西托魯斯（Lintong Mulia Sitorus）還會這樣寫道：「到十九世紀末之前，當白種人正在每個領域之中忙碌地工作時，有色人種卻仍然好夢方酣。」《印尼民族主義運動史》（*Sedjarah Pergerakan Kebangsaan Indonesia*），p. 5。

一旦情況對了，歐洲人是可能被溫和地吸收到非歐洲的文化之中的。

5 試與巨大的非洲移民人口的命運做一比較。奴隸制的殘酷手段不只確定了他們在政治和文化上的四分五裂，也很快地排除了如委內瑞拉和西非的黑人社群是在平行軌跡上運動的可能性。

6 參見渥特斯（O.W. Wolters），《馬來史上斯利畢賈亞的衰亡》（*The Fall of Srivijaya in Malay History*），附錄C。

7 參見威廉・史基納（G. William Skinner）的《泰國的華人社會》（*Chinese Society in Thailand*），pp. 15-16所引。

8 出現在各地的華僑社群大到足以引起歐洲人的被害妄想症，不過到了十八世紀中葉西方人發動的反華迫害行動終於止息下來了。從那以後，這個不可愛的傳統就傳給了本地居民。

9 參見馬歇爾・侯吉生（Marshall G. Hodgson），《伊斯蘭之探險》（*The Venture of Islam*），第三卷，pp. 233-5。

10 在面對這一切證據，竟然還有這麼多歐洲學者繼續主張民族主義是歐洲人所發明的 —— 這個情形令人震驚地顯示了歐洲中心主義有多麼根深柢固。

11 不過我們要注意巴西這個具有諷刺性的個案。1808年（葡萄牙）國王荷奧六世（João VI）逃到里約熱內盧以躲避拿破崙的大軍。雖然威靈頓將軍（Wellington）在1811年就把法國人趕走了，這個移居在外的君主卻因為畏懼在本國的共和派的起事而在南美停留到1822年，所以從1808年到1822年之間里約是一個統治範圍遍及安哥拉、莫三比克、澳門和東帝汶的世界性帝國的中心。可是統治這個帝國的是一個歐洲人，而不是美洲人。

12 毫無疑問的，這就是讓「解放者」玻利瓦會在某一刻曾經高呼：一場黑人 —— 也就是奴隸 —— 的叛變要「比一次西班牙的入侵糟一千倍」的原因。（參見本書p. 95。）

13 參見馬厝爾，《玻利瓦》，p. 131。

14 法國大革命反過來又被1791年在新世界爆發的圖桑・魯非卻爾（Toussaint L'Ouverture）領導的反叛所平行追隨。這場反叛最後促成了海地的前奴隸在1806年建立了西半球第二個獨立共和國。

15 譯者注：洛亞諾克（Roanoke），北卡羅萊納（North Carolina）東北大西洋岸外的一個小島。一群英格蘭的拓墾移民在1587年7月登陸於

次級系列的特別戳記。值得注意的是，這種人口調查的技術是在獲得民族獨立後才達到完美之境的。

第十一章

1 譯者注：荷蘭人是最早來到紐西蘭的西方人。荷蘭航海家塔斯曼（Abel Janszoon Tasman）所率領的探險隊在1642年航至今之紐西蘭，上岸探查時曾與當地原住民毛利族發生衝突。

2 在一個「國際性的」（也就是說，歐洲的）對衡量經度的正確尺度的搜尋過程中，這種科技的累積達到了一個狂熱的巔峰。關於這段經過的一個有趣記述，請參見蘭迪斯，《時間革命》，第九章。當北美十三個殖民地在1776年宣告獨立時，《紳士雜誌》（*Gentleman's Magazine*）登出了一段約翰·哈里遜（John Harrison）的簡短訃文：「他是一個最具原創力的技工，並且因發現了經度（原文如此）而（從西敏寺）領到兩萬英鎊。」

3 普拉莫底亞·阿南達·托爾所寫的偉大的歷史小說《人類的土地》（*Bumi Manusia*）巧妙地暗示了這種意識很晚才散播到亞洲來。年輕的民族主義者主角想到他和未來的「荷蘭」女王威廉米娜（Wilhelmina）生在同一天——1880年8月31日。「可是當我的島嶼被包裹在夜晚的黑暗之中時，她的國家卻沐浴在陽光之中；而當她的國家被夜晚的黑暗所擁抱時，我的島嶼卻閃爍在赤道的正午之中。」p. 4。

4 不用說，「白種特性」是一個與複雜的社會現實邊緣擦身而過「因此無法捕捉其複雜性的」法律範疇。正如解放者玻利瓦自己所說的：「**我們**是來美洲流盡白種血液並與其受害者育種的那些掠奪成性的西班牙人下賤的子孫。後來這種結合的私生子孫們就和被從非洲運來的奴隸的子孫們結合了。」粗體字是筆者所加。林區，《西屬美洲革命》，p. 249。我們不應輕易假設在這個克利奧主義（criollismo，譯按：歐裔海外移民主義）之中含有任何「永遠的歐洲的」成分。如果我們記得在當代錫蘭、印尼和菲律賓扮演著無可置疑的社會、經濟和政治角色的所有那些虔誠信仰佛教而且說錫蘭語的人叫做「達·蘇薩」（Da Souzas），那些虔誠信仰天主教而說弗羅林語（Florinese）的人叫做「達·西爾瓦」（Da Silvas），以及那些犬儒的、信仰天主教而說馬尼拉話的人叫做「索里亞諾」（Sorianos），我們就更能夠承認

成長到2,365人，增加了二十倍時，恰好就是緬甸考古部開始活躍之時。參見羅勃・泰勒（Robert H. Taylor），《緬甸國家》（*The State in Burma*），p. 114。

34 由於部分受到了這種想法的影響，保守的泰國知識分子、考古學家與官員到現在都還主張吳哥是如今已經消失得無影無蹤的倥族（Khom）所建，因此當然和今天那些被瞧不起的柬埔寨人沒有關係。

35 一個很好的後起之秀的例子是自稱為「前印尼考古主管」（原文如此）的荷蘭學者巴納特・坎坡斯（A.J. Bernet Kempers）所著的《印度尼西亞古代藝術》（*Ancient Indonesian Art*）。在該書的pp. 24-25，我們找到顯示了那些古代遺址的地圖。第一張地圖特別具有教育意味，因為它那長方形的形狀（東面是由東經141度線圍起來的）硬是把菲律賓的岷達那峨島、英屬馬來西亞的北婆羅洲、馬來亞半島，還有新加坡都包括進來了。在這張地圖上，除了標注了一個讓人看不懂的「克達」（kedah）之外，完全沒有標上遺址地點，而且事實上甚至沒有標上其他任何地名。從圖340開始，則由印度教－佛教轉移到了伊斯蘭教。

36 關於若干奇妙的照片，請參見《柬埔寨》（*Kambuja*），p. 45（1968年12月15日）。

37 此處討論所引用的材料在拙著《語言與權力》的第五章有較完整的分析。

38 譯者注：邊沁（Jeremy Benthem, 1748-1832），英國哲學家、經濟學家和法學理論家，功利主義（Utilitarianism）的主要奠基者。他同時也是一個熱中建構烏托邦社會的思想家，在1797年的「環形監獄山村」（Panopticon Hill Villages）方案中，他設計了一個專門收容受苦而無助的社會殘障者──孤兒、寡婦、失業者、老年人，以及罪犯──的實驗性機構。「環形監獄」是一個環狀監獄，囚房設在面向圓心的四周，因此從每個角度都可以觀察到囚犯。這是邊沁構想的模範監獄。

39 玻璃屋這個想像所導致的政策性後果的例證之一──曾經是政治犯的普拉莫底亞所痛切體會的結果──是如今所有成年的印尼人都必須隨時攜帶的分類式身分證。這個身分證和人口調查是同形的──它代表一種政治性的人口調查，因為上面附有「顛覆者」和「叛徒」這兩個

Javaansche Kunst），第一冊，第一章。

31 被格羅斯利（Groslier）描寫為為印度考古研究「充了電」的那位熱心研究古代文物的庫松總督（Viceroy Curzon，1899-1905在任）說得好：「挖掘與發現、分類、複製和描述、抄寫和解讀，還有珍藏與保存……這些都同樣是我們的義務。」（即使是傅柯〔Foucault〕也不會比他說得更好。）1899年，當時還屬於英屬印度的緬甸成立考古部，並且很快就開始復原帕干。前一年，法蘭西遠東學院（École française d'Extrême-Orient）在西貢設立，然後印度支那歷史遺跡與博物館管理局（Directorate of Museums and Historical Monuments of Indochina）幾乎馬上就跟著成立。法國在1907年從暹羅手中奪取了暹立和巴揮邦之後，立即就成立了準備在東南亞最令人敬畏的古代遺跡實踐庫松總督的教誨的吳哥保存局（Angkor Conservancy）。參見格羅斯利（Bernard Philipe Groslier）《印度支那》（*Indochina*），pp. 155-7, 174-7。如前所述，荷蘭殖民地的古代文物委員會成立於1901年。這些日期的一致——1899年、1898年、1901年——不只顯示了這些敵對的殖民強權如何敏銳地在觀察彼此的行動，也透露了世紀之交時帝國主義內部正在發生的巨變。正如我們所能預期到的，獨立的暹羅比較慢跟進。該國的考古局要到1924年才成立，而國立博物館則在1926年才設立。參見查爾斯·海姆（Charles Higham），《東南亞大陸之考古學》（*The Archaeology of Mainland Southeast Asia*），p. 25。

32 荷蘭東印度公司（VOC）在1799年破產，並於同年清算結束營業。但是荷屬印度群島的「官方的」殖民地要從1815年，也就是當神聖同盟恢復了荷蘭的獨立，並且將奧倫治家的威廉一世送上最初在1806年被拿破崙和他的好兄弟路易創造出來的荷蘭王位上的那一年，才開始的。英國東印度公司則存續到1857年印度的大叛亂之時。

33 設立古代文物委員會的，恰好也就是（在1901年）首先實施適用於印度群島的新「倫理政策」的那個政府。這政策首度提出了要為大多數被殖民者建立一個西方式教育體系的目標。保羅·杜莫總督（Governor-General Paul Doumer，1897-1902在任）同時創造了印度支那博物館與史蹟管理局和該殖民地的現代教育機構。在緬甸，高等教育開始大幅擴張——在1900年到1940年之間中學生人數增加了八倍，也就是由27,401人成長到233,543人，而大學生人數從115人

裡面，據估計六十萬總人口之中有三分之一死於戰爭、饑荒、疾病和「遷村」。在我看來，主張「印尼人和東帝汶人的看法之所以有」差異，部分是因為東帝汶並未出現在荷屬東印度群島，以及1976年之後的印尼的識別標誌之中——這樣的講法並沒有什麼錯。

26 奧斯朋，《印度尼西亞之祕密戰爭》，p. 2。

27 參見本書p. 110。

28 最能清楚表現出這點的是，那個反印尼的民族主義游擊組織「自由巴布亞組織」（Organisasi Papua Merdeka, OPM）的名字是用印尼文寫成的。

29 1811年，英國東印度公司的武裝部隊奪取了所有荷蘭人在印度群島的財產（拿破崙才在前一年把荷蘭併進了法國）。拉佛司統治爪哇到1815年。他那本不朽的《爪哇史》（*History of Java*）出現於1817年，也就是他建立了新加坡之前的兩年。

30 全世界最大的佛塔波羅布度被博物館化的過程就是這種過程的一個例證。拉佛司政權在1814年「發現」了它，並且將覆蓋它的四周叢林清理乾淨。1845年，那個習於自我推銷的德國藝術家兼探險家謝佛（Shaefer）說服巴達維亞的荷蘭當局出錢讓他去做最初的銀版照相。1851年，巴達維亞派遣一隊由土木工程師F・C・威爾森（F.C. Wilsen）率領的國家公務員去對該處的淺浮雕做一次系統性的調查，並且製作一套完整的、「科學的」石版畫。1874年，萊登（Leiden）的古物博物館館長利曼斯博士（Dr. C. Leemans）奉殖民部之命出版了第一本關於該處遺跡的重要學術研究論著；因為他從未親自造訪過那個遺址，因此就大量仰賴威爾森所製作的石版畫。在1880年代的時候，專業攝影家賽帕斯（Cephas）製作了關於該遺址的一個徹底的現代式照相調查。1901年，殖民地政權設立了一個古代文物委員會（Oudheidkundige Commissie）。在1907到1911年之間，在這個委員會督導以及國家經費的支持下，由土木工程師厄普（Van Erp）所領導的工作隊完全復原了這個佛塔。無疑的，對這次成功的認可使該委員會被升格為古代文物局（Oudheidkundigen Dienst），而這個機構一直到殖民時期結束之日，都將這個古蹟保存得完好無缺。參見利曼斯（C. Leemans），《波羅布度》（*Boro-Boudour*），pp. ii-iv；以及克羅姆（N.J. Krom），《印度教－爪哇藝術導論》（*Inleiding tot de Hindoe-*

經過正式談判和「簽約」完成的。那句收場詞「Bella gerant alii, tu, felix Austria, nubel!」(讓別人去戰鬥吧,汝幸運的奧地利,結婚去吧!),任何前殖民時期的亞洲國家都是無法想像的。

21 關於泰國統治階級如何吸收這種形態的想像,參見東猜,《暹羅地圖》,p. 387。「此外,根據這些歷史地圖,這個地理體(geobody)並不是一個現代的特異之物,而必須向前推回一千年以上。歷史地圖因而有助於駁斥任何主張民族直到最近的過去才出現的說法,並且預先排除了現代暹羅是不連續的歷史的產物的觀點。」

22 這樣的採用絕不意味著一種馬基維利式的狡智。在所有東南亞的殖民地,早期民族主義者的意識都受到殖民政府及其制度的「格式」(format)深刻的塑造與影響。參見本書第七章。

23 在當代菲律賓最的傑出作家——以及不容置疑的愛國者——尼克·侯阿昆(Nick Joaquín)的作品當中,我們可以看到這個象徵何等有力地對最繁複深刻的心智發生作用。在提到1898到1899年的反美鬥爭中的悲劇英雄安東尼奧·盧那(Antonio Luna)將軍的時候,侯阿昆寫道他匆忙前去「扮演歐裔海外移民三個世紀以來都直覺地在扮演的角色——保衛菲律賓的**形狀**,免於受到外來侵擾者的傷害。」《英雄的問題》(*A Question of Heroes*),p. 164。(粗體字是筆者所加。)在另一個地方,他令人震驚地提到西班牙的那些「被派去抵擋菲律賓人叛變的菲律賓人盟友、改宗者和傭兵或許是讓群島繼續留在西班牙和基督教的手中,但他們也使群島免於分崩離析」;而且他們是「為使菲律賓全體人民團結為一體而戰的(不管西班牙人的意圖如何)」。前引書,p. 58。

24 參見羅賓·奧斯朋(Robin Osborne),《印度尼西亞之祕密戰爭:伊利安加亞的游擊戰》(*Indonesia's Secret War: The Guerrilla Struggle in Irian Jaya*),pp. 8-9。

25 從1963年以來,在西新幾內亞(如今叫做伊利安加亞〔Irian Jaya〕,也就是大伊利安〔Great Irian〕)發生了很多次血腥事件,而這有部分是印尼國家從1965年以後開始軍事化所造成的結果,也有部分是因為所謂OPM(自由巴布亞組織)斷斷續續發動了幾次有效的游擊行動之故。然而這些殘酷事件一旦和雅加達在前葡屬東帝汶所進行的野蠻暴行相比可就黯然失色了。在印尼於1976年入侵東帝汶後的前三年

and Tian Siangko[1720-21]）（未刊稿，1982）。

8 例證請參見艾加·威伯格（Edgar Wickberg），《菲律賓人生活中的中國人》（*The Chinese in Philippine Life, 1850-1898*），第一、二章。

9 超過兩個世紀以來都以馬尼拉為集散地的商船貿易，以墨西哥白銀交換中國的絲織品和瓷器。

10 本書上文提及法國殖民主義曾費盡心力想切斷柬埔寨佛教和暹羅的舊關係。請參見本書第七章。

11 參見威廉·羅夫（William Roff），《馬來民族主義的起源》（*The Origin of Malay Nationalism*），pp. 72-4。

12 參見哈利·班達（Harry J. Benda），《新月與日出》（*The Crescent and the Rising Sun*），第一、二章。

13 東猜·維尼察古（Thongchai Winichakul），《暹羅地圖：暹羅地理體史》（*Siam Mapped: A History of the Geo-Body of Siam*，雪梨大學博士論文，1988）。

14 理察·穆爾（Richard Muir），《現代政治地理》（*Modern Political Geography*），p. 119。

15 東猜，《暹羅地圖》，pp. 105-10, 286。

16 關於爪哇的舊的權力概念（他們雖然和舊暹羅的權力概念有少許差異，但仍然頗為一致）的一個完整討論，請參見拙著《語言與權力》，第一章。

17 東猜，《暹羅地圖》，p. 110。（譯按：muang略指社區、鎮、城市，甚至國家——亦即，在一個統治權威轄下的一個為人所居住之地域，但卻又未指明大小、權力的程度或類型，或者行政結構。krung這一個名詞，本意是偉大的城市，但卻被蒙庫和他的同時代人用來意指一個王國。）

18 大衛·蘭迪斯（David S. Landes），《時間革命：時鐘與現代世界之形成》（*Revolution in Time: Clocks and the Making of the Modern World*），第九章。

19 《暹羅地圖》，p. 310。

20 我並非僅僅意指一般意義下的繼承和出售私有的土地財產而已。更重要的是歐洲人經由王朝聯姻而在政治上連同人口一起移轉土地的做法。公主在結婚時帶給丈夫直轄領地和公國，而且這些移轉是

2 譯者注：colonial state，意指殖民地統治當局或殖民地政府。此處的state一詞指涉的是較廣義而抽象的「統治機構」，而非較狹義的「國家」。

3 查爾斯．赫胥曼（Charles Hirschman），〈馬來西亞種族之意義與度量：普查分級分析〉（The Meaning and Measurement of Ethnicity Malaysia: An Analysis of Census Classifications），《亞洲研究期刊》（*J. of Asian Studies*），46：3（1987年8月），pp. 552-82；〈馬來西亞殖民地種族的形成：政治、經濟與種族意識形態〉（The Making of Race in Colonial Malaya: Political Economy and Racial Ideology），《社會學論壇》（*Sociological Forum*），1:2（1986年春季號），pp. 330-62。

4 整個殖民時代當中被列舉出來的各色「歐洲人」之多樣性令人震驚。不過，雖然在1881年的時候他們仍然被分成「定居」、「流動」、「囚犯」三個主要群體，到了1911年他們卻被親密地看成是同一個（白色）種族的成員了。令人愉快的是，到了殖民末期人口統計專家很明顯地已經不是很確定該把被他們標示為「猶太人」的人放在什麼地方了。

5 威廉．亨利．史考特（William Henry Scott），《羊皮紙簾的裂縫》（*Cracks in the Parchment Curtain*），第七章，〈十六世紀的菲律賓階級結構〉（Filipino Class Structure in the Sixteenth Century）。

6 在十七世紀前半，西班牙人在菲律賓群島上的移民屯墾區接二連三地受到荷蘭東印度公司——那個時代最大的「跨國公司」——的武力攻擊。這些虔誠的天主教殖民者終於能夠繼續生存下去，有很大部分要歸功於那個頭號異教徒，也就是在位期間有效地牽制了荷蘭的英國監國（Protector，譯按：即克倫威爾）。假如當時荷蘭東印度公司成功了，也許最後成為在東南亞的「荷蘭」帝國的中心的就不是巴達維亞，而是馬尼拉了。一七六二年，倫敦從西班牙手中搶走了馬尼拉，且占有將近兩年之久。有趣的是，我們注意到馬德里在所有其領地之中，就偏偏選擇了用佛羅里達和密西西比河以東的「西班牙」屬地來換回馬尼拉。假如當時談判進行的方向有所不同，說不定菲律賓群島在十九世紀時就會在政治上和馬來亞或新加坡合在一起了。

7 梅森．侯德利（Mason C. Hoadley），〈國家對Ki Aria Marta Ningrat（1696）與Tian Siangko（1720-21）〉（State vs. Ki Aria Marta Ningrat[1696]

科大審，而「非」新經濟政策和去史達林化；從中國學到的「是」農民游擊共產主義、大躍進和文化大革命，而「非」廬山會議；從越南學到的「是」八月革命和1945年的正式解散印度支那共產黨，而「非」像在日內瓦協定（Geneva Accords）一樣地對「資深」的共產黨所做出的於己有害的讓步。

9 譯者注：盧立塔尼亞（Ruritania）是出現在英國作家霍普（Anthony Hope, 1863-1933）一系列小說中的一個位於東南歐虛構的小王國。後來在英文中這個名字被用來指涉（1）作為浪漫的冒險和陰謀之舞臺的國家；（2）小國家；（3）或者任何假想的國家。

10 參見吉拉斯（Milovan Djilas）那篇傑出而絕非純論爭性的紀錄。米洛凡・吉拉斯（Milovan Djilas），《狄托：內幕故事》（*Tito: the Story from Inside*），第四章，特別是p. 133以後。

11 很明顯，上面所勾勒的傾向絕對不只是革命馬克思主義政權所特有。此處之所以把討論焦點放在這類政權，是因為馬克思主義對無產階級國際主義與摧毀封建和資本主義國家懷有歷史性的使命感，也因為印度支那戰爭在最近爆發的緣故。關於對印尼的右翼蘇哈托政權那帶有古風的各種官式圖像的解讀，請參見拙著《語言與權力：探索印尼的政治文化》（*Language and Power: Exploring Political Cultures in Indonesia*），第五章。

12 「官方民族主義」所發明的事物和其他類型的民族主義所發明的事物之間的差異，通常是謊言與神話之間的差異。

13 在另一方面，到了本世紀末時，歷史家可能會將革命後的社會主義政權所做的種種「官方民族主義的」極端行徑，大部分歸諸於社會主義模型和農村現實之間的落差。

14 《啟蒙之光》，p. 259。天使之眼是電影《週末》（*Weekend*）中的背向移動攝影機，在它的前面一堆又一堆的殘骸短暫地浮現在一條永無止境的公路之上，然後又消失在地平線的那一端。（編按：這裡引述的是法國新浪潮導演高達在1967年的經典電影《週末》，其中的大塞車橋段是電影史上最偉大的一鏡到底之一。）

第十章

1 參見第七章。

1925至1934年任德國總統。興登堡在第一次世界大戰期間任德軍東線統帥，1914年先後在坦能堡（8月）和馬蘇利亞湖澤區（9月）二度大敗俄軍，重創沙皇政權。

3 根據威爾斯（Edwin Wells）以（法國）計畫部與國立統計與經濟研究院所出版的《1962年人口普查最後結果》（*Résultats finals du Recensement Générale de la Population 1962*）的〈柬埔寨篇〉，表九的計算。威爾斯將其餘勞動人口區別如下：政府官員和新興小資產階級，八%；傳統小資產階級（商人等），七・五%；農業無產階級，一・八%；農民七八・三%。真正擁有生產性事業的資本家不到一千三百人。

4 《越南與中國模式》（*Vietnam and Chinese Model*），pp. 120-21。

5 這並不那麼令人驚訝。「越南官僚看起來像中國人；越南農民看起來像東南亞人。官僚必須寫中文，穿中國式長袍，住在中國式的房子，坐中國式的轎子，而且甚至遵從中國特有的炫耀性消費方式，比方說在他的東南亞風格花園之中，闢一個養金魚的池塘。」前引書，p. 199。

6 根據1937年的人口普查，有九三%到九五%的越南人口仍然住在農村地區。能夠大致閱讀任一種文字者不超過一〇%。在1920年到1938年之間，完成了較上級的初等教育（七到十年級）者不超過兩萬人。還有被越南馬克思主義者稱為「本地資產階級」者──根據馬爾（Marr）的描述，這些人主要是不在鄉的地主，但也包括一些企業家和若干高級官員──總共約有一萬零五百戶，或者總人口的〇・五%。《越南傳統》，pp. 25-26, 34, 37。試與前注3做一比較。

7 還有，正如布爾什維克的個案一樣，也需要一些幸運的災難：對中國而言，（這個幸運的災難）是日本在1937年的大規模入侵；對越南而言，是馬其諾防線的瓦解以及日本人的短期占領；對柬埔寨而言，則是美國在越南的戰爭在1970年3月以後大規模地蔓延到其東部領土之上。在每個個案之中，既存的舊政權，不管是國民黨也好，法國殖民政權也好，封建君主也好，全都受到了外在力量的致命打擊。

8 我們也許應該說，從法國學到的「是」全民皆兵和恐怖革命，而「非」熱月（Thermidor，譯按：指法蘭西共和曆法）和波拿帕主義（Bonarpartism）；從蘇聯學到的「是」戰爭共產主義、集體化和莫斯

一的准將和少將出身貴族。此外，這個受貴族支配的軍官團在十九和二十世紀的法國帝國主義中扮演了關鍵的角色。「母國對軍隊的嚴格控制從未能完全擴展到法蘭西的海外領土。法蘭西帝國在十九世紀的擴張有部分要歸因於殖民地軍隊指揮官的擅自行動。大體上是費德貝（Faidherbe）將軍創造出來的法屬西非和法屬剛果的擴張，大部分是軍隊向內陸的獨立出擊的成果。占領大溪地，造成既成事實後遂導致該地終於在1842年成為法國保護領地的行動，以及在一個較小的程度上，法國在1880年代占領印度支那，也都是出於軍事將校之手⋯⋯1897年，加里葉尼（Galliéni）未請示法國政府，就立即廢除馬達加斯加的君主制並將女王放逐海外，而法國政府後來也接受了這個既成事實⋯⋯」約翰·安博勒（John S. Ambler），《政治中的法國陸軍，1945-1962》（*The French Army in Politics, 1945-1962*），pp. 10-11, 22。

34 我從未在印尼語或爪哇語當中聽過任何一個關於「白人」或「荷蘭人」的辱罵性黑話名詞。比較看看盎格魯－薩克遜的語彙寶庫吧：黑鬼（nigger）、義大利佬（wops）、猶太鬼（kikes）、外國佬（gooks）、斜仔（slant），蘇丹佬（fuzzywuzzies），以及其他數以百計的蔑稱。很可能這種對種族主義黑話的無知主要存在於被殖民者身上。美國——當然還有其他地方——的黑人就已經發展出一套形形色色的對抗語彙，像honkies、ofays（均為白人之蔑稱）等。

35 此處引文見雷諾·伊雷多（Reynaldo Ileto）的傑作《受難曲與革命：菲律賓群眾運動，1840-1910》（*Pasyón and Revolution: Popular Movements in the Philippines, 1840-1910*），p. 218。薩卡伊高舉叛旗的共和國一直持續到1907年他被美國人逮捕和處決為止。想要瞭解第一句，必須先記得三個世紀的西班牙統治與中國移民已在菲律賓諸島創造出為數眾多的混血人口了。

第九章

1 見p. 17-18。粗體為筆者所加。引文內之引文取自查理士·菲德利克·史壯（Charles Frederick Strong）的《現代政治體系》（*Modern Political Constitutions*），p. 28。

2 譯者注：興登堡（Paul von Hindenburg, 1847-1934），德國元帥，並於

27 與哥畢諾有關的日期完美地符合這個推定。他生於1816年，也就是波旁王室在法國復辟的第二年。他從1848年到1877年的外交官事業，在路易拿破崙的第二帝國與曾任阿爾及利亞殖民總督的帝國主義者馬克曼伯爵（Marie Edme Patrice Maurice, Comte de MacMahon）的反動保皇政權之下達到最高峰。他的《人類種族不平等論》（Essai sur l'Inégalité des Races Humaines）出版於1854年——而這會不會是對1848年群眾性的方言民族主義的回應呢？

28 在佛斯特（Vorster）和波塔（Botha）的時代，南非的種族主義並未阻礙他們和某些獨立非洲國家的著名黑人政客建立親善關係（不管這種關係是多麼刻意操作的）。雖然猶太人在蘇聯境內受到歧視，但這也不妨礙布里茲涅夫和季辛吉之間相互尊重的工作關係。

29 請參見E. Breton de Nijs所著的*Tempo Doeloe*，裡面收錄了一批令人目瞪口呆、荷屬印度群島上的這種活生生的畫面。

30 喬治·歐威爾（George Orwell），〈射象〉（Shooting an Elephant），收於《歐威爾讀本》（*The Orwell Reader*），p. 3。方括弧內的文字當然是我加進去的。

31 KNIL（Koninklijk Nederlaandsch-Indisch Leger，王國荷屬印度軍）和在荷蘭的KL（Koninklijk Leger，王國軍）分得相當開。外籍軍團（Legion Etrangere）幾乎從一成軍開始就被法律禁止在歐陸的法國本土上行動。

32 《東京與馬達加斯加書簡（1894-1899）》（*Lettres du Tonkin et de Madagascar[1894-1899]*），p. 84。1894年12月從河內發的信。粗體為筆者所加。

33 伯納德·佛爾（Bernard B. Fall），《地獄是個小地方：奠邊府之圍》（*Hell is a Very Small Place: The Siege of Dien Bien Phu*），p. 56。我們可以想像克勞賽維茲的鬼魂如何在顫抖。（斯帕伊和賽波伊〔sepoy〕，英國陸軍中的印度兵，都是衍生自鄂圖曼語中的希帕伊〔sipahi〕，意指在阿爾及利亞的「二軍」中以傭兵組成的非正規騎兵。）確實，利友提和德·拉特的法國是法蘭西共和國，但那常常多嘴的軍隊（Grande Muette，譯按：法文，字面意義為「大沉默者」，因舊時軍人無選舉權，故以此稱呼軍隊）從第三共和之始就成了逐漸被排除在所有重要公職之外的貴族的避難所。到1898年，有四分之

a contradiction to our beliefs.

參見凱恩斯（Geoffrey Keynes）編，《湯瑪斯・布朗作品集》（*The Works of Sir Thomas Browne*. Chicago: The University of Chicago Press, 1964），第一卷，p. 166。

18 但是在這個統一之中「英格蘭」卻沒有被提起過。這讓我們想起那些將整個世界經由西班牙文帶進加拉卡斯和波哥大的地方報紙。

19 收於《布羅拉故事》（*Tjerita dari Blora*），pp. 15-44。此處引文見 p. 44。

20 儘管如此，還是請傾聽這些文字吧！我將最初的拼字方式調整為現在通用的系統，以使這段引文成為完全表音的符號。

21 此處的邏輯是這樣的：1. 我到死都沒辦法穿透他們。2. 我擁有的權力足以使他們不得不學我的語言。3. 但這意味著我的隱私已經被穿透了。把他們稱做「外國佬」是一個小小的報復。

22《不列顛的崩解》，pp. 337, 347。

23 請注意「斜仔」沒有明顯而刻意的相反詞。「圓仔」？「直仔」？「橢圓仔」？

24 事實上，不只是較早的一個時期而已。然而，德勃艾（Debray）卻稍稍暗示了這些字眼的古董性質：「我想不出除了在抓緊獨立之旗的革命法蘭西霸權之下，歐洲還會有什麼希望。有時候我不能確定那一整套『反德國佬』（anti-Boche）的神話和我們對德國的世俗的敵視有朝一日會不會變成挽救革命，或甚至挽救我們的民族——民主傳承不可或缺之物。」〈馬克思主義與民族問題〉（Marxism and the National Question），p. 41。

25 錫安主義（Zionism）的出現與以色列誕生的意義是，前者標示了一個古老的宗教共同體重新被想像為與其他民族並存的一個民族，而後者則記錄了從漂泊的志士成為地方上的愛國者的神奇變化。

26「從土地貴族這邊產生了統治階級的內在優越性的概念，以及對地位與顯著特徵的敏感，而這些觀念一直延伸到二十世紀之中。這些概念在得到新的素材的哺育之後被庸俗化（原文如此），並且以種族優越的原則的形式被用來向所有德國人訴求。」巴靈頓・摩爾（Barrington Moore），《獨裁與民主之社會起源》（*Social Origins of Dictatorship and Democracy*），p. 436。

文章是借詠嘆在瓦星漢（Walsingham）地區出土的疑似羅馬時代骨灰罈，來強調死亡之不可避免以及儀式性的紀念之徒勞，從而證明基督教對不朽的信仰勝於異教徒對身後之名的虛榮。他這篇文字正是本書第二章所提的基督教的時間觀的絕佳例證。

12 《甕葬》（*Hydriotaphia, Ume-Buriall, or, A Discourse of the Sepulchrall Urnes lately found in Norfolk*），pp. 72-73。關於「可能的時間之正午」，請比較弗萊興的奧圖主教。

13 譯者注：「時間之正午」修辭的背後，是對時間的一個目的論式的，有始點有終點的理解方式。下一句中的「時間之後半」亦然，而且它呼應了布洛赫對中世紀基督教世界人們以為自己必定已經接近「時間的盡頭」的觀察。關於這個中世紀基督教的時間觀，請參照作者在本書第二章，「對時間的理解」一節的討論。

14 譯者注：以利亞（Elias，亦作Elijah），《舊約聖經》中的偉大希伯來先知。他曾預言世界將只持續六千年之久而已。因此，今日渴望名垂千古的野心家當然畏懼這個預言成真了。

15 譯者注：查理五世（Charles V, 1500-1558），神聖羅馬帝國皇帝（1519-1556在位），此外在1516至1556之間他也同時是西班牙國王，在西班牙被稱為查理一世。

16 譯者注：赫克特（Hector），荷馬史詩《伊利亞德》裡面的特洛伊戰爭勇士。瑪土撒拉（Methusela）是聖經（創世紀五章二十七節）中記載的老者，相傳享壽九百六十九歲，故將two Methuselas譯為「兩千年」。荷馬大約是西元前十世紀左右的人物，據史家研究，特洛伊之戰發生在荷馬之前四、五百年，所以古代英雄赫克特的時代與查理五世的十六世紀之間，相去遠遠超過兩千年。參見布萊薩克（Ernst Breisach），《史學研究法》（*Historiography. Chicago: University of Chicago Press*, 1983），p. 5。

17 譯者注：布朗在下一段所寫的文字其實更清晰地道破了這段引文的主旨：

Tis too late to be ambitious. The great mutations of the world are acted, our time may be too short for our designes. To extend our memories by Monuments, whose death we dayly pray for, and whose duration we cannot hope, without injury to our expectations in the advent of the last day, were

再會，親愛的陌生人，我的快樂與朋友；

再會，我親愛的人們。死亡只是休息而已。

見海米．迪費拉（Jamie C. de Veyra），《黎剎最後的告別批評與詮釋》（*El 'Último Adiós' de Rizal: estudio crítico-expositivo*），pp. 89-90, 101-102。

4 不過這首詩很快就被偉大的菲律賓革命家安德烈．龐尼法秀（Andrés Bonifacio）翻譯成塔加洛語了。他的譯文請參見前引書，pp. 107-109。

5 這個論式絕不應被誤解成在說革命運動就不追求物質性的目標。我的意思是，這些目標並不是被設想成一堆個人獲取之物，而是盧梭所謂共享的幸福（shared bonheur）的條件。

6 試將此種同聲齊唱（a capella chorus）與日常性語言中那種通常以領唱者／隨唱者（decani / cantoris）的方式進行的對話和意見交換做一對比。（譯按：a capella，義大利文「以教堂的方式」之意，作為音樂術語本意為無伴奏之多部合唱或多部清唱，此處依前後文譯為同聲齊唱。）

7 譯者注：〈馬蒂達華爾滋〉是澳洲詩人派特森（A.B. Paterson, 1864-1941）所寫的名詩，此詩最初收在作者1907年的詩集《濱藜比利》（*Saltbush Bill, J.P., and Other Verses*）之中。雖然澳洲作為大英國協的成員，正式的國歌是〈前進！美好的澳大利亞〉，但這首歌事實上等於是澳洲的「非正式的國歌」。

8 譯者注：〈大印度尼西亞〉（Indonesian Raya）是地位與印尼正式國歌相近的一首愛國進行曲。

9 譯者注：1620年乘坐「五月花」號（Mayflower）抵達北美的普利茅斯（Plymouth）的清教徒移民。他們是經營麻薩諸塞（Massachusetts，北美十三個殖民地之一）的先驅者。

10 〈約翰．摩爾爵士之葬禮〉（The Burial of Sir John Moore），出於《查理士．伍爾夫詩集》（*The Poems of Charles Wolfe*），pp. 1-2。

11 譯者注：湯馬斯．布朗（Thomas Brwone, 1605-16），本業醫生的英國著名散文家，以拉丁化而富有節奏感的文體著稱。此處所引的這段文字出於其名作《甕葬》（*Hydriotaphia, Urne-Buriall, or, A Discourse of the Sepulchrall Urnes lately found in Norfolk*, 1656-57）的第五章。這篇

2　讀者諸君可能立即想起甚至三首的憎恨之歌嗎？God Save the Queen / King（譯按：天佑吾后／皇）這首（英格蘭）民謠的第二段歌詞就饒富啟示：

主啊，請站起來罷，
讓吾皇之敵四散傾倒；
請亂其國事挫其詭計；
我們寄望於祢；
天佑吾人。

請注意這些敵人並沒有被指明身分，因而有可能是英格蘭人或其他任何人；畢竟，他們是「吾皇」之敵而非「吾民」之敵。（這整首歌在歌頌的是君主制而非（特定的）民族——全曲中一次也未曾提及民族。）（譯按：〈天佑吾皇〉是聯合王國以及大英國協的國歌，但是這裡所引述的第二段歌詞在二次大戰後因太富爭議性已被刪除。）

3　或依蘇必多（Trinidad T. Subido）的翻譯如下：

1. 再會，親愛的國土，太陽所摯愛的土地
東方海洋的珍珠，我們的失樂園！
讓我欣悅地贈與你我這殘破的生命
若吾生更美好、更鮮嫩、更完整
我仍願將之交付於你，那將實現之幸福……

12. 縱使你將我遺忘又何妨，當
我或將探尋你每一親愛的休憩之處
化做顫動而純粹的音符吧，
化做香味、化做光、化做曲調——再化作歌謠或符號吧
藉此種種，而我信仰的主旋律將被反覆傳唱

13. 我珍愛的土地呵，請傾聽我最後的告別！
菲律賓吾愛，我痛苦中的痛苦，
我將與汝等別離，與雙親，與一切摯愛者別離，
我將航向沒有奴隸沒有暴君的土地，
航向信仰絕不殺戮，航向上帝統治一切的土地

14. 再會吧，我靈魂所能理解的一切——
我被剝奪的家園裡的父兄姊妹；
感謝我被壓迫的日子已到了盡頭；

語的地位！前引書，pp. 59和85。

49 我們或許可以順便提及斯塔爾夫人根本未能在有生之年看到它的誕生。而且，她的家族和西斯蒙地家族一樣都是來自日內瓦，一個到1815年都還獨立於「瑞士」之外的小國家。難怪瑞士民族這個概念只是「輕輕地」落在他們的肩上而已。

50 前引書，pp. 173, 274。就算有任何十九世紀的「有教養的中產階級」，也必然規模很小。

51 前引書，p. 86。

52 沒有君主制也是漢撒聯盟（Hanseatic League）的特色。漢撒聯盟是一個鬆散的政治聯盟，我們不管將之歸類為國家或民族都會有問題。

53 前引書，p. 274。

54 前引書，pp. 59-60。粗體是筆者所加。

55 羅曼語的地位雖然在1937年被提升，但這並不能掩飾最初的考量。

56 匈牙利的社會結構也很落後，但馬札爾貴族卻存身在一個巨大的多民族王朝制帝國裡面；而在這個帝國之中，他們的推定存在的語言集團只是少數——儘管是一個非常重要的少數。規模很小的、共和制的瑞士貴族寡頭政權從未受到相同的威脅。

57 馬克思與恩格斯，《共產主義宣言》，p. 37。除了馬克思之外，還會有誰把這個改造了全世界的階級描述成被「趕」？（譯按：北京人民版社1961年版的《馬克思恩格斯全集》第四卷所收之〈共產主義宣言〉對這句話的譯文如下：「由於需要不斷擴大產品的銷路，資產階級就不得不奔走全球各地。」，p. 469。）

第八章

1 試比較本書前面所引奈倫之《不列顛的崩解》書中之段落與霍布斯邦那句有點畢德麥耶式（Biedermeier）的警語：「基本事實（是）身為馬克思主義者就不會是民族主義者。」《某些省思》，p. 10。（譯按：畢德麥耶〔Gottlieb Biedermeier〕是艾希洛特〔L. Eichrodt〕與庫司矛爾〔A. Kussmaul〕創造的一個虛擬人物，之後被用來形容1815年到1848年之間流行於德國的室內裝潢，尤其是家具的風格，意指傳統的、資產階級式的。作者在此處使用這個形容詞意在諷刺大名鼎鼎如霍布斯邦氏者竟也不能免於如此陳腐之俗論。）

的組成成分。甚至那些法語比母語說得更好的知識分子，也逐漸理解到至少有八五%的同胞說相同的語言這個事實的重要性」。p. 138。到那時，他們已經完全知道民眾識字能力在促成歐洲和日本的民族國家過程中所扮演的角色了。不過馬爾也提及在一段很長的時間之內，語言偏好和政治立場的相關性並不清楚：「鼓吹越南母語並非本來就是愛國的行為，正如提倡法語也並非本來就是通敵的行為。」p. 150。

43 我之所以說「能」（can）是因為很明顯地在許多個案中「民族之想像的」可能性已經被拒絕，或者正在被拒絕。這類個案——比方說舊巴基斯坦——的解釋不是族群－文化的多元主義，而是被阻礙的朝聖之旅。

44 克里斯多福・休斯（Christopher Hughes），《瑞士》（*Switzerland*），p. 107。這本賽頓－華生正確地表示了讚美的出色著作是以下論證的基礎。

45 譯者注：斯塔爾夫人（Mme. De Staël），本名Anne Louise Germaine Necker, Baronne de Staël-Holstein，日內瓦銀行家之女，著名女性文學家與政治宣傳家，她家中的沙龍是當時法國最傑出知識分子的聚集之地。傅賽利（Henry Fuseli），出生於瑞士的畫家，為當時最具原創性以及最能捕捉感官之美的畫家。安潔利卡・考夫曼（Angelica Kauffman），出生於瑞士的新古典畫派女畫家。西斯蒙地（Jean Charles Léonard de Sismondi），瑞士經濟學家與史學家，為經濟危機和無限制競爭之危險的先驅理論家，深受馬克思和凱因斯之推崇。貢斯當（Benjamin Constant），生於瑞士的小說家與政論家，斯塔爾夫人的情人，是法國大革命後法國政壇的傑出人物，因反對拿破崙與後來復辟的波旁王朝而流亡比利時與德國，他的政治性論著被學界認為是形成自由主義信條的經典之一，而他的小說*Adolphe*則是十九世紀初期浪漫主義文學代表作之一。

46 前引書，p. 218。生卒年為我所加。

47 前引書，p. 85。

48 還要再加上阿爾高（Aargau）、聖佳倫（St. Gallen）和格利森斯（Grisons）三地。三者之中的最後一地特別有趣，因為如今它是該國幾個民族語言當中最純粹瑞士（echt-Swiss）的一種，也就是羅曼語（Romansch）依舊殘存的故鄉。然而羅曼語卻要到1937年才取得民族

「容易誤導」，是因為整本書是用吉蔑文寫成的（但卻用法文標題）。本文關於尤．寇斯的傳記資料取自隨他遺體一同火化的1964年版，而該書乃承蒙黑德氏之慷慨借閱。

37 參見凱亨，《民族主義》，第十二章；安東尼．萊德（Anthony Reid），《印尼民族革命》（*The Indonesian National Revolution, 1945-50*），第六章；以及亨利．艾勒爾斯（Henri Alers），《紅色或綠色的獨立》（*Om een rode of groene Merdeka*）。

38 唯一的例外是流產的南摩鹿加共和國（Republic of South Moluccas）。信仰基督教的安蓬人長久以來都被大量甄拔到專事鎮壓的殖民地軍隊。他們之中有很多人曾在凡．穆克麾下對抗過新生的印尼共和國的革命黨人；當荷蘭人在1950年承認印尼獨立之後，他們是有理由預期一個不愉快的未來。

39 參見約翰．霍夫曼（John Hoffman）極具價值的論文，〈境外投資：到1902年為止的馬來印度群島〉（A Foreign Investment: Indies Malay to 1902），《印尼》（*Indonesia*），（1979年4月），pp. 65-92。

40 軍隊「構成某種**沒有民族性格的階層**。它的成員甚至在私生活方面也過著和他們各自的民族背景不同的生活方式，並且常常講一種特殊的語言，所謂的『國庫德語』（ärarisch deutsch）。這是那些文學德語的代表們所取的諷刺的名稱，指一種不大在乎文法規則的奇怪的混合語言」。賈希《消解》，p. 144。

41 不只是表面意義上的更強大而已。在十八、十九世紀時，荷蘭事實上只有一個殖民地，而且是一個面積廣大而十分有利可圖的殖民地，因此用（單一的）非歐洲的公務語言（dienstaal）來訓練其官員是相當務實的做法。時日一久，為訓練未來殖民官員的語言能力的特殊學校與教員遂在母國應運而生。而對於像大英帝國這種橫跨數大洲的帝國而言，單一的地方性公務語言是不敷所需的。

42 在馬爾關於東印度支那的語言發展的紀錄中，對這一點有頗多發人深省之處。他注意到遲至1910年「大多數受過教育的越南人還認為中文或法文，或者中文和法文，是『較高等的』溝通的基本模式」。《越南傳統》，p. 137。然而到了1920年之後，部分是由於官方提倡表音的國語文字，情況就急遽地改變了。到那時，「愈來愈多人相信口語的越南文是民族認同的一個重要的，而且可能是（原文如此）根本

Man of Laos），p. 12與p. 46（「3349」係拉達納馮親王的假名）。拉達納馮親王在關於後來在巴黎留學的日子的記述中總是不自覺地將他那些可以辨認得出來的老撾人、吉蔑人和越南人同學都稱之為「印度支那人學生」。我認為這點透露出很豐富的訊息。關於具體事例請參見前引書，pp. 14-15。

29 所以，在原本「整合的」夏賽陸．洛巴高中和亞爾柏．沙侯高中在1917年到1918年之際就設立了授業標準較低的「土著班」。這些「土著班」後來分別變成了培度居高中（Lycée Petrus Ky）和保護領高中（Lycée du Protectorat）。（前引書，pp. 60-63。）然而，有少數具有特權的本地人還是繼續就讀「真正法語的」高中（青少年時期的施亞努親王就令夏賽陸．洛巴蓬蓽生輝），而另外也有少數「法國人」（主要是歐亞混血兒和具有合法法籍身分的本地人）就讀於培居度以及她在河內的姊妹校。

30 馬爾注意到，在1920年代的時候，「即使是『熱烈支持國語的』知識階層裡面最樂觀的成員也猜不到僅僅二十年之後，越南民主共和國的公民能夠使用和口語越南話一致的國語書寫系統來從事所有重要的事務，如政治、軍事、科學和學術等」。《越南傳統》，p. 150。對法國人而言，這也是一個同樣令人不愉快的意外。

31 早期的高棉（吉蔑）民族主義者在1930年代後期最早提出的議題之一是所謂殖民當局想把「吉蔑文字國語化」的「威脅」。

32 這個模式隨後也出現在永珍。托耶（Toye）指出，在1930年代之時只有五十二名老撾人從帕維初級中學（他誤寫為高中）畢業，而與此相對的，越南人畢業生有九十六人。《寮國》（*Laos*），p. 45。

33 越南人這次的流入「西印度支那」和法語－越南語學校體系之設立的原因可能很類似，因為這使得越南人不會留在比較進步的印度支那東部地區和法國國民競爭。在1937年，住在「交趾支那」、「安南」和「東京」地區的歐洲人有三萬九千人，但住在「柬埔寨」和「老撾」合併起來的區域的，只有三萬一千人。馬爾，《越南傳統》，p. 23。

34 關於這些人物的傳記資料多承黑德（Steve Heder）氏之慷慨提供。

35 他死於1950年的一次對民主黨總部的手榴彈攻擊事件之中。這次事件是由不知名人士所策畫，但可能是出之於某親王之手。

36 由金邊的自由之友文庫（Librairie Mitserei）出版。之所以說此標題

（Alexandre de Rhodes）之手。

25　「『大多數』十九世紀末期的法國殖民官員……都相信欲達成殖民統治之永久成功必須要嚴厲縮減來自中國的影響，包括她的書寫系統。傳教士往往視儒家文人為使越南普遍改信天主教的主要障礙。因此，在他們看來，除掉中國文字等於同時既將越南自其傳承隔離，也使傳統菁英喪失了作用。」（馬爾，《越南傳統》，p. 145。）凱利如此引述一位殖民作家：「事實上，光教導國語……就足以造成只傳遞給越南人我們希望他們接觸的法國寫作、文學和哲學的結果了。也就是那些我們判斷會對他們有用，而且他們也容易吸收的作品：只限於那些我們將之譯為國語的作品。」《法屬越南學校》，p. 22。

26　前引書，pp. 14-15。而對於更廣大，更下階層的印度支那人口，沙侯總督（Albert Sarraut，1917年的公共教育規章的起草者）極力主張「一種簡單的教育，簡化到最基本的知識，使兒童得以學習一切有助於他瞭解自己卑微的農夫或工匠的事業的事物，以便改善他存在的自然與社會的條件。」前引書，p. 17。

27　在1937年，共有六百三十一名學生註冊，其中有五百八十名主修法律和醫學。前引書，p. 70；關於這所1906年創立，1908年關閉，1918年又重開，而且直到1930年代末期都只不過是一間虛有其名的職業學院的機構的怪異歷史，亦請參見pp. 69-79。

28　因為我將在下面集中探討吉蔑「高棉」人和越南人，也許應該在此處略提若干著名的寮國「老撾」人。現任寮國總理凱山．豐維翰（Kaysone Phoumvihan）在1930年代末期就讀於河內大學醫學系（編按：擔任總理是1975至1991年，安德森指的現任是在他寫書期間）。國家元首蘇化努旺親王（Prince Souphanouvong）在赴法國取得工程學位之前，畢業於河內的亞爾柏．沙侯高中（Lycée Albert Sarrault）。他的兄長，曾經在1945年10月到1946年4月之間領導了在永珍的短命的自由寮國（Lao Issara）反殖民政府的佩差拉•拉達納馮親王（Prince Phetsarath Ratanavongsa）年輕時畢業於西貢的夏賽陸．洛巴高中（Lycée Chasseloup-Laubat）。二次大戰之前，「老撾」的最高教育機構是位於永珍的規模很小的帕維初級中學（College Pavie）。參見約瑟夫．薩斯洛夫（Joseph J. Zasloff），《寮國大地》（*Pathet Lao*），pp. 104-105；與《「3349」，寮國鐵人》（*'3349', Iron*

19 特別是，它導致了延續了一個世代之久（1930-1951?），並且有一段時間有許多以越南話、高棉話或者寮國話為母語的青年參加的印度支那共產黨的出現。在今天，這個共產黨的形成有時候被看成不過是「歷史悠久的越南擴張主義」的表現而已。事實上，那是共產國際從法屬印度支那的教育（以及在較小的程度上，行政）體系之中創造出來的。

20 關於這個政策之透澈有力的討論，參見蓋兒·派拉戴斯·凱利（Gail Paradise Kelly），《法屬越南學校》（*Franco-Vietnamese Schools, 1918 to 1938*）。不幸的是，該文作者完全集中在探討印度支那的說越南語的人口。

21 我使用這種可能很笨拙的名詞的目的是要強調這些實體的殖民地的起源。「老撾」其實是從一堆相互敵對的小王國組合起來的，而這也將超過半數的說寮語的人口遺漏在暹羅境內。「柬埔寨」的邊界既不符合殖民地時代以前的任何特定歷史的領土範圍，也沒有和說吉蔑語的人口分布區重合。這些說吉蔑語的人口當中有數十萬被困在「交趾支那」（Cochin China）地區，時日一久遂至形成被稱為吉蔑克倫（Khmer Krom）族（下游的吉蔑人）的特殊族群。

22 為了實現這個目標，他們在1930年代在金邊設立了一所同時收講吉蔑語和講老撾語的和尚的宗教學院——帕里高等學校（École Supérieure de Pali）。想讓佛教徒的目光從曼谷移開的嘗試似乎並未完全成功。在1942年（也就是暹羅在日本協助下重新控制了「柬埔寨」之後不久），法國人以擁有和散播「顛覆性的」泰語教材的名義，逮捕了該校一位受到敬重的教授。（這些資料非常可能出自激烈反法的費本宋格蘭陸軍元帥〔Field-Marshal Plaek Phibunsongkhram，執政期1933-1944〕的政權所編寫的具有強烈民族意識的教材。）

23 大衛·馬爾（David G. Marr），《遭逢考驗的越南傳統，1920-1945》（*Vietnamese Tradition on Trial, 1920-1945*），p. 146。同樣讓人警覺的是被走私進來的一些像盧梭之流的麻煩的法國作家著作中譯本。（凱利，《法屬越南學校》，p. 19。）

24 這個表記系統的最終形式，通常被認為是成自在1651年出版了他的《安南語、葡萄牙語和拉丁語字典》（*Dictionarium annamiticum, lusitanum et latinum*）的才華洋溢的辭典編纂者亞利山大·戴·羅德

常見的，因此而成就的婚姻。

15 蘇卡諾直到過了六十歲才第一次看到他曾為之奮戰的西伊利安島（West Irian）。在此，就像在掛在教室裡的地圖一樣，我們看到了虛構悄悄地滲入現實之中。試與《社會之癌》和《發癢的鸚鵡》這兩部小說做一比較。

16 請和與此適成對比的「混血兒」（half-breeds）或者「黑鬼」（niggers）這類概念做一比較。從「法國」加萊市（Calais）開始，這類人可以從聯合王國以外的地球上任何地方冒出來。

17 關於這所有名的學校的起源和發展的討論，請參見阿部・毛摩尼（Abou Moumouni）的《非洲的教育》（*L'Education en Afrique*），pp. 41-49。關於這所學校在政治上的重要性，請參見魯斯・舍契特・摩根韜（Ruth Schachter Morgenthau），《法語西非地區之政黨》（*Political Parties in French-Speaking West Africa*），pp. 12-14, 18-21。它最初是位於聖路易的一間沒有名字的師範學校，在1913年遷到了達卡外圍的郭赫（Goree）。後來又被冠上了法屬西非的第十四任總督威廉・梅洛－龐地（William Merlaud-Ponty，任期1908-1915）的名字。提雍（Serge Thion）氏告訴我威廉這個名字（相對於居庸〔Guillaume〕）在波爾多（Bordeaux）一帶流行已久。固然，他將此事歸因於葡萄酒貿易造成的和英格蘭的歷史關係是正確的，可是，我們似乎同樣可以將原因上溯到當波爾多地區（又名吉耶納〔Guyenne〕）還結結實實地屬於倫敦所轄領地的那個年代。

18 英屬西非的情形似乎就完全不同了，不管那是因為英國的殖民地之間並不相連，或是因為倫敦夠有錢，夠自由派到幾乎同時在所有領土上開辦中學，或是因為相互敵對的基督教傳教組織的地方主義之故。阿卡拉的殖民政府在1927年設立的中學，阿契摩塔學校（Achimota Schoo1），很快就變成專屬黃金海岸地區的教育金字塔的頂峰，並且在獨立之後成為內閣閣員子女開始學習如何繼承父業的地方。足以與之匹敵的另一頂峰，穆梵奇平中學（Mfantsipim Secondary School），雖有資深之利（創校於1876年），卻缺乏地利（位於岬岸〔Cape Coast〕）與和政府之間的人和（直到獨立後很久該校都還掌握在教會之手）。上述資訊承穆罕默德・詹巴斯（Mohamed Chambas）氏所告知。

的——如果不是更專門化的——教育層級體系。新式的軍事學校訓練出來的青年將校（Turks）經常在民族主義的發展之中扮演著重要的角色。主導1966年1月5日的奈及利亞政變的恩佐古少校（Major Chukuma Nzeogwu）的個案就很具有代表性。他是出身於伊波族（Ibo）的基督徒，並且是奈及利亞在1960年獲得獨立之後第一批被送到散德赫斯特（Sandhurst）（的英國陸軍官校）受訓的奈及利亞青年中的一位。他們受訓的目的是要將以白種軍官領導的殖民地傭兵轉化為一支國民軍。（如果他和也在1966年推翻了他的〔迦納的恩克魯瑪〕政府的未來的阿弗利發准將〔Brigadier Afrifa〕一起到散德赫斯特受訓，那麼這兩位殖民地本地人終究還是得要回到各自出身的帝國領地。）他之能夠領導伊斯蘭的豪撒族（Hausa）軍隊暗殺了索克圖的沙達烏納（Sardauna of Sokoto）和其他的伊斯蘭豪撒貴族，並且最終摧毀了豪撒族伊斯蘭教徒所支配的阿布巴卡・塔法瓦・巴勒瓦（Abubakar Tafawa Balewa）政府，為普魯士模式的威力提供了一個驚人的證據。而他會透過卡度那電臺（Radio Kaduna）的廣播向他的國人保證：「你們將不會再羞於開口說自己是奈及利亞人。」也同樣驚人地表現出被殖民地學校所創造出來的民族主義。（引文取自安東尼・科克－葛林恩〔Anthony H.M. Kirk-Green〕，《奈及利亞之危機與衝突》〔*Crisis and Conflict in Nigeria: A Documentary Source Book*〕，p. 126。）民族主義在當時的奈及利亞尚未普遍擴散，以至於恩佐古的民族主義政變很快就被詮釋成一次伊波族的陰謀，也因此才會有7月的軍隊叛變，9月和10月迫害伊波族的行動，以及比亞弗拉（Biafra）在1967年5月分離。（以上各處所提均請參見羅賓・路克漢（Robin Luckham）出色的《奈及利亞軍略》〔*The Nigerian Military*〕一書。）

12 對傳統的穆斯林學校而言，說一個學生因為「年紀太大」而不能進到X年級或Y年級是一件無法想像的事。然而這個觀念卻被殖民地的西方式學校自覺地奉為基本原則。

13 當然，最終極的頂端是海牙、阿姆斯特丹和萊登（Leiden），不過只有一小撮人能夠當真地夢想到這些地方求學。

14 由於這些學校是世俗的，二十世紀的學校，他們通常是男女合校的，儘管在學生裡面男孩子還是占了絕大多數。這個事實說明了何以會有許多跨越了傳統社會界限的「發生在學校課桌椅上」的戀情，以及很

島》(*The Dutch East Indies*),pp. 171-73。不過荷蘭人服務於荷屬東印度群島殖民官僚機構在比例上是在英屬(非「土著國家」的)印度的英國人的九倍。

5 即使是在極端保守的荷屬印度群島,本地人接受初級的西方式教育的人數也從1900年到1904年間的平均2,987人激增到1928年的74,697人。而在同一時段之中,接受過第二級的西式教育者則由25人增加到6,468人。凱亨(Kahin),《民族主義》(*Nationalism*),p. 31。

6 借用安東尼·巴納特(Anthony Barnett)的話來說,雙語能力也「使知識分子可以對他們『講本地方言的』同胞們說『我們』能夠變得和『他們』一樣」。

7 這篇文章最初刊登在1913年7月13日的《快報》(*De Expres*),不過很快就被翻譯成「印尼文」登在本地的報紙。蘇瓦地那時二十四歲。他是一位受過少見的高等教育的進步貴族,1912年,他和一個爪哇平民,曼公科索莫醫師(Dr. Tjipto Maangoenkoesoemo),以及一個歐亞混血人德克(Eduard Douwes Dekker)合組了殖民地的第一個政黨,印度群島黨(Indische Partij)。關於蘇瓦地的簡明而有用的研究,請參見莎薇翠·薛爾(Savitri Scherer),《和諧與不協:早期爪哇民族主義思想》(*Harmony and Dissonance: Early Nationalist Thought in Java*),第二章。她在附錄一提供了那篇名文的英譯,本書此處所引即取自該篇譯文。

8 請注意此處「想像的」(imagined)共同體和「假想的」(imaginary)共同體之間富有啟發性的關聯。

9 1913年的慶祝活動在另一個意義上令人愉快地表徵了官方民族主義。被紀念的「民族解放」事實上是神聖聯盟的勝利大軍所安排的奧倫治王室的復辟(而不是1795年巴達維亞共和國的建立);而且,半個被解放的這個民族很快就又分離出去,並在1830年成立了比利時王國。然而蘇瓦地在他的殖民地教室中所吸收的,當然是「民族解放」這個美好的詮釋。

10 《馬克思主義與民族問題》,p. 41。

11 在此我們將把焦點放在普通學校(civilian schools)之上。不過軍事學校常常也是很重要的。要建立一支以十九世紀初期的普魯士為先驅的職業軍官領導的常備軍,必須要有一個在某些方面比文學校更完備

Italia），是義大利統一運動（Risorgimento）領導人當中最熱烈的共和主義者。此外，他雖然是義大利民族主義者，卻同時也信仰人類一家的世界主義，歷史學家卡爾頓·海斯（Carlton Hayes）稱他為十九世紀最具影響力的「自由民族主義者」（liberal nationalist）。參見卡爾頓·海斯，《現代民族主義的歷史演進》（*The Historical Evolution of Modern Nationalism*. New York: The Macmillan Company, 1931），p. 151。

2 譯者注：Colonial-state當中的state在此指的是社會學意義上的「國家」，它強調的是韋伯（Max Weber）著名的「在固定疆域內……肯定了自身對武力之正當使用的壟斷權力的人類共同體」定義所凸顯的行使壟斷性權威之「統治機構」角色。（參見韋伯著，錢永祥編譯《學術與政治》，韋伯選集I，臺北：允晨文化，1985年，p. 156。）此處不譯為殖民「國家」，而譯為殖民「政府」，目的在與國際法意義上的主權國家區別，因為本土殖民地統治機構並非享有（完整）主權的國家，而是母國政府的下級機構。此外，中文的「國家」意義過於廣泛模糊，故參照此處上下文，譯為較狹義的「政府」（統治機構）。但national-state譯為民族的「國家」，則是因為作者在此所欲描述的是一個「外來的次級政府」轉化為「本土的獨立主權政府」的過程，因此稱後者為「國家」，似乎可較能兼顧「統治機構」、本土的情感性認同，以及獨立主權的三重意義。

3 儘管官員是主要的集團，但當然並非只有他們有此經驗。例如，讓我們考慮一下《社會之癌》（以及其他很多民族主義小說）裡面的地理。雖然黎剎的正文當中有些重要角色是西班牙人，而且有幾個菲律賓人角色也去過西班牙（離開了小說的舞臺），但是在小說裡面任何一個角色的旅行範圍卻都被限定於將在這本小說出版的十一年之後，以及它的作者被處決的兩年後出現的，未來的菲律賓共和國的領域之內。

4 此處僅舉一例：到1928年，荷屬東印度群島的殖民當局雇用了將近二十五萬個本地職員，而這占了殖民地政府官員總數的九〇%。（足以表現出國家機構擴張的徵兆是，如果把彼此差距很大的荷蘭人和本地人官員的薪水和退休金加起來，可以吃掉一半的殖民地政府歲出！）參見安理·凡登波許（Amry Vandenbosch），《荷屬東印度群

分。

62　賈希，《消解》，p. 39。

63　譯者注：埃斯特里爾位於葡萄牙境內，而蒙地卡羅是摩納哥首都。這兩個城市因有許多國內革命後被迫流亡他鄉的王公貴族在此度過餘生而知名於世。

64　賈希在半世紀以前就已經同樣這麼懷疑了：「有人或許會問說，民族主義在後期向帝國主義發展，到底是真的從民族理念的真正源頭當中產生的，或是出之於與最初的民族概念完全無關的某些集團的獨占性利益？」前引書，p. 286。

65　荷屬東印度群島這個個案提供的反例正好有效地凸顯了這一點。一直到殖民統治的末期，荷蘭人大致上還是經由今日我們稱之為「印尼語」的語言來統治該地的。我認為這是直到殖民統治結束仍以非歐洲語言為國家語言的大型殖民地的唯一個案。這個異常狀態主要可以從這個殖民地的古老來加以解釋：它是在十七世紀初期由一個公司（Vereenigde Oostindische Compagnie，譯按：即荷蘭東印度公司）所建立——比官方民族主義的時代要早的多。無庸置疑的，現代的荷蘭人對於他們的語言和文化是否能與其他主要歐洲語言如英文、法文、德文、西班牙文，或義大利文等並駕齊驅有點缺乏自信。（比利時人在剛果使用的不是弗蘭德斯語而是法語。）最後，殖民地的教育政策極端的保守：在1940年的時候，雖然本地人人口已經遠超過七千萬人，但讀大學的「土著」卻只有六百三十七人，而且只有三十七人畢業拿到學士學位。參見，喬治・麥克・凱亨（George McT. Kahin），《印尼民族主義與革命》（*Nationalism and Revolution in Indonesia*），p. 32。關於印尼個案的進一步討論，見下文，第七章。

66　譯者注：Barmecide是在《天方夜譚》當中出現的一位巴格達的波斯王子之名。在故事中，他假裝以宴席款待一個窮人，但事實上卻不給他任何食物。在英語中，Barmecide feast遂用來比喻虛假的殷勤或慷慨。

第七章

1　譯者注：馬志尼（Giueseppe Mazzini, 1805-1872），義大利建國三傑之一，宣傳家和革命家，創立祕密革命組織「青年義大利」（Giovine

間成為匈牙利反動獨裁者的負傷軍官。霍希（Horthy）對那篇文章描述他的思想「飛回匈牙利祖國，祖先的家園」深感震怒。「要記得，」他說：「如果我的將軍（指奧皇）在巴登，那我的祖國就在那裡！」《消解》，p. 142。

57 前引書，p. 165。「而且在那個美好的舊日裡，當一個叫做帝國的奧地利的地方仍然存在的時候，人們可以從那一連串的事件脫身，搭班普通鐵道上的普通火車回家……當然也有汽車行駛在那些道路之上——但是數量並不很多啊！征服天空的壯舉也是從這裡開始的；但也不是太激烈。偶爾會有一艘船被派到南美洲或遠東；不過也不是那麼頻繁。占有世界市場或擁有全世界的權力這類野心是付之闕如的。在這裡人們就是處於歐洲的中心，處於舊的世界的軸心點；『殖民地』和『海外』的字眼還帶有某種全然尚未被嘗試過的，遙遠的事物的味道。是可以看到一些奢華的炫耀，但是那當然不像法國人那麼過度矯飾。人們也會去看看體育活動，但可沒有像盎格魯－薩克遜式的瘋狂。人們是花了很多錢在軍隊上面，不過也只夠維持一支列強之中第二弱的軍隊而已。」羅勃·穆齊爾（Robert Musil），《無性格之人》（*The Man Without Qualities*），第一卷，pp. 31-32。這本書是本世紀的偉大滑稽小說。

58 賈希，《消解》，p. 135。粗體是筆者所加。當奧相梅特涅在1848年起事之後被迫下臺並逃亡之時，「舉朝上下無人詢問他欲往何處，將何以度日」。塵世榮耀，就此消逝（Sic transit）。（譯按：sic transit，拉丁文諺語，全句為：Sic transit Gloria mundi. 在教皇加冕大典的過程中，習於焚燒亞麻以代表塵世榮耀之易逝，而在此時，就會念出這句拉丁諺語。）

59 前引書，p. 181。

60 包爾，《民族問題與社會民主》（*Die Nationalitätenfrage und die Sozialdemockratie*, 1907），引文亦見於他的《作品集》（*Werkausgabe*），第一卷，p. 482。粗體字為原文所有。若將此處譯文與收錄於本書初版的賈希的譯文做一比較，則頗有值得玩味深思之處。

61 當然他們也反映了一種有名的歐洲知識分子類型的典型心態：自負於精通數種文明語言、從啟蒙運動所得之傳承，以及對所有其他人的問題的透澈瞭解。在此自負之中平均地混合著國際主義和貴族式的成

48 譯者注：奧地利帝國在十九世紀後遭遇的主要難題是境內各民族的民族主義對抗帝國的問題，因此從1859年在義大利戰敗之後，為爭取人民支持，開始與境內主要少數民族如馬札爾人、捷克人，和南部斯拉夫人談判自治。1866年普、奧爆發七星期戰爭，奧國再嘗敗績，但馬札爾人在戰爭中效忠奧地利王室，於是戰後哈布斯堡王室與馬札爾貴族重新談判自治。談判的結果就是1867年的妥協憲章（Ausgleich），並因此建立了奧匈雙元帝國。帝國分為奧地利帝國與匈牙利王國兩部分，法蘭西斯·約瑟夫（Francis Joseph）在奧為帝，在匈為王，稱為帝－王（Emperor-King）。兩國地位平等，各有憲法、議會與內閣，行政語言奧地利為德語，匈牙利為馬札爾語，除了外交、財政和軍事之外，其他事務均歸各自之管轄。

49 前引書，p. 74。

50 結果，限嗣繼承的不動產在1867年到1918年之間增加了三倍。如果我們將教會產業也算在內，到了雙元帝國末期已經有整整三分之一的匈牙利土地變成現嗣繼承地了。德國和猶太人的資本家在提沙政權之下也獲利頗豐。

51 前引書，pp. 81-82。

52 這些暴力行動主要是惡名昭彰的「潘都爾兵」（pandoor）所為。他們是都級官員所掌控部隊的一部分，被布署作為殘暴的農村警察之用。

53 《消解》，p. 328。

54 這是根據拉約斯·摩扎利（Lajos Mocsáry）在其著作《略敘民族的問題》（*Some Words on the Nationality Problem*. Budapest: 1886）的計算，參見前引書內引文，pp. 331-332。1874年，摩扎利（1826-1916）在匈牙利議會內建立了一個很小的獨立黨以捍衛科許特的主張，特別是關於少數民族的問題。他發表演說譴責提沙公然違反1868年的民族法，使得他先是被架出議會，然後再被逐出他自己的黨。1888年，他被清一色的羅馬尼亞選民再度送進議會，但政治上他已經成為主流社會的逐客了。伊格諾特斯，《匈牙利》，p. 109。

55 賈希，《消解》，p. 334。

56 前引書，p. 362。到了二十世紀之後這個「民族的寡頭政治」就帶有一點虛假性了。賈希在書中提到了一段有趣的故事，內容是關於一個著名的匈牙利日報的記者在一次大戰中訪問了一位後來在兩次大戰之

Nationalism），p. xiv，亦請參見該書pp. 6, 67-68。

38 這場罷工之起因是政府決定對華人課徵和泰國本地人相同額度的人頭稅。先前，為鼓勵移民起見政府一直都課徵比新制要低得多的稅額。參見貝瓦・馬布里（Bevars D. Marbry），《泰國勞動制度之發展》（*The Development of Labor Institutions in Thailand*），p. 38。（對華人的剝削主要是經由鴉片。）

39 關於泰國王室家系的細節，請參照拙著〈泰國研究〉（Studies of the Thai State），p. 214。

40 他也發明了這個口號：Chat, Sasana, Kasat（民族、宗教、君王）。這個口號在過去二十五年之中一直是暹羅右翼政權的專屬用語。烏伐洛夫的專制、東正教、民族的口號在此以相反的順序出現在泰文之中。

41 伊格諾特斯，《匈牙利》，pp. 47-48。因此，在1820年時「穿著睡衣的老虎」（Tiger im Schlahock），即奧皇法蘭茲二世，還因以拉丁語向齊集在佩斯城的匈牙利要人們演說而給了後者一個良好的印象。但是到了1825年，那個浪漫主義的激進派大貴族賽申尼伯爵（Count István Széchenyi）卻在國會以馬札爾語演說而「震驚了他的貴人同僚們」！賈希，《消解》，p. 80；以及伊諾特斯，《匈牙利》，p. 51。

42 譯文取自賈希書中對格倫瓦著《舊匈牙利》（*The Old Hungary*, 1910）之引文。參見賈希，《消解》，pp. 70-71。格倫瓦（1839-1891）是一位有趣而悲劇性的人物。生在馬札爾化的薩克森裔貴族之家，他日後成為一位傑出的行政官以及匈牙利最早的社會科學家之一。他證明那些著名的馬札爾仕紳所控制的「郡縣」根本是民族寄生蟲的研究出版後，引發了公眾凶狠的辱罵攻擊。他逃到巴黎，然後自沉於塞納河之中。伊格諾特斯，《匈牙利》，pp. 108-109。

43 賈希，《消解》，p. 299。

44 科許特政權制訂了成年男子的投票權，但是由於財產限制過高以至於只有相對少數的人有權投票。

45 伊格諾特斯，《匈牙利》，p. 56。

46 前引書，p. 56。

47 伊格諾特斯觀察到巴哈確實為貴族所喪失的特權提供了一些財務補償，而且「可能既不多於，也不少於他們會在柯許特政權下獲得的補償」（pp. 64-65）。

登·克雷格（Gordon A. Craig），《普魯士軍隊的政治》（*The Politics of Prussian Army*），第二章。

29 不過一些研究日本的學者曾告知我說，近來出土的最早的皇塚強烈暗示著天皇家原先可能是——多麼恐怖啊！——韓國人。日本政府已經強烈地阻止這些遺址的進一步研究了。

30 丸山真男（Maruyama Masao），《現代日本政治思想與行動》（*Thought and Behavior in Modern Japanese Politics*）。（譯按：本段與下段引文之中文譯文，均直接譯自丸山真男著，《現代政治の思想と行動》〔東京：未來社，1961〕，pp. 153-154。）

31 前引書，pp. 139-40。

32 不幸的是，當時官方民族主義式的王朝國家之外唯一的選擇——奧匈帝國——並未躋身於逐鹿遠東的主要列強之中。

33 譯者注：柏林會議（Conference of Berlin），是德國首相俾斯麥（Otto von Bismarck, 1815-1898）於1884年11月召開的國際會議，目的在討論如何分割列強在非洲之勢力範圍，大多數歐洲國家以及美國、土耳其等均與會。這個會議到翌年2月才結束，達成多項經略非洲的協議，對非洲命運有重大影響。

34 譯文引自理查·史多利（Richard Storry），《雙重愛國者》（*The Double Patriot*），p. 38。（譯按：本段譯文直接譯自《想像的共同體》日譯本內所提供之北一輝日文原文，p. 166。）

35 以下小節濃縮自拙文〈泰國國家研究：泰國研究狀態〉（Studies of the Thai State: the State of Thai Studies）之一部。該文收於艾利哲·艾耶（Eliezer B. Ayal）（編），《泰國研究狀態》（*The State of Thai Studies*）。

36 巴提業（Battye）細膩地指出了這個青年君主在1870年出訪巴達維亞與新加坡，以及1872年出訪印度的目的，如果用朱拉隆功本人甜美的話語來說，是「去選擇可能安全的模型」。參見《暹羅武功、政府與社會》，p. 118。

37 「『瓦其拉武』的民族主義方案最主要的靈感得自於英國，一個他最熟識的西方國家，同時也是一個現在正身陷於帝國主義熱潮之中的國家。」華特·斐拉（Walter F. Vella），《瓦其拉武王與泰國民族主義的發展》（*Chaiyo! King Vajiravudh and the Development of Thai*

士遷移到東南亞，非洲南部與東部，甚至加勒比海的英國殖民地。

24 當然，到了愛德華時代（Edwardian，譯按：英王愛德華七世〔Edward VII〕在位時代，即1901-1910年）晚期，確實有一些「白種的殖民者」移居到倫敦並成為國會議員或者著名的新聞界鉅子。

25 這裡的關鍵人物是有「日本陸軍之父」之稱的大村益次郎（1824-1869）。他原是長州藩的下級武士，因從荷蘭文的手冊研習西方醫學而展開其事業。（要記得在1854年以前，荷蘭人是唯一被允許進入日本的西方人，而且他們之入境基本上被限制在幕府直轄的長崎港外的出島一地。）從當時全國最好的荷蘭語訓練中心大阪的適塾畢業後，他就返鄉開業行醫，但事業並不很成功。1853年，他受聘於宇和島藩教授西學，並曾進軍長崎學習海軍學。（他根據手冊設計並督導建成了日本第一艘蒸汽船。）培理叩關之後，他的機會就來臨了；1856年他搬到江戶，任教於幕府的講武所（士官學校前身）與蕃書調所（幕府之最高西學機構）。他所翻譯的歐洲軍事著作，特別是關於拿破崙對戰略與戰術之改革之譯著，使他名噪一時，並因而在1860年被召回長州擔任軍事顧問。在1864到65年的長州藩內戰中，他身任指揮官之優秀表現證明了他的著作確有所見。後來他成了明治政府的第一任兵部大輔（譯按：即國防部長），並為該政權起草了徵兵制與解散藩士等革命性的計畫。儘管如此竭心盡力，他卻因這些政策得罪了守舊派藩士與地方草莽志士，結果被一個憤怒的浪人所暗殺。參見艾伯特·克雷格（Albert Craig），《明治維新時期之長州》（*Choshu in the Meiji Restoration*），特別是202-204頁，以及267-280頁。

26 根據一位當代的日本觀察家所述，引自赫伯特·諾曼（E. Herbert Norman），《日本之軍人與農民》（*Soldier and Peasant in Japan*），p. 31。

27 他們是經由痛苦的親身體驗認識到這點的。1862年，英國的小艦隊轟平了半個薩摩藩的鹿兒島灣；1864年，美國、荷蘭和英國的聯合艦隊炮擊下關，摧毀了長州藩的海防。約翰·馬基（John M. Maki），《日本軍事主義》（*Japanese Mililarism*），pp. 146-47。

28 這一切都讓人想起1810年以後普魯士回應布律赫（Blücher）向柏林所做的激情訴求「給我們一支國民軍！」而完成的那些改革。瓦革次（Vagts），《軍事主義史》（*A History of Militarism*），p. 130。參見戈

12 《某些省思》，p. 5。

13 在一本意義深長地命名為《發明美利堅：傑佛遜的獨立宣言》（*Inventing America: Jefferson's Declaration of Independence*）的著作中，蓋利·威里斯（Gary Willis）主張說事實上民族主義者傑佛遜的思想基本上並未受到洛克的影響，而是得之於休謨、哈契森（Hutcheson）、亞當·斯密，以及其他蘇格蘭啟蒙運動的聲名顯赫之士之薰陶。

14 《封建社會》，第一卷，p. 42。

15 《民族與國家》，pp. 30-31。

16 《不列顛的崩解》，p. 123。

17 我們有自信說這位盲目傲慢、出身中產階級的年輕的英國烏伐洛夫對這兩種「土著文學」（native literature）一無所知。

18 參見唐諾·尤金·史密斯（Donald Eugene Smith），《印度：世俗國家》（*India as a Secular State*），pp. 337-38；以及波西瓦·史皮爾（Percival Spear），《印度、巴基斯坦與西方》（*India, Pakistan and the West*），p. 163。

19 史密斯，《印度》，p. 339。

20 例證請參見羅夫（Roff）關於夸拉康薩馬來學院（Kuala Kangsar Malay College）這所很快地就以——完全不帶諷刺意味——「馬來人的伊頓」（the Malay Eton）著稱的學校在1905年的成立過程的一段板著臉孔的紀錄。這所學校完全忠於馬考萊的處方——它的學生是甄拔自「受到敬重之階級」，亦即順服的馬來貴族階層。早期的住宿生當中有一半是各個馬來蘇丹的直系後裔。威廉·羅夫（William R. Roff），《馬來民族主義的起源》（*The Origins of Malay Nationalism*），pp. 100-105。

21 橫貫烏拉山（Ural）兩側的居民則又另當別論。

22 參見他的《我的人生與時代之追憶》（*Memories of My Life and Times*），pp. 331-32。

23 確實，印度官員曾受雇服務於緬甸；但緬甸直到1937年在行政上都還屬於英屬印度的一部分。印度人也在英屬馬來亞和新加坡擔任下層公務員——特別是在警察部門，不過他們是以「本地人」和「移民」的身分任用的——也就是說，他們不能被調「回」印度的警察部門。要注意此處所強調的是官員；有大量的印度工人、商人，甚至專業人

(House of Windsor)讀起來正好和荀布倫家族(House of Schonbrunn)或凡爾賽家族(House of Versaille)合仄押韻。(譯按:漢諾威家族在第一次大戰時因英國反德情緒高張而改姓為溫莎,即今日之英國溫莎王室。溫莎雖然是純粹英國式的名字,但事實上卻是倫敦西南一個有名王城的名稱。荀布倫是在維也納的哈布斯堡家族著名宮殿的名稱,而凡爾賽更是人盡皆知的法國波旁家族的宮殿名稱。作者在此處藉哈布斯堡家族毋須改名為荀布倫家族,而波旁家族也毋須改名為凡爾賽家族的事實,來諷刺改名的溫莎家族。)

2 賈希,《消解》,p. 7。有趣的是約瑟夫曾拒絕接受作為匈牙利王的加冕誓詞,因為那會使他不得不尊重馬札爾貴族的「憲法上的」特權。參見伊格諾特斯,《匈牙利》,p. 4。

3 前引書,p. 137。

4 我們可以主張說當馬札爾語在1844年取代拉丁文成為匈牙利王國的國家語言之時,一個漫長的時代就從此告終了。不過,正如前述,一直到十九世紀已經過了一段相當時間之後,不合文法的拉丁文(dog Latin)事實上還是馬札爾中、下層貴族所使用的方言。

5 我已自哈佛大學的切哈比(Chehabi)教授處得知巴勒維國王其實主要是在模仿他的父親,黎薩・巴勒維(Reza Pahlavi)。黎薩・巴勒維在1941年被倫敦流放到模里西斯的臨行之際,在行囊之中帶了一些伊朗的泥土。

6 賽頓－華生,《民族與國家》,p. 14。呵,惜哉此等辛辣竟止於東歐一地耳。賽頓－華生之譏嘲羅曼諾夫王朝與蘇聯政權是正確的,但他忽視了倫敦、巴黎、柏林、馬德里和華盛頓也在推行相似的政策。

7 一個饒富啟示意義的類似的個案是夏恩霍斯特,克勞塞維茲和格耐澤瑙所進行的的政治軍事改革。他們以一種自覺的保守精神將許多在法國大革命當中產生的自發性改革加以改造,從而建立了成為十九世紀之偉大典範的由職業軍官領導的徵兵制常備軍。

8 前引書,pp. 83-87。

9 前引書,p. 87。

10 由大英帝國而大英國協,而國協,而……的推移,已經在為此一焊接的斷裂之日進行倒數計時了。

11 《不列顛的崩解》,p. 106。

如果柯瑞斯指望的是「歐洲」的話，他得要回過頭看；他面對的是君士坦丁堡。此時鄂圖曼語尚未變成外國話。而不事勞動的，未來的人妻正在進入出版品市場之中，成為讀者。

30 例證請參見賽頓－華生，《民族與國家》，p. 72（芬蘭），p. 145（保加利亞），p. 153（波西米亞），以及p. 432（斯洛伐克）；孔恩，《民族主義的年代》，p. 83（埃及）和p. 103（波斯）。

31 《革命的年代》，p. 169。

32 《不列顛的崩解》，p. 340。

33 《革命的年代》，p. 80。

34 試與下文做一比較：「工業革命這個名稱本身就反映了它對歐洲相對遲緩的影響。這東西在那個字眼出現之前就已存在於英國了。要到1820年代英國和法國的社會主義者——他們本身也是前所未聞的集團——發明了這個名詞，而且可能是在和法國的政治革命類比之後發明的吧。」前引書，p. 45。

35 如果說這個模式是法國的和美國的成分的複雜混合，也許會是比較準確的說法。然而直到1870年為止，在法國的「可做經驗觀察的現實」卻是復辟王朝和拿破崙姪孫次等的王朝制代用品。

36 這並不是涇渭分明的事情。匈牙利王國的臣民當中有半數不是馬札爾人。只有三分之一的農奴說馬札爾語。在十九世紀初期，上層的馬札爾貴族說的是法語或德語；中間和下層的貴族「用摻雜著不只是馬札爾語，也包括了斯洛伐克語、賽爾維亞語和羅馬尼亞語表達方式以及德國方言的一種不合文法的拉丁文交談……」參見《匈牙利》，pp. 45-46, 81。

第六章

1 頗妙的是，那個最終變成如今已經消逝的大英帝國的地方從十一世紀初開始就不曾被「英格蘭的」王朝統治過：從那時開始已經有過包括諾曼人（金雀花家族，Plantagenets），威爾斯人（都鐸家族，Tudors），蘇格蘭人（斯圖亞特家族，Stuarts），荷蘭人（奧倫治家族，House of Orange）和日爾曼人（漢諾威家族，Hanoverians）的各色人等先後盤據過帝國之寶座。直到語言學革命之來臨與英格蘭民族主義在第一次大戰中發作以前，沒有人太在乎這件事。溫莎家族

48）。

19 譯者注：伊里利亞（Illyria）位於亞德里亞海東岸區域，即今日的斯洛維尼亞和克羅埃西亞之地。伊里利亞在古代曾是一個領土延伸到多瑙河畔的國家，後為羅馬人所滅。1809年到1814年之間，伊里利亞地區在拿破崙的法蘭西帝國統治下發展出一種斯拉夫民族認同，這個斯拉夫族意識到了1830至1840年代，在奧匈帝國統治下發展成一個文學和政治上的伊里利亞運動，亦即一種泛斯拉夫民族主義運動（pan-Slavic nationalism）。

20 《民族與國家》，p. 187。無庸贅言，沙皇政權迅速處置了這些人。謝夫成科在西伯利亞被整垮。然而，哈布斯堡王室則為了制衡波蘭人而給了加利西亞的烏克蘭民族主義者一些鼓勵。

21 克米萊能，《民族主義》，pp. 208-5。

22 賽頓－華生，《民族主義》，p. 72。

23 前引書，pp. 232, 261。

24 孔恩，《民族主義的年代》，pp. 105-7。這意味著拒絕「鄂圖曼語」（Ottoman），一種由土耳其語、波斯語和阿拉伯語的元素組合而成的王朝使用的官話。非常具有典型性的是，第一份這種報紙的創辦人伊布拉辛．希那西（Ibrahim Sinasi）在巴黎留學五年後剛剛返國。他所引導的方向，隨即有他人追隨前進。到1876年，在君士坦丁堡已經有七家土耳其語的日報。

25 霍布斯邦，《革命的年代》，p. 229。

26 卡森斯坦（Peter Katzenstein），《拆夥：1815年後的奧地利與德國》（*Disjoined Partners: Austria and Germany since 1815*），pp. 74, 112。

27 一如前述，這兩個地區的國家語言之方言化很早就開始了。在聯合王國（UK）的個案裡，十八世紀初對蓋爾地方（Gaeltacht）的軍事征服，以及1840年代的大饑荒（the Famine）是推進此一趨勢的有力因素。

28 霍布斯邦，《革命的年代》，p. 165。關於這個主題，伊格諾特斯之著作中有出色而詳盡的討論，請參見《匈牙利》，pp. 44-556。另外亦請參見賈希（Jászi），《消解》（*The Dissolution*），pp. 224-225。

29 凱都里，《亞非地區之民族主義》（*Nationalism in Asia and Africa*），p. 170。這段引文裡面提到的每件事都足以成為民族主義運動之範例。

他對語言歷史的注意——儘管我們可以不同意他的處理方式。

11 《革命的年代》，p. 166，學術機構對美洲的民族主義是無關緊要的。霍布斯邦自己注意到雖然法國大革命之時巴黎有六千個學生，但他們幾乎未在大革命中扮演任何角色（p. 167）。他也很有用地提醒了我們，雖然教育在十九世紀前半擴散很快，在學的青少年數目以現代標準來衡量仍然是微不足道：1842年的法國只有一萬九千名高中學生；1850年在帝俄計六千八百萬的總人口中有二萬名高中學生；在1848年之時，全歐洲的大學生總數可能是四萬八千名。但是就在那年的革命當中，這個雖小卻具有戰略重要性的集團扮演了舉足輕重的角色（pp. 166-67）。

12 第一份希臘文報紙在1784年出現於維也納。策動1821年反鄂圖曼起義的祕密會社「友愛兄弟會」則在1814年成立於「偉大的新俄羅斯穀類港口敖德薩」。

13 參見埃里・凱都里（Elie Kedourie）在《亞非地區之民族主義》（*Nationalism in Asia and Africa*）一書導論。見該書p. 40。

14 前引書，pp. 43-44。粗體為筆者所加。柯瑞斯的〈希臘文明的現況〉的全文收錄於前引書第157到182頁。文中包含了一段現代得讓人驚愕的，關於希臘民族主義之社會學基礎的分析。

15 筆者不欲僭稱對中歐及東歐地區擁有任何專門知識。此處及以下的分析大多仰賴賽頓－華生的著作。關於羅馬尼亞文，參見其《民族與國家》，p. 177。

16 前引書，pp. 150-153。

17 保羅・伊諾特斯（Paul Ignotus），《匈牙利》（*Hungary*），p. 44。「他確實證明了這點，不過和他所創造的這些範例作品的美學價值比起來，他的論爭攻勢是比較有說服力的。」值得注意的是這段話出現在標題為「發明匈牙利民族」（The Inventing of Hungarian Nation）的小節之中，這個小節是以這個含意豐富的句子開始的：「當某些人決定了一個民族應該誕生之時，這個民族就誕生了。」

18 賽頓－華生，《民族與國家》，pp. 158-61。這個反彈猛烈到足以說服他的繼承人里奧波二世（Leopold II，1790-1792在位）恢復拉丁文的他位。亦請參見以下，第六章。頗富啟發性的是，政治上卡欽茨伊和瑟夫二世在這個議題上站在同一立場（伊格諾特斯，《匈牙利》，p.

美洲，並將該地置於里約・德・拉・普拉達轄下，但卻為時已晚，而且這也只延續了大約一個世代之久而已。參見賽頓－華生，《民族與國家》，pp. 200-201。

58 富有啟示性的是，1776年的獨立宣言只提及「人民」（the people），而「民族」（nation）一詞要到1789年的憲法之中才首度出現。克米萊能，《民族主義》，p. 105。

第五章

1 克米萊能，《民族主義》，p. 42。

2 《擬仿》，p. 282。粗體為筆者所加。

3 這場戰役由五十九歲的夏勒・佩侯（Charles Perraault）在1689年所出版的《路易大帝的世紀》（*Siècle de Louis le Grand*）一書開其端緒。他在這本書中主張藝術與科學是在他所處的時代與地點方才完全盛開綻放。

4 《擬仿》，p. 343。要注意奧爾巴哈說的是「文化」而非「語言」。在試圖將「民族的屬性」（nation-ness）歸給「他們自己的」（their own）這個修飾語之時，我們也應謹慎將事。

5 與此相似，在英國戲劇中有一個關於兩個蒙古人的描寫的很好對比。馬羅（Marlowe）的《坦布連大帝》（*Tamburlaine the Great*, 1587-88）敘述死於1407年的一個著名皇帝。德來登（Dryden）的《奧蘭賽柏》（*Auranzeb*, 1676）則描述一個同時代在位的皇帝（1658-1707）。

6 所以，當歐洲帝國主義在全球各地漫不經心地橫衝直撞時，其他的文明卻發現自己遍體鱗傷地面對著消滅了他們神聖系譜的各種多元主義。中國（The Middle Kingdom）之淪為邊陲的遠東（Far East）就表徵了這個過程。

7 霍布斯邦，《革命的年代》，p. 337。

8 愛德華・薩依德，《東方主義》（*Orientalism*），p. 136。

9 霍布斯邦，《革命的年代》，p. 337。

10 「正因為在我們的時代裡，語言的歷史通常都被僵硬地和傳統的政治、經濟及社會史區隔開來，我才有點覺得應該把他們放在一起處理，即使因此我們得要承擔較不專業的後果。」《民族與國家》，p. 11。事實上，賽頓－華生這本書裡面最有價值的面相之一，恰好就是

45 菲爾德斯（Rona Fields），《葡萄牙革命與武裝運動》（*The Portuguese Revolution and the Armed Forces Movement*），p. 15。

46 巴克賽，《葡萄牙海上王國》，pp. 257-58。

47 克米萊能（Kemilainen），《民族主義》（*Nationalism*），pp. 72-73。

48 我在此處之所以一直強調半島人和歐裔海外移民之間被劃下的種族歧視區別，是因為我們現在探討的主題是歐裔海外移民民族主義的興起之故。這不應該被誤解成我們有意忽視與此同時出現的歐裔海外移民對歐印混血兒、黑人與印第安人的種族歧視，以及未受威脅的母國（在某一程度內）保護這些不幸的弱勢者的意願。

49 費柏赫與馬坦，《書籍始源》，pp. 208-11。

50 同前引書，p. 211。

51 法蘭科（Franco），《導論》（*An Introduction*），p. 28。

52 林區，《西屬美洲革命》，p. 33。

53 「一個打零工的人（peon）抱怨說農場的西班牙人監工毆打了他。聖馬丁聽了義憤填膺，不過這是一種民族主義的而非社會主義的憤怒。『你怎麼說？經過三年的革命之後，一個馬圖蘭哥（maturrango，半島西班牙人之俗稱）竟然還膽敢向一個美洲人舉起拳頭！』」前引書，p. 87。

54 馬奎斯在《百年孤寂》（*One Hundred Years of Solitude*）裡面所描繪的那個不可思議的馬康多的圖像，就出神地召喚出了西屬美洲人民的偏遠與孤立。

55 譯者注：大叛亂（The Mutiny），指發生在1857年到1858年之間的印度殖民地軍隊裡面的印度籍（尤其是孟加拉人）部隊反抗英國殖民統治的大規模起事，又稱「印度叛亂」（The Indian Mutiny）或「塞波伊叛亂」（Sepoy Mutiny）。

56 十三個殖民地的總面積是322,497平方英里。委內瑞拉的面積是352,143平方英里；阿根廷是1,072,067平方英里；而整個西屬南美洲則是3,417,625平方英里。

57 巴拉圭形成了一個特別有趣的個案。由於耶穌會信徒早在十七世紀就在當地建立了一個相對較仁慈的獨裁政權，因此比起其他西屬美洲地區來說當地原住民受到了比較好的待遇，而瓜拉尼語（Guarani）也變成了印刷語言。西班牙國王雖然在1767年將耶穌會信徒逐出西屬

美人」的一員，這些年輕人和他一樣「富有、遊手好閒，而且不為宮廷所喜。許多歐裔海外移民對母國所感受到的恨意與自卑感，在這群年輕人身上遂發展成革命的動力」。《玻利瓦》，pp. 41-47, 469-70。

38 經過一段長時間之後，軍人的朝聖之旅變得和文官的朝聖一樣重要。「西班牙既無財力也無人力來維持大批駐守美洲的正規軍，因此她主要仰賴的是從十八世紀中開始擴張和重組的殖民地民兵。」（前引書，p. 10）。這些民兵是很地方性的，並不是一個全美洲大陸之安全機制裡面可以互換的零件。1760年代以後，由於英國入侵逐漸頻繁，他們所扮演的角色就愈來愈重要。玻利瓦的父親就曾是一位傑出的民兵指揮官，保衛委內瑞拉港岸不受入侵。玻利瓦本人在十幾歲時曾在他父親的舊單位服過役（馬厝爾，《玻利瓦》，pp. 30, 38）。在這方面，他的經驗是很多阿根廷、委內瑞拉和智利的第一代民族主義領袖所共有的一種典型。參見吉爾摩（Robert L. Gilmore），《委內瑞拉軍事獨裁與軍事主義》（*Caudillism and Militarism in Venezuela,1819-1910*），第六章（The Militia）和第七章（The Military）。

39 要注意獨立帶給美洲人的轉變：第一代的移民現在變成「最低等」而非「最高等」的，亦即最受宿命的出生地所汙染者。類似的逆轉因回應種族主義而發生。「黑色的血統」──有如被焦油刷所沾到的汙點──在帝國主義下逐漸被視為對所有「白種人」具有無可救藥的汙染性。今天，至少在美國，「姆拉多」（mulatto，黑人與白人的混血兒）已經進了博物館。即使最微不足道的「黑色血統」的痕跡也足以讓人成為美麗的黑種人。試對照費敏（Fermin）樂觀的混種計畫，以及他對預期出現之後裔的膚色的毫不在意。

40 由於馬德里對於殖民地治理是否交到可信賴的人手中深為關切，「一般通則是高等職位必須完全由本國出生的西班牙人充任」。馬厝爾，《玻利瓦》，p. 10。

41 巴克賽（Charles R. Boxer），《葡萄牙海上王國》（*The Portuguese Seaborne Empire, 1415-1825*），p. 266。

42 同前引書，p. 252。

43 譯者注：mestiço，葡萄牙語的「混血」、「混種」之意，相當於西班牙文常用的mestizo一字；castiço，葡萄牙語的「純種」之意。

44 同前引書，p. 253。

以不經由印刷品而透過聽覺的重現來召喚出想像的共同體。它在越南與印尼革命，以及一般而言在二十世紀中期民族主義運動之中所扮演的角色，被嚴重低估且未獲得學界應有之重視。

31 「世俗的朝聖」（secular pilgrimages）不應只被視為一個新奇的比喻而已。康拉德在《黑暗之心》（*Heart of Darkness*）裡面將利奧波二世（Leopold II）那些幽靈般的代理人描述為「朝聖者」時，雖是反諷的，但也是準確的。譯者注：利奧波二世（1835-1909）為比利時國王，他將殖民地比屬剛果視為禁臠，肆行暴政。英國小說家約瑟夫·康拉德（1857-1924）名著《黑暗之心》即以比屬剛果為背景。所謂「利奧波二世的代理人」，即這位暴君派去治理剛果並劫掠當地盛產的象牙的殖民地官僚，康拉德小說中那個被蠻荒吞噬了心靈而發狂的庫茲（Kurtz），就是最典型的代表。利奧波二世和當時所有帝國主義者一樣，視殖民為一種「傳播文明之光」於「黑暗」的落後地區的神聖事業，故其殖民地統治代理人被康拉德諷為「朝聖者」。

32 特別是在：（a）一夫一妻制為宗教和法律所強制的地方；（b）長子繼承權是慣例的地方；（c）非王朝的頭銜是可以繼承的，並且在概念上及法律上與官職有別的地方——亦即地方貴族擁有相當獨立權力之處，例如與暹羅情形相反的英格蘭。

33 參見布洛赫，《封建社會》，第二卷，p. 422。

34 明顯地，這種理性不應該被過度誇大。聯合王國一直到1829年都還禁止天主教徒擔任公職，而這並非孤立的個案。難道我們還不相信這種天主教徒的長期排斥是助長愛爾蘭民族主義的一個重要因素嗎？

35 譯者注：即出生於西班牙所在之伊比利半島的西班牙人。

36 林區，《西屬美洲革命》，pp. 18-19, 298。大約一萬五千名半島人當中，有一半是軍人。

37 在十九世紀的最初十年間，似乎隨時都有大約四百個南美洲人居住在西班牙境內。這些人當中包括了「阿根廷人」聖馬丁，他在幼時被帶到西班牙，在那裡度過了往後的二十七年。他進了專為貴族青年而設的皇家學院就讀，後來並且在反抗拿破崙的武裝鬥爭中有出色的表現。當他一聽到阿根廷宣告獨立，他就立即束裝返鄉。另外還有玻利瓦。他有一段時間和法國王后瑪莉·路易的「美洲」情人曼紐埃·梅羅一起住在馬德里。馬厝爾描述他（1805年時）是「一群年輕的南

99, 231。

22 馬厝爾，《玻利瓦》，p. 678。

23 林區，《西屬美洲革命》，pp. 25-6。

24 馬厝爾，《玻利瓦》，p. 19。這些措施自然只有一部分有辦法執行，而且總是有大量的走私在進行。

25 同前引書，p. 546。

26 譯者注：里約・德・拉・普拉達（Rio de la Plata）的西班牙文原意是「銀盤之河」，指南美洲東南岸巴拉尼亞河、巴拉圭河和烏拉圭河三大河出海處共同形成的廣大河口地帶，面積達一萬三千五百平方英里。十八世紀西班牙設「里約・德・拉・普拉達總督區」（Viceroyalty of Rio de la Plata），下轄今日阿根廷、烏拉圭、巴拉圭、玻利維亞等地，以布宜諾斯艾利斯為首府。所謂「里約・德・拉・普拉達聯邦」是由布宜諾斯艾利斯主導，在1816年召集原里約・德・拉・普拉達總督區內各省在土庫曼（Tucuman）議決獨立而建立的國家，有國名、國歌、國旗，但旋因各區域利害關係不同而瓦解。

27 譯者注：經濟互助理事會（Comecon）為Council for Mutual Economic Assistance之縮寫，而這個名字則譯自俄文的Sovet Ekonomicheskoi Vzaimopomoshchi，為蘇聯在1949年1月為對抗美國援助西歐的馬歇爾計畫而組成，成員以東歐社會主義國家為主。

28 參見他的《象徵之林，恩典姆儀式之諸面相》（*The Forests of Symbols, Aspects of Ndembu Ritual*），特別是〈「之中」與「之間」：旅程儀式之中間期〉（Betwixt and Between: The Liminal Period in Rites de Passage）這一章。至於對他的理論後來的，也較複雜的進一步闡述，請參見他的《戲劇、場域，與隱喻：人類社會的象徵行動》（*Dramas, Fields, and Metaphors, Symbolic Action in Human Society*），第五章〈作為社會過程的朝聖之旅〉（Pilgrimages as Social Processes）和第六章〈通過過程、邊緣與貧窮：共同體之宗教象徵〉（Passages, Margins, and Poverty: Religious Symbols of Communitas）。

29 參見布洛赫，《封建社會》，第一卷，p. 64。

30 這明顯和某些民族主義運動誕生時——在收音機出現以前——口操雙語的知識階層以及大多不識字的工人農人分別所扮演的角色有可類比之處。發明於1895年的收音機使得人們在印刷品難以滲透之處，可

複數的「諸西班牙」（Las Españas〔the Spains〕），而非單數的「西班牙」（España〔Spain〕）。賽頓－華生，《民族與國家》，p. 53。

15 這些母國發動的富於侵略性的種種新的積極作為，部分是啟蒙運動教條的產物，部分要歸因於慢性的財政危機，而另有部分則是1779年之後對英格蘭戰爭的結果。林區，《西屬美洲革命》，p. 417。

16 同前引書，p. 301。另外四百萬用於西屬美洲的其他地區，剩下的六百萬則是淨利。

17 同前引書，p. 17。

18 委內瑞拉第一共和的憲法（1811）就是逐字逐句借用美國憲法。馬厝爾，《玻利瓦》，p. 131。

19 在下面這篇論文當中，我們可以找到關於巴西何以成為例外的結構性因素的出色而複雜的分析：荷西・穆里羅・狄卡瓦侯（José Murilo de Carvalho），〈政治菁英與建國：十九世紀的巴西〉（Political Elites and State Building: The Case of Nineteenth-Century Brazil），《社會與歷史比較研究期刊》（*Comparative Studies in Societies and History*），24:3（1982），pp. 378-99。比較重要的兩個因素是：（1）教育的差異。儘管在西屬美洲「有二十三所大學分散在後來成為十三個不同國家之處」，「葡萄牙卻系統性地禁止在其殖民地成立任何高等學術機構——如果神學院不算的話」。高等教育只被容許在科因布拉大學（Coimbra University）一處，所以歐裔海外移民子弟紛紛前往母國求學，而且大多就讀法律系。（2）歐裔海外移民的事業機會的差異。狄卡瓦侯留意到，「在西屬地區有較多美洲出生的西班牙人亦被排除在較高的職位之外」。亦請參見斯圖亞特・史瓦茲（Stuart B. Schwartz），〈巴西殖民認同之形成〉（The Formation of a Colonial Identity in Brazil），收於尼可拉斯・坎尼（Nicholas Canny）與安東尼・帕登（Anthony Pagden）合編，《大西洋世界之殖民認同，1500-1800》（*Colonial Identity in Atlantic World, 1500-1800*）。作者曾於第38頁順帶提及「在殖民地時代的最初三個世紀巴西並沒有印刷出版業」。

20 倫敦對北美十三個殖民地的立場，以及1776年的革命的意識形態亦大體可做如是觀。

21 林區，《西屬美洲革命》，p. 208；比較馬厝爾，《玻利瓦》，pp. 98-

2 《不列顛的崩解》，p. 41。

3 吉哈・馬厝爾，《西蒙・玻利瓦》，p. 17。

4 林區，《西屬美洲革命》，pp. 14-17。這些組成比例源於一個事實，亦即比較重要的商業與行政職位大多為出生於西班牙母國的西班牙人所壟斷，而土地之擁有則完全對歐裔海外移民開放。

5 就這方面而言，他們和一個世紀之後「南非荷裔移民」的波爾民族主義（Boer nationalism）頗為類似。

6 也許值得注意的是圖帕克・阿瑪魯並未完全否定對西班牙王的效忠。他和他的追隨者（大多是印第安人，但也有一些白人以及西班牙裔與印第安人的混血兒〔mestizo〕）是因對利馬政府的憤怒而起義的。馬厝爾，《玻利瓦》，p. 24。

7 賽頓－華生（Seton-Watson），《民族與國家》（*Nations and States*），p. 201。

8 林區，《西屬美洲革命》，p. 192。

9 同前引書，p. 224。

10 艾德華・摩根（Edward S. Morgan），〈傑佛遜之心〉（The Heart of Jefferson），《紐約書評雜誌》（*The New York Review of Books*），1978年8月17日，p. 2。

11 馬厝爾，《玻利瓦》（*Bolívar*），p. 207；林區，《西屬美洲革命》，p. 237。

12 這並不是沒有一點波折的。他在1810年委內瑞拉宣告獨立之後旋即解放他的黑奴。當他在1816年逃到海地，他承諾將廢除所有被解放領土內的奴隸制，從而換得了總統亞力山大・貝地翁（Alexandre Pétion）的軍援。這個承諾於1818年在加拉卡斯兌現了 —— 但我們必須記得馬德里在1814年到1816年之間在委內瑞拉的成功，有部分是要歸因於她解放了效忠於她的黑奴。當玻利瓦在1821年成為大哥倫比亞（Gran Colombia，委內瑞拉、新格瑞那達和厄瓜多）的總統時，他要求並且獲得國會通過一項法案解放奴隸的兒子。「他並未要求國會整個廢除奴隸制，因為他不想招致大地主們的反感。」馬厝爾，《玻利瓦》，pp. 125, 206-207, 329, 338。

13 林區，《西屬美洲革命》，p. 276。

14 這是一個時代錯誤的表達方式。在十八世紀時通常的表達方式還是

以辨認出來的布爾喬亞階級在十三世紀晚期就出現了，但紙張要到十四世紀末才獲普遍使用。只有紙張那平滑的表面才使文稿和圖片有可能被大量複製——而這又要再過七十五年才發生。但是紙張不是歐洲人發明的。它是從另一個歷史——中國的歷史——經由伊斯蘭世界漂流到歐洲來的。《書籍始源》，pp. 22, 30, 45。

20 在出版的世界裡面，這時還沒有巨大的跨國公司。

21 關於這點的有用討論，參見斯坦堡（S. H. Steinberg），《印刷術五百年史》（*Five Hundred Years of Printing*），第五章。Ough這個記號在although, bough, lough, rough, cough，和hiccough這幾個字裡面的讀音都不同，這顯示了如今使用的標準英文拼音是從多種不同的口語方言中出現的，也顯示了這個最後產品所具有的表意性格。

22 我是經過深思之後才故意說「沒有什麼比資本主義更能……」的。斯坦堡和愛森斯坦都幾乎把「印刷品」本身神格化為現代史上的天才。費柏赫和馬坦就從來沒有忘記在印刷品背後還站著印刷商和出版公司。在這個脈絡裡面，我們應該要記得雖然印刷術最初是在中國發明的（可能在歐洲之前五百年），但它之所以不曾在那裡發生重大的——更不用說革命性的——影響，正是因為那裡沒有資本主義的緣故。

23 譯者注：維雍（Francois Villon, 1431-63?），法國詩人，擅寫諷刺性作品，著有《證言》（*Testament*, 1461）等書。

24 《書籍始源》，p. 319。請比較*L'Apparition*，p. 477：'Au XVII siecle, les langues nationales apparaissent un peu partout cristallisees.'「十七世紀，民族語言在每個地方都顯得有點成形了。」

25 漢斯・孔恩，《民族主義的年代》，p. 108。為了公平起見，我們也許應該再補充說凱末爾也希望此舉能夠將土耳其民族主義與現代的、使用羅馬拼音的西方文明結合起來。

26 賽頓－華生，《民族與國家》，p. 317。

第四章

1 克利奧爾（creole），或克利奧羅（criollo）——（至少在理論上）具有純粹歐洲血統，但卻生在美洲（以及，根據後來的擴充解釋，任何歐洲以外之處）的人。

6 「因此在這一方面而言，印刷術之引進是通往我們現在的大眾消費和標準化社會之路的一個階段。」前引書，pp. 259-60。（原文中是'une civilisation de masse et de standardisation'，也許應該翻譯成「標準化的、大眾的文明」比較好。L'Apparition，p. 394。）

7 同前引書，p. 195。

8 同前引書，pp. 289-90。

9 同前引書，pp. 291-95。

10 從這個時點開始只差一步，就發展到了像在法國這樣的情形了：科乃伊（Corneille）、莫里哀（Molière）和拉封登（La Fontaine）能夠把他們的悲劇和喜劇手稿直接賣給出版商，而這些出版商則是鑑於這些作者的市場名聲才買下這些手稿作為絕佳投資。同前引書，p. 161。

11 同前引書，pp. 310-15。

12 譯者注：荷蘭共和國，正式名稱為低地七省聯合共和國（Republiek der Zeven Verenigde Nederlanden），為信奉新教的荷蘭北部七省為反抗信奉天主教的宗主國西班牙國王菲利普二世統治，而在1581年聯合宣告獨立所建立之共和國，1795年亡於入侵之法國革命政府軍隊，為現代荷蘭王國之前身。清教徒共和國，又稱英格蘭共和國（Commonwealth of England），指1649年查理一世被處決到1660年查理二世復辟期間，由克倫威爾（Oliver Cromwell）所建立的共和政府。這兩個現代早期的新教徒共和國對日後西方共和主義的思想與實踐（如美國獨立與法國大革命）有重要影響。

13 賽頓－華生，《民族與國家》，pp. 28-29；布洛赫，《封建社會》第一卷，p. 75。

14 我們不應該假設行政方言的統一被立即或者全面實現了。在倫敦當局統治下的英屬吉耶納就從來不大可能以早期英語為主要的行政語言。

15 布洛赫，《封建社會》，第一卷，p. 98。

16 賽頓－華生，《民族與國家》，p. 48。

17 同前引書，p. 83。

18 弗蘭索瓦一世的例子令人愉快地確認了這一點。如前所述，他在1535年禁止了所有書籍的印行，而在四年後竟使法語成為他宮廷的語言！

19 這並不是第一個這類的「意外」。費柏赫和馬坦注意到，雖然一個可

218-20。書籍由於其本質上有限的市場，因此總是可以和其他耐久財區別開來。任何人只要有錢就可以買捷克製的汽車，但只有捷克文的讀者才會買捷克文的書籍。這個差別的重要性會在下文中討論到。

67 此外，早在十五世紀晚期威尼斯的出版商阿爾都斯（Aldus）已經率先推出可隨身攜帶的「袖珍版」書了。

68 誠如《黑色的賽瑪琅》這個個案所顯示的，這兩種暢銷書之間的關聯在過去要比今天更緊密。狄更斯也在流行的報紙上連載他的通俗小說。

69「印刷品鼓勵了人們對不能在任何單一教區之內找到支持者的種種主張，以及對從遠處向一群無形的群眾宣揚其主張者的默默追隨。」伊莉莎白．艾森斯坦（Elizabeth L. Eisenstein），〈印刷術之於西方社會與思想之衝擊：數端推想〉（Some Conjectures about the Impact of Printing on Western Society and Thought），《現代歷史期刊》（*Journal of Modern History*），40:1（1968年3月號），p. 42。

70 論及中產階級社會在具體的無政府狀態與抽象的政治性國家秩序之間的關係時，奈倫觀察到「代議機構將真實的階級不平等轉化成抽象的公民平等主義，將個人的自私轉化成一個非個人的集體意志，將原本會是一團混亂的東西轉化成一個新的國家正當性。」《不列顛的崩解》，p. 42。這是毫無疑問的。然而代議機構（選舉？）是一個不常發生，並且沒有固定日期的慶典。我認為要產生非個人的意志，毋寧更應求之於日常的想像那種每日發生的規律性（diurnal regularities）。

第三章

1 當時歐洲已經懂得使用印刷術的地區，人口大約有一億人。費柏赫與馬坦，《書籍始源》，pp. 248-49。

2 馬可．孛羅的《遊記》就是一個具有代表性的例子。該書在一五五九年首度付印之前還鮮為人知。

3 引自伊莉莎白．艾森斯坦，〈數端推想〉，p. 56。

4 費柏赫與馬坦，《書籍始源》，p. 122。（不過法文原文只說「跨越邊界」〔pardessus les frontiers〕而已。L'Apparition，p. 184。）

5 前引書，p. 187。原文說的是「強有力的」（puissants），而不是「富有的」（wealthy）資本家。L'Apparition，p. 281。

尼文短篇小說》（*Three Early Indonesian Short Stories by Mas Marco Kartodikromo*），p. 7。

60 1924年，馬可的一個好朋友和政治盟友出版了一本題名為Rasa Merdika（感覺自由／自由的感覺）的小說。尚伯－盧瓦（Chambert-Loir）在論及這本小說的主角（他誤以為是馬可）時寫道：「他不知道『社會主義』這個字的意思；但他在面對環繞著他的社會組織時感到很深的不舒服，而他覺得有需要用兩個方法來擴展他的視野：旅行和閱讀。」〈馬司．馬可〉，p. 208。發癢的鸚鵡已經搬到爪哇和二十世紀來了。

61 看一份報紙就好像在讀一本作者已經放棄經營一個完整情節的小說一樣。費伯赫與馬坦，《書籍始源》。

62 費柏赫與馬坦，《書籍始源》，p. 186。這等於在至少二百三十六個城鎮之中印了不下於三萬五千版。早在1480年，印刷機已經存在於一百一十個以上的城鎮，而這其中有五十個城鎮在今天的義大利，三十個在德國，九個在法國，而在荷蘭和在西班牙各有八個，在比利時和在瑞士各有五個，四個在英格蘭，兩個在波西米亞，一個在波蘭。「從那一天起，印刷的書籍可以說已經在歐洲普遍通行了。」p. 182。

63 前引書，p. 262。兩位作者評論說，到了十六世紀時，對於任何能夠閱讀的人而言書籍已經是唾手可得了。

64 普蘭汀（Plantin）的偉大的安特衛普（Antwerp）出版公司在十六世紀初期時，在每一間印刷廠握有二十四部印刷機和超過一百位以上的工人。前引書，p. 125。

65 這是麥克魯漢（Marshall McLuhan）在他那本異想天開的《古騰堡銀河》（*Gutenberg Galaxy*）中提出的一個扎實的論點（p. 125）。我們也許可以補充說，雖然書籍市場和其他商品的市場相較是小巫見大巫，但是在觀念傳播過程中扮演的戰略性角色卻對現代歐洲的發展具有無比的重要性。

66 此處所提到的原則比規模大小更重要。到十九世紀以前，印刷版數通常都還很小。即使是像馬丁．路德的聖經這樣的暢銷書，第一版也只印了四千本。狄德羅（Diderot）的《百科全書》（*Encyclopédie*）的第一版雖說印量特別大，也不過印了四千二百五十本而已。十八世紀書籍的平均產量在二千本以下。費柏赫與馬坦，《書籍始源》，pp.

51 譯者注：莫洛族（Moros），菲律賓群島南部信仰伊斯蘭教的馬來族。

52 前引，p. 120。

53 這個技巧與荷馬所用的技巧相同。關於荷馬技巧的出色討論，請參見奧爾巴哈，《擬仿》，第一章（奧德賽之疤〔Odysseus' Scar〕）。

54 'Paalam Albaniang pinamamayanan
ng casama, t, lupit, bangis caliluhan,
acong tangulan mo, I, cusa mang pinatay
sa iyo, I, malaqui ang panghihinayang.'
「再會，阿爾巴尼亞，如今是
邪惡、殘酷、野蠻與欺詐的王國！
我，你的護衛者，如今已被你謀殺了
然而哀悼那已降臨爾等的命運吧。」
這節著名的詩有時會被詮釋成菲律賓愛國主義的一個意在弦外的聲明，不過倫貝拉令人信服地指出，這樣的詮釋是一種時代錯誤的誤解。此處的（英文）譯文出於倫貝拉之手。我稍微更動了他的塔加洛原文以求符合該首詩的一個1973年版本（以1861年版為本）。

55 尚．法蘭科（Jean Franco），《西屬美洲文學導論》（*An Introduction to Spanish-American Literature*），p. 34。

56 前引書，pp. 35-36。粗體字為筆者所加。

57 這種一位孤獨的主角穿越堅實的社會地景的運動，是很多早期的（反）殖民小說的典型特徵。

58 在一段短暫的、曇花一現般的激進記者事業之後，馬可被荷蘭殖民當局拘留在僻處西新幾內亞內陸沼澤地帶的波文帝固爾（Boven Digul），世界最初的集中營之一。被監禁六年之後，於1932年死於該處。尚伯－盧瓦（Henri Chambert-Loir），〈馬司．馬可．卡多迪克羅摩〔約1890-1932〕或政治教育〉（Mas Marco Kartodikromo [c.1890-1932] ou L'Education Politique），收錄於《東南亞當代文化》，p. 208。關於馬可的事業，最近有一份出色的完整紀錄，請參照白石隆（Takashi Shiraishi），《動盪歲月：爪哇的群眾激進主義，1912-1926》（*An Age in Motion: Popular Radicalism in Java, 1912-1926*），第二、五與八章。

59 此處譯文依保羅．堤可（Paul Tickell），《三篇卡多迪克摩的早期印

的。（譯者注：Satyricon，又名Satyricon liber：森林之神式的冒險故事集，係羅馬諷刺作家佩特羅尼烏斯〔?-66 A.D.〕所寫的小說，敘述兩個名聲不佳的年輕人恩可比烏斯、愛西歐圖和男童基多四處遊蕩冒險的故事，生動地描繪出西元一世紀時的羅馬社會風貌。）

44 依循這個討論脈絡，如果我們把任何一本歷史小說和小說背景時代的文書或敘述性文字拿來做比較，應該是會有所收穫。

45 最能夠顯示出小說是如何熱中於同質、空洞的時間的，就是古代的編年史、傳奇和聖典所特有的，往往一直上溯到人類起源的書前家譜，已經不再出現於小說之中了。

46 黎剎是用殖民者的語言，也是當時族群背景殊異的歐亞人和本地菁英的共通語（西班牙文）來寫這本小說的。這本小說出現的同時，一個不只用西班牙文，也用塔加洛語（Tagalog）和伊洛卡諾語（Ilocano）這類「族群」語言的「民族主義」出版業也首度出現了。參見泰比斯（Leopoldo Y. Tabes），〈菲律賓現代文學〉（The Modern Literature of the Philippines），pp. 287-302，收於拉方（Pierre-Bernard Lafont）與龍巴德（Denys Lombard）合編之《東南亞當代文學》（*Littératures Contemporaines de l'Asie du sud-Est*）。

47 黎剎（José Rizal），《社會之癌》（*Manila: Instituto Nacional de Historia*, 1978），p. 1。我的譯文。在《想像的共同體》發行初版的時候，我還不懂西班牙文，也因此無意中使用了格列羅（Leon Maria Guerrero）錯誤百出的翻譯。

48 例如，請注意黎剎在同一句話裡面從過去式的「創造」（crio）微妙地轉換成屬於我們眾人的現在式的「大量繁殖」（multiplica）。

49 無名讀者的反面（從過去到現在都）是人們立即可以認出來的知名作者。如同我們將在下文討論的，這樣的無名／知名與印刷資本主之擴散密切相關。早在1593年精力充沛的道明修會教士（Dominicans）已經在馬尼拉出版《基督教教義》（*Doctrina Christiana*），然而從那以後有數世紀之久，印刷品都一直被教會牢牢控制著。自由化要到1860年代才開始。參見倫貝拉（Bienvenido L. Lumbera），《塔加洛語詩集1570-1898，發展中的傳統與影響》（*Tagalog Poetry 1570-1898, Tradition and Influences in its Development*）pp. 35, 93。

50 前引書，p. 115。

軍隊。夏恩霍斯特（J. D. von Scharnhorst）是格耐澤瑙改造普魯士軍隊的同僚。克勞塞維茲（Carl von Clausewitz, 1780-1831）是普魯士軍官與軍事理論家，他的名著《戰爭論》（*On War*）當中有不少原則是從格耐澤瑙的實際戰功之中抽繹出來的。

35 1806年，普魯士陸軍軍官名冊上的七千到八千人之中有超過一千人是外國人。「在他們自己的軍隊中，普魯士的中產階級人數還比外國人少；這個事實更加渲染了那句俗語──普魯士不是擁有一支軍隊的國家，而是一支擁有一個國家的軍隊。」在1798年，普魯士的改革者們已經要求「把還占士兵人數五〇%的外國人減少一半……」瓦嘉茨（Alfred Vagts），《軍事主義史》（*A History of Militarism*），pp. 64, 85。

36 對我們而言，「現代的服裝」這個用暗喻的方式將過去等同於現在的理念，事實上反諷地承認了過去與現在命定的分離。

37 布洛赫，《封建社會》，第一卷，pp. 84-86。

38 奧爾巴哈，《擬仿》，p. 64。試與聖奧古斯汀（St. Augustine）將《舊約聖經》描述為「未來（往後投下的）的陰影」做一比較。引於布洛赫，《封建社會》，第一卷，p. 90。

39 班雅明（Walter Benjamin），《啟蒙之光》（*Illuminations*），p. 265。

40 前引書，p. 263。這個新的觀念如此深藏於人類意識之底層，以至於我們可以主張每一個根本的現代的概念都是以「與此同時」這個概念為基礎的。

41 雖然《克列芙公主》（*Princesse de Clèves*）早在1678年就出現了，但李查遜（Richardson）、笛孚（Defoe）和菲爾丁（Fielding）的時代是十八世紀初期。現代報紙起源於十七世紀晚期的荷蘭文報（gazettes）；但是報紙要到1700年以後才變成一個一般類型的印刷品。費伯赫與馬坦，《書籍始源》，p. 197。

42 事實上，這整個情節要成立可能繫於在時間Ⅰ、Ⅱ和Ⅲ的時候，A、B、C和D都不知道其他人想幹什麼。

43 這種對位法（polyphony）的狀況決定性地把現代小說和甚至像佩特羅尼烏斯（Petronius）的《登徒子》（*Satyricon*）這麼傑出的（現代小說）先驅一線劃開。這部作品的敘述是以一直線前進的。當恩可比烏斯（Encolpius）為他那個年輕愛人的不忠而悲傷時，作者不會同時讓我們看到基多（Gito）和愛西歐圖（Ascyltus）同床共枕的情景

要遠離危險之時，寫下了這句話。不過，普羅特西勞斯卻是第一位死在特洛伊的希臘人。

28 賈希，《哈布斯堡王朝的消解》（*The Dissolution of the Habsburg Monarchy*），p. 34。

29 這個情形在前現代的亞洲最顯著。但是相同的原則也在主張一夫一妻制的基督教歐洲發生作用。1910年，一位叫做奧圖．佛斯特（Otto Forst）的人出版了他的《弗蘭茲．斐迪南大公家系圖》（*Ahnentafel Seiner Kaiserlichen und Königlichen Hoheit des durchlauchtigsten Hern Erzherzogs Franz Ferdinand*），書中列出了2,047位這個即將被暗殺的大公的祖先。其中包括了1,486名德國人，124名法國人，196名義大利人，89名西班牙人，52名波蘭人，47名丹麥人，20名英國男／女，以及其他四種國籍的人。這份「奇妙的文件」被引用於前引書，p. 136。我忍不住想在這裡引述（奧皇）法蘭茲．約瑟夫（Franz Joseph）在得知他那位古怪的繼承人被謀殺的死訊時的精采反應：「一個優勢的強權就用這個方式恢復了我不幸無力維持的那個秩序。」（前引書，p. 125）。

30 蓋爾納（Gellner）強調了王朝典型具有的外來性，不過他把這個現象詮釋得太狹隘了：（他的詮釋是）當地貴族比較喜歡外來的君王，因為他不會介入當地貴族之間的內部矛盾之中。《思想與變遷》（*Thought and Change*），p. 136。

31 馬克．布洛赫（Marc Bloch），《會魔術的國王》（*Les Rois Thaumaturges*），pp. 390, 398-99。

32 巴提耶（Neol A. Battye），《暹羅之軍方、政府與社會》（*The Military, Government and Society in Siam, 1868-1910*），1974年康乃爾大學博士論文，p. 270。

33 葛林（Stephen Greene），《拉瑪六世時期〔1910-1925〕之泰國政府與政權》（*Thai Government and Administration in the Reign of Rama VI [1910-1925]*），1971年倫敦大學博士論文，p. 92。

34 譯者注：格耐澤瑙伯爵（August Wilhem Anton, Graf Neidhardt von Gneisenau, 1760-1831），普魯士陸軍元帥和改革者，重建1806年被拿破崙摧毀的普魯士軍隊的核心人物，並且也是1813年解放戰爭打敗拿破崙的功臣。他的軍事改造哲學就是將傭兵式的軍隊改造成公民的

被閱讀。

17 《馬可・孛羅東遊記》，p. 152。

18 亨利・孟德斯鳩（Henri de Montesquieu），《波斯書簡》（*Persian Letters [Lettres Persanes]*），p. 81。此書最早出現於1721年。

19 布洛赫，《封建社會》，第一卷，p. 77。

20 費柏赫（Lucien Febvre）與馬坦（Henri-Jean Martin），《書籍始源》（*The Coming of the Book*），pp. 248-49。

21 前引書，p. 321。

22 前引書，p. 330。

23 前引書，pp. 331-32。

24 前引言，pp. 232-33。這句話的法文原文比較謹慎，就史實而言也比較正確：Tandis que l'on édite de moins en moins d'ouvrages en latin, et une proportion toujours plus grande de textes en langue nationale, le commerce du livre se morcelle en Europe.（當人們出版愈來愈少的拉丁文著作，以民族語言寫成作品的出版比例愈來愈高的時候，歐洲的出版業就四分五裂了。）《書籍始源》（*L'Apparition du Livre*），p. 356。

25 請注意和這個轉型相互呼應的對統治者命名方式的轉換。對君王，學童記得的是他們的名字（征服者威廉姓什麼？），而對總統，卻記他們的姓氏（埃伯特〔Friedrich Ebert，德國威瑪共和總統〕的教名〔Christian name，即first name，名字〕是什麼？）。在一個理論上所有人都有資格擔任總統的公民的世界裡，「教」名數量之有限使它們不足以成為特定指稱的符號。然而，在統治權專屬於單一姓氏的君主制當中，提供必要區別的必定是加上數字或綽號的「教」名。

26 我們也許可以順便在此指出，當奈倫將1707年英格蘭與蘇格蘭的統一法案（Act of Union）描述為一次「貴族之間的交易」時，如果就這次統一的擘劃者都是貴族政客這個意義上來看，他當然是正確的。（參見他在《不列顛的崩解》第136頁以下的清楚討論。）不過，我們很難想像兩個共和國的貴族之間會談得成這種交易。聯合王國的概念當然是促成這個交易的關鍵性中介因素。

27 譯者注：bella gerant alii（讓別人去戰鬥吧），語出羅馬詩人奧維德（Ovid）的拉丁文史詩（*Heroides*）。在詩中，勞達米亞（Laodamia）在寫信懇求她那正在特洛伊戰場上的丈夫普羅特西勞斯（Pretesilaus）

事實上，這個世界的造型，揉合了英格蘭的田園景色與較黑暗的凱爾特〔Celtic〕和斯堪地那維亞神話。）

6 這就說明了何以中國化的蒙古人和滿洲人曾如此心平氣和地被接納為天子了。

7 約翰·林區（John Lynch），《西屬美洲革命》（*The Spanish-American Revolutions*, 1808-1826），p. 260。粗體是筆者所加。

8 教會希臘文似乎沒有獲得真理語言的地位。導致這個「失敗」的原因不一而足，但關鍵因素當然是因為希臘文在東羅馬帝國的大半地區一直是一個活生生的民眾語言（因此和拉丁文不同）。此一洞見我得之於朱迪絲·黑林。

9 譯者注：利夫人（Rif）指住在摩洛哥北部海岸附近山地區的貝伯族人。

10 譯者注：伊隆哥人（Ilongo），也稱為Hiligaynon人或Panay人，為菲律賓之一大語族。

11 譯者注：希望語（Esperanto）是波蘭醫生札曼諾夫（L. L. Zamenhof, 1859-1917）在1887年發明的世界語，它是以幾種主要歐洲語的共同字根為基礎，再將字尾標準化而成的。沃拉卜克語（Volapuk）則是德國教士席勒耶（J.M. Schleyer）在1879年發明的世界語，它是以大幅修正過的英語和羅曼語系語言的單字為基礎，再加以變調而成的。

12 尼可拉斯·布拉克斯比爾（Nicholas Brakespear）在1154年到1159年之間以亞德里安四世（Adrian IV）之名擔任教皇。

13 馬克·布洛赫（Marc Bloch）提醒我們「（在中世紀）大多數的領主和很多偉大的男爵都是無法自行閱讀報告或帳目的行政官」。《封建社會》（*Feudal Society*），第一卷，p. 81。

14 這並不是說不識字者就不閱讀了。然而他們所閱讀的不是字，而是可見的世界。「在所有那些有反省能力的人眼中，物質世界不過是一種面具，而所有真正重要的事情都發生在這個面具後面；這個世界對他們而言似乎也是意圖用符號來表達較深刻的現實的一種語言。」前引書，p. 83。

15 奧爾巴哈（Erich Auerbach），《擬仿》（*Mimesis*），p. 282。

16 馬可·孛羅，《馬可·孛羅東遊記》（*The Travels of Marco Polo*），pp. 158-159。粗體為筆者所加。請注意福音書雖然被親吻了，但卻沒有

形上學概念嗎？不過，還是請參見天巴南諾（Sebastiano Timpanaro）令人耳目一新的著作《論唯物論》（*On Materialism*）與《佛洛伊德之失》（*Freudian Slip*），以及雷蒙．威廉斯（Raymond Williams）深思熟慮的回應〈天巴南諾的唯物論挑戰〉（*Timpanaro's Materialist Challenge*），《新左評論》109期（1978年5-6月），pp. 3-17。

4 譯者注：赫拉克利圖（Heraclitus），西元前五世紀左右的希臘哲學家，主張鬥爭和不斷的變化是宇宙的自然狀況。

5 已故的蘇卡諾（Sukarno）總統總是以十足的誠意說起他的「印度尼西亞」所忍受的三百五十年殖民主義，雖然「印度尼西亞」的概念本身是二十世紀才被發明出來的，而且今天的印尼的大多數地區都是在1850年和1910年之間才被荷蘭人征服的。當代印尼的民族英雄當中，最著名的一位是十九世紀早期的爪哇王子迪波內哥羅（Diponegoro, 1778?-1855），儘管這個王子自己的回憶錄顯示他的意圖是要「征服」（不是解放！）爪哇，而不是要驅逐「荷蘭人」。事實上，很清楚地他根本沒有荷蘭人作為一個整體的概念。參見班達（Harry J. Benda）與拉金（John A. Larkin）編，《東南亞世界》（*The World of Southeast Asia*），p. 158，以及庫瑪（Ann Kumar），〈迪波內哥羅〉（Diponegoro），《印尼》（*Indonesia*），13（1972年4月），p. 103。相同的，凱末爾．阿塔土克（Kemal Atatürk）將他的一間國立銀行命名為西臺德銀行（Eti Banka），而把另一家命名為蘇美利亞銀行（Sumerian Bank）。（賽頓－華生，《民族與國家》，p. 259。）這些銀行到今日依舊興隆，而且也沒有理由懷疑有很多土耳其人，包括凱末爾本人，一直都認真地把西臺德人和蘇美利亞人看成他們土耳其人的祖先。在笑過頭之前，我們應該提醒自己亞瑟王（King Arthur）和波阿迪西亞女王（Boadicea，英格蘭東部Iceni族女王，曾反抗羅馬，卒於西元62年）的存在，並且思考一下托爾金（J.R.R. Tolkien, 1892-1973）的神話故事何以在商業上如此成功。（譯按：托爾金，英國牛津大學的語言學家與幻想文學作家，以他所創造的居住在中土大陸〔Middle Earth〕的小矮人族哈比人〔Hobbit〕的一系列冒險故事聞名於世，最著名的代表作是1956年完成的哈比人史詩三部曲《魔戒》（*The Lord of the Rings*）。在幻想國度中土大陸當中，他創造了一個完整的宇宙起源論，有自己的種族、語言、歌謠、歷史、地理和風俗。

可理解性」（inter-comprehensibility）的標準來衡量，許多所謂中國的「方言」（如吳語、贛語、粵語、閩北語、閩南語），其實根本是各自獨立的「語言」（language）。所謂「國語」或「普通話」之成為「標準語」，而閩南語、粵語淪為「方言」，並非基於語言學上的理由，而是出於政治——特別是民族主義——的考量。

第二章

1 古希臘人就有衣冠塚（cenotaphs）了，不過那是為了遺體因種種因素無法找回來作一般性喪葬的特定、已知的個人之用的。這項訊息多承我專研拜占庭的同事朱迪絲・黑林（Judith Herrin）見告。

2 舉例來說，請考慮一下這些不尋常的比喻修辭：a.「那長長的灰色行列從未令我們失望。如果你讓我們失望，百萬個身穿黃褐色的、棕色卡其的，和藍灰相間制服的亡魂將會自他們的白十字架奮袂而起，以震耳欲聾的聲音呼喊那神奇的字眼：責任、榮譽、國家。」b.「我（對執干戈以衛社稷的美國人的）評價早在很多很多年前就在戰場上形成了，而且從來也沒有改變過。我那時，正如同我今日一樣，將他視為世界最高貴的人物之一；不只具有最美好，也具有最無瑕疵（原文如此）的軍人性格⋯⋯他屬於歷史，因他提供了成功的愛國心的最偉大表率之一（原文如此）。他屬於後世，因他教導了未來的世代以自由的原則。他屬於現在，屬於我們，因其美德，因其成就。」麥克阿瑟將軍於1962年5月12日在美國西點軍校的演講詞〈責任，榮譽，國家〉（Duty, Honour, Country），收於他的《軍人如是說》（*A Soldier Speaks*），pp. 354, 357。

3 試與德勃艾（Regis Debray）刊在《新左評論》105期（1977年9-10月）的〈馬克思主義與民族問題〉（Marxism and National Question）一文的第29頁所言做一比較。1960年代在印尼做田野研究時，我對很多穆斯林冷靜地拒絕達爾文學說感到很驚訝。最初我把這樣的拒絕詮釋為民智未開。後來我漸漸把這個態度看成一種想要保持一致性的尊貴嘗試：演化的教條根本就和伊斯蘭教義不能相容。對於一個正式接受了物理學關於物質的發現，但卻沒有努力將這些發現連結到階級鬥爭、革命，或者其他東西的科學的唯物論，我們該做何理解呢？難道質子和無產階級之間的巨大深淵沒有隱藏了一個未被承認的人的

女時期是在北加州的奧克蘭和舊金山地區度過的，後來她長住巴黎，視之為自己精神上的故鄉。在《巴黎，法國》（*Paris, France*, 1940）一書中，史坦描述法國是她的第二個國家，「它（法國）不是真的（我的國家），但它真的在那裡」（it is not real but it is really there）。試將本句話與前句做一對比。參見史坦《巴黎，法國》（New York: Liveright, 1970），p. 2。

11 《不列顛的崩解》，p. 359。

12 比較賽頓－華生，《民族與國家》（*Nations and States*），p. 5：「我所能說的就是當一個共同體內部為數眾多的一群人認為他們自己形成了一個民族，或者表現得彷彿他們已經形成了一個民族的時候，一個民族就存在了。」

13 赫南（Ernest Renan），〈Qu'est-ce qu'une nation〉，收於《全集》（*Œuvres complètes*），第一冊，p. 892。他又接著說：「所有法蘭西公民都必須已經遺忘聖巴托羅繆日與十三世紀發生在南方的屠殺事件。在法國不到十個家族能夠提供他們起源於法蘭西人的證明……」

14 例如，霍布斯邦為了「修補」這個情況，就說在1789年的時候貴族占全國兩千三百萬人口中的四十萬之多。（參見他的《革命的年代》〔*The Age of Revolution*〕，p. 78。）然而我們有可能在舊政權之下想像這幅貴族的統計圖像嗎？

＊譯者注：在本書所討論的歐洲民族語言發展史的脈絡中，vernacular（本意為「某一特定地區的本地語言」），指的是和拉丁文這個跨越地方界限的「共通語」相對的「地方性」或「區域性」語言，如法語、德語或義大利語等。譯者將這個字譯為「方言」，純粹取其「地方語言」的描述性意涵，請讀者勿與語言學上的「方言」（dialect）或漢字日常語彙中的「方言」一詞混淆。在語言學上，「方言」（dialects）本意為一個「語言」內部細分出來的同一語言的變種（variants），並且這些變種之間是可以相互理解的。當一個語言的幾個變種方言演化到彼此不能理解時，它們就成為各自獨立的「語言」了。在這個定義下，文藝復興前後在歐洲發展出來的各種vernaculars（地方語言）應該已經算是「language」，而非「dialect」了。同理，漢文通俗語彙習慣將各地區的地方語言視為在「標準語」位階下的「方言」的說法，從語言學的角度來看，也是頗成問題的。以中國為例，如果從「相互

（The Communist Manifesto），收在《選集》（*Selected Works*）第一冊，p. 45。粗體為作者所加。在任何理論的注釋當中，「當然」這兩個字應該都要在入神的讀者眼前閃起紅燈。（譯者按：北京人民出版社1961年版的《馬克思恩格斯》全集第四卷所收之〈共產主義宣言〉中本段譯文如下：「每一個國家裡的無產階級首先當然應該打倒本國的資產階級。」〔p. 478〕）

8 譯者注：亞力山卓的托勒密（Ptolemy of Alexandria）是西元二世紀的埃及天文學家，他在西元150年左右在著作*Almagest*中提出以地球為中心的宇宙論。托勒密體系必須運用愈來愈多的數學手段才能解釋反常的行星運動，因此沿用到文藝復興時代時，已經形成一個生硬而負載過重的概念，但卻仍然不能準確地說明或觀察行星位置。面對此一困境，波蘭天文學家哥白尼（Nicolaus Copernicus, 1473-1543）在他的短篇手稿*Commentariolus*（1514）提出一個釜底抽薪的解決方案：放棄以地球為中心的預設，重新提出一個以太陽為中心的體系。作者以「晚期托勒密」來比喻馬克思主義和自由主義對民族現象的錯誤理解在面臨經驗事實愈來愈嚴重的挑戰時，只能用愈來愈複雜而無當的理論來自圓其說；為今之計，需要以哥白尼的精神，徹底揚棄錯誤的預設，重新出發。

9 正如艾拉．克米雷能（Aira Kemilainen）所留意到的，學院的民族主義研究的孿生「開國之父」，漢斯．孔恩（Hans Kohn）和卡爾頓．海斯（Carlton Hayes）令人信服地主張應該以這個日期為民族主義之發軔。我相信除了在特定國家的一些民族主義意識形態的宣傳家以外，他們的結論從未被嚴重地質疑過。克米雷能也觀察到「民族主義」這個字要到十九世紀才被廣泛而普遍地使用。例如，它並未出現在很多標準的十九世紀辭典當中。雖然亞當．斯密以「『nations』的財富」（國富論）之名作論，但他只不過把這個名詞當作「社會」或「國家」的意思而已。艾拉．克米雷能，《民族主義》（*Nationalism*），pp. 10, 33, 48-49。

10 譯者注：「There is no there there」這句話意指：「那個地方是人工的，不真實的，缺乏本質的，沒有核心的。」這是美國女作家葛楚．史坦（Gertrude Stein, 1874-1946）在她1937年的作品《每個人的自傳》（*Everybody's Autobiography*）之中描述奧克蘭的名句。史坦的少

黑德（Stephen P. Heder），〈柬埔寨－越南衝突〉（The Kampuchean-Vietnamese Conflict），收於艾略特（David W.P. Elliot）編，《第三次中南半島衝突》（*The Third Indochina Conflict*），pp. 21-67；安東尼・巴納特（Anthony Barnett），〈共產政權間之衝突與越南〉（Inter-Communist conflicts and Vietnam）《亞洲關懷學者紀要》（*Bulletin of Concerned Asian Scholars*），pp. 2-9；以及蘿拉・桑瑪斯（Laura Summers），〈關於戰爭與社會主義安東尼・巴納特會過度以柬埔寨為恥或為榮〉（In Matters of War and Socialism Anthony Barnett would Shame or Honor Kampuchea Too Much），前引書，pp. 10-18。

2 凡是質疑聯合王國在這方面是否稱得上和蘇聯相同的人，都應該問問自己聯合王國這個名字到底表示了哪個民族：大不列顛－愛爾蘭民族？

3 艾瑞克・霍布斯邦，〈對《不列顛的崩解》一書之若干省思〉（Some Reflections on "The Break-up of Britain"），《新左評論》，105期（1977年9-10月），p. 13。

4 譯者注：根據《牛津英語辭典》（*The Oxford English Dictionary*），nationality一詞有下列幾個主要意義：1.民族的特質或性格；2.民族主義或民族情感；3.屬於一個特定民族的事實；特定國家（State）的公民或臣民的身分，或者界定這種身分的法律關係，而這種關係涉及了個人對國家的效忠與國家對個人之保護（國籍）；4.作為一個民族的分別而完整的存在；民族的獨立；5.一個民族；一群潛在的，但非政治上的民族的人民（people）；一個族群團體（ethic group）。就譯者的瞭解，不管在通俗語彙或學術論述之中都可以看到上述這幾種用法，而其意義通常視上下文而定。另外，雖然《牛津英語辭典》區隔了nation（民族）與state（國家）兩字的意義，但在通俗語彙上，這兩個字經常被混用。面對此種歧義的語言難局，譯者採取從上下文決定個別單字譯法的策略。

5 參見他的《民族與國家》，p. 5。粗體為作者所加。

6 參見他的〈現代雙面神祇〉（The Modem Janus），《新左評論》，94期（1975年11-12月），p. 3。這篇論文隻字未改地收在《不列顛的崩解》，作為該書的第九章（pp. 329-63）。

7 馬克思與恩格斯（Karl Marx and Friedrich Engels），〈共產主義宣言〉

1988）。而將盧梭式的公民民族理念應用到法國大革命的最著名例子，是希葉（Emmanuel-Joseph Sieyes）所寫的小冊子《何謂第三階級？》（*Qu'est-ce que le Tiers etat*），請參見威廉·索沃（William H. Sewell, Jr）著，《布爾喬亞革命的修辭：希葉長老與何謂第三階級》（*A Rhetoric of Bourgeois Revolution: The Abbe Sieyes and What is the Third Estate?* Durham and London: Duke University Press, 1994）。

33 愛爾蘭人安德森的這個立場和另一個對後殖民研究有深刻影響的傑出理論家巴勒斯坦人薩依德（Edward Said）有相近之處。這是一個頗值得臺灣人玩味的政治和知識社會學上的問題。

第二版序

1 霍布斯邦就有勇氣把這種學術上的爆炸總結為民族主義的時代已經快尾聲了：米納娃之梟（Minewa's owl）總是在黃昏飛翔。（譯按：米納娃為羅馬神話中司工藝、智慧與戰爭之女神，「米納娃之梟只在黃昏降臨之時才開始牠的飛翔」語出黑格爾（G.W.F. Hegel）的《法哲學原理》〔*Grundlinien der Philosophie des Rechts*, 1821〕的序言，意指思想只有在現實的歷史過程完成之後才會出現。）

2 第一篇附錄源自為聯合國大學世界發展經濟學研究所（World Institute for Development Economics Research of the United Nations University）1989年1月在克拉蚩舉辦的研討會所準備的一篇論文。第二篇附錄的綱要曾以〈敘述民族〉（Narrating the Nation）為題發表在1986年6月13日的《泰晤士報文藝副刊》（*The Times Literary Supplement*）。

第一章

1 我選擇用這個論式只是想強調戰鬥的規模和形態，而不是要追究罪責。為了避免可能的誤解，我們應該要說1978年12月的入侵源於最早可以追溯到1971年的兩個革命運動黨人之間的武裝衝突。在1977年4月之後，最初由柬埔寨人發動，但越南人隨即跟進的邊界突擊行動的規模和範圍逐步擴大，並在1977年12月升高成越南的大規模入侵。然而這些突擊行動的目的都不是要推翻敵方政權或占領大片領土，而且涉及的部隊人數也不能和1978年12月所部署的部隊相比。關於這場戰爭的起因的爭論思慮最周詳的討論，請參見

Time, Narrative, and the Margins of the Modern Nation）。這兩篇文章是後殖民文學研究關於民族主義的重要論文。

27 當代後殖民研究重鎮，孟加拉的帕爾塔・恰特吉（Partha Chatterjee）關於殖民地民族主義的名著《民族主義思想與殖民地世界：一個衍生性的論述》（*Nationalist Thought and the Colonial World: A Derivative Discourse*. Minneapolis: University of Minnesota Press, 1986）和著名的印度裔中國史專家，芝加哥大學的杜贊奇（Prasenjit Duara）教授的近作《從民族拯救歷史：質問現代中國的敘事》（*Rescuing History form the Nation: Questioning Narratives of Modern China*. Chicago and London: The University of Chicago Press, 1995，編按：江蘇人民出版社簡體中文版書名為《從民族國家拯救歷史：民族主義話語與現代中國史研究》）都可以說是和《想像的共同體》的對話。

28 邁克・比利格（Michael Billig）著〈修辭的心理學、意識形態思考與想像民族〉（Rhetorical Psychology, Ideological Thinking, and Imagining Nationhood），收於漢克・強斯頓（Hank Johnston）與勃特・克蘭德門（Bert Klandermans）合編之《社會運動與文化》（*Social Movements and Culture*. Minneapolis: University of Minnesota Press, 1995），pp. 64-81。

29 其實這場論戰早在1982年就因阿姆斯壯（J.A. Armstrong）的原初主義論著《民族主義之前的民族》（*Nations Before Nationalism*）出版而被引爆了。不過安德森似乎並未直接參與辯論。後來持續參與論戰的主要角色是現代派的蓋爾納和站在折衷立場，不過較偏原初派的安東尼・史密斯。關於這兩方意見的一個簡明而針鋒相對的交換，請參見〈民族：真的還是想像的？沃里克民族主義辯論〉（The Nation: Real or Imagined? The Warwick Debates on Nationalism），於《民族與民族主義期刊》（*Nations and Nationalism*），2（3），1996，pp. 357-370。

30 《從民族拯救歷史：質問現代中國的敘事》，第二章。

31 《民族主義思想與殖民地世界》，pp. 21-22。

32 最重要的兩位思想家是法國的盧梭（Jean-Jacques Rousseau）和德國的赫德（Johann Gottfried von Herder），請參閱伯納德（F.M. Barnard），《自我引導與政治合理性：盧梭與赫德》（*Sef-Direction and Political Legitimacy: Rousseau and Herder*. Oxford: Clarendon Press,

歷史敘述為主，並未真正提出一個理論性的解釋，同時該書還是一本典型的「歐洲中心」觀點的作品。請參見霍布斯邦著《1780年之後的民族與民族主義》（*Nations and Nationalism since 1780: Programme, Myth, Reality*. Cambridge: Cambridge University Press, 1990）。

22 安東尼·史密斯非常多產，但比較重要的作品包括《民族主義理論》（*Theories of Nationalism*. London: Duckworth, 1971）；《民族的族群起源》（*The Ethnic Origin of Nations*. Oxford: Basil Blackwell, 1986）；以及扼要總結他對民族主義觀點的小書《民族認同》（*National Identity*. Reno: University of Nevada Press, 1991）等。

23 關於年鑑學派的研究途徑，請參見夏提爾（Roger Chartier），〈思想史抑或社會文化史？法國的軌跡〉（Intellectual History or Sociocultural History? The French Trajectories），收於拉卡普拉（D. LaCapra）及卡普蘭（S. L. Kaplan）合編之《現代歐洲思想史：重新評價與新觀點》（*Modern European Intellectual History: Reappraisals and New Perspectives*. Ithaca and London: Cornell University Press），pp. 13-46。細心的讀者當可在《想像的共同體》當中看到安德森向年鑑學派致意的痕跡。

24 無獨有偶的是，安德森所敬重的新左評論友人，民族主義研究的前輩，蘇格蘭的馬克思主義者湯姆·奈倫在他最近一本新書中也同樣抨擊唯物論和蓋爾納的社會學現代化論都無法解釋民族主義這種極度複雜的現象——他甚至提出要回歸「人性」（human nature），從人類心理和生理出發，重新理解民族主義的呼籲！請參照《民族主義的諸面相：重新檢視雙面神祇》（*Faces of Nationalism: Janus Revisited*. London: Verso, 1997）一書之導論（On Studying Nationalism）。

25 史坦·東尼生（Stein Tønnesson）與漢斯·安德洛夫（Hans Antlov）合著，〈民族主義理論與民族認同之中的亞洲〉（Asia in Theories of Nationalism and National Identity），收於東尼生與安德洛夫合編之《民族的亞洲型態》（*Asian Forms of the Nation*. Curzon, 1996），p. 14。

26 關於這方面較早期的研究成果，請參閱洪米·巴巴（Homi K. Bhabha）編《民族與敘事》（*Nation and Narration*. London and New York: Routledge, 1990），特別是編者洪米·巴巴所寫的〈導論〉和〈散播民族——時間、敘事，與現代民族的邊緣〉（DissemiNation:

本主義的歷史擴張模式的概念，不過他的用法和後兩者有很大的不同：後兩位理論家直接以「不平均與合併的發展」論來解釋民族主義（資本主義化或工業化後進地區對來自先進地區剝削的一種反彈），但安德森主要是借用「不平均與合併的發展」來描述民族主義的歷史擴張的模式。關於蓋爾納的理論，請參見蓋爾納著《民族與民族主義》（*Nations and Nationalism*. Ithaca and London: Cornell University Press, 1983）；關於湯姆・奈倫的理論，請參見奈倫著《不列顛的崩解：危機與新民族主義》（*The Break-up of Britain: Crisis and Neo-Nationalism*. London: NLB, 1977）。

19 所謂布迪厄式論證指的是法國社會學家皮耶・布迪厄（Pierre Bourdieu）關於社會實踐（social practice）如何產生「實體化」（reification）效果的理論。關於這個理論在民族主義研究的運用，請參照羅傑斯・布魯貝克（Rogers Brubaker），《重新架構的民族主義：新歐洲的民族與民族問題》（*Nationalism Reframed: Nationhood and the National Question in the New Europe*. Cambridge: Cambridge University Press, 1996）。安德森並未引用布迪厄的理論，但他的論點與布迪厄論證精神頗為接近，故筆者借用布迪厄之名。

20 厄尼斯特・蓋爾納，《民族與民族主義》。關於蓋爾納的民族主義在西方社會科學界的討論，請參照約翰・霍爾（John A. Hall）編，《民族的狀態：厄尼斯特・蓋爾納與民族主義理論》（*The State of the Nation: Ernest Gellner and the Theory of Nationalism*. Cambridge: Cambridge University Press, 1999）。

21 漢斯・孔恩（Hans Kohn）的民族主義研究早期經典《民族主義的理念》（*The Idea of Nationalism*）只寫到十八世紀末的歐洲就花了七百多頁！請參見孔恩著《民族主義的理念：起源與背景研究》（*The Idea of Nationalism: A Study in Its Origins and Background*. Toronto: Collier Books, 1944）。另一個有類似企圖的作品用了四百多頁，但基本上只完成民族主義的分類，無力建構一個系統性的解釋。請參見布儒理（John Breuilly），《民族主義與國家》（*Nationalism and the State*. Chicago: The University of Chicago Press, 1985）。霍布斯邦的《1780年之後的民族與民族主義》（*Nations and Nationalism since 1780*，編按：臺灣麥田版書名為《民族與民族主義》）雖然也十分簡潔，但本書以

中，除了希臘文與拉丁文這兩種古典語言以及母語英文之外，安德森至少還精通法文和德文。當他日後投身東南亞研究之後，他至少又先學會了印尼文、泰文、菲律賓的塔加洛文，以及西班牙文。

7 《語言與權力》，p. 1。關於培利・安德森的政治實踐，特別是他和英國新左派運動的關係，以及他的歷史社會學理論的討論，除了前述艾略特的近著《培利・安德森》（1999）可供參考之外，也可見於福爾布洛克與史考契波（Mary Fulbrook and Theda Skocpol），〈命定的途徑 —— 培利・安德森的歷史社會學〉（Destined Pathways: The Historical Sociology of Perry Anderson），於史考契波編著《歷史社會學之視野與研究方法》（*Vision and Method in Historical Sociology.* Cambridge: Cambridge UP, 1984），pp. 170-210。

8 《語言與權力》，pp. 1-3。

9 前引書，p. 3；《比較的幽靈》，p. 19。

10 《比較的幽靈》，pp. 18-19。

11 《語言與權力》，p. 4。

12 筆者在此借用了一本精采的雷蒙・阿宏訪談錄的書名來描述安德森的「實踐的觀察者」的傾向。請參見詹姆士與瑪麗・麥金塔譯（James and Marie McIntosh），雷蒙・阿宏（Raymond Aron），《入戲的觀眾》（*The Committed Observer [Le Spectateur Engagé]: Interviews with Jean-Louis Missika and Dominique Wolton*. Chicago: Regnery Gateway, 1983）。

13 這部論文在1972年以原題出版。請參見班納迪克・安德森，《革命時期的爪哇：占領與抵抗，1944-1946》（*Java in a Time of Revolution: Occupation and Resistance, 1944-1946*. Ithaca and London: Cornell University Press）。

14 《語言與權力》，p. 7；關於柯許特的事蹟，請參見本書第六章。

15 請參見安德森的《比較的幽靈》第二部所收諸文。

16 《語言與權力》，pp. 9-10。

17 前引書，p. 10。

18 雖然安德森和另外兩個重要的不列顛民族主義理論家蓋爾納（Ernest Gellner）和湯姆・奈倫（Tom Nairn）都在他們的民族主義理論中使用「不平均與合併的發展」這個馬克思主義政治經濟學用來理解資

注釋

認同的重量

1 本書是根據Benedict Anderson, *Imagined Communities: Reflections on the Origin and Spread of Nationalism*, Revised Edition (London, New York: Verso, 2006) 的英文原文翻譯而成的（編按：新增的一章根據的是2007年英文版最新刷次）。翻譯過程中，譯者也參考了該書1983年出版（初版）的日譯本，ベネデクト　アンダーソン著 白石隆，白石さや譯『想像の共同体ーナショナリズムの起源と流行』（東京：リブロポート，1987）。

2 愛德華・薩依德（Edward Said）著，《驅逐的政治：巴勒斯坦民族自決鬥爭，1969-1994》（*The Politics of Dispossession: The Struggle for Palestinian Sef-Determination 1969-1994*. London: Chatto and Windus, 1994），p. 334。

3 本文中關於安德森個人背景的敘述，主要取材於他的兩篇帶有自述風格的導論文章：他的《語言與權力》（*Language and Power*, 1990）一書的導論，以及他最近一本著作《比較的幽靈》（*The Specter of Comparisons*, 1998）的導論。

4 培利・安德森於1938年——也就是班納迪克出生後兩年——生於倫敦，但出生後不久就被姨媽帶到中國。請參見艾略特（Gregory Elliot），《培利・安德森：無情的歷史實驗室》（*Perry Anderson: The Merciless Laboratory of History*. Minneapolis and London: University of Minnesota Press, 1999），艾略特這本書是第一本對培利・安德森的思想與實踐作全面性檢討的著作。

5 《語言與權力》，p. 2。

6 主修西洋古典研究意味著必須通曉古希臘文與拉丁文。在西方語言之

近代思想圖書館 068

想像的共同體：民族主義的起源與散布

Imagined Communities:

Reflections on the Origin and Spread of Nationalism (New Edition)

作者 班納迪克・安德森（Benedict Anderson）
譯者 吳叡人
資深編輯 張擎
責任企劃 林欣梅
封面設計 吳郁嫻
內頁排版 張靜怡
人文線主編 王育涵
總編輯 胡金倫
董事長 趙政岷
出版者 時報文化出版企業股份有限公司
108019 臺北市和平西路三段 240 號 7 樓
發行專線｜02-2306-6842
讀者服務專線｜0800-231-705｜02-2304-7103
讀者服務傳真｜02-2302-7844
郵撥｜1934-4724 時報文化出版公司
信箱｜10899 臺北華江橋郵政第 99 信箱
時報悅讀網 www.readingtimes.com.tw
人文科學線臉書 http://www.facebook.com/humanities.science
法律顧問 理律法律事務所｜陳長文律師、李念祖律師
印刷 紘億印刷有限公司
初版一刷 1999 年 4 月 26 日
二版一刷 2010 年 5 月 2 日
三版一刷 2025 年 5 月 16 日
定價 新臺幣 580 元

版權所有 翻印必究（缺頁或破損的書，請寄回更換）

IMAGINED COMMUNITIES
Copyright © 1983, 1991, 2006 Benedict Anderson
New material © 2006 Benedict Anderson
Chinese translation copyright © 2025 by China Times Publishing Company
All rights reserved.

ISBN 978-626-419-359-7｜Printed in Taiwan

時報文化出版公司成立於一九七五年，並於一九九九年股票上櫃公開發行，於二〇〇八年脫離中時集團非屬旺中，以「尊重智慧與創意的文化事業」為信念。

想像的共同體：民族主義的起源與散布／班納迪克・安德森（Benedict Anderson）著；吳叡人譯 .
-- 三版 . -- 臺北市：時報文化出版企業股份有限公司，2025.05｜464 面；14.8×21 公分 .
譯自：Imagined communities: reflections on the origin and spread of nationalism.
ISBN 978-626-419-359-7（平裝）｜1. CST：民族主義 2. CST：歷史｜571.11｜114003045